宏观 MACROECONOMICS 经济学

编著 王正明 鄢 军 陈银飞 王 欣

江苏大学出版社
JIANGSU UNIVERSITY PRESS
镇 江

图书在版编目(CIP)数据

宏观经济学／王正明等编著．—镇江：江苏大学出版社，2013.8(2024.1 重印)
ISBN 978-7-81130-550-0

Ⅰ.①宏… Ⅱ.①王… Ⅲ.①宏观经济学－教材
Ⅳ.①F015

中国版本图书馆 CIP 数据核字(2013)第 205768 号

宏观经济学
HONGGUAN JINGJIXUE

编　　著／王正明　郦　军　陈银飞　王　欣
责任编辑／柳　艳　顾正彤
出版发行／江苏大学出版社
地　　址／江苏省镇江市梦溪园巷 30 号(邮编：212003)
电　　话／0511-84446464(传真)
网　　址／http://press.ujs.edu.cn
排　　版／镇江文苑制版印刷有限责任公司
印　　刷／广东虎彩云印刷有限公司
开　　本／787 mm×1 092 mm　1/16
印　　张／15.25
字　　数／343 千字
版　　次／2013 年 8 月第 1 版
印　　次／2024 年 1 月第 7 次印刷
书　　号／ISBN 978-7-81130-550-0
定　　价／32.00 元

前言

“宏观经济学”是高校经济、管理类专业教学体系中最重要的专业基础课程之一，也是其他非经管类专业学生经常选修的课程。学习经济学理论重在思辨、要在解析、珍在理解、贵在应用。因此，本书的编写充分考虑了现代经济学的新发展和国内西方经济学教学的新变化，力争紧跟经济学理论与教学实践的国际化发展步伐，推陈出新，做到有发展、有新意、有特色。

在教学体系安排上，努力避免传统体系更多地关注经济理论的内在逻辑结构，过于陶醉在现代数理分析优美的逻辑形式，相对忽视现实经济问题探讨和案例剖析，从而使教学过程中的趣味性和生动性受到一定程度的影响等方面的不足。在教学内容选择上，突出以学生为中心的现代教学理念，促使宏观经济学教学从教条化、空洞化倾向中转变过来，更加注重学生学习兴趣的提高、学生思辨能力的激发、学生对经济理论的理解。

同已出版的同类书籍相比，本书的一个特点是：基于大学教学实践的经验总结和国际上经济学发展主流的变化，在充分保留凯恩斯宏观经济学核心内容的基础上，较大幅度增加新古典宏观经济学和现代宏观经济学重要流派的理论和方法，通过调整内容体系结构和增加拓展阅读资料，达到既更新教材内容又增强学习趣味性的目的。基于新时期经济学教学认识的改变和教学理念的更新，出于满足宏观经济学教学改革要求的考虑，从现代经济学教学体系、教学内容、教学方法、教学手段等方面进行了系列化的改革探索，本书便是这些努力的一个综合体现。

本书力图做到：紧跟经济学发展步伐，优化传统教学体系，强化经济原理分析的系统化理解，充分吸收凯恩斯的经典宏观经济学体系和新古典的宏观经济学体系的精髓，酌情增加其他重要的现代经济学流派理论，形成“宏观经济理论＋宏观政策主张”的体系框架。理论部分严格从供需理论角度展开，遵循从局部均衡到一般均衡的逻辑顺序，流派涉及凯恩斯、新(后)凯恩斯、新古典及古典学派。这样的内容结构可以包括以后可能会出现的新理论、新方法，具有较强的容纳力。政策部分严格从政策效应角度入手，从局部均衡政策到一般均衡政策，再到宏观经济政策实践，突出宏观经济理论的实际应用价值。同时，本书还从最新的经济、社会发展中选取典型问题、案例，便于多种教学形式的开展，活跃宏观经济学教学过程。从经典著作、网络和其他众多媒体中导入相关资料，以资料链接、扩展阅读的形式增强阅读的趣味性和知识的延展性，满足多样化的学习兴趣和要求。

本书凝聚了江苏大学十多位长期从事经济学教学的教师的共同努力，在平时的教学过程中，大家积累了大量的教学经验、案例资料和学生反馈意见，这些都是形成编写思路、产生编写动力的来源。本书编写的具体分工是:王正明负责第二章、第九章,鄢军负责第一章、第五章、第八章,陈银飞负责第六章、第十章,王欣负责第三章、第四章、第七章,最后由王正明和鄢军负责全书的修撰定稿。

本书编写过程中,我们参考吸收了其他同仁以及其他学科专家提出的一些宝贵意见和建议,在此特别表示感谢。同时,我们还参考了国内外重要的文献资料,除了在参考文献中已经列出来的之外,难免还有一些疏漏,在此一并感谢。本书的出版还得到了江苏大学出版社的大力支持,在此致以衷心的感谢!

编　者
2013 年 7 月

目录

1 导论

经济问题

经济危机可以预测吗?

鲁比尼进行了一系列关于20世纪90年代新兴国家经济崩溃的研究,从1994年的墨西哥,1997年的泰国、印尼、韩国,1998年的俄罗斯与巴西,到2000年的阿根廷,他发现现代国家经济崩盘有一大共同点:赤字太多,支出大于收入。在了解症结后,他决定找出下一个会崩盘的经济体。反复研究比较许多国家后,他惊讶地发现,下一个面临风暴的国家竟然是美国。彼时正当2006年7月,多头气势正盛。此后,他又在2008年上半年预言了投资银行的倾覆。在刚刚过去的2008年,人们共同见证了投资银行帝国的分崩离析。同样的,2008年诺贝尔经济学奖获得者保罗·克鲁格曼在2006年底发表了一篇名为《经济风暴的征兆》的文章,提前预测到了2008年爆发的美国次贷危机。另外,早在1996年,克鲁格曼就已在其《流行国际主义》一书中成功预言了亚洲金融危机。

(新浪网,http://www.sina.com.cn,2009_02_06)

任何学科都有其基本的概念、理论和定理,从而探讨特定领域的本质和规律,解释大量貌似杂乱的各种特定现象。经济学经过长期的发展,根据研究对象的不同可以分成两大领域:微观经济学和宏观经济学。"微观"和"宏观"这两个词都来自希腊语,前者是指从小的方面去观察,后者则是指从大的方面去观察。相对而言,微观经济学研究的是经济活动中个体决策者的行为及后果,而宏观经济学研究的是社会总体的经济行为及后果,如国民收入、经济增长、经济波动与经济周期、失业与就业、物价与通货膨胀等问题。因此,学好宏观经济学、掌握宏观经济理论和分析方法可以使我们获得一把分析、判断整个国家和社会经济形势和走势的钥匙。

要学好宏观经济学,准确分析宏观经济运行,首先应该了解宏观经济学的产生和发展历程;然后,必须明确宏观经济学的研究对象,了解和把握宏观经济学研究的基本问题;接着,还必须了解宏观经济学的主要研究方法,掌握一些相关的重要概念;最后,还要熟悉整个宏观经济学的内容体系,在掌握宏观经济学基本理论的基础上,能够尝试运用宏观经济学的方法去认识、分析和解决社会经济生活中的实际问题。本章将对上述问题进行简要的论述，并以此作为读者进入宏观经济学神秘殿堂的导引。

1.1 宏观经济学的产生和发展

从宏观层面来分析经济运行的状况，这在经济学研究上由来已久，但宏观经济学作为理论经济学中一门独立的分支学科，是在 1936 年凯恩斯的著作《就业、利息和货币通论》（后文简称《通论》）出版后才正式形成的。20 世纪 60 年代晚期，凯恩斯主义开始出现裂痕，分歧逐渐扩大。此时，关于经济活动更传统的观点卷土重来。从 20 世纪 60 年代到 20 世纪 80 年代，凯恩斯主义先后受到了新古典主义经济学三波浪潮的冲击。它们是以弗里德曼为代表的货币主义、以卢卡斯为代表的理性预期革命、以基德兰德和普雷思科特为代表的真实商业周期理论。目前看来，新古典主义和新凯恩斯主义究竟谁占上风呢？还是让我们以事实说话吧。格里高利・曼昆曾提到在新古典主义的阵营中，还没有哪位大师离开学术圈，去公共政策领域担任过重要的职位。相反，新凯恩斯主义者就如同早期凯恩斯主义者一样，有许多人离开象牙塔几年时间，去华盛顿服务。其中包括斯坦利・费希尔、拉里・萨默斯、约瑟夫・斯蒂格利茨、珍妮特・耶伦、约翰・泰勒、理查德・克拉利达、本・伯南克和格利高里・曼昆等。

1.1.1 宏观经济学的发展历程

宏观经济学的形成和发展，大体上经历了三个时期。

（1）萌芽时期

从 17 世纪中叶到 20 世纪 30 年代凯恩斯的《通论》出版之前，这一时期是宏观经济学的萌芽时期。

在宏观经济学的萌芽时期，有很多杰出的经济学家诸如古典经济学思想的系统建立者亚当・斯密、古典经济学思想的创始人配第、古典经济学的集大成者李嘉图、新古典主义洛桑学派的创始人瓦尔拉斯、剑桥学派的创始人马歇尔等，他们在各自研究的领域及其著作中提出了一些研究宏观经济运行的思想观点和政策措施的建议，有的还提出了一些很有见地的具体理论。但是，就其总体而言，在这一时期，宏观经济学这一范畴的术语革命尚未产生，更谈不上形成系统和成熟的宏观经济学理论，甚至连宏观经济学研究的方法、对象、目标等都没有明晰的认识，因而只能称为宏观经济学的萌芽时期。

（2）凯恩斯主义宏观经济学的创建和形成、完善时期

这一时期是指从 1936 年凯恩斯的《通论》发表到 20 世纪 70 年代之前的时期。这一时期通常又分为两个阶段。

第一个阶段是凯恩斯革命与现代宏观经济学的建立，即以 1929—1933 年大危机中国家为干预经济实施各种做法、形成大量的宏观经济学实践为发端，到 1936 年凯恩斯发表著名的《通论》、建立和形成最早的、系统的宏观经济学理论体系，标志着宏观经济学的正式产生。催生宏观经济学的大背景是 20 世纪 30 年代的大萧条，是前所未有的经济崩溃。1933 年，美国的失业率高达 25%，真实 *GDP* 比 1929 年下跌了 31%。大萧条给当时的人们带来了巨大的冲击，同时危机比什么都更能吸引思想界的关注。那个时期的许多著名经济学家，例如劳伦斯・克莱茵、弗兰科・莫迪利安尼、保罗・萨缪尔森、罗伯特・索洛和詹姆斯・托宾等，都曾在自传或文章里承认，大萧条是影响他们职业生涯的关键历史事件。凯

恩斯的《通论》是探讨当时形势的学术焦点。20 世纪 30 年代末到 40 年代初，托宾在哈佛求学，他报告了那里的反应："资深教员大多抱有敌意……而年轻教师和研究生们则对凯恩斯的书趋之若鹜。"凯恩斯与马歇尔并列成为 30 年代经济学期刊中引用率最高的学者，他在 40 年代排名第二，仅次于希克斯。这一影响持续了很长的时间，甚至在他去世的 20 年后，自 1966 年到 1986 年，凯恩斯的引用率还排名第 14 位。

第二个阶段是凯恩斯主义学派宏观经济学的发展和完善时期。凯恩斯理论形成后，在资本主义国家得到了广泛的运用，但是，随着社会和经济发展的不断进步，需要对宏观经济学的理论进行相应的创新。因此，相当一部分经济学家以凯恩斯理论为基础，对宏观经济学进行修正和完善。其中比较突出的如包括萨缪尔森、R·哈德、A·汉森等人为代表的新古典综合派和以罗宾逊夫人、希克斯等人为代表的新剑桥学派。这两个学派之间的争论被称为"两个剑桥之争"。特别是美国经济学家萨缪尔森的那部至今还十分畅销的《经济学》教科书，可以说集中体现了这一时期的凯恩斯主义宏观经济学的发展和完善。在科学理论的贡献方面，《通论》取得了巨大的成功，它引发的革命吸引了当时许多杰出的学者，而这些人的非凡贡献为人们对短期经济波动的解释开辟了新的思路。对此，萨缪尔森后来作了一个精炼的总结："凯恩斯主义革命是 20 世纪经济学发展史中最重大的事件。"

（3）非凯恩斯主义宏观经济学形成和发展时期

如果说 20 世纪 70 年代以前是凯恩斯主义一统天下，那么，70 年代以后，由于资本主义经济发展出现了诸如滞胀等许多新问题，使得凯恩斯主义宏观经济学开始走下神坛，并且引发了一大批新的经济学家重新认识和分析宏观经济问题。在这样的一个过程中，形成了一些非凯恩斯主义宏观经济学派，其中包括以弗里德曼为首的货币主义学派、以卢卡斯为代表的理性预期学派、以蒙代尔等人为代表的供给学派等，后来这些流派形成了新古典宏观经济学派。新古典运动的参与者并不羞于表达自己的志向，也很为已有的成就感到自豪。在 20 世纪 80 年代发表的名为《凯恩斯主义经济学的终结》的文章里，卢卡斯做了更直白的评论："在 40 岁以下的优秀经济学家中，已经没有人把自己和自己的研究称为凯恩斯主义了，把某人列入凯恩斯主义者甚至会招来抗议……"然而，就在卢卡斯对凯恩斯主义说风凉话的时候，"新凯恩斯主义"已蓄势待发。

这一时期的凯恩斯主义宏观经济学派为了保持其曾经有过的统治地位，也在继续修改自己的理论，并吸收了其他非凯恩斯主义学派的观点，这就是一般所称的现代主流经济学。能准确判定为"新凯恩斯主义"的第一批研究始于 20 世纪 70 年代。"新凯恩斯主义"的代表人物包括巴罗、格罗斯曼、费希尔、布兰查德、罗默、斯蒂格利茨、曼昆等。新凯恩斯主义对凯恩斯开创的宏观经济学大厦作了微观经济理论的补充，从而有助于调和"看不见的手"与宏观经济的短期失调之间的矛盾，让我们可以明白，当存在价格粘性、理性预期、价格制定者的激励机制的时候，市场如何发挥作用。特别是到了 20 世纪 80 年代以后，以曼丘、罗默等一批年轻的美国经济学家们，力主宏、微观合流，同时试图把现代主流经济学和非凯恩斯主义宏观经济学派整合起来，形成全新的新凯恩斯主义经济学，使宏观经济学的发展又到了一个重要的分化期。

1.1.2 宏观经济学的四次重大变革

宏观经济学形成和产生以来，根据其研究的方法和重点问题，以及其力求达到的目标和为实现这些目标所主张采用的政策措施，大致上经历了四次比较重大的变革。

（1）凯恩斯革命

这是对古典经济学的革命。古典经济学认为资本主义经济是和谐的、完全竞争的、充分就业的经济，依靠市场机制的完善性、自发性调节经济运行。如萨伊提出著名的“萨伊定律”，即“供给创造需求”。但是，20世纪30年代的一场浩大的经济危机，打破了萨伊神话，使古典经济学的理论遭到了重创。在这样的特定条件下，为了适应当时的社会和经济发展需要，凯恩斯不但放弃了传统的经济学研究方法，改从总量和宏观的视角研究经济，而且承认资本主义经济中存在失业，指出有效需求不足是失业的原因，并且明确认为市场的自发作用不能保证资源的有效利用，也不可能实现充分就业水平。因此，唯一的方法只能是用国家干预的经济政策代替古典经济学自由放任的经济政策，从而形成了以国民收入决定理论为中心、以国家干预为政策基调的凯恩斯主义宏观经济学，完成了对传统的微观经济学的革命。这次革命史称“凯恩斯革命”，在西方经济学史上也被看作是一次重大的变革或革命。

（2）货币主义革命

自20世纪50年代后期开始，弗里德曼就打着对抗“凯恩斯革命”的旗帜，提出所谓“现代货币数量论”，重新强调货币政策的重要作用，抨击凯恩斯扩张的财政政策会造成滞胀，并主张自由汇率制或浮动汇率制。但是，弗里德曼的理论在当时并没有什么大的影响。直至20世纪70年代以后，由于资本主义经济中出现滞胀，即失业和通货膨胀并存（这对正统的凯恩斯主义经济学新古典综合学派是一次沉重的打击），并且日趋严重，货币主义理论才开始流行起来。特别是英国撒切尔夫人在当时决定采用货币主义理论在英国进行实践，使货币主义革命进入高潮，形成了宏观经济学发展中的一次重大变革。

（3）供给学派的理论

有“白宫学派”之称的供给学派兴起于20世纪70年代。早在60年代中期，该学派代表人物之一，蒙代尔就提出了不同汇率体系下的货币政策和财政政策的分析，而且最佳货币区理论也已经成型了。供给学派的宏观经济主张主要有：恢复萨伊定律，主张由供给来调节需求；降低税率刺激供给，从而刺激经济活动；放松政府的干预和限制，加强市场调节作用；等等。

（4）理性预期学派理论

20世纪60年代中期以后，随着经济滞胀现象的加剧，作为主流学派的新古典综合理论开始受到其他学派的抨击与非难，理性预期理论开始应运而生。虽然该学派至今仍然没有形成一整套系统的理论，但其所倡导的革命对经济学界的影响却越来越大。以卢卡斯为代表人物的理性预期学派认为，人们可以作出合乎理性的预期指导自己的行为，价格具有完全伸缩性。他据此提出，政府干预经济无论是从长期来看，还是从短期来看，都是无效的。应该发挥预期在模型中所起的作用，加强理性预期，作为政府制定政策的依据。特别是2002年以来，诺贝尔经济学奖越来越多地倾向于预期和实证的行为经济学、实验经济学等，更是充分肯定了理性预期学派理论的革命性作用。

1.1.3 宏观经济学的流派之争

宏观经济学自产生以来，可以说是流派纷呈，并且“各领风骚数十年”。特别是由于美国在现代宏观经济研究中的中心地位，宏观经济学中的两大流派之争尤为突出，并且被形象地说成是“海水边”与“湖水边”的经济学家之争，海水边经济学家主要指在哈佛大学、麻省理工学院和斯坦福大学的新凯恩斯主义经济学家，这几所学校位于大西洋和太平洋沿岸；湖水边经济学家主要是指在芝加哥大学和明尼苏达大学的新古典宏观经济学家，这两所学校位于五大湖沿岸。

这两派经济学家在分析长期中的宏观经济问题时并没有重大分歧，他们都认为，在长期中通过市场机制调节可以实现充分就业均衡；长期经济增长取决于由技术进步和资本积累决定的生产率的提高；长期中的物价水平取决于货币数量多少。他们的分歧主要集中在短期宏观经济分析和由此得出的政策主张上。

新凯恩斯主义经济学家认为，在短期中市场机制的调节是不完善的，难以实现充分就业的均衡。例如，当劳动需求减少时，工资不能迅速下降，这时劳动的供给大于需求，就出现失业。在商品市场上，由于价格粘性，商品的供给不一定总等于需求。当商品需求减少时，价格不能迅速下降。这时商品的供给大于需求，就出现衰退。在资本市场上，由于信息不对称导致存在信贷配给，这时利率也无法使资本市场总保持均衡。

这种短期中市场调节的不完善性引起经济周期波动与失业，因此，为了稳定经济，政府必须用经济政策调节经济。简言之，新凯恩斯主义是主张国家干预经济的。

新古典宏观经济学家则认为，无论在短期还是长期中，市场机制的调节都是完善而及时的。因此，总能实现充分就业的均衡，他们把这种状态称为市场出清。具体来说，在劳动市场上，工资是有伸缩性的，随劳动供求关系的变动而迅速变动，使劳动市场处于供求均衡状态。同样，在资本市场上利率的调整使资本市场均衡。因此，保持宏观经济稳定的方法是让市场机制充分发挥作用，而不是政府的干预。简言之，新古典宏观经济学是主张自由放任的。

整个宏观经济学的历史就是国家干预与自由放任这两个学派争论的历史，也正是这种争论推动了宏观经济学的发展。这两派有对立也有一致，有争论也有互相吸收。无论他们的观点如何，都会深化我们对宏观经济的认识。海水之中有湖水，湖水之中亦有海水，从分歧到融合，变排斥为包容，构成了当前宏观经济学发展的鲜明特点。

1.2 宏观经济学的研究对象

在过去一百年间，为什么一些国家收入迅速增长而另一些国家仍然陷于贫困之中？为什么一些国家通货膨胀率居高不下而另一些国家却维持了物价的稳定？为什么所有国家的经济都经历衰退和萧条——周期性的收入减少和失业增加的时期——而政府的政策怎样才能减少这些事件发生的频率和减轻其严重程度？宏观经济学通过对整体经济的研究，正力图回答这些问题以及许多相关的问题。经济整体（或称为“经济体”）是指一个生产、分配和消费商品与服务的体系，一般是一个国家或经济独立的地区。宏观经济学以社会整体的经济行为及结果为研究对象，运用总量分析方法（即宏观分析方法）研究整个社会的经济活动，内容涉及国内生产总值的核算、经济增长理论、经济繁荣与衰退理论、宏观经济政策的运行机制及政策效应分析，其中，国民收入是进行宏观分析的关键。因此，宏观经济学可被视为这样一门学科:研究整个国民经济的活动,分析不同经济活动总量之间的相互关系及其对总体经济表现的影响,分析国民经济中商品与劳务的总产量和资源的总利用量的决定机制,研究总量波动的原因等。可见,宏观经济学是研究总量运行的经济理论体系。

1.2.1　宏观经济学研究的主要对象

从研究的具体问题看,宏观经济学的研究对象主要有以下四个方面:

(1) 总产出

既然宏观经济学是以整个国民经济活动作为研究对象的,它必然要分析与整个国民经济活动有关的或与经济资源利用情况有关的最基本的总量:国民生产总值、国民生产净值、国民收入以及相应的经济总量的决定与变动。因此对总产出或国民收入水平的研究是宏观经济学的核心问题。宏观经济学就是要从总需求和总供给的角度出发,分析国民收入的决定及其变动的规律,在此基础上进一步研究和解释整体经济中的其他各种问题。

(2) 通货膨胀

通货膨胀就是价格水平的普遍上升。当然,宏观经济学研究的价格水平不是单个产品或单个要素的价格,而是一国物价的总水平。物价水平为什么总是在变动?为什么通货膨胀或通货紧缩始终伴随着经济的增长,但人们仍不喜欢通胀,它到底造成了什么危害?无论如何,价格水平大幅度提高即通货膨胀对经济非常有害。因此,探讨通货膨胀的性质、种类和原因,并提出相应的对策已成为宏观经济学的主要任务。

(3) 失业

20 世纪 30 年代,空前严重的经济危机使西方世界的失业和半失业人口高达 4 000 多万,成为影响经济和社会发展的严重问题。传统的经济理论由于坚持市场经济运行是和谐的、市场是可以完全出清的,而根本无法解释经济运行中的客观事实。凯恩斯对经济大萧条的分析及其就业理论的产生革新了经济学,"失业"成了宏观经济学研究的主要经济问题,失业率也就成为反映要素市场和整个经济运行状况的主要经济指标。因此,研究失业的性质、特征、分类、原因以及解决方法就成为宏观经济学的重要课题。

(4) 政府治理(宏观经济政策)

宏观经济学是为国家干预经济服务的。宏观经济理论要为这种干预提供理论依据,而宏观经济政策则是要为这种干预提供具体的措施。宏观经济政策是从全局上对经济运行施加影响的方法和手段,即政府为实现宏观经济运行目标而采取的措施的总和,具体包括财政政策、货币政策、就业政策、收入政策以及各种经济政策的协调等。

1.2.2　宏观经济学与微观经济学的主要区别

宏观经济学和微观经济学是经济学的两大区域,并且两者有着明显的区别。

宏观经济学涉及经济总量的活动,包括总产出和收入、总就业和失业、价格水平和通货膨胀。它是理论经济学的一个重要组成部分,和微观经济学共同构成理论经济学的基础。微观经济学注重经济活动中各经济主体如何作出各自的最优选择,以及如何协调他们的选择(通过市场或通过等级制度),强调的是个别经济主体(家庭、厂商和政府机构)的活动是如何联系起来成为一个整体的,较为狭窄地集中于具体商品的数量和价格上,诸如鸡蛋或饼干的数量和价格,并对某些资源的配置问题加以讨论。

宏观经济学把所有经济主体的同类活动归类为一个总量范畴(如把所有家庭的消费加总为总消费),把另一些活动归类为另一个总量范畴,从而研究所有经济主体的这一类活动总量与另一类活动总量之间的关系,以及它们对整体经济表现的影响。因此,宏观经济学和微观经济学的区别主要不在于研究对象的范畴大小与层次高低,而在于对整体经济活动内部联系的不同划分与把握。比如说,在各种经济部门中有100万人失业,这肯定是宏观经济学的问题,鸡蛋价格提高或者下降,这是微观经济学的问题。不过,如果包括鸡蛋在内的每一种商品的平均价格都出现提高或者下降,那就是宏观经济学的问题了。

需要特别说明的是,创造出宏观经济学和微观经济学的术语,是为了对两者进行区分,使宏观经济学能够区别于微观经济学。但是把宏观经济学和微观经济学完全隔离开来则是错误的。这是因为,宏观经济学要解释经济波动现象,就必须观察和了解消费者和企业的行为、劳动市场和工业组织、金融市场的作用乃至政府机构的行动,从而需要借助于微观经济学。正是在这样的意义上,只有建立在微观经济学基础之上的宏观经济学,才可能是好的宏观经济学。

1.2.3 宏观经济学研究的基本问题

自从20世纪30年代西方资本主义发生空前严重的经济危机以后,周期性的经济波动就开始成为西方国家经济发展中的痼疾。因此,有关经济周期及其波动就成为经济学家研究的主要对象,并且成为政府进行宏观调控的主要目标。所以,宏观经济运行中的基本问题,例如总产出、总需求、通货膨胀、失业、经济增长、政府治理(宏观经济政策)等等,也就成为宏观经济学研究的重要对象。从宏观经济运行的基本目标来看,宏观经济学研究的基本问题主要体现在实现充分就业、保持物价稳定及保证经济增长与发展三个方面。

(1) 充分就业

充分就业是从凯恩斯以后西方经济学家和政府决策人员一直关注的问题。首先需要说明的是,宏观经济学所说的一般意义上的充分就业,并不意味着每个居民都能够就业,或那些愿意求职的人百分之百都能就业。因此,宏观经济学往往这样定义充分就业,即把某一水平的失业确定为“正常”的失业(可接受的或意愿的失业)。一般人们把5% ~6%的失业率看作是正常的失业水平,人们仅仅关心超过该失业水平的失业。这就是说,在充分就业状态下,社会容许有一定数量或一定比例的失业。按照这一定义,一个经济体中,当愿意工作的人有94% ~95%都能就业的时候,就可以视为实现了充分就业。

过去经济学家一直认为,5% ~6%的失业率是可以容忍和接受的,从而94% ~95%的就业率就可以看做是正常的就业率,并且可以用作衡量充分就业的标准。不过从20世纪50年代以来,西方国家的失业率有逐渐提高的趋势,衡量充分就业的正常失业率也随之提高。以美国为例,其50年代的失业率为4.5%,70年代为6.1%,80年代为6.3%,90年代前期则为6.6%。因此,目前世界各国的政府都把降低失业率、实现充分就业作为其基本的政策目标。

(2) 物价稳定

稳定物价就是要抑制住通货膨胀、避免通货紧缩、维持币值稳定,因此这一目标又常被称为“稳定币值”。物价水平稳定并不等于物价上涨率为零。在纸币流通的条件下,随着商品比价的不断调整,通常物价水平有缓慢上升的趋势,只要物价上涨的幅度是在社会可容忍的范围内,即可视为物价稳定。从世界范围看,在纸币流通条件下,物价总水平的不断上升似乎是一个普遍现象,但是物价波动的幅度不能太大。如果物价总水平大幅度上升,必然导致货币贬值、通货膨胀,严重影响人民生活,加剧社会分配不公,扭曲市场价格,冲击企业正常的生产经营活动,助长流通领域的过度投机行为;同时,物价大幅度上涨也容易导致总供求的失衡,严重制约经济的稳定与增长。因而需要运用财政等政策,将物价总水平控制在一定时期社会可接受的范围内。一般认为,年均3% ~5%的物价上涨幅度,可视为物价总水平基本稳定。

在市场经济中,无论是个别商品的价格,还是平均价格水平,都可能出现一定程度的提高或者下降。但近年来,美国和其他西方国家,大都经历一般价格水平或平均价格水平的持续上涨,即通货膨胀。衡量通货膨胀的尺度是价格指数的变化,价格指数指衡量某一年相对于某一基年的价格水平。众所周知的价格指数是消费价格指数(*CPI*),又被称为生活—成本指数。消费价格指数用于衡量人们每年在市场中所选择的一揽子消费品的价值。消费价格指数逐年的百分比变动就是通货膨胀率。以美国为例,20世纪70年代初期,通货膨胀率相当高,使得人们日益认识到许多经济问题是由于过高的通货膨胀率而引起的,特别是当通货膨胀率不可预料的时候更是如此。而20世纪80年代晚期出现的较低的通货膨胀率,又进一步加剧了人们对通货膨胀影响经济持续稳定发展的担忧。正是在这种情况下,消除过高或者过低的通货膨胀率,维持物价稳定,不但成为政府进行宏观经济调控的基本目标,同时也成为宏观经济学研究的基本问题。

(3) 经济增长与经济发展

经济增长通常是指在一个较长的时间跨度上,一个国家人均产出(或人均收入)水平的持续增加。经济增长率的高低体现了一个国家或地区在一定时期内经济总量的增长速度,也是衡量一个国家或地区总体经济实力增长速度的标志。决定经济增长的直接因素有投资量、劳动量和生产率水平。用现价计算的*GDP*,可以反映一个国家或地区的经济发展规模,用不变价格计算的*GDP*可以用来计算经济增长的速度。设ΔY_t为本年度经济总量的增量,Y_{t-1}为上年所实现的经济总量,则经济增长率G就可以用如下公式来表示:

$$G = \frac{\Delta Y_t}{Y_{t-1}}$$

由于*GDP*中包含了产品或服务的价格因素,所以在计算*GDP*时,就可以分为用现价计算的*GDP*和用不变价格计算的*GDP*。用现价计算的*GDP*可以反映一个国家或地区的经济发展规模,用不变价计算的*GDP*可以用来计算经济增长的速度。

在现实生活中,人们一般都把经济增长与经济发展混为一谈,认为经济增长了,就是经济发展了;高速增长了,就是经济快速发展了。其实这种认识是不正确的。经济增长与经济发展并不是一回事,二者既有一定的联系又有根本的区别。经济增长和经济发展虽然都追求个人所得和国民生产总值的提高,但经济增长关心的重点是物质方面的进步、生活水准的提高,而经济发展不仅关心国民生产总值的增长,更关心结构的优化,以及社会制度、经济制度、价值判断、意识形态的提升,而且,经济发展着眼长期而不是短期。可以把经济增长与经济发展的关系概括为:经济增长是经济发展的手段,经济发展是经济增长的目的。不能离开经济发展这个目的一味地追求经济增长速度,那样会导致经济发展中的比例失调、经济大起大落和社会不公及社会剧烈动荡。

经济增长是一个明确的、可度量的标准,是按可比价格计算的本期国内生产总值增量与上一个时期的国内生产总值的百分比。经济增长以国民生产总值来测定,但它忽视了国民生产总值所表明的价值是以什么方式在社会成员中进行分配,也不能说明就业状况、职业保障、资源利用、生态环境、升迁机会以及医疗、教育等情况。例如,某个国家虽然国民生产总值和个人所得增加,但生产成果绝大部分归少数人享用,结果造成两极分化,富者愈富、贫者愈贫,基尼系数加大,收入愈加不平等,这样的"增长"就不是真正意义上的发展。如果说经济增长是一个单纯的"量"的概念,它只计算国内生产总值增长的百分比,那么经济发展就是比较复杂的"质"的概念。

经济发展不仅包括经济增长的速度、增长的平稳程度和结果,而且还包括国民的平均生活质量,如教育水平、健康卫生标准等,以及整个经济结构、社会结构等的总体进步。经济发展是经济持续增长的结果,国民生活水平的提高、经济结构和社会形态等的进步也都在很大程度上依赖于经济增长。就当代经济而言,发展的含义相当丰富复杂。发展总是与"发达""工业化""现代化""增长"等词交替使用。一般所指的经济发展有四种含义:经济增长,即一个地区在一定时期内的产品和服务的实际产量的增加,经济增长的实质是规模不断扩大的社会再生产过程和社会财富的增值过程。一般用国民生产总值来衡量经济增长的水平和速度;结构变迁,即指产业结构的变化,包括分配结构、职业结构、技术结构、产品结构,以及各个层次上的经济结构的变化;福利改善,即整体社会成员生活水平的提高。发达地区与欠发达地区居民收入水平存在巨大差异,政府必须采取有力的政策措施使欠发达地区的教育、医疗、文化、营养、健康、公益事业等有基本的保障;环境与经济可持续发展,即经济发展不能以危害环境为代价,可持续发展要求一个国家或地区的发展不应影响其他国家或地区的发展,可持续性意味着维持本国乃至全人类福利的自然资源基础,使生态环境和经济社会协调发展。

案例评析

要增长还是要发展

促进国际社会的共同发展是当今世界面临的头等大事,也是联合国千年首脑会议的重要话题。在经济全球化的趋势下,发展不平衡问题变得更加突出,南北差距扩大,贫富悬殊加深,人类财富正日益集中到世界少数富国和富人手中。正如安南在报告中指出的,近一半的世界人口每天只依靠不到2美元度日。因此,不少成员国希望联合国在全球化进程中发挥积极的主导作用,推动各国制定法规,以便建立公正、合理的国际政治、经济新秩序。安南在报告中敦促各国积极行动起来,力争在2015年以前帮助10亿人口摆脱贫困。报告还要求发达国家对贫穷国家的产品敞开大门,减免其债务负担,并向其提供经济援助。

20世纪六七十年代,反增长的游说主要受到一些学者的支持。到了八九十年代,支持的范围从某些大学的派别扩展到国会的下议院。游说争论的中心主要与空气污染有关。污染是增长的副产品，特别是某些条件放松后以及某种经济活动有多种副产品时，污染情况就更严重。工业污染主要包括对空气和水的污染，也包括噪音以及对自然风景的污染。

经济增长带来了一系列严重的问题：经济增长拉大了各国之间的贫富差距，加剧了世界经济的不平衡；盲目的经济增长使世界环境遭到了严重的破坏，直接影响到人们的生活质量甚至人类的生存；经济增长中对一些资源的过度开采，造成部分资源面临枯竭；许多国家盲目追求经济指标，忽略了经济的均衡发展，造成了对整个国民经济的破坏。

经济增长是指经济生产能力和实际国民收入的增加，而经济发展的含义比经济增长广泛。经济发展除了有人均产出、人均国民生产总值或人均收入的增加外，还应包括经济结构的根本变化。为了谋求经济发展，必须启动经济增长，并保持经济稳定增长的势头，但是经济增长并不一定能带来经济发展，决不能把经济增长的指标等同于经济发展战略，或者把经济发展战略简化为经济增长指标。

（百度文库，http：//wenku. baidu. com）

1.3 宏观经济学的研究方法

宏观经济学是一门内容极其复杂的学科。一方面是由于该学科至今仍然处于不断发展变化之中，其理论内容充满了存有争议的问题和观点；另一方面是由于新的分析方法和新的研究角度被不断地引入该学科，在宏观经济学中形成了不同的流派和表达方式。所以，在学习宏观经济学的时候，注意并把握其研究方法是十分必要的。根据目前已有的文献，除了在微观经济学中提到的规范分析与实证分析、均衡分析与过程分析、静态分析与动态分析、经济模型外，宏观经济学研究中最常用的研究方法主要有以下几种。

1.3.1 总量分析与总体分析

总量分析是对宏观经济运行总量指标及其影响因素、变动规律等进行的分析，如对国民生产总值、投资额、消费额、进出口额、物价总水平等问题的分析。总体分析是对宏观经济运行主体的整体性态势、结构及其特征、运行规律等进行的分析，如对国民经济的供需结构与区域或部门结构、经济增长阶段与经济周期、经济转型与制度演进等问题的分析。用总量或总体分析方法分析问题时，着重于大的经济趋势和动向、整体的经济反映和效果，而不必过分关注具体的、个别的问题或经济变量。宏观经济学中总量分析方法最典型的运用，是其在研究总体经济表现时所采用的总供给与总需求分析。从图形上看，总供给（*AS*）曲线向右上方倾斜，总需求（*AD*）曲线向右下方倾斜。它们的交点同时决定了一个均衡产量水平和一个均衡物价水平。总供给与总需求是宏观经济分析的主线。

1.3.2 均衡分析与非均衡分析

均衡分析是宏观经济学常用的方法，用于分析各种经济变量之间的关系，说明均衡的实现及其变动，包括局部均衡与一般均衡。目前占主导地位的凯恩斯宏观经济学所采用的基本是均衡分析方法。但是,从哲学的角度来看,均衡是相对的,而非均衡则是绝对的,这在宏观经济中可以得到充分的证实。现实生活中更多存在的是非均衡状态,即价格偏离均衡状态。一般来说,非均衡分析认为经济现象及其变化的原因是多方面的、复杂的,不能单纯用有关变量之间的均衡与不均衡来加以解释,而主张以历史的、制度的、社会的因素等作为分析的基本方法。即使是量的分析,非均衡分析方法也不是强调各种力量相等时的均衡状态,而是强调各种力量不相等时的非均衡状态。可以看出,非均衡分析是对均衡分析的一种深化和发展。正因为如此,非均衡分析方法在宏观经济学中也日益受到重视。

1.3.3 存量分析与流量分析

存量分析是指对一定时点上已存在的有关经济总量的数值及其对其他有关经济总量的影响进行分析,流量分析则是指对一定时期内有关的经济总量的产出、投入(或收入、支出)的变动及其对于其他有关经济总量的影响进行分析。在宏观经济学的研究中,存量分析和流量分析都是十分重要的研究方法,可以同时使用并相互支撑。过去的宏观经济学研究中比较侧重于流量分析,而当前宏观经济学越来越强调采用存量分析方法,使之与流量分析并重,并且着手用统计学的方法来解决存量统计中的问题。

1.3.4 短期、中期与长期分析

从经济运行时间和调整周期来看,宏观经济学所要研究的内容划分为短期、中期和长期三个不同的层面。宏观经济学在长期层面讲述经济增长理论,在中期和短期层面讲述经济体均衡收入的决定。

(1) 短期。在短期中,一个经济体的生产能力被视为固定不变,产出确定了总供给。与中期不同的是,经济体的价格水平也被视为不变,因而总供给曲线是一条水平线。由此可见,在短期中,经济体的产量只取决于总需求,即总需求的变动引起了产量波动。宏观经济学中的短期模型主要是 *IS-LM* 模型。

(2) 中期。在宏观经济学的中期研究层面,一个经济体的生产能力在很大程度上可视为固定不变,产出确定了总供给,价格取决于总供给与总需求两者。生产能力不变不等同于产出不变,实际上由于就业水平的变化,经济体的总供给水平(或称产出)也会随之变化。在“产量—价格”坐标系中,中期的总供给曲线是向右上方倾斜的,它所处的位置取决于经济体的生产能力。在中期内,经济体的均衡产出水平将通过 *AS-AD* 模型来求解,大规模的通货膨胀总是需求变动的结果,而总需求曲线的变动(其处于坐标系中的位置)取决于货币政策和财政政策以及消费者的信心。

(3) 长期。经济的长期行为是经济增长理论研究的范畴,它重点论述生产能力的增长。该理论有一个重要的前提,就是假定劳动、资本、原料等全都能被充分利用,因而忽略了衰退、繁荣以及有关利用人力和其他资源的短期波动,将研究的注意力集中于投入的增长和技术的进步如何导致经济水平的提高。就宏观经济学的长期研究层面而言,主要致力于探讨促使经济体在长期中不断成长的因素有哪些,以及它们是如何发生作用的。因此,长期中一个经济体的产出水平基本上是由它的生产能力来决定的,总供给曲线在“产量—价格”坐标系中是一条垂直线,它所处的位置取决于经济体的生产能力。随着生产能力的提高,垂直总供给曲线将向右移动。

资料链接

经济学方法论(节选)

人们使用“……的方法论”这个措词往往是极为含糊的。

方法论这个术语有时是用来指一门学科的技术步骤,这就完全成为方法的同义词。然而,这个术语更常用于指对论证一门学科的概念、理论和基本原理的研究,本书所关心的正是该术语的这个更广的含义。为了避免误解,我给本书加了“经济学家的解释”这个副标题,提醒人们干脆把“经济学的方法论”理解为经济学所运用的科学哲学。

如果有谁问经济学家是如何解释他们所关心的现象的,那么事实上他就是问在什么意义上经济学可以算做一门科学。用一个杰出的现代科学哲学家尼格尔的话来说,就是:“一旦出现解释必须系统化和由事实证据来支配,科学就产生了;在解释性原理的基础上对知识进行组织和分类正是各门科学的有区别的目标。”毫无疑问,经济学提供了很多“解释必须系统化和由事实证据来支配”的例子,因此用不着浪费时间为“经济学是一门科学”的断言辩解。然而,经济学又是一门独特的科学,不用说由于它研究的是人的活动、从而要用人的行为的原因和动机来解释“事情的缘由”,这和物理学不同,而且也由于它致力于提供关于人的活动的严格的、演绎的理论而和社会学、政治学这样的科学不同,因为在其他的人类活动学里是缺少严格的、演绎的理论的。简而言之,经济学家的解释是科学解释大类里的一个特别的种类,因此这种解释也就呈现出某些疑难的特征。那么,经济解释的本质是什么呢?在这种解释的明确的理论范围里面,这些理论的结构,特别是经济理论的假设和预言性的结论之间的关系是什么呢?如果经济学家期望用事实的证据来证实他们的理论,那么那些证据将仅仅是对于理论的预言性的结论或者仅仅是对于理论的假设是贴切的,还是对于两者都是贴切的呢?此外,对于经济学家来说,什么才能算是事实的证据呢?声称“解释是”的经济理论又是怎样以几乎同一的形式来论证“应该是”的呢?换言之,实证经济学和规范经济学之间的确切的关系是什么呢?或者以更过时的语言,作为科学的经济学和作为艺术的政治经济学之间的确切关系是什么呢?这些就是本书中将吸引我们的问题。

自从拿骚·威廉·思诺和约翰·斯图亚特·穆勒那个时代以来,经济学家就一直关心上述问题。我们还要通过回顾这些19世纪的经济学作家来看看当经济学家们从事经济学研究时,他们对自己的作法的思考是正确的还是错误的,以便对这些问题有更多的了解。到了1891年,约翰·纳维利·凯恩斯在他的那本理所当然是名著的《政治经济学的范围和方法》里尽力总结了整整一代经济学家的方法论思想,这本著作可以被视为经济方法论史上的某种典范。在20世纪,里昂纳尔·罗宾斯在《经济科学的本质和意义》,以及随后几年托伦斯·哈奇森在《经济理论的意义和基本主张》这本广被阅读的、论点与前者针锋相对的著作里,也对经济学家的方法论做了类似的总结。在更近的几年,密尔顿·弗里德曼、保罗·萨缪尔森、弗里茨·马克卢普和路德维格·冯·米塞斯都对经济学方法论发表了重要的意见。总之,经济学家早就认识到需要维护论证他们的学科的"正确"原则。虽然现实的实践和这种说教也许没有多大关系,但是对于经济学本身来说,这种说教是值得考虑的。

在经济方法论方面,过多的作家把他们的作用看作只不过是把经济学家争论的传统方式合理化,这也许是普通的现代经济学家对于方法论的探讨没有多大用处的原因。完全坦率地说,在训练现代经济学家方面,经济方法论没占什么地位。这一切也许正在改变。在对他们的学科的科学地位自我满足了多年之后,越来越多的经济学家开始自问他们究竟在做些什么这样更深刻的问题。无论如何,怀疑经济学所建立的大厦里面并非一切都很好的人数不断增长。我的目的并不是要指教他们成为更好的经济学家,但我又并不想仅仅描述经济学家做了些什么而没有从中提取客观教训;在某种程度上,即使是最没有偏见的旁观者也希望充当仲裁者的角色。

就像许多其他的经济学家一样,我也有"经济学出了什么问题"这样的观点。这是引用本杰明·沃德的书名,但是我的怨言主要不是针对现代经济学的内容,而是针对经济学家论证他们的理论的方式。我认为标准的经济学方法论并没有多大的错误,几乎每本经济理论教科书的第一章都主张这种方法论;错误是在于,经济学家并没有按他们所说教的那样去做。

当拉奥特斯告诉奥菲丽娅不要向哈姆雷特的进攻投降时,奥菲丽娅回答说:"不要像一些粗野的牧师那样去做,请给我指出通向天堂的荆棘丛生的险峻小路,我将像一个喘着气的贫乏的浪子,自己踩着享乐之路混年度日。"我相信,20世纪的经济学家很像那些"粗野的牧师"。

([英]马克·布劳格,《经济学方法论》,商务印书馆,1982年)

1.4 宏观经济学的内容体系

相比较微观经济学而言,因为出现比较晚、流派众多等原因,宏观经济学还不曾形成一个严格的演绎逻辑体系。目前的新凯恩斯主义、后凯恩斯主义和新古典宏观经济学等流派的宏观经济学理论体系,都是在凯恩斯的总需求理论框架上形成和衍生出来的。本次宏观经济学教材的编订在理论体系和内容结构上的逻辑是:在充分吸收凯恩斯的经典宏观经济学体系和新古典的宏观经济学体系的基础上,酌情考察现代其他重要经济学流派的理论,本教程的理论体系是"理论+政策"框架。理论部分严格从供需理论角度展开,理论框架是从局部均衡(*IS-LM* 理论)到一般均衡(*AS-AD* 理论),流派涉及凯恩斯、新(后)凯恩斯、新古典及古典学派;政策部分严格从政策效应角度入手,政策框架是从局部均衡政策到一般均衡政策,再到宏观经济政策实践。这个内容结构可以包纳以后可能会出现的新理论、新方法,具有较强的容纳力。

1.4.1　宏观经济学理论

宏观经济学的理论部分包括5章内容，先讲解宏观经济学的国民收入决定，然后分析产品市场与货币市场均衡理论，接着介绍经济增长和总供给理论，再接着推导总供给—总需求模型，最后利用总供给—总需求模型解释宏观经济基本问题。

（1）国民收入的衡量与决定。主要包括国民收入的衡量，国民收入的生产、分配与消费，国民收入决定，乘数原理。

（2）产品市场与货币市场的均衡。主要包括投资需求与利率，*IS* 曲线及其变动，利率的决定，*LM* 曲线及其变动，*IS-LM* 模型，*IS-LM* 模型的扩展。

（3）经济增长理论及其供给曲线。主要包括经济增长和经济发展，哈罗德—多马模型，新古典增长模型，内生增长理论简介，总供给曲线概述，总供给曲线类型。

（4）*AS-AD* 模型及其拓展。主要包括总需求与总供给及其均衡，凯恩斯与新凯恩斯的 *AS-AD* 模型，古典与新古典的 *AS-AD* 模型，凯恩斯主义对经济波动的解释。

（5）失业、通货膨胀与经济波动。主要包括失业与奥肯定律，通货膨胀与菲利普斯曲线，经济波动与周期。

1.4.2　宏观经济学政策

宏观经济学的政策部分包括3章内容，先利用 *IS-LM* 模型分析财政、货币政策，然后分析利用 *AS-AD* 模型深入分析总需求、总供给政策，最后考察宏观经济的政策工具与实践。

（1）*IS-LM* 模型的政策含义。主要包括财政政策和货币政策概述，*IS-LM* 模型与财政政策，*IS-LM* 模型与货币政策，财政与货币政策的混合使用，蒙代尔—弗莱明模型。

（2）*AS-AD* 模型的政策含义。主要包括 *AS-AD* 模型与货币政策，*AS-AD* 模型与财政政策，*AS-AD* 模型与总需求冲击，*AS-AD* 模型与总供给冲击，开放条件下的内外均衡调整。

（3）宏观经济政策实践。主要包括宏观经济政策目标和工具（手段），即财政政策和货币政策。

1.4.3　宏观经济学流派

该部分为拓展内容，主要介绍当前比较有影响的几种宏观经济学流派，从而了解和掌握宏观经济学的发展动态。宏观经济学流派与发展主要介绍新古典综合派、新古典宏观经济学与新凯恩斯主义经济学、货币主义学派、供给学派。

拓展阅读

演化经济学概述

演化经济学是现代西方经济学研究的一个富有生命力和发展前景的新领域。与新古典经济学的静态均衡分析相比，演化经济学注重对“变化”的研究，强调时间与历史在经济演化中的重要地位，强调制度变迁。马克思是现代演化经济学的思想前驱，此后广义的演化经济学（具有演化思想的经济学）源于凡勃伦，狭义的现代演化经济学源于约瑟夫·熊彼特和西蒙·熊彼特对创新过程的研究使演化经济学真正成为一个独立的理论分支，西蒙的理论贡献主要在于提出了“有限理性”概念，演化经济学借助这一概念批判新古典经济学，并将之视为自身理论框架的重要基点之一。

演化经济学就是要了解经济组织的内部结构，以便更好地了解技术进步以及行业和产品的变迁，理解创新发生的过程，更好地了解经济的演化过程。

1. 演化经济学的产生

主流经济学在经济人稳定偏好的条件下，给定技术和制度约束，只是局限于对可供使用的资源禀赋如何配置进行研究，这种经济学目标已经不适应知识经济和信息革命的时代要求。在这个时代，重要的因素是新偏好的形成，技术和制度的创新以及新资源的创造等，换言之，新奇事物的创造才是关键。因此，为了迎接这种时代的挑战，21 世纪的经济学正面临着一种革命性的变化，而演化经济学则是这种变化的主导力量。演化经济学就是对经济系统中新奇事物的创生、传播和由此所导致的结构转变进行研究的经济科学新范式，经济学范式的转变将使新古典主流成为传统经济学，而不再是“现代经济学”的前沿。

德国演化经济学家魏特指出，在 19 世纪下半叶，两个不同的学科几乎同时发生了凯恩斯式的“科学革命”，一个是自然科学当中著名的“达尔文革命”，另一个则是经济学中的“边际革命”，这种巧合确实是对历史的讽刺，因为不可能再有比这两种革命所追求的目标更对立的了，边际革命所确立的是一种倒退的、牛顿主义的和反历史的经济学主流。一个多世纪之后，现在是否到了逆转这种趋势的历史时期？魏特的回答是，目前的经济学确实需要达尔文式的范式革命。

实际上，早在 1898 年，凡伯伦就向经济学家们提出，“经济学为什么不是一门进化的科学”？马歇尔也宣称，“经济学家的麦加应当在于经济生物学，而非经济力学”。然而，演化经济学的发展却历经坎坷，到了 20 世纪五六十年代，它已被绝大多数经济学家遗忘。只是到了 20 世纪八十年代，演化经济学才开始被越来越多的经济学家所注意。因此，日本京都大学教授八木纪一郎认为，如果以演化思想为基础的经济学重建算是科学革命的话，那么，这种科学革命就是被推迟了一个多世纪之后才又重新开始的。

2. 演化经济学的特征

（1）用动态的、演化的方法看待经济发展过程，看待经济变迁和技术变迁；

（2）强调惯例、新奇创新和对创新的模仿在经济演化中的作用，其中，创新是核心；

（3）以达尔文主义为理论基础，以达尔文进化论的三种机制（遗传、变异和选择）为演化经济学的基本分析框架；

（4）强调时间、历史等在经济演化中的地位，认为经济演化是一个不可逆转的过程；

（5）强调经济变迁的路径依赖，制度的演化遵循路径依赖的规律，今天的制度是昨天的制度甚至一个世纪前的制度的沿革；

（6）强调经济变迁过程中偶然性和不确定性因素的影响。

3. 演化经济学的前沿问题

(1) 如何理解经济变迁和技术变迁问题,如何理解经济的演化过程

生物基因是朝着有利于其生存的方向演化,也就是有目的性的。但是在企业中,虽然经理人员的决策有其目的性,但是职工的创新往往是无目的的。比如说,一个飞机制造企业中有大量的工人与研究人员,他们大部分通晓物理的一般规律,但是只参与制造飞机的极少的一部分工作,所以他们并不知道每一个创新会带来什么样的结果。新的飞机可能不是那个专门负责飞机设计的工程师设计出来的,而是由别的工程师设计出来的。作为创新的直接参与者,工程师不大能够预测到这个产业将来的发展方向在哪儿,将来会产生哪些新的产业。这也是对演化经济学的最大的挑战。

(2) 制度方面的挑战

在演化经济学中研究创新以及技术变迁时,不能够忽略制度对技术变迁以及创新的影响。如果你考察半导体产业以及别的一些产业,你会发现制度对这些产业的发展有很大的影响,正是大量的公共投资才导致了半导体业的快速发展。所以,演化经济学应该考虑到政府采取的政策以及制度变迁对经济演化和技术变迁造成的影响。

(MBA 智库百科,http://www.mbalib.com)

复习思考

1. 简述宏观经济学的产生和发展过程。
2. 介绍宏观经济学的主要研究对象和基本问题。
3. 宏观经济学研究中常用的方法有哪些?

2 国民收入的衡量与决定

经济问题

2013 年经济增长预期目标定为 7.5%

十二届全国人大一次会议政府工作报告中提到,今年经济增长预期目标定为 7.5%左右,主要基于两方面考虑:一方面,要继续抓住机遇、促进发展。这些年,我国制造业积累了较大产能,基础设施状况大为改善,支撑能力明显增强,储蓄率较高,劳动力总量仍然很大。必须优化配置和利用生产要素,保持合理的增长速度,为增加就业、改善民生提供必要条件,为转方式、调结构创造稳定环境;必须使经济增长与潜在增长率相协调,与生产要素的供给能力和资源环境的承受能力相适应。另一方面,要切实按照科学发展观的要求,引导各方面把工作重心放到加快转变经济发展方式和调整经济结构上,放到提高经济增长的质量和效益上,推动经济持续健康发展。综合权衡,今年的经济增长目标定为 7.5%左右是必要的、适宜的,实现这个目标需要付出艰苦努力。

核心提示:为什么用 *GDP* 作为经济发展的主要指标? 一国的 *GDP* 又是怎样计算和决定的? 准确预测 *GDP* 需要从哪些方面去考虑?

(新华网,温家宝谈今年经济社会发展主要预期目标,http://news.xinhuanet.com,2013_03_05)

宏观经济学就像一部 3D 全景电影,研究的是整体的市场经济,而不再局限于单个市场的运作,经济增长、失业、通货膨胀等都是其中的主要情节。而要看懂或生动地再现这些情节,继而为宏观经济的决策提供政策支持,就必须准备一副 3D 全景电影眼镜——观察宏观经济全景状况的手段或工具。国民收入账户及 *GDP* 的衡量与决定就是这些工具中最重要的一个。

2.1 国民收入及其衡量

要从整体角度研究宏观经济活动,就必须准确把握一国经济的总产出水平。从价值形成的角度看,产出是形成收入的来源,一国经济体的总产出在价值量上必然与总收入(国民收入)是相等的。显然,这里的“国民收入”有别于一国生产要素(包括土地、劳动、资本、企业家才能等)所有者在一定时期内提供要素所得的报酬,即工资、利息、租金和利润等的总和,后者更狭义一些。国民收入除了包括上述全部要素收入之外,还包括构成产品价格的资本折旧(资产价值随时间的贬值)和构成产品价格但不构成要素收入的间接税、企业转移支付等其他内容。因此,广义上的国民收入是对社会总产出水平进行的衡量,可以看作是形成狭义国民收入之前(即进行必要的扣除之前)的产出总量。

2.1.1 国内生产总值

国内生产总值(Gross Domestic Product,GDP)是核算一国经济体总产出或国民收入水平的核心指标,是指在一定时期内用货币来衡量的一个经济社会生产的最终成果(产品和劳务)的总价值。要准确理解 *GDP*,就必须界定清楚哪些才能算作 *GDP*,*GDP* 是在哪里生产和何时生产的。同时,还要知道除了最终成果的数量以外,价格也是影响 *GDP* 的重要因素。

首先,什么才能算作 *GDP*? 只有用于最终需要的产品,即最终产品(Final Goods)才能算作 *GDP*,而用于再加工的产品——中间产品(Intermediate Goods)是不能计入的。这里的“最终产品”指的是由最终使用者购买的产品和服务,主要包括用于消费的产品和服务,以及用于出口而离开本国经济循环的产品和服务。“中间产品”是指作为生产过程中的投入品而使用的产品和服务。区分最终产品和中间产品的目的是要有效避免重复计算的问题。如果经济总量是包含了中间产品在内的所有产品的总价值,即总产值,就会使所有生产(加工)及经营过程中所使用的中间产品的价值被重复计算。例如,当你购买了一辆 20 万元的小汽车,其中 4 个汽车轮胎的价值 3 000 元就已经包含在汽车价格之中了,*GDP* 就不能再计算这些轮胎的价值。当然,如果在使用几年之后轮胎磨损了,你想要更换新的轮胎,这时的轮胎就成为最终产品了,其价值就要计入当年的 *GDP*。

其次,在何处生产的 *GDP* 才能计入? *GDP* 强调“国别标准”而不是“国民标准”。因此,只有在本国境内生产的产品和服务才能包含在 *GDP* 中。凡是在本国境内生产的 *GDP* 都应计入,即使是外国人在国内创造的 *GDP* 也应该包含在其中;相反,凡是在本国境外生产的 *GDP* 都不能计入,即使本国居民在国外创造的 *GDP* 也不应包含在本国 *GDP* 中。而以“国民标准”作为统计口径核算的国民经济总量指标是与 *GDP* 十分相似的另一个概念——国民生产总值。

国民生产总值(Gross National Product,GNP)是指某国居民所拥有的全部生产要素在一定时期内所创造的最终产品和服务的价值总和。*GNP* 也是衡量国民收入的重要指标,在封闭经济中应该是等于 *GDP* 的。但在开放经济下,国家之间不可避免地会产生人员交流、贸易往来和资本流动,*GDP* 和 *GNP* 两个值通常就有出入。比如,从 *GDP* 核算角度看,肯德基中国公司的服务价值应当算作中国的 *GDP*,不应算作美国的 *GDP*;但从 *GNP* 核算的角度看,这些价值则应算作美国的 *GNP*,不能算作中国的 *GNP*。相反,海尔集团美国公司的产品价值只能算作美国的 *GDP*,而不应算作中国的 *GDP*;但可以算作中国的 *GNP*,不能算作美国的 *GNP*。由于统计核算的口径不同,*GDP* 和 *GNP* 之间量的关系可以用以下公式来表示:

$$GNP = GDP + \text{本国居民从国外取得的收入} - \text{外国居民从国内取得的收入}$$

其中,本国居民从国外取得的收入减去外国居民从国内取得的收入可用一个新的概念——净要素支出(Net Factor Payments,NFP)来表示。这样,$GNP = GDP + NFP$。

需要说明的是,在全球化发展不断深化,各国之间的人员交流、贸易往来、资本流动日益频繁的情况下,以国民标准核算 *GNP* 的难度不断加大,因此,当今世界大多数国家都用 *GDP* 作为衡量经济总体水平的统计指标。

再次,什么时候生产的 *GDP* 才能计入? *GDP* 是一个流量(Flow),而非存量(Stock)。所谓流量是指一定时期内的量,而存量则是一个时点的量。例如,会计报表中的成本或利润是流量,而资产或负债就是存量。只有在某个时期内新创造出来的产品和服务才是最终的生产成果,其价值才能计算到 *GDP* 中。旧货市场上的产品由于已经算作生产当年的 *GDP* 了,因而不能在旧货交易时再重复计算。

通常 *GDP* 的核算是以生产为标准的。需要注意的是,只要是当年生产出来的最终产品和服务,不管是否已经被销售出去,都应计入当年的 *GDP*。这是因为生产要素已经投入并构成了成本,产品本身也已经形成。相反,往年生产的最终产品,即使当年才销售出去,也不能算作当年的 *GDP*,因为产品是在过去形成的,现在的销售只是将过去产生的价值具体表现出来而已。如当年交易的二手房,其交易价格不能计入当年的 *GDP*,但围绕着二手房交易所产生的佣金、评估费等其他费用,应作为劳务收入计入当年的 *GDP*。

最后,用什么量才能表示 *GDP*? *GDP* 是一个价值量,而不是实物量,它是用货币价值来衡量的,这不仅是因为在技术上价值量可以加总,而实物量难以求和,更重要的是价值量是对市场活动的反映,而实物量则不需要经过市场交换就能表现出来。例如,农民生产的粮食只有经过市场交换而反映到价值量上(即经过交换)才能被计入 *GDP*,如果没有经过市场交换,自己生产的粮食被自己消费了,其实物量没有被价值化,就不能算作 *GDP*。在现实经济生活中,类似的事例还有很多,如家务劳动通常没有经过市场交换而价值化,因而不能核算在 *GDP* 中;自给自足的生产属于非市场性活动,不需要用货币价值来反映,也不能算作 *GDP*。

GDP 作为对市场价值的一种反映,它包含的信息是全面和综合的:既是对实物数量——最终产品产量和服务数量的计量,也是对货币数量——最终产品和服务的市场价格的核定。因此,*GDP* 的变化反映着最终产品、服务数量的变化及其价格变化的共同结果。用货币表示的价格虽然不是生产的成果,但会直接影响生产成果的最终价值量:如果价格水平较高,同样多的产品其价值量自然也就高;价格水平较低,同样多的产品其价值量也就较低。因此,以当年市场价格计算的 *GDP* 只是名义 *GDP*。为了将价格变动(通货膨胀)的影响过滤掉,就需要对 *GDP* 进行技术处理。方法是用同一个价格计算不同年份的 *GDP*,也即选择某一年作为基准年并将当年的价格作为不变价,这样计算出来的 *GDP* 就叫做实际 *GDP*。当然,基准年的选择并没有既定的依据和理想的标准,因为没有什么理由能够判定哪一年的价格更好。这样一来,实际 *GDP* 的计算同时也创造出了一个衡量价格水平的副产品——*GDP* 平减指数(*GDP* Deflator)。

$$GDP\text{平减指数} = \frac{\text{名义}\ GDP}{\text{实际}\ GDP} \times 100\%$$

显然,*GDP* 平减指数的年度变化百分比就是通货膨胀率。

2.1.2 国民收入的形成、循环与恒等关系

由于产品用途和产品使用目的的多样性,在经济实践中,具体区分最终产品和中间产品是一件非常复杂和繁琐的工作。比如,用于发电的煤炭属于中间产品,但用于家庭取暖的煤炭则是最终产品;农民销售的粮食是最终产品,但农民留作口粮和种子的粮食则是中间产品。可见,机械地按照定义对国内生产总值进行衡量是极其困难和复杂的。

实际上,只需要将中间产品价值从国民收入中剔除出来即可解决这一问题,其原因在于中间投入只是原有价值的转移,只有新增加的价值才是社会生产成果的体现,即产出应该等于新增价值。按照这一思路,不管生产的是最终产品还是中间产品,一律只需计算生产过程中的增加值,然后将这些增加值加总起来便可以得到国内生产总值。用这种方法核算,能较好地反映国内生产总值的来源,因此称之为生产法。

生产法又叫部门法,是从生产的角度衡量一国常住单位(部门)在核算期内新创造价值的一种方法,即将国民经济各个部门在核算期内生产的物质产品和与提供劳务的总价值扣除生产过程中投入的中间产品价值之后得到的增加值相加总。

按生产法核算国内生产总值,就要严格区分不同的生产部门。一般的方法是将生产部门区分为农林渔业,矿业,建筑业,制造业,运输业,邮电和公用事业,电、煤气、自来水业,批发、零售商业,金融、保险、不动产业,其他服务业,政府服务和政府企业等。

宏观经济活动是一个连续不断的循环过程,作为总产出的国内生产总值在这样的循环过程中会不断改变身份,分别以总收入或总支出的形式表现出来。具体过程可见国民收入循环流动图,如图 2-1 所示。

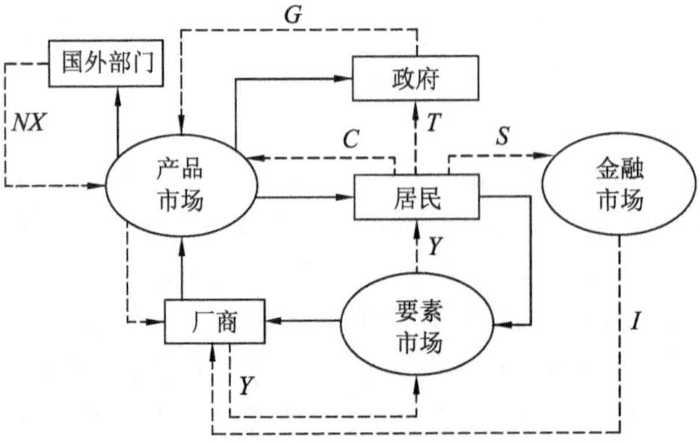

图 2-1 国民收入循环流动过程

注:图中实线表示产品或要素的流动,虚线表示价值或收入的流动。

图 2-1 中,假定整个社会经济只有四个部门:居民(家庭)、厂商(企业)、政府和国外部门,这些部门之间的经济活动全部发生在产品市场、要素市场和金融市场中。由于要素市场和金融市场只涉及生产要素和资金的流动,并没有最终产品的形成,因此,总产出应该是产品市场交易的总价值,即是总的部门增加值。

当然,从收入角度看,这个增加值是所有投入要素(劳动、资本、土地)共同创造的,按照市场等价交换法则,使用要素必须付出代价:雇佣劳动要支付工资、使用资本要付出利息、租用土地要给予租金,这样工资、利息和租金就形成了要素收入。总产出(增加值)在扣除

要素收入之后一般还有剩余(即利润),这可以看成是对企业家才能的回报。在经过上述分解之后,产品市场的总增加值就转化为所有要素提供者的收入(Y)。

从支出角度看,各种要素收入的取得都要按照一定的税率向政府交税(T),这些税使得政府有能力在产品市场上进行采购,从而形成政府的购买支出(G)。在纳税之后,居民家庭将获得的部分要素报酬用于购买消费所需的各种产品和服务,从而构成居民消费支出(C)。如果进一步假定:居民家庭没有任何投资行为,即居民消费之后收入的剩余部分全部用于储蓄(S);厂商的未分配利润,可以直接转化为投资。那么,由居民储蓄通过金融市场形成的间接投资和厂商未分配利润形成的直接投资一起构成支出的又一个重要方面——投资(I)。此外,在开放经济条件下,要素收入中的一部分可以看成是由国外部门对本国产品的需求而形成的,从而产生国外部门对本国产品的支出,即净出口(出口减去进口的余额,NX)。

综上所述,一国经济正是在连续不断的生产要素流动、产品流动和货币流动过程中,形成了产品市场上的产品与劳务、要素市场上的收入从厂商流向居民家庭,要素市场上的要素、产品市场上的支出从居民家庭流向厂商的周而复始的资源与价值循环运动。

需要特别说明的是,一国经济的总支出与收入必须相等。因为任何一笔交易都涉及买方和卖方,根据会计原则,买方购买产品和服务的支出一定等于卖方出售产品和服务得到的收入。因此,任何一项交易如果对支出有影响,必然也会影响收入,反之亦然。例如,企业多生产了一个单位的产品给家庭,显然将使总支出增加,同时它也会引起总收入发生相应的增加:如果企业为了增加生产多雇佣了工人,那么工资就增加了;如果企业不是通过增加劳动投入而是通过提高生产效率提高了产量,那就意味着利润增加了,而工资和利润都是生产要素的收入。总之,支出和收入一定是同时发生变化的,在任何时刻它们都必须相等。因此存在着如下的国民收入恒等式:

$$Y = C + I + G + NX \tag{2-1}$$

这是一个必须无条件成立的恒等式,等式左边是总收入,等式右边是总支出。相应的,国内生产总值也就可以通过总收入或总支出来进行核算。

2.1.3 总收入的核算

既然 GDP 从收入的角度看就是总收入,那么核算出总收入就可以得到 GDP,这就是收入法核算 GDP 的基本思想。收入法又叫要素支付法、生产成本法,是从生产过程创造收入(成本形成)的角度,根据生产要素在生产过程中应得的收入(亦即生产成本)来核算最终产品市场价值的一种方法,即把劳动所得到的工资、土地所有者得到的地租、资本所得到的利息等要素收入以及营业盈余与其他非要素收入相加得到总收入,即 GDP。

在没有政府的简单经济中可以不考虑税收,这样部门增加值即就等于要素收入加上折旧。其中,要素收入包括劳动者报酬(劳动者因从事生产活动所获得的全部报酬,具体有劳动者获得的各种形式的工资、奖金和津贴,既包括货币形式的,也包括实物形式的,还包括劳动者所享受的公费医疗和医药卫生费、上下班交通补贴和单位支付的社会保险费等)和营业盈余(常驻单位创造的增加值扣除劳动报酬、生产税净额和固定资产折旧后的余额)。资本折旧之所以应计入总收入,是因为它虽不是要素收入,但它是一定时期内为弥补固定资产损耗按照核定的折旧率提取的费用，属于固定资产在当期生产中发生的价值转移，直接构成产品成本，理应成为 *GDP* 的一部分。

在有政府的情况下，就需要考虑政府税收。一般情况下，政府税收包括直接税和间接税两种。直接税是政府以纳税主体的收入为计税依据，按一定的税率计征的一种税收。从国民收入形成的角度，看直接税是对各种收入的扣除，无需在收入以外单独核算。但间接税则不同，它是一种流转税，是指政府对生产单位生产、销售和从事经营活动，以及因从事生产或经营活动使用某些生产要素（如固定资产、土地、劳动力）所征收的各种税、附加费等。虽说这种税收名义上是对企业等生产或经营主体征收的，但它最终还是要进入生产成本和产品价格而转移到购买者身上，因此应作为收入的一项计入 *GDP*。

这样，国内生产总值可以由劳动者报酬、营业盈余、资本折旧、间接税净额四部分相加得到的总收入来表示。

此外，考虑到社会经济结构的复杂性，非公司企业主如律师、小店铺主、个体户、农民等，他们通常使用自己的资金，自我雇佣，其收入很难同公司制企业一样划分成其自己经营应得的工资、自有资金的利息、自有房子的租金等，通常是混在一起作为非公司企业主收入。但从性质上看，非公司企业主收入也是总收入的组成部分，应计入 *GDP*。同样，企业的转移支付（即企业对非营利组织的捐款、冲抵消费呆账等）虽然不归结为某种生产要素创造的收入，但它最终也是要通过产品价格转嫁给消费者的，因此也应看作是成本的一部分，应计入 *GDP*。

这样，按收入法计算的公式是：

$$GDP = (\text{工资} + \text{利息} + \text{租金} + \text{利润}) + \text{非公司企业主收入} + \text{折旧} + \text{间接税和企业转移支付}$$

也可看成是：

$$GDP = \text{生产要素的收入} + \text{非生产要素的收入}$$

资料链接

表 2-1　2000—2012 年按收入法统计的美国 *GDP*

10 亿美元

年份	*GDP*（*Y*）	净要素支出（*NFP*）	*GNP* = *GDP* + *NFP*	资本消耗（折旧）	国民生产净值（*NNP* = *GNP* − 折旧）	间接税	国民收入（*NI* = *NNP* − 间接税）	收入项目调整	个人收入（*PI* = *NI* − 收入项目调整）	劳动收入	业主收入	企业利润	净利息收入
2000	9 951.5	37.7	9 989.2	1 184.3	8 804.9	−134.0	8 938.9	379.5	8 559.4	5 788.8	817.5	1 360.7	592.4
2001	10 286.2	51.9	10 338.1	1 256.2	9 081.9	−103.3	9 185.2	301.9	8 883.3	5 979.3	870.7	1 346.0	687.3
2002	10 642.3	49.1	10 691.4	1 305.0	9 386.4	−22.1	9 408.5	348.4	9 060.1	6 110.8	890.3	1 309.6	749.4
2003	11 142.2	68.7	11 210.9	1 354.0	9 856.9	16.7	9 840.2	462.1	9 378.1	6 367.6	930.6	1 312.9	767.0
2004	11 853.3	91.2	11 944.5	1 432.8	10 511.7	−22.3	10 534.0	596.8	9 937.2	6 708.4	1 033.8	1 408.5	786.5
2005	12 623.0	97.1	12 720.1	1 541.4	11 178.7	−95.1	11 273.8	787.9	10 485.9	7 060.0	1 069.8	1 542.0	814.1
2006	13 377.2	72.4	13 449.6	1 660.6	11 789.0	−242.2	12 031.2	763.1	11 268.1	7 475.7	1 133.0	1 829.7	829.7

续表

年份	*GDP* (*Y*)	净要素支出(*NFP*)	*GNP* = *GDP* + *NFP*	资本消耗(折旧)	国民生产净值(*NNP* = *GNP* - 折旧)	间接税	国民收入(*NI* = *NNP* - 间接税)	收入项目调整	个人收入(*PI* = *NI* - 收入项目调整)	劳动收入	业主收入	企业利润	净利息收入
2007	14 028.7	123.2	14 151.9	1 767.5	12 384.4	-12.0	12 396.4	484.1	11 912.3	7 862.2	1 090.4	2 057.0	902.7
2008	14 291.5	169.2	14 460.7	1 854.1	12 606.6	-2.5	12 609.1	148.9	12 460.2	8 073.3	1 097.9	2 165.4	1 123.6
2009	13 973.7	143.5	14 117.2	1 866.3	12 250.9	118.3	12 132.6	265.6	11 867.0	7 794.4	979.4	1 626.5	1 466.7
2010	14 498.9	209.3	14 708.2	1 873.4	12 834.8	23.4	12 811.4	489.5	12 321.9	7 970.0	1 103.4	1 598.3	1 650.2
2011	15 075.7	251.8	15 327.5	1 936.7	13 390.8	31.9	13 358.9	411.6	12 947.3	8 295.2	1 157.3	1 685.1	1 809.7
2012	15 684.8	243.0	15 927.8	2 011.7	13 916.1	67.3	13 848.8	441.6	13 407.2	8 565.8	1 202.3	1 749.7	1 889.4

(资料来源:美国商务部经济分析局)

2.1.4 总支出的核算

支出法又称最终产品法、产品流动法,是从产品的使用角度出发,把一年内整个社会购买最终产品的支出(最终产品的卖出价)加总而计算出国内生产总值的方法。从支出的角度看,最终产品除了用于居民消费之外,还用于满足企业投资、政府购买及国外购买(净出口)的需求,因此,国内生产总值是一个国家(或地区)在一定时期内最终消费、投资、政府购买以及货物和服务净出口的总和。

居民消费(C)一般占 *GDP* 的比重最大。如 2011 年美国居民消费支出 107 226 亿美元,其中商品消费支出 36 452 亿美元,服务消费支出 70 774 亿美元,居民消费率 71.1%。居民消费一般包括购买冰箱、彩电、洗衣机、小汽车等耐用消费品的支出,服装、食品等非耐用消费品的支出,以及用于医疗保健、旅游、理发等劳务的支出。特别需要说明的是,由于住宅的使用年限很长,少则几十年,多则上百年,建造(购买)住宅的支出类似于长期投资,因此一般不统计在消费支出中。

企业投资(I)是指增加或更新资本性资产(包括厂房、机器设备、住宅及存货)的支出。那么,为什么用于资本性资产上的投资不被看成是中间产品的使用?关键是中间产品的物质形态会在生产过程中被全部消耗,价值全部转移,而资本性资产的物质形态不会发生改变,只是被磨损,价值也仅仅是部分转移。因此,用于资本性资产上的投资不同于中间产品的使用,应该看成是最终产品的使用。

企业投资具体又可区分为固定投资和存货投资两大类。固定投资指新造厂房、购买新设备、建造新住宅的投资。存货投资是企业掌握的存货(或库存)的增加或减少。企业存货之所以被视为投资,是因为它能产生收入。企业存货可以是原材料库存,也可以是产品库存。原材料库存增加是为了生产并最终产生收入的,理应属于投资,为什么产品库存的增加也算作投资增加呢?因为,企业产品的生产一样要增加资金占用,虽然生产出来的产品还没有销售掉,但生产的最终成果已经形成,只是其收入需要在未来实现罢了。

投资是一定时期内增加到资本存量中的资本流量。由于机器、厂房、设备在生产过程中会不断磨损,资本存量会随着磨损而不断减少。因此,企业投资中就有一部分是为了补偿旧资本的消耗(折旧)而进行的,称为重置投资,净投资则为总投资与重置投资的差额。计入 *GDP* 中的投资是指总投资,即重置投资与净投资之和。

通过分析投资在 *GDP* 中所占的比重可以了解一个国家经济增长有多大程度是靠投资推动的。2011 年,美国资本形成总额 23 959 亿美元,资本形成率 15.9%。其中,私人国内资本形成总额 19 136 亿美元,私人资本形成率 12.7%。在私人资本形成中,固定资本形成总额 18 664 亿美元,存货增加 472 亿美元。在固定资本形成中,非住宅投资 15 292 亿美元,住宅投资 3 372 亿美元。在非住宅投资中,建设投资 4 078 亿美元,设备和软件投资 11 214 亿美元。在设备和软件投资中,信息处理设备和软件投资 5 667 亿美元,工业设备投资 1 959亿美元,运输设备投资 1 568 亿美元,其他设备投资 2 020 亿美元。

政府购买(G)是指各级政府购买物品和劳务的支出,包括政府购买军火、军队和警察的服务、政府机关办公用品与办公设施、举办诸如修建道路等公共工程、开办学校等方面的支出。政府支付给雇员的工资也属于政府购买。政府购买是一种实质性的支出,表现为商品、劳务与货币的双向运动,直接形成社会需求,成为国内生产总值的一个组成部分。

可是,除了政府购买以外,政府支出还包括转移支付、公债利息支出等项目,为什么这些政府支出不计入 *GDP*? 根本原因在于,政府转移支付是政府不以取得产品或劳务作为目的的支出,具体包括政府在社会福利、社会保险、失业救济、贫困补助、老年保障、卫生保健、对农业的补贴等方面的支出,其作用只是政府将收入在不同的社会成员间进行转移和重新分配,使这一部分人的收入转移到另一部分人的手中,其实质是一种财富的再分配。作为一种单纯的货币性支出,政府转移支付并没有改变整个社会的总收入,因此不能计入 *GDP*(不然将会导致重复计算)。当然,公债利息支出也只是政府为举债而进行的单纯性货币支出,其作用仅仅是改变了国民收入的分配结构,而不会改变社会收入的总量,因此同样不能计入 *GDP*。

净出口(NX)是指出口减去进口的差额。由于进口所发生的向国外流出的收入,并不是用于购买本国产品的支出,因此,进口应该作为本国总支出的一个抵减项目。相反,出口则应加进本国总购买量之中,因为出口所引起的从外国流入的收入,是用于购买本国产品的支出,因此,净出口应作为总支出的一个增加项目。

把上述四项加起来,就得到用支出法计算 *GDP* 的公式:

$$GDP = C + I + G + (X - M) \tag{2-2}$$

在中国的统计实践中,支出法计算的是国内生产总值划分为最终消费、资本形成总额和货物及服务的净出口总额,它反映了本期生产的国内生产总值的使用及其构成情况。

通过支出法计算 *GDP*,我们可以分析消费率和投资率。所谓消费率就是最终消费占 *GDP* 的比率,所谓投资率就是资本形成总额占 *GDP* 的比率。按照有关统计资料,中国的消费率同世界水平相比明显偏低,仅为 50% ~60%,比发达国家低近 10 个百分点;相反,中国的投资率同世界水平相比则明显偏高,常年高于 40%,中国经济投资拉动的迹象非常突出。因此,当前和今后一段时期,宏观经济调控的一个重要内容就是要调整投资和消费的比例关系,扩大消费需求是重中之重。

资料链接

表 2-2　2000—2012 年按支出法统计的美国 *GDP*

10 亿美元

年份	*GDP*(*Y*)	消费支出(*C*)				投资支出(*I*)				政府购买(*G*)			净出口(*NX*)
		合计	耐用品	非耐用品	服务	合计	企业固定投资	住房投资	存货投资	合计	国防	非国防	
2000	9 951.5	6 830.4	915.8	1 543.4	4 371.2	1 772.2	1 268.7	449.0	54.5	1 730.9	371.0	1 359.9	-382.1
2001	10 286.2	7 148.8	946.3	1 587.7	4 614.8	1 661.9	1 227.8	472.4	-38.3	1 846.4	393.0	1 453.4	-371.0
2002	10 642.3	7 439.2	992.1	1 617.9	4 829.2	1 647.0	1 125.4	509.5	12.0	1 983.3	437.7	1 545.6	-427.2
2003	11 142.2	7 804.1	1 019.9	1 708.1	5 076.1	1 729.7	1 135.7	577.6	16.4	2 112.6	497.9	1 614.6	-504.1
2004	11 853.3	8 270.6	1 072.9	1 819.3	5 378.5	1 968.6	1 223.0	680.6	64.9	2 232.8	550.8	1 682.1	-618.7
2005	12 623.0	8 803.5	1 123.4	1 953.4	5 726.8	2 172.3	1 347.3	775.0	50.0	2 369.9	589.0	1 780.9	-722.7
2006	13 377.2	9 301.0	1 155.0	2 069.8	6 076.3	2 327.1	1 505.3	761.9	60.0	2 518.4	624.9	1 893.5	-769.3
2007	14 028.7	9 772.3	1 188.4	2 175.5	6 408.3	2 295.2	1 637.5	628.7	29.1	2 674.2	662.3	2 011.9	-713.1
2008	14 291.5	10 035.5	1 108.9	2 272.8	6 653.8	2 087.6	1 656.3	472.4	-41.1	2 878.1	737.8	2 140.3	-709.7
2009	13 973.7	9 845.9	1 029.6	2 164.8	6 651.5	1 549.3	1 349.3	354.1	-154.2	2 967.2	776.0	2 191.2	-388.7
2010	14 498.9	10 215.7	1 079.4	2 285.5	6 850.9	1 737.3	1 338.4	340.6	58.4	3 057.5	817.7	2 239.7	-511.6
2011	15 075.7	10 729.0	1 146.4	2 478.4	7 104.2	1 854.9	1 479.6	338.7	36.6	3 059.8	820.8	2 239.0	-568.1
2012	15 684.8	11 119.6	1 218.9	2 564.2	7 336.5	2 062.3	1 621.3	382.9	58.1	3 062.8	809.1	2 253.6	-559.9

(资料来源:美国商务部经济分析局)

案例评析

国民收入账户需要改进吗

如果国内生产总值是一盏坏的信号灯,那么它会把国家航船引向礁石吗?

假如美国的一家企业将污水排入当地的供水系统,人们由于饮用了这些污水而得了疾病。美国环保署发现了这些污染,根据联邦"超级基金"法案,责令企业清除污染并对之罚款。为了对抗美国环保署,这家企业聘请律师和专家为其在法庭上辩护。经过多年审判,法院判定企业败诉,企业不得不进行清污和赔偿。

根据国内生产总值的度量方法,我发现了一个令人惊奇的结果:*GDP* 增加了。因为为污水清理而花费的数百万美元被计入 *GDP*,甚至治疗疾病的医疗费用、打官司的律师费和专家费用也包含在其中。

一国经济福利的主要来源是诸如土地、河流和海洋、自然资源(如石油和木材)以及人们呼吸的空气这样的自然资产,而非人造资产。从理论上讲,出于经济和环境规划的目的,对自然资源和环境的正确利用和错误利用都应该以适当的方式计入国民收入账户。但遗憾的是,它们并未被记录在内。当前国民收入账户在处理经济体对自然资源和环境的利用时至少存在两个重要的概念性问题。

1. 自然资源的损耗。当一个石油钻井工人从地下油田开采出石油时,该石油的价值被计为国家 *GDP* 的一部分。这样做并没有使 *GDP* 反映出不可再生资源的损耗。从原则上讲,油田的开采应被视为一种存货投资的减少来加以考虑,因为从某个角度来说,石油的存货减少了。如果将其包含在国民收入账户中,存货投资减少将降低所计算的 *GDP* 数值。

2. 治理污染的成本和收益。假定某公司有下列选择:如果在生产过程中将废物排入当地的河流,可以获得价值为 1 亿美元的产出;而用其中的 10% 来雇佣工人妥当地处理废物,可以避免污染却只能得到 9 000 万美元的产出。在当前的国民收入账户准则下,如果该企业选择污染,则对 *GDP* 的贡献比较大(是 1 亿美元而非 9 000 万美元),原因是国民收入账户对洁净河流的价值并没有直观的反映。一个理想的核算体系,应将环境恶化的经济成本从企业对产出的贡献中扣除,将改善环境的活动作为产出的增加,因为这类活动具有实际的经济收益。

表面上看,在国民收入核算中讨论对资源损耗及污染问题的处理似乎无足轻重。但事实上,由于 *GDP* 及其相关统计被频繁地用于政策分析,因此与度量相关的理论问题常常具有重要的现实意义。例如,经济发展专家对某些贫困国家表示出了极大关注,因为在一定程度上,这些国家正试图通过过度开采自然资源和损害环境来促进其 *GDP* 产值的快速增长。可以想象,如果把"隐含"的资源和环境成本体现在官方对经济增长的度量中,这些国家的政策必然会得到修正。同时,在工业化国家中,有关环境的政治讨论往往将焦点集中于污染控制提案对传统 *GDP* 度量的影响,而非对总体经济福利的影响,改进的核算方法能够体现环境质量的变化,这有助于将争论重新聚焦于更为相关的问题——特定的环境提案所产生的收益(经济的和非经济的)是否大于其成本。

(根据安德鲁·B·亚伯《中级宏观经济学》第 6 版和欧文·B·塔克《今日宏观经济学》第 3 版的相关案例改编)

2.2 国民收入的生产、分配与消费

作为一国经济的总产出,国民收入既是生产的最终成果,又是价值和收入的最初来源,它始终处在始于生产,经过分配进入消费,而消费又为下一次生产提供动力和空间的循环之中。

2.2.1 国民收入的生产

国民经济的产出水平或者说总收入,是由哪些因素决定的呢?这是经济增长理论需要回答的重要问题。在 18 世纪的大部分时期,单位劳动的产出水平(生产率)同过去的几千年一样几乎没有增长,直到 18 世纪晚期到 19 世纪早期的工业革命开始,经济增长率才有所提高,逐步提升到目前的水平。大量的经济增长事例表明,在经济增长的贡献因素中,除了劳动之外,资本和技术都是不可忽视的重要方面。如果劳动用就业人数 L 来表示、资本用资本存量 K 来表示,而生产技术则用 T 来表示,将技术与劳动、资本一起作为产出的投入要

素，就有了现代经济增长理论中的总生产函数：

$$Y = F(L, K, T) \tag{2-3}$$

为了能正确区分投入要素的贡献水平，可以先考虑最简单或最原始的生产形式：单一劳动投入、单一产品的生产。在技术不变的条件下，假设所有的厂商都可以通过增加雇员来提高产量，劳动投入越多，可以生产的产品也就越多，但产量的增加不能依靠资本投入来实现。这样，总生产函数就可以简化为：

$$Y = F(L)$$

在微观生产过程中，技术条件不变前提下的单一可变投入要素生产函数，其要素的边际收益通常是递减的。相应的，这一规律在宏观经济系统中也同样存在，即随着要素投入的连续增加，单位要素投入的产出增量会逐步减小，或者说生产函数的斜率在不断下降。显然，生产函数 $Y = F(L)$ 一般具有如图 2-2 所示的凹函数特征。

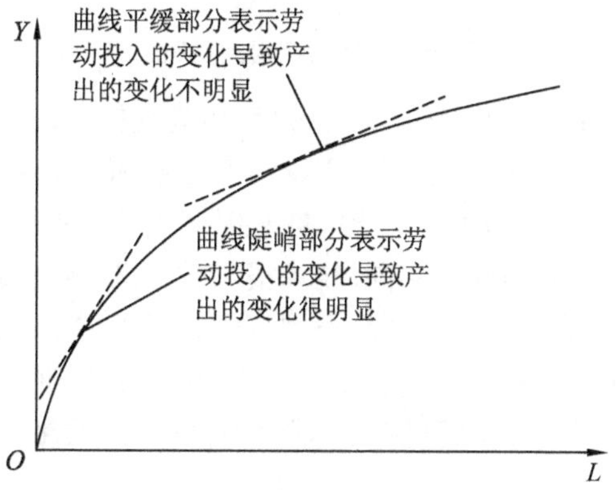

图 2-2　传统生产函数

这样的生产函数必然引起人们对于“增长极限”的担忧：随着劳动投入的不断增加，劳动生产率不断下降，产出增长的极限必然出现，更不要说劳动投入是不可能无止境地增加的。事实上，这种生产函数 $Y = F(L)$ 虽然与不发达国家的经济状况相吻合，但不能解释工业革命之后发达国家高达 50 倍以上的经济增长。资本和技术是现代生产所不可缺少的重要因素，而生产函数 $Y = F(L)$ 中并没能反映资本和技术的贡献。

如果将资本要素引入到上述模型中，生产函数就变成：$Y = F(L, K)$。它表明产出是劳动和资本投入的共同结果，即使劳动投入量没有增加，也可以通过使用更多的资本而提高产出。这一过程如图 2-3 所示。

图 2-3 中的虚线部分表明，相同劳动投入水平下，较多资本的产量要大于较少资本的产量。推广开来，意味着在各相同的劳动投入水平下，更多的资本投入总是能生产出更多的产量。

可是，在技术不变的情况下，资本虽然能够增加产出，但还是不能解开经济增长会到达极限的疑问。因为劳动存在边际收益递减问题，资本也不例外。当资本的边际收益递减时，每增加一单位的资本投入，所带来的产出增量就会不断减少。如图 2-4 所示，在不变的劳动投入水平下，后增加的单位资本所增加的产出要小于前一单位资本，对于整个经济系统来说，在一定界限以上增加人均资本投入并不能提高人均 *GDP*。这就意味着给每一个工人增加资本所能带来的产出增加是有极限的。

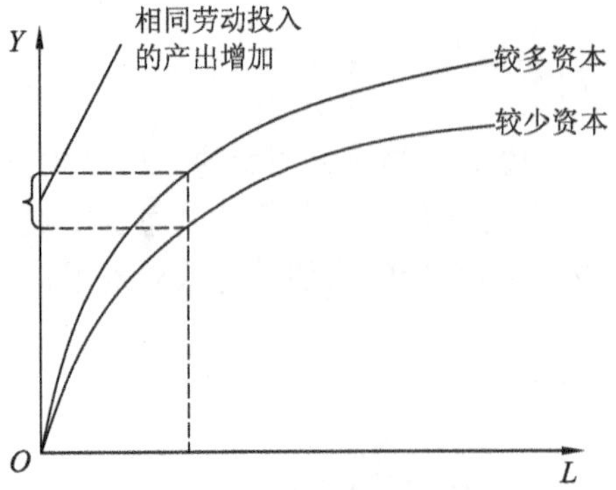

图 2-3　资本对产出的影响

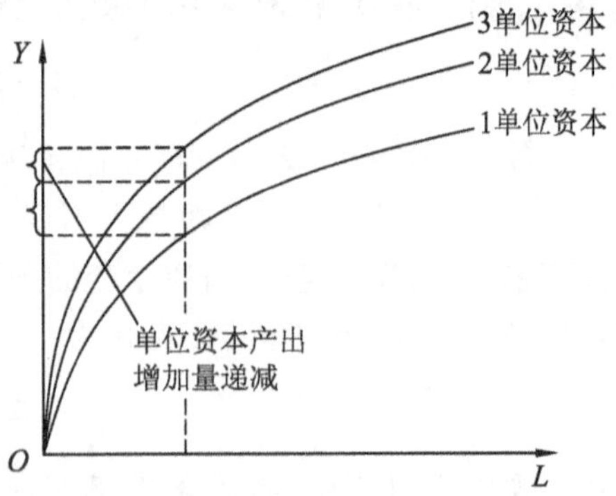

图 2-4　资本投入对产出的影响

上述分析表明，增加劳动和资本投入固然是产出增长的重要因素，但由于边际报酬递减规律的存在，它们的贡献终究是有限的，更不要说劳动和资本的投入数量最终是受限制的。因此，为了使产出能在长时间内持续增长，就需要寻找新的增长引擎，这就是技术。

与其他要素不同，技术很难被定义、预见和测量。从本质上讲，技术是存在于经济系统中的、在给定的劳动和资本等要素投入水平下，所有能够提高产出的知识或者思想的集合。至于技术对经济增长的贡献如何测量，罗伯特·索洛的增长核算公式（Growth Accounting Formula）为我们提供了大致估算的方法或路径，如图 2-5 所示。

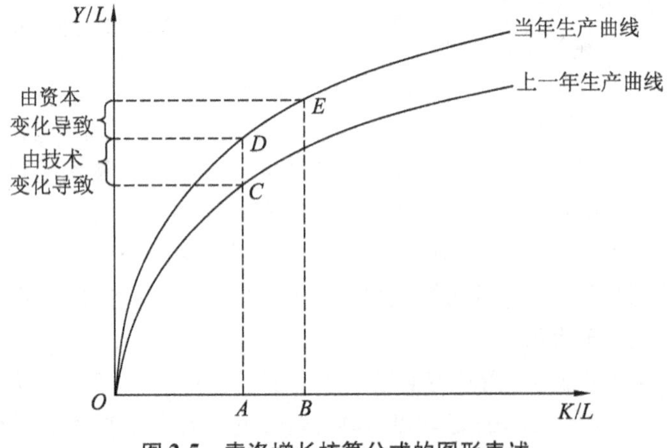

图 2-5　索洛增长核算公式的图形表述

索洛的增长核算公式可以简单地表示为：

$$生产率\left(\frac{Y}{L}\right)增长率=\mu\times单位劳动的资本\left(\frac{K}{L}\right)增长率+技术增长率 \tag{2-4}$$

其中，μ 为资本增长系数，且 $0<\mu<1$。

图 2-5 可以较好地说明资本和技术对产出增长的贡献。图中曲线的坐标与生产函数有所不同，横坐标是单位劳动的资本量（K/L）而不是劳动投入量，纵坐标是生产率（Y/L）而不是产量，它要解释的是单位劳动的资本量（K/L）对生产率（Y/L）产生的影响。这样，图中每一条曲线都可以叫做生产率曲线，表示随着资本投入量的增加而引起的生产率水平的变化。由前述

资本对产出贡献的分析可知,生产率曲线具有递减的正斜率,呈向右上方倾斜的特征。

那么生产率曲线是怎样表示技术变化的影响的呢?如图 2-5 所示,比较当年和上一年的生产率曲线可以清楚地看到,投入水平从 A 到 B 实际上产生了两个方面的变化:一是单位劳动的资本投入量增加导致生产率水平沿着当年生产率曲线而提高了;二是当年的技术水平比去年提高了,即使资本投入水平保持不变,由于生产率曲线位置提高了,当年的生产率还是比去年提高了。因此,从 A 到 B 所引起的生产率增加当中,包含着两部分,一是由于技术水平提高而导致的生产率曲线的变化(从 C 到 D),二是因为资本投入量的变化而引起的沿着同一条生产率曲线的变化(从 D 到 E)。

需要注意的是,索洛的增长核算公式只是一个经验公式,虽然大量的统计实证事例表明,资本增长系数约为三分之一($\mu \approx 1/3$),但具体取值的大小还决定于不同的宏观经济环境。

总之,国民收入的生产是劳动、资本、技术等一系列要素共同作用的结果。在现代生产中,人们越来越重视技术的作用,技术进步被看成是推动经济突破增长极限、实现持续增长的现代引擎。

2.2.2 国民收入的分配

从图 2-1 所示的国民收入循环图的分析中可以看出,国民收入就是全部要素所有者的收入,取决于要素所有者提供的要素数量及要素的价格。在要素数量相对稳定的情况下,要素价格就成为关键。因此,讨论国民收入的分配问题实质上就是讨论要素价格的决定问题。

为了简化分析过程,假定产品市场和要素市场都是完全竞争的。这样,厂商和居民都只能作为市场价格的被动接受者,不能影响价格。同时假定厂商的生产技术是不变的,即厂商的生产函数只包括劳动和资本两个投入要素,如图 2-3 所示。这意味着厂商的产量随着要素投入量的增加而增加,而且劳动和资本的边际产量都是递减的,即随着劳动、资本投入量的不断增加,图 2-3 中的生产曲线和图 2-5 中的生产率曲线都会变得越来越平坦。在此前提下,当厂商决定是否增加雇佣工人或资本的数量时,要根据利润最大化原则在劳动或资本的边际收益与边际成本之间进行权衡。当边际收益大于边际成本时,意味着厂商利润还有进一步扩大的空间,需要增加劳动或资本的数量;而当边际收益小于边际成本时,意味着厂商利润在趋于下降,需要减少劳动或资本的数量。这一过程还可以用数学模型表示。

设厂商的生产函数为 $Y=F(L,K)$,完全竞争的产品市场价格为 P,完全竞争的要素市场价格分别为 w, r,则厂商的收益 TR 和总成本 TC 可表示为:

$$TR = P \cdot F(L,K) \tag{2-5}$$

$$TC = wL + rK \tag{2-6}$$

记厂商利润为 π,则利润函数为:

$$\pi = TR - TC = P \cdot F(L,K) - (wL + rK) \tag{2-7}$$

厂商在实现利润最大化时,劳动和资本的最优投入必须满足以下必要条件:

$$\begin{cases} \dfrac{\mathrm{d}\pi}{\mathrm{d}L} = 0 \\ \dfrac{\mathrm{d}\pi}{\mathrm{d}K} = 0 \end{cases} \tag{2-8}$$

即：

$$\begin{cases}P \cdot F_{\mathrm{L}}(L,K) - w = 0 \\ P \cdot F_{\mathrm{K}}(L,K) - r = 0\end{cases} \tag{2-9}$$

式(2-9)中 $F_L(L,K)$，$F_K(L,K)$ 分别表示劳动和资本的边际产量 MP_{L}，MP_{K}。改写式(2-9)得：

$$\begin{cases}MP_{\mathrm{L}} = \dfrac{w}{P} \\ MP_{\mathrm{K}} = \dfrac{r}{P}\end{cases} \tag{2-10}$$

式(2-10)表示厂商实现利润最大化所要求的劳动(资本)的边际产量都应等于其实际价格。也就是说，如果劳动(资本)的实际价格下降，劳动(资本)的边际产量也必须减少才能实现利润的最大化，因此，厂商应该增加劳动的雇佣量(资本的投入量)；如果劳动(资本)的实际价格上升，劳动(资本)的边际产量就必须增加才能实现利润的最大化，因此，厂商应该减少劳动的雇佣量(资本的投入数量)。因此，厂商的边际产量曲线实际上可以表示要素的需求曲线。由于厂商的边际产量是递减的，因此要素的需求曲线就一定是向右下方倾斜的。

将厂商的劳动需求曲线加总成社会的劳动需求曲线，不会改变其向右下方倾斜的特征，只是劳动需求量变成了总量概念而已。如图2-6所示，以横坐标表示社会的劳动总量 L，纵坐标表示劳动的实际工资水平 w/P，则社会劳动要素的需求曲线就是图中向右下方倾斜的曲线 D，显然，$D = MP_{\mathrm{L}}$。由于在某个特定时期，整个社会的劳动供给量即存量可以看成是一个固定不变的常数，即 $L = \overline{L}$，因此，社会劳动供给曲线就是图2-6中的垂直线 S。

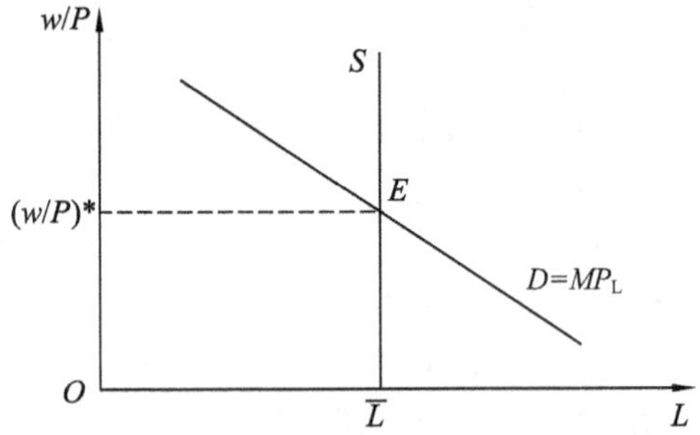

图2-6　劳动市场的均衡

垂直的劳动供给曲线 S 和向右下方倾斜的劳动需求曲线 D 相交于 E 点，在这里，整个劳动市场达到了均衡，即现有的劳动存量 $\overline{L}$ 正好等于厂商想要的劳动需求量 D，相应决定了均衡的实际劳动价格，为 $(w/P)^* = MP_{\mathrm{L}}$。这说明，在完全竞争市场上，劳动价格就是劳动的边际产量。

对于资本市场的均衡分析完全类似于劳动市场均衡。由于厂商对资本要素的需求也是与它的实际价格呈反向关联的，资本要素的实际价格 r/P 与资本要素的社会需求量同样保持反向关联关系，即资本要素的需求曲线也是向右下方倾斜的。当某个时期社会资本存量不变时($K = \overline{K}$)，资本供给曲线也是垂直的，如图2-7所示。

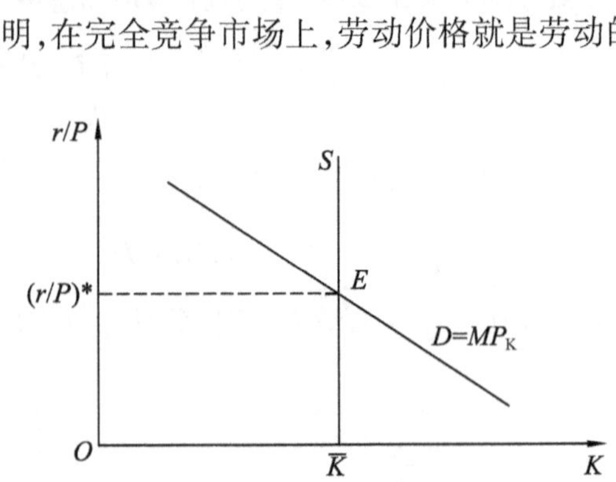

图2-7　资本市场的均衡

垂直的资本供给曲线 S 和向右下方倾斜的资本需求曲线 D 交于 E,在该点现有的资本存量$\overline{K}$刚好等于厂商想要的资本量 D,资本市场达到了均衡,此时决定了均衡的实际资本价格为$(r/P)^*$,并且$(r/P)^* = MP_K$。显然,在完全竞争市场上,资本的实际价格同样等于劳动的边际产量。

总之,在完全竞争市场中,要实现要素市场的均衡,就必须使每种要素都按其边际产量来获得报酬,即工人的实际工资应等于劳动的边际产量,资本的实际报酬应等于资本的边际产量。

当社会劳动和资本的实际价格确定之后,其收入就等于它们与要素需求量的乘积,即劳动的收入 $I_L = \frac{w}{P} \cdot L = MP_L \cdot L$,资本的收入 $I_K = \frac{r}{P} \cdot K = MP_K \cdot K$。在总收入 Y 中扣除工资收入和资本收入之后,剩余的就是利润 π,因此有:

$$\pi = Y - I_L - I_K = Y - MP_L \cdot L - MP_K \cdot K \tag{2-11}$$

整理就可以得到国民收入分配式:

$$Y = MP_L \cdot L + MP_K \cdot K + \pi \tag{2-12}$$

式(2-12)表示国民收入在分配时应包括这三个部分:劳动要素的报酬、资本要素的报酬和利润。如果把利润看成是企业家才能的报酬,那么,在一个完全竞争的经济中,每种生产要素都是根据它的边际产量获得报酬的,而国民收入刚好能用于这些要素的分配,或者每种生产要素的报酬之和等于国民收入。

2.2.3 国民收入的消费

前文已经分析了总产出是怎样生产出来的以及由总产出形成的收入是如何分配的,现在我们讨论人们是如何使用这些收入的。

从支出的角度看,GDP 可以用于满足社会经济的四个方面:消费需求(C)、投资需求(I)、政府购买需求(G)和国外需求(NX)。为简化起见,以封闭经济为例,即假定不存在外国经济部门,这时净出口(NX)等于零。这样,GDP 就等于消费(C)、投资(I)、政府购买(G)这三项支出之和,即:

$$Y = C + I + G \tag{2-13}$$

式(2-13)可称为是封闭经济的国民收入恒等式,表示在封闭经济中,国民收入分别被用于消费、投资、政府购买这三个方面的支出或需求。可是,这三个方面的支出或需求又是怎样变化的呢?

(1) 消费需求

决定个别消费行为的因素是很多的,既有经济的、心理的,还有习惯的、社会的、区域的、环境的甚至政治的,但从总体消费行为来看,经济的特别是收入方面的因素是最重要的、影响最大的。当然,直接影响消费的不是总收入 Y,而是可支配收入,即国民收入 Y 减去税收 T 之后的余额,用 Y_d 表示。因此,消费与收入之间的关系可以表示为以下的消费函数:

$$C = C(Y - T) = C(Y_d) \tag{2-14}$$

通常可支配收入与消费是同向变化的,可支配收入水平越高则消费水平也就越高。因此，消费函数式(2-14)满足：

$$\frac{dC(Y_d)}{dY_d}>0$$

如果用线性关系来描述消费函数，则有：

$$C=\alpha+\beta\cdot Y_d$$

其中，α 和 β 是参数，且 $\alpha>0,0<\beta<1$。

线性消费函数的实际经济意义是，消费 C 是由两部分的内容构成的：第一部分，自主消费(Autonomous Consumption)，用参数 α 表示，它是指不受收入水平影响的，即使在收入等于零时也必须消费的部分，代表着人们为了生存必须要有的基本生活需要，如维持最低生活水平而必须的最基本的食品、衣服、住房等，与收入水平没有直接的关联。第二部分，派生消费(Induced Consumption)，是指随着可支配收入增加而增加的消费，即可支配收入越多这部分的消费也越多。显然，派生消费受到参数 β 的影响，β 取值越大，派生消费变化的程度也越大，我们将它称为边际消费倾向(Marginal Propensity to Consume, MPC)，表示每增加一个单位的可支配收入对应的消费增加多少。显然，边际消费倾向可以用式(2-15)来定义：

$$MPC=\frac{dC}{dY_d} \tag{2-15}$$

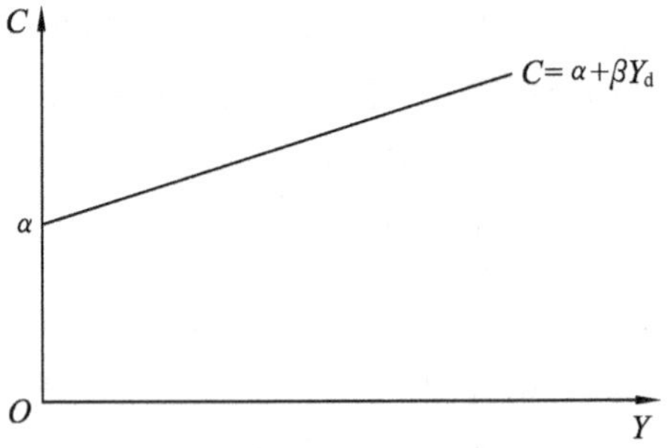

图 2-8　消费曲线

用图 2-8 来描述消费曲线，可以看到：消费曲线与表示消费数量的纵坐标相交，其截距即为自主消费 α；消费曲线向右上方倾斜，其斜率(边际消费倾向)为正，表示收入与消费之间的关系是同增或同减的，而且边际消费倾向 β 与可支配收入 Y_d 的乘积即为派生消费。

总之，基于上述简单的消费函数可知，边际消费倾向决定了当前收入有多少会被消费掉。边际消费倾向越高，意味着当前收入被消费的比重就越大，而在消费倾向相对稳定的前提下，消费水平的扩大则从根本上取决于可支配收入水平的增加。

(2) 投资需求

投资是增加或更新资本性资产的支出，既包括购买厂房、设备等资本性资产的主动支出，也包括厂商存货增加等占用性资产的被动支出。在市场体系下，这些支出无论是依靠借贷而取得的，还是厂商自有的，都有其成本或代价，这就是利息。因此，企业投资就要比较预期收益和利息，只有在预期收益大于利息的前提下，投资才是合理的、经济的。因此，投资是利率的减函数，它们之间形成了一种反向的变化关系：利率水平越高，投资数量就越小；反之，投资数量就越大(详见 3. 13 投资需求函数)。

投资与利率之间的关系，可以表示为如下的投资函数：

$$I=I(r)$$

并且：

$$\frac{\mathrm{d}I(r)}{\mathrm{d}r}<0$$

以最简单的线性函数来表示,投资函数可表示为:

$$I = e - dr \tag{2-16}$$

其中,d 为投资系数,表示投资水平受利率变化的影响程度。

投资与利率的关系如图 2-9 所示。其中,横坐标代表投资 I,纵坐标代表利率 r,在投资函数呈线性关系时,投资曲线就是一条向右下方倾斜的直线,表示随着实际利率即投资成本的上升,投资需求不断下降。

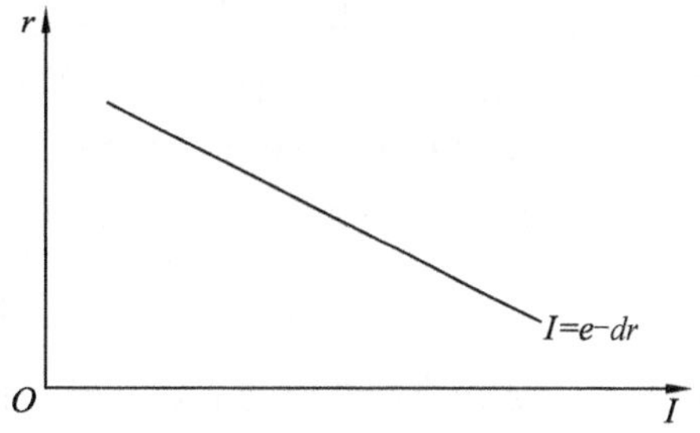

图 2-9 投资曲线

(3) 政府购买需求

与消费和投资一样,政府购买也是总需求的重要组成部分。政府部门购买各种设备、办公用品,雇佣政府工作人员提供各种服务,建立军队、警察等专政机构,出资兴建铁路、公路和桥梁等公共设施,在科研教育等项目上投入经费等,这些都属于政府购买。当然,政府购买只是政府支出中的一部分,政府支出中的转移支付,如失业救济金的发放、因社会保障而发生的支出等,只是单向的货币支付,不会引起对应的产品或劳务的流动,属于国民收入的再分配,因而不属于政府购买。

转移支付与税收的作用正好相反:税收减少了可支配收入,是可支配收入的抵减项,而转移支付增加了可支配收入,是可支配收入的增加项。因此,如果把税收 T 定义为税收减去转移支付后的净值即净税收,那么可以支配收入仍可以表示为 $Y-T$。

实现政府预算收支平衡,即政府购买等于净税收($G=T$),是宏观经济的一个重要目标。如果政府购买与净税收不相等,不管是政府购买超过了税收($G>T$),还是政府购买小于税收($G<T$),都表明政府预算没有平衡,前者是预算赤字,后者是预算盈余。政府为实现预算收支平衡的目标,可以有意识地改变政府购买 G 或税收 T 的数量。但是,税收 T 或政府购买 G 都取决于政府政策,它们是在经济模型以外被决定的,因此,在以下的分析中,G 和 T 都作为外生变量(Exogenous Variables)来处理。

2.3 国民收入的决定

在讨论了国民收入的衡量及循环之后,需要进一步分析国民收入是怎样决定的,即经济社会的总产出水平受哪些因素的影响和决定。在价格不变的情况下,国民收入决定问题是凯恩斯总需求理论的中心内容。本节主要讨论在价格不变的情况下产品市场的均衡,即在价格不变的情况下,与总需求相等的产出是怎样决定的问题。

均衡是指一个经济系统的所有参与者都不愿改变的状态。那么,从宏观上看什么样的产出水平才能让产品市场达到均衡呢? 这就需要正确界定计划支出与实际支出。

在国民收入核算中,实际支出水平就是国民收入,国民收入等于实际支出是一个永远相等的恒等关系。但本节讨论的计划支出却有不同的含义。计划支出(Aggregate Planned

Expenditure, APE)是指经济社会中人们想要的或意愿的支出,代表着人们在一定价格水平下的支出意愿。如果计划支出大于实际支出,说明人们的购买愿望没有得到全部的满足,因此,在价格不变的情况下,人们会增加实际支出,国民收入水平还会增加;如果计划支出小于实际支出,结果就会相反。因此,只有在计划支出与实际支出相等的时候,国民收入水平才能相对稳定而实现均衡。

首先,从最简单的封闭型经济开始分析。假设在封闭型经济中只有居民和厂商两个部门,该经济的计划支出 APE 就是居民家庭、厂商部门各自意愿支出的总和。注意,与会计或统计核算意义上的实际支出相区别,这里的 C 是指居民家庭意愿的消费支出,I 表示厂商的意愿支出。可是,在这里仅仅分析产品市场,并不讨论货币市场,也就是将厂商的投资当作一个外生变量来处理,因此,其意愿量和实际量总是相等的①。因此整个经济社会的意愿支出为:

$$APE = C + I \tag{2-17}$$

其中:C 代表居民家庭意愿的消费支出,I 代表厂商的投资支出。

同时,由于消费取决于可支配收入,而在没有政府部门参与的情况下是不会产生税收的,因而居民可支配收入就应该等于国民收入。这样,居民计划消费支出可表示为:

$$C = \alpha + \beta Y \tag{2-18}$$

其中:α 表示自发消费,β 为边际消费倾向。

社会经济的计划支出就应该是:

$$APE = (\alpha + \beta Y) + I \tag{2-19}$$

在社会经济的计划支出中,由于自发消费 α 与厂商投资 I 是与国民收入无关的,因此,它们的总和也不随总收入的变化而变化,可以称之为自发支出(Autonomous Expenditure),用 $AE = \alpha + I$ 表示。这样,经济社会的意愿支出就可表示为:

$$APE = AE + \beta Y \tag{2-20}$$

式(2-20)表明,计划支出由自发支出 AE 和派生支出 βY 所构成。图 2-10 可以更直观地表示计划支出的结构及其变动趋势。

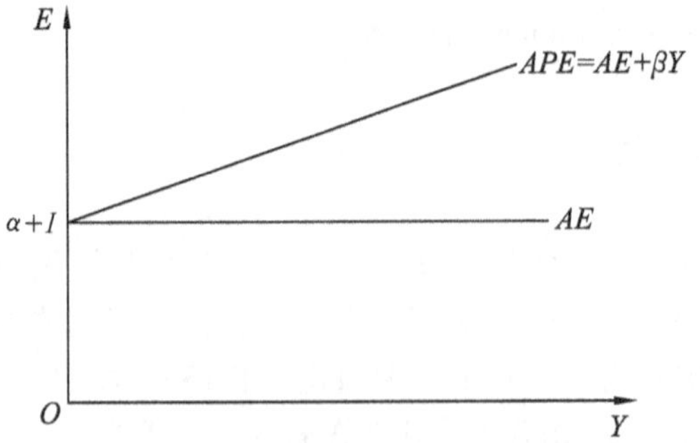

图 2-10 计划支出线

---

① 宏观经济学的实际量和意愿量是两个不同的概念。实际量是从核算角度来看的,是"事后"实际发生的量;意愿量是从计划角度来看的,是"事前"想要的量。本书除了在国民收入核算中使用的是实际量之外,其他均为意愿量。

在图 2-10 中，横轴表示实际总产出（总支出、国民收入）Y，纵轴表示计划支出 E。由于自发支出不受收入水平的影响，因此自发支出线 AE 与横轴平行，其与横轴的垂直距离代表固定不变的自发支出 $\alpha + I$。而 APE 曲线向右上方倾斜，表明随着收入的增加，计划的派生支出（消费支出）不断增加，其斜率就是边际支出倾向 $\frac{dAPE}{dY} = \beta$。

由于在国民收入水平达到均衡的时候，经济社会的计划支出（意愿支出）正好能够全部满足，即计划支出刚好等于实际总产出（国民收入）水平。这一决定过程可以用图 2-11 来表示。

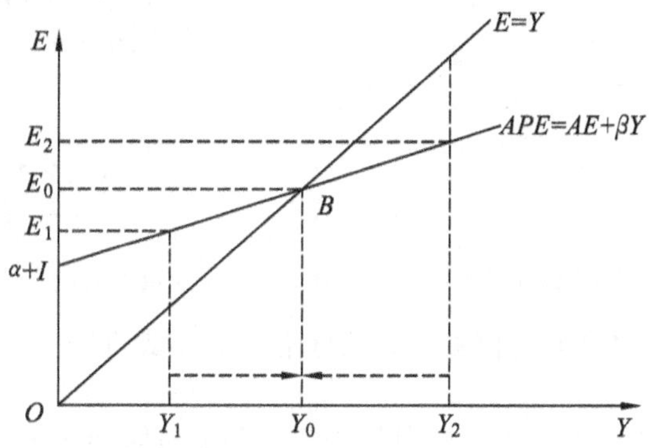

图 2-11　国民收入的决定

图 2-11 是在图 2-10 中引入了一条对角线之后形成的。之所以引入对角线，是因为对角线上每一点都表示横轴与纵轴的量正好一致，意味着用纵轴表示的支出水平刚好等于用横轴表示的实际支出（产出）Y。因此，在计划支出线与对角线的交点 B，经济社会的计划支出正好等于实际支出（产出），此时国民收入达到了均衡，B 点所对应的实际产出水平 Y_0 即为均衡国民收入。

那么，宏观经济是如何趋向这个均衡点的呢？在这里，我们要结合存货变动的情况进行分析。

在现实经济活动过程中，任何厂商都会权衡各方面的利弊得失，优选确定一定数额的存货用于满足市场变化的需要，国民收入均衡就意味着厂商的存货数量正好达到这样的意愿要求，无需调整。在图 2-11 中，当实际支出为 Y_1（小于均衡支出 Y_0）时，计划支出线 APE 在对角线的上方，表明这时的计划支出大于实际支出，即人们愿意购买的数量要大于厂商提供的数量。在价格不变的情况下，人们就会产生不断增加购买的愿望和决定，从而使厂商的存货水平不断下降。当厂商实际的存货水平低于计划水平的时候，厂商增加雇员、扩大产量就是最优选择，于是，实际支出（产出）扩大，随着产量的扩大厂商实际存货又会回到原来的计划水平。相反，当实际支出为 Y_2（大于均衡支出 Y_0）时，计划支出线 APE 在对角线的下方，表明此时的计划支出小于实际支出，即人们愿意购买的数量要小于厂商提供的数量。在价格不变的情况下，人们购买数量的减少必然使得厂商的存货增加，因此厂商会主动降低产量，从而使国民收入 Y 下降。这一过程一直会持续到计划支出与实际支出相等时为止。

以上存货调整的情况还可以用一个例子加以说明。假设整个宏观经济中仅有一家汽车生产厂商，它每天计划的最优存货水平是 1 000 辆汽车。如果整个社会对购买汽车的意愿很强烈，也就是意愿支出大于实际支出（产出），大量的购买就会使库存数量产生非意愿的减少，比如减少到 500 辆。这样，厂商就要扩大生产，其结果表现为：一方面使实际产出水平增加，直到均衡状态为止；另一方面使存货水平逐步恢复，直到计划的 1 000 辆的水平为止。

2.4 乘数原理

上述两部门经济国民收入均衡分析还可以通过求解以下方程组来进行：

$$\begin{cases} APE = \alpha + \beta Y + I \\ APE = Y \end{cases} \tag{2-21}$$

解得：

$$Y = \frac{\alpha + I}{1 - \beta}$$

可以看出，在这个简单的国民收入决定模型中，均衡国民收入（均衡产出）的大小取决于 α，I 和 β 等因素。如果自主消费 α 或投资 I 发生变化，其影响就会通过 $\frac{1}{1-\beta}$ 而使均衡产出发生更大的变化，其原因是边际消费倾向 β 是一个小于 1 的正数，$\frac{1}{1-\beta}$ 必然就是大于 1 的正数，我们称之为乘数（Multiplier）。

如图 2-12 所示，当投资增加 ΔI 时，意愿支出线将上升至 $\alpha + I + \Delta I$，国民收入均衡点将从 A 点移动到 B 点，均衡产出水平将从 Y_0 增加到 Y_1。显然有：

$$Y_1 = \frac{\alpha + I + \Delta I}{1 - \beta} = \frac{\alpha + I}{1 - \beta} + \frac{1}{1 - \beta}\Delta I \tag{2-22}$$

与原来的均衡产出水平 $\frac{\alpha + I}{1-\beta}$ 相比增加了 $\frac{1}{1-\beta} \cdot \Delta I$。

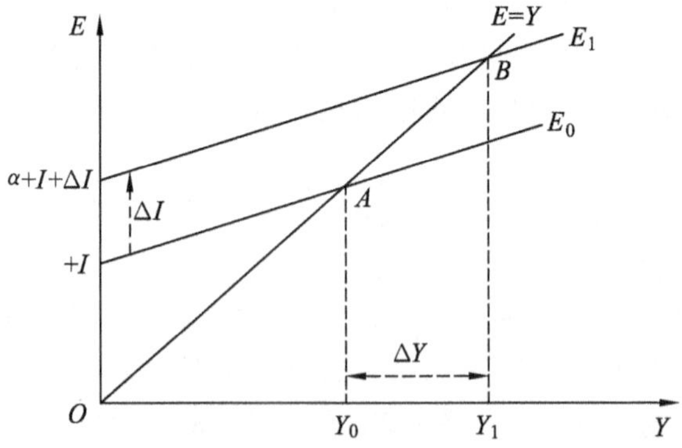

图 2-12 国民收入的决定

显然，乘数是意愿支出中的自发支出变动使均衡产出发生变动的倍数。当然，这种自发支出变动可以是自主消费 α 的变动，也可以是投资 I 的变动，它们的乘数分别为自主消费乘数 k_α 和投资乘数 k_I。在宏观经济学中，我们把这种由自主支出增加而引起国民收入的增加称之为乘数效应（Multiplier Effect）。

那么，在实际宏观经济活动中，这种乘数效应是如何产生的呢？由于自主消费在短期内几乎不会发生变化，所以自主消费乘数只是在理论分析中有价值，在宏观政策应用中并没有什么现实意义。可以通过分析由投资引发的收入扩张的传递过程来认识乘数效应。

假定边际消费倾向 $\beta = 0.8$，厂商投资增加 100 万元，由投资引起的均衡产出扩张的过程为：第一，初始循环。100 万元投资会形成相应的需求，结果是使实际总支出直接增加了 100 万元，即人们的总收入也增加了 100 万元。根据边际消费倾向 $\beta = 0.8$，当收入水平增加了 100 万元，消费水平随之增加 80 万元，相应的会使总产出或总收入也增加 80 万元。第二，再循环。当收入水平增加 80 万元之后，又会按照边际消费倾向继续增加消费 $80 \times 0.8 = 64$ 万元，随之总产出或总收入同步增加 64 万元……这个再循环过程会不断重复下去直至无穷，最终增加的均衡产出应该是每一次循环所增加的总产出或总收入的总和，即：

$$\Delta Y = \Delta I + 0.8\Delta I + 0.8^2\Delta I + \cdots + 0.8^{n-1}\Delta I = \frac{1}{1-0.8}\Delta I = 5\Delta I$$

设投资乘数为 k_I，则：

$$k_I = \frac{\Delta Y}{\Delta I} = \frac{5\Delta I}{\Delta I} = 5$$

同样，如果把两部门经济扩大到三部门经济，即在居民家庭和厂商之外再加入政府部门，价格和投资仍然看作是外生变量。政府的存在意味着会产生政府收入和支出。政府收入来源于税收，没有税收，政府就不可能正常运转，但是税收会减少可支配收入，进而对居民家庭的意愿支出产生负面影响。假定政府征收比例税，税率为 t，则征税后的可支配收入为 $Y - t \cdot Y = (1-t)Y$。同时还要注意的是，政府支出并不能全部当作意愿支出，因为除了政府购买支出 G 以外，政府转移支付会通过各种途径最终转变成收入，进而影响消费，即政府转移支付的影响是通过改变收入而对消费发挥作用的。如果将政府转移支付记为 TR，则在考虑了政府转移支付之后的可支配收入应变为 $(1-t)Y + TR$。这时的经济社会意愿支出就应该是：

$$APE = \alpha + \beta[(1-t)Y + TR] + I + G \tag{2-23}$$

这样国民收入均衡方程式就可以改写成：

$$\begin{cases} APE = \alpha + \beta[(1-t)Y + TR] + I + G \\ APE = Y \end{cases} \tag{2-24}$$

求解的结果为：

$$Y = \frac{\alpha + I + G + \beta TR}{1-(1-t)\beta}$$

分析此时的乘数效应，会发现投资乘数变为 $\frac{1}{1-(1-t)\beta}$，与两部门经济相比，由于比例税率 t 的影响，分母变大了，乘数都变小了。但是，扩张国民收入的手段或途径却增加了两个：一个是形成了政府购买支出乘数，即 $k_G = \frac{1}{1-(1-t)\beta}$，另一个是增加了政府转移支付乘数，即 $k_{TR} = \frac{\beta}{1-(1-t)\beta}$。

如果在开放经济中讨论国民收入的决定，一国的意愿支出就不仅取决于国内消费、投资和政府支出，还取决于净出口。净出口表示出口额减掉进口额后的余额，即 $NX = X - M$。由于出口额受外国需求的影响，可以看成是本国经济的外生变量，但进口额 M 则由国内经济需求所决定，是本国经济的内生变量，设：

$$M = M_0 + \gamma Y$$

其中 γ 为进口变动率，M_0 为自发出口，净出口可表示为：

$$NX = X - M_0 - \gamma Y$$

意愿支出为：

$$APE = \alpha + \beta[(1-t)Y + TR) + I + G + (X - M_0 - \gamma Y)$$

均衡国民收入为：

$$Y = \frac{1}{1-(1-t)\beta+\gamma}(\alpha + I + G + \beta TR + X - M_0)$$

不难发现，与封闭经济相比，开放经济中的乘数由$\frac{1}{1-(1-t)\beta}$减小为$\frac{1}{1-(1-t)\beta+\gamma}$，但增加了一个对外贸易乘数$k_X = \frac{1}{1-(1-t)\beta+\gamma}$。

拓展阅读

地下经济的估算

一、对地下经济的界定

地下经济是一种逃避国家监督、经济管制和再分配的、处于政府管理监控之外的经济活动。它包含以下三个方面：(1) 未经政府批准及逃避国家的各种管理和监督控制；(2) 逃避税收或其他的国家对社会分配的控制和调节；(3) 不作申报，未纳入国民生产总值的统计和其他法定统计。

随着市场经济体制的逐步建立，我国经济取得了令人瞩目的进步。与此同时，地下经济作为一种“影子经济”亦随之扩展，它的存在不仅影响了公开统计数据的准确性，影响到对国情、国力乃至人民生活水平的正确评价，也影响到国家宏观经济政策和调控措施。因此，我们有必要对我国地下经济的规模进行测算。

二、地下经济的统计估算方法

20 世纪 50 年代以来，西方学者从不同的角度，提出了多种不同的测算方法。这些方法虽然各有见地，但都存在一定的局限性，乃至用这些方法测算同一国家同一时期的地下经济规模，差别都很大。下面介绍几种主要的统计估算地下经济的方法。

(一) 自愿调查法。这是目前常用的一种问卷形式的调查，通常采用口头调查和邮件调查的方式。

由于地下经济是一个敏感性很强的问题，被调查者往往回避调查，因此，需要设计出一套有效的抽样调查方法，保护被调查者的隐私，以取得被调查者的合作。例如，荷兰曾采用一种不暴露被调查者身份的敏感性问题的调查技术，具体方法如下。

制作一套卡片，其中一部分卡片可被称为 1 号卡片，上面写“您参加地下劳动吗”；另一部分卡片可称为 2 号卡片，上面写“您是在 1 月份出生的吗”。1 号和 2

号卡片的设置比例分别为 P 和 $1-P$(由调查者决定)。然后向 n 个人进行调查。让每个人从这套卡片中随机抽取一张,只以“是”与“不是”作答。调查者并不知道被调查者回答的是什么问题,只是记录回答“是”的人数。

若实验结果表明有 m 人回答“是”,可以利用全概率公式 $\frac{m}{n}=P\pi+(1-P)S$ 来计算。其中 π 为参加地下劳动人口的比例,S 是在 1 月份出生的人口的比例。通过所有被调查者再进行一次关于“您是否是 1 月份出生”的无记名问卷调查来确定 S。

$$\pi^{\mu}=\frac{\frac{m}{n}-(1-P)S}{P}$$

可以证明,π^{μ} 是 π 的极大似然估计量和无偏估计量。我们用 π^{μ} 作为参加地下劳动人口比例的估计。

总的来说,自愿调查法能够结合就业特征和地下活动的质量来提供详细的信息,但是它不可能查出地下经济的真实规模。首先,难以保证所有的人都真实地回答问题;其二,无法保证样本的代表性;其三,即使正确估计了从事地下经济的人数,也无法确定其规模,因为不能确定地下经济的产出率。因此,这种方法主要用于估计从事地下经济的人数。

(二)税收审查法。这也是一种抽样调查方法。被随机抽中的个体和单位在法律的威慑下,必须公开其收入状况,根据样本实际收入与申报收入的差异,推算全部逃税收入。

税收审查法同样具有自愿调查法的优点,即能够获得特殊收入集团和行业在何种程度上隐蔽或不申报其收入的详细资料,而且,由于法律的威慑力,相比较自愿调查法推算的地下经济的规模来说,税收审查法能够更接近实际的逃税规模。但是,这种方法把地下经济仅限于逃税,显然不能反映地下经济的整体规模。

(三)收入与支出差异法。我们发现,用支出法计算的 GDP 总是大于用收入法计算的结果。有理由认为,此差额是由地下经济引起的。因为尽管地下收入可能没有申报或申报不足,但由此引起的许多支出在官方统计中都显示出来了。因此,收入法与支出法分别计算的国民收入差额可以反映地下收入规模的大小。

但是,还有其他因素也在影响国民核算账户的收入方和支出方,如何排除这些因素的影响,目前仍是摆在研究者面前的一个难题。

(四)现金比率法。根据地下经济是以大量现金直接结算的特点,卡根于 1958 年率先采用了现金比率法,其模型如下:

设 C 为实际现金余额,C_u 为地下经济占有现金额,C_0 为地上经济占有现金额($C=C_u+C_0$),D 为实际活期存款余额,D_u 为地下经济占有活期存款额,D_0 为地上经济占有活期存款额($D=D_u+D_0$),Y_u 为地下收入,Y_0 为地上收入,$K_u=\frac{C_u}{D_u}$ 为地下经济现金比例,$K_0=\frac{C_0}{D_0}$ 为地上经济现金比例,$V_u=\frac{Y_u}{(C_u+D_u)}$ 为地下经济周转速度，$V_0 = \frac{Y_0}{(C_0 + D_0)}$为地上经济周转速度，$B = \frac{V_o}{V_u}$。则有：

$$Y_u = \frac{1}{B} Y_0 \frac{(K_u + 1)(C - K_0 D)}{(K_0 + 1)(K_0 D - C)}$$

对上式给出一些假定，则可得简单现金比率模型。

假定1：在地下经济活动中，现金是唯一的交易媒介，即 $D_u \to 0$，$K_u \to \infty$；

假定2：在正常公开的经济活动中，人们对现金和活期存款的相对需求保持不变，即 K_0 在短期内稳定；

假定3：单位现金购买力相同，所以地下经济周转速度等于地上经济周转速度，即 $B = 1$。

基于上述假定，模型转化为：

$$Y_u = Y_0 \frac{C - K_0 D}{(K_0 + 1) D}$$

另外，现金比率法对地下经济的估算还必须选准基期年，以确定公开经济中现金对活期存款的比率。通常，应选择地下经济规模最小的个别年份或若干年份的平均水平为基准期。因为在地下经济的基准期，$K_0 = \frac{C_0}{D_0}$中的 C_0 和 D_0 分别近似等于 C 和 D，所以此时计算出来的数据差不多是接近实际现金比率的。

（周婵，《地下经济的估算方法》，《统计与决策》，2002 年第 8 期）

复习思考

1. 使用简单的宏观经济循环流量模型（见图 2-1），解释商业产品和服务的产出价值等于居民家庭的收入的原因。

2. 试述国民生产总值（*GNP*）、国内生产总值（*GDP*）、国民生产净值（*NNP*）、国民收入（*NI*）、个人收入（*PI*）和个人可支配收入（*DPI*）之间的关系。

3. 解释为什么卖给一个仓库的铲车是最终产品，即使它是用来生产其他产品的固定资本。这样计算 *GDP* 会出现重复计算问题吗？

4. 试述名义 *GDP* 和实际 *GDP* 的区别。为什么评价一个国家的经济增长时通常使用实际 *GDP*？

5. 简述国民收入的生产、分配和消费。

6. 一国经济体的产出水平是由哪些因素决定的？

7. 如果政府购买增加，会对公共储蓄、私人储蓄、国民储蓄和投资产生什么影响？

8. 如果政府增加税收，会对消费、投资产生什么影响？

9. 假设某经济体的消费函数为 $c = 100 + 0.8y_d$，投资 $i = 50$，政府购买 $G = 200$，政府转移支付 $t_r = 62.5$，税收 $t = 250$（单位均为 10 亿美元），求：

（1）均衡收入；

（2）投资乘数、政府支出乘数、税收乘数、转移支付乘数。

10. 在上题中，如果社会达到充分就业的或潜在的国民收入水平为 1 200，试问采用以下方法各需多少数额：

（1）增加政府购买；

（2）减少税收；

（3）增加投资。

3 产品市场和货币市场均衡

经济问题

凯恩斯在《就业、利息和货币通论》中指出:“我将要进行争辩,说明古典学派的假设只适用于特殊情况,而不适于一般通常的情况……古典理论所假设的特殊情况的属性恰恰不能代表我们实际生活中的经济社会所含有的属性。结果,如果我们企图把古典理论应用于来自经验中的事实的话,它的教诲会把人们引入歧途,而且导致灾难性的后果。”在经济大萧条的背景下,凯恩斯成功建立起一套宏观经济理论框架体系替代原有的古典理论。虽然随着凯恩斯理论的产生,也出现了许多对于凯恩斯理论的争论,但这一理论体系无疑符合当时的大萧条经济背景,即使从今天的眼光看,仍然具有一定的合理性。

第 2 章分析了产品市场的收支均衡决定国民收入的问题。具体而言,在四部门经济中,消费、投资、政府支出和净出口的总支出水平决定了经济社会的总需求,从而决定了均衡的国民收入或产量。这一分析属于产品市场的分析。但是,在现实的经济生活中,除了产品市场以外,还有货币市场,并且产品市场和货币市场有着非常密切的联系。例如,在产品市场中,投资需求要受到利率的影响,而利率由货币市场决定,即产品市场会受到货币市场的影响;另一方面,产品市场决定的国民收入又会影响货币需求,进而影响利率,即货币市场又会受到产品市场的影响。可见,产品市场上的国民收入和货币市场上的利率是在产品市场与货币市场相互联系、相互影响、相互作用中被共同决定的。本章将介绍由汉森和希克斯构建的体现凯恩斯经济学核心思想的 *IS-LM* 模型,分析产品市场和货币市场的一般均衡。同时,还将进一步介绍拓展的开放条件下的 *IS-LM-BP* 模型,分析同时实现内部均衡和外部均衡的条件和过程。

3.1 投资需求与利率

3.1.1 投资及其分类

在第 2 章“国民收入的衡量与决定”中,已经对投资做了定义。经济学中的投资,是指为了维持、形成和扩充生产经营能力发生的对资本品的购买,是指资本的形成,即社会实际资本的增加,包括厂房、设备和存货的增加,新住宅的建造等,其中主要是厂房、设备的增加。因此，虽然在金融学上将购买债券、股票和其他资产的行为都称为“投资”，但这些“投资”都是资产所有权的转移，没有带来实际资本存量的增加，因此不属于经济学意义上的投资。

按照不同的标准，投资可以分为以下几种类型。

（1）固定资本投资和存货投资

固定资本投资体现为固定资本的增加，包括厂房、机器设备投资和建筑投资，各种住宅和非住宅建筑。存货投资表现为企业原材料、半成品和未销售的产品的存量变化。如果期末存货总量大于期初存货总量，则存货投资为正；反之，则存货投资为负。存货投资具有易变性的特征。

（2）总投资、净投资和重置投资

总投资是一定时期内发生的所有投资，没有剔除资本的损耗和折旧。一般而言，投资即为总投资。净投资是使资本总量发生变化的投资，在数值上等于总投资减去资本损耗和折旧。重置投资指用来补偿损耗的资本设备的投资，在数值上与折旧相等。因此，总投资、净投资和重置投资存在如下关系：总投资 = 净投资 + 重置投资（折旧）。

（3）自发性投资和引致投资

自发性投资指不受国民收入和消费等经济内生因素影响的投资，如由于人口、技术、资源、战争等外生因素的变动所引起的投资属于自发性投资。引致投资是指由于国民收入和消费变动而引起的投资，如由于收入的增加引起的投资为引致投资。此时，总投资为自发性投资和引致投资之和。

3.1.2 投资的决定因素

对企业而言，决定是否投资，需要比较投资的预期收益与投资成本，这是投资的两个主要决定因素。只有当投资的预期收益大于投资成本时，企业才会决定投资。在比较投资的预期收益与投资成本时，必须考虑资金的时间价值，即一项投资未来的预期收益需要贴现为现值才能和现期的投资成本（费用）比较。为了说明这一问题，需要引入现值和贴现率的概念，下面以实例来说明。

（1）现值与贴现率

假设某人将 100 元存入银行，年利率为 6%，如按复利计算，则：

第 1 年本利和为：$100 \times (1+6\%) = 106$ 元；

第 2 年本利和为：$106 \times (1+6\%) = 100 \times (1+6\%)^2 = 112.36$ 元；

第 3 年本利和为：$112.36 \times (1+6\%) = 100 \times (1+6\%)^3 = 119.1016$ 元；

$\vdots$

第 n 年本利和为：$100 \times (1+6\%)^n$ 元。

用 R_0 表示现值，用 S_i 表示 i 年后的本利和，用 r 表示利率，则 S_i 可表示为：

$S_1 = R_0 \times (1+r)$

$S_2 = R_0 \times (1+r)^2$

$S_3 = R_0 \times (1+r)^3$

$\vdots$

$S_n = R_0 \times (1+r)^n$

如果已知利率和未来的本利和，求本利和的现值，则有：

$$R_0=\frac{S_1}{(1+r)}=\frac{S_2}{(1+r)^2}=\frac{S_3}{(1+r)^3}=\cdots=\frac{S_n}{(1+r)^n} \tag{3-1}$$

这里 r 起到了将未来预期收益折算为现值的作用，因此称 r 为贴现率。

对于企业而言，未来的预期收益将在投资期限中逐年获得。当投资项目结束时，通常还存在资本残值，通过出售破损的机器、厂房、设备等还能获得一定的收入。因此，投资的预期收益应是未来各年份收益和资本残值的总和。

如果某项投资第 i 年预期收益为 R_i，投资期限为 n 年，n 年后资本残值为 T，贴现率为 r，用 PDV 表示未来预期收益的现值，则有：

$$PDV=\frac{R_1}{(1+r)}+\frac{R_2}{(1+r)^2}+\cdots+\frac{R_n}{(1+r)^n}+\frac{T}{(1+r)^n} \tag{3-2}$$

从式(3-2)可以看出，在未来收益确定，即 S_i 和 T 为定值的条件下，现值 PDV 大小取决于贴现率 r，两者之间呈反向变动：贴现率越高，现值 PDV 越低；反之，贴现率越低，现值 PDV 越高。

例如，某企业新建一投资项目，投资额为 330 万元，投资期限为 3 年。每年的预期收益为 107 万元、114.49 万元、122.504 万元，设备残值 36.751 万元。则预期收益现值为：

$$PDV=\frac{107}{(1+r)}+\frac{114.49}{(1+r)^2}+\frac{122.504}{(1+r)^3}+\frac{36.751}{(1+r)^3}$$

如果 $r_1=5\%$，则 $PDV_1=343.321$ 万元，大于投资成本 330 万元，企业可进行投资；如果 $r_2=9\%$，$PDV_2=317.503$ 万元，小于投资成本，则企业不应进行投资。由此可见，贴现率会影响到企业的投资决策。

(2) 资本边际效率与预期利润率

凯恩斯认为，如果存在某一贴现率 r，正好使得式(3-2)中预期收益与残值的现值之和 PDV 等于该投资所购买的资本品供给价格或总市场价值，则称此贴现率 r 为该项投资的资本边际效率(Marginal Efficiency Capital，MEC)，即资本边际效率是特殊的贴现率。

仍以上例为例，要求资本边际效率，必须使

$$PDV=\frac{107}{(1+r)}+\frac{114.49}{(1+r)^2}+\frac{122.504}{(1+r)^3}+\frac{36.751}{(1+r)^3}=330$$

解得 $r=7\%$，因此该项投资的资本边际效率是 7%。

资本边际效率表明一个投资项目的收益应按何种比例增长才能达到预期的收益，它也代表该投资项目的预期利润率。因此，资本边际效率又被称为预期利润率。在资本品供给价格或总市场价值不变的条件下，预期收益越高，预期利润率也越高。

(3) 投资决策

企业通常采用净现值(Net Present Value，NPV)法比较未来投资预期收益与投资成本的大小，进行投资决策，方法如下：

设某项投资在未来 n 年的收益分别为 $R_1,R_2,R_3,\cdots,R_n$，n 年后的资本残值为 T，贴现率为 r，当期投资成本及投资额为 C，则该项目投资的净现值为：

$$NPV=\frac{R_1}{(1+r)}+\frac{R_2}{(1+r)^2}+\cdots+\frac{R_n}{(1+r)^n}+\frac{T}{(1+r)^n}-C \tag{3-3}$$

如果 $NPV>0$,表明预期投资收益和残值的现值总和大于当期投资成本,投资方案可行;反之,如果$NPV<0$,表明预期投资收益和残值的现值总和小于当期投资成本,不应进行该项投资。

根据上文的分析,当贴现率等于预期利润率,即资本边际效率 MEC 时,预期收益与残值的现值之和等于该投资所购买的资本品供给价格或总市场价值,即现期的投资成本,因此有:

$$C=\sum_{i=1}^{n}\frac{R_i}{(1+MEC)^i}+\frac{T}{(1+MEC)^n} \tag{3-4}$$

将式(3-4)代入式(3-3),得到:

$$\begin{aligned}NPV&=\sum_{i=1}^{n}\frac{R_i}{(1+r)^i}+\frac{T}{(1+r)^n}-\left[\sum_{i=1}^{n}\frac{R_i}{(1+MEC)^i}+\frac{T}{(1+MEC)^n}\right]\\&=\sum_{i=1}^{n}\left[\frac{1}{(1+r)^i}-\frac{1}{(1+MEC)^i}\right]R_i+\left[\frac{1}{(1+r)^n}-\frac{1}{(1+MEC)^n}\right]T\end{aligned} \tag{3-5}$$

可以看出,当贴现率小于资本边际效率即预期利润率,即 $r<MEC$ 时,净现值 $NPV>0$,企业可以进行投资;当贴现率大于资本边际效率即预期利润率,即 $r>MEC$ 时,净现值 $NPV<0$,企业不应进行投资;当贴现率等于资本边际效率即预期利润率,即 $r=MEC$ 时,净现值$NPV=0$。

贴现率 r 反映了企业使用货币的机会成本。例如,企业可将本来用于投资的资本存入银行获得利息收入,或者投资于其他项目获得收益,或者投资证券股票市场获得收益,等等。虽然投资于不同的项目收益有所差异,但是,合适的贴现率是企业能从其他具有大致风险的投资中得到的平均收益率。这一平均收益率即贴现率可以通过各种方法进行推测和估算,但通常情况下,人们常用银行实际利率即扣除通货膨胀率后的利率水平表示贴现率,用以反映使用货币的机会成本。因此,式(3-5)表明:当预期利润率大于实际利率,$NPV>0$,企业会投资;当预期利润率小于实际利率,$NPV<0$,企业不会投资。从而企业的投资决策可以简化为比较的预期利润率和实际利率水平的大小。

例如,预期长期实际利率是 8% 时,一个厂商正在考虑一个投资项目清单,每个项目都需要花费 100 万美元。第一个项目将在两年内回收 120 万美元,第二个项目将在三年内回收 125 万美元,第三个项目将在四年内回收 130 万美元,厂商应该如何决策?

假设三个项目的预期利润率或者资本边际效率分别为 MEC_1,MEC_2 和 MEC_3,根据资本边际效率的定义,得到:

$$100=\frac{120}{(1+MEC_1)^2}=\frac{125}{(1+MEC_2)^3}=\frac{130}{(1+MEC_2)^4}$$

分别求得 $MEC_1\approx 9.5\%$,$MEC_2\approx 7.7\%$,$MEC_3\approx 6.8\%$。

由于银行实际利率 $r=8\%$,只有 $MEC_1>r$,因此,企业应选择第一个项目进行投资。

(4) 预期收益与投资

从上述分析可知,企业未来的预期收益与投资成本是投资两个的主要决定因素。而影响企业未来预期收益的因素是多方面的,主要有:

① 对投资项目产出的需求预期

企业决定是否对某项目进行投资以及如何投资,首先会考虑该项目在未来市场上的需求状况。如果企业认为投资项目产品的市场需求在未来会增加,就会增加投资,反之,如果企业认为投资项目产品的市场需求在未来会减少,就会减少投资。

② 产品成本

投资的预期收益在很大程度上也取决于投资项目的产品的生产成本,尤其是劳动者的工资成本。因为工资成本是产品成本中最重要的构成部分,在其他条件不变时工资成本上升会降低企业利润,减少投资预期收益,尤其是对那些劳动密集型产品的投资项目而言,工资成本上升必然会降低投资需求。但对于可以用机器设备代替劳动力的投资项目,工资上升又意味着多用设备比多用劳动力更有利可图,因而实际工资的上升又等于是投资的预期收益增加从而会增加投资需求。可见,工资成本的变动对投资需求的影响具有不确定性。但总体而言,随着劳动成本上升,企业会越来越多地考虑采用新的机器设备,从而使得投资需求增加。

③ 投资税抵免

投资税抵免一般会增加投资,但投资抵免政策对投资的影响在很大程度上取决于这种政策是临时的还是长期的。如果是临时性采取的,则此政策的效果也是临时的,过了政策期限,投资需求可能反而下降。例如,政府为刺激经济,如果宣布在某一年实行投资抵免,则该年的投资可能大幅度增加,甚至本来准备来年投资的项目也可能提前到该年进行投资,但来年投资需求会明显下降,或政策实行的前一年,企业会把一些项目推迟到有政策鼓励时进行投资。

④ 风险与投资

企业在投资决策时除了考虑未来预期收益和投资成本以外,投资风险也是企业需要考虑的一个重要因素。投资是现在的事,收益是未来的事,未来的结果究竟如何,总有不确定性。人们对未来的结局会有一个预测,企业正是根据这种预测进行投资决策的。然而,即使是最精明的企业家,也不可能完全准确无误地预测到将来的结果。因此,投资总有风险,并且高的投资收益往往伴随着高的投资风险,如果收益不足以补偿风险可能带来的损失,企业就不愿意投资。风险包括未来的市场走势、产品价格变化、生产成本的变动、实际利率的变化、政府宏观经济政策变化等,都具有不确定性。一般而言,整个经济趋于繁荣时,企业对未来会看好,从而会认为投资风险较小;而经济呈下降趋势时,企业对未来看法会悲观,从而会感觉投资风险较大。

3.1.3 投资需求函数

从上述分析可知,企业是否要对新的实物资本如机器、设备、厂房、仓库等进行投资,取决于这些新投资的预期利润率或资本边际效率 MEC 与实际利率 r 的比较。当 $MEC > r$ 时,企业应进行投资;反之,当 $MEC < r$ 时,企业则不应进行投资。因此,实际利率 r 对投资有重要的影响。如上文所述,实际利率是企业投资的机会成本,当实际利率上升时,意味着企业

投资的机会成本增加，企业会减少对机器设备等资本品的购买，从而减少投资数额；当实际利率下降时，意味着企业投资的机会成本下降，企业会增加对机器设备等资本品的购买，从而增加投资数额。因此，投资需求与实际利率反向变动。投资需求与利率之间的关系称为投资函数，记为：

$$I=f(r) \tag{3-6}$$

由于投资 I 是利率 r 的减函数，因此 $\frac{\mathrm{d}I}{\mathrm{d}r}<0$。

假设投资需求与利率为线性函数关系，则投资需求函数可表示为：

$$I=e-dr \tag{3-7}$$

其中：$e>0$，$d\geqslant 0$ 为常数。e 为上文所述的自发性投资，它取决于整个社会的产出水平、市场容量、社会资源和货币的总供给量等因素，不受利率的影响。d 为利率对投资的影响系数，或者说是投资对利率变动的反应系数。由于 $\frac{\mathrm{d}I}{\mathrm{d}r}=-d<0$，可见利率与投资之间存在反向变动关系。$-dr$ 为投资需求中与利率有关的部分，即为引致性投资。

例如，$I=1\ 250-250r$，1 250 为自发投资。当利率每提高（或降低）1%，投资需求便减少（或增加）2.5，d 越大，表明投资对利率变动的反应越敏感、越强烈。

用横坐标表示投资 I，纵坐标表示利率 r，则投资需求函数如图 3-1 所示。

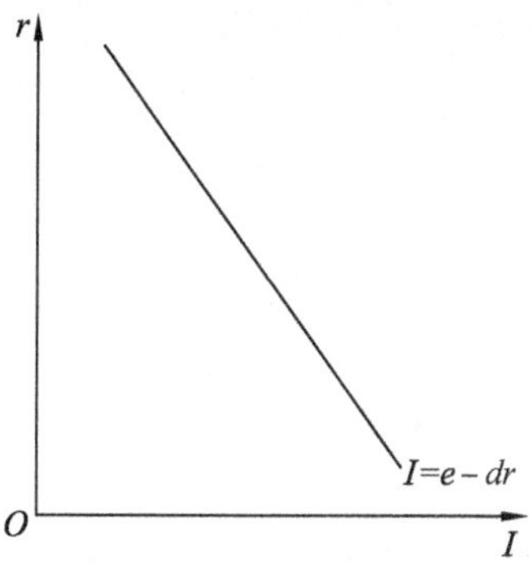

图 3-1　投资需求函数

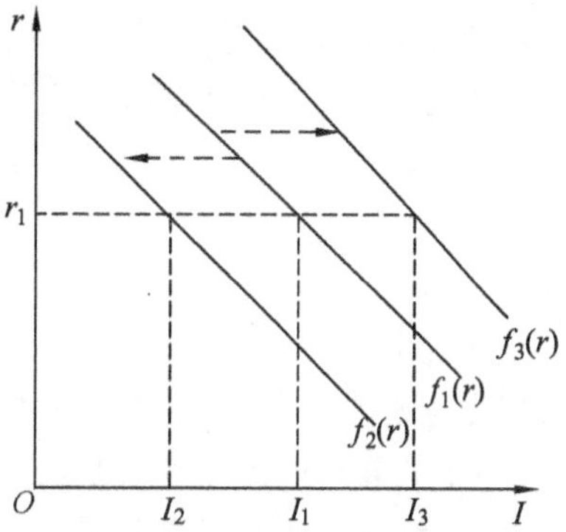

图 3-2　投资需求曲线的移动

除了利率这一基本因素以外，投资还受到一些其他因素的影响，如国民收入、企业税收因素等，这些因素都会引起投资需求曲线的移动。例如，如图 3-2 所示，原先的投资需求曲线为 $f_1(r)$，在利率为 r_1 时，投资需求为 I_1。国民收入下降会降低社会需求，在 r_1 的利率水平下，投资需求由 I_1 减少到 I_2。可以预见，在每一个利率水平上，投资需求都会下降，从而使得投资需求曲线由 $f_1(r)$ 向左平移到 $f_2(r)$。又如，当企业税收下降时，企业投资意愿增加，在 r_1 的利率水平下，投资需求由 I_1 增加到 I_3。可以预见，在每一个利率水平上，投资需求都会上升，从而使得投资需求曲线由 $f_1(r)$ 向右平移到 $f_3(r)$。

3.1.4　托宾的 q 理论

除了以上所述投资需求理论，美国著名经济学家、耶鲁大学教授詹姆斯·托宾提出了股票价格会影响企业投资的理论。按照托宾的理论,企业的市场价值与其重置成本之比,可作为衡量要不要进行新投资的标准,他把此比率称为 q。企业的市场价值就是这个企业的股票市场价格总额,它等于每股的价格与总股数的乘积。企业的重置成本指建造这个企业所需要的成本。因此有:

$$q=\frac{\text{企业的股票市场价值}}{\text{新建造企业的成本}}$$

如果企业的市场价值小于新建造成本时,$q<1$,说明买旧企业比建设新企业便宜,企业将不会投资;反之,$q>1$ 时,说明新建造企业比买旧企业要便宜,因此企业会有新投资。就是说,当 q 较高时,投资需求会较大。按照托宾的观点,股票价格上升时,投资会增加。但也有一些西方经济学家认为,股票价格与投资之间并不存在这种因果关系,相反,是由于厂商有较好的投资前景才引起该股票价格的上升。

案例评析

上调利率是遏制经济过热的最好工具

中国人民银行决定,从2006年4月28日起上调金融机构贷款基准利率。金融机构一年期贷款基准利率上调0.27个百分点,由现行的5.58%提高到5.85%。央行上调贷款利率的决定,无疑是非常明智的。虽然一年期存款基准利率没有上调是个很大的遗憾,并且有削减民众财富于无形之嫌。如果任由我国目前的经济趋势持续,不仅会丧失两年来的宏观经济调控成果,也会使得中国经济持续稳定发展的势头受到抑制。

那么,国内宏观经济调控为什么不能够达到政府预期目标呢?为什么宏观调控的成效不是如预期那样顺利?为什么宏观经济过热的状况又死灰复燃?我想最大的问题是没有好好利用宏观调控工具。如果宏观调控连最基本的工具都没有使用,那么其效果如何是可以想象的。

很简单,经济上的宏观调控是什么?就是对经济总量的控制,并通过这种对经济总量的控制来抚平经济周期的波动。那么对经济总量进行控制有什么工具?一般来说,有利率政策、汇率政策、财政政策及税收政策等。

但是,国内两年来宏观经济调控更多的是中观及微观方面的动作,而很少使用真正的宏观调控工具。

正因为中国前两次加息过小过慢,不仅弱化了银行、民众及企业对利率风险的预期,也使得实际利率过低。对于前者,由于银行、企业及民众不能够把利率风险考虑到其行为决策中,因此银行信贷快速增长也就十分正常了。对于后者,由于无论名义利率还是实际利率都过低,从而使得由政府管制的方式从债权人向债务人利益转移,即谁借到钱谁就会获得利益。既然企业借到钱就是获得利益,那么企业不仅会拼命地去借钱,也尽力将从银行借到钱用于投资,投资过热也就很自然了。因此,要改变目前中国投资过热的趋势就得从最基本、最核心的地方入手，即从金融市场的价格机制入手，调升过低的利率。

可以说，尽管这次央行调整利率的幅度不大，对企业或个人信贷成本的影响不大，但是它向市场发出了一个十分强烈的信号，即通过利率调整来改善中国金融市场的价格机制，通过利率调整向市场表明，企业与居民的经济决策必须把利率的风险考虑到未来的行为决策中。

房地产业应该是这次政府宏观调控最为关注的行业，它是一个资金密集型产业，资金成本或利率的高低不仅决定了房地产市场发展速度的快慢，也决定了房地产炒作与投机程度的高低。这次利率的调整明确地向房地产市场发出了一个强烈的信号，中央政府有决心、有能力对国内过快的房地产市场投资、对上升过快的房价进行调整。这种调整并不在于这次利率上升的幅度，而是在于市场对这次加息的反应。估计央行会通过市场反应来决定未来加息的频率。既然利率工具启动了，国内的投资过热、银行信贷过热、房地产投资过热、房价快速增长等市场面临的困难问题也将会逐渐地化解。

（新浪网，http://finance.sina.com.cn，2006_04_28）

3.2 *IS* 曲线及其变动

在介绍了投资需求函数以后，结合均衡国民收入决定的内容，本节将分析产品市场均衡条件，引入并介绍重要的分析工具：*IS* 曲线。

3.2.1 *IS* 曲线及其推导

（1）两部门经济 *IS* 曲线推导

IS 曲线表示产品市场实现均衡，即产品市场上总供给与总需求相等时，利率与均衡国民收入的各种组合。以下利用四象限法首先对两部门经济 *IS* 曲线进行图形推导。

如图 3-3 所示，四个象限横坐标和纵坐标代表的经济变量均为正值。第二象限为上文介绍的投资需求函数 $I=f(r)$；第三象限为 45°射线，其上任何一点都表示 $I=S$，而这正是两部门市场的均衡条件；第四象限为储蓄函数。在第 2 章中，曾经介绍过消费函数 $C=f(Y)$，即消费是收入的函数。由于 $C+S=Y$，因此，有了消费函数，即可求出储蓄函数 $S=Y-f(Y)$。可以看出，储蓄函数也是收入 Y 的函数，并且储蓄 S 随着收入 Y 的增加而增加。

当利率为 r_1 时，由投资需求函数 $I=f(r)$，得到此时的投资为 I_1；第三象限为 45°射线，得到与 I_1 相等的储蓄水平为 S_1；再根据储蓄函数 $S=f(Y)$，得到与储蓄 S_1 对应的国民收入水平 Y_1。将(r_1, Y_1)所对应的坐标点 E_1 在第一象限标出，这便是当产品市场实现均衡时，利率和均衡国民收入的一个组合点。采用相同的方法，得到 r_2 和 Y_2 的组合点 E_2。将这些组合点依次连接，就形成了 *IS* 曲线。

从图中可以看出，*IS* 曲线斜率为负，这体现了 *IS* 曲线的一般特性，即：利率与均衡国民收入之间反向变动。其作用机理为：利率提高，根据投资需求函数，投资数额会相应减少；为保证产品市场均衡，储蓄也要相应减少；再根据储蓄函数，储蓄所对应的国民收入也要下降。略去中间过程，在结果上就表现为利率提高导致国民收入下降；反之，当利率下降，国民收入就会增加。

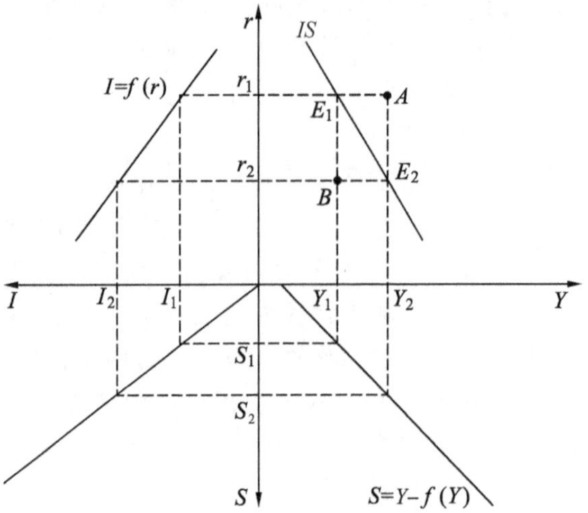

图 3-3　两部门 *IS* 曲线推导

IS 曲线上的任意一点都表示产品市场实现均衡时的利率和国民收入的组合。对于两部门经济而言，*IS* 曲线上的任意一点都表示 $I=S$ 的利率和国民收入的组合。在 *IS* 曲线外的点都表示产品市场没有实现均衡的利率和国民收入的组合。如图 3-3 中 A 点在 *IS* 曲线右上方，是 r_1 和 Y_2 的组合点，在利率 r_1 时，投资为 I_1，而在收入为 Y_2 时，储蓄为 S_2，由于 $S_2>I_1$，表明储蓄大于投资，即利率过高，导致储蓄过多而投资过低。而 B 点是在 *IS* 曲线左下方的点，表明投资大于储蓄，即利率过低，投资过高。

因此可以看出，位于 *IS* 曲线右侧的利率与国民收入的组合点都表示投资小于储蓄，即 $I<S$；位于曲线左侧的利率与国民收入的组合点都表示投资大于储蓄，即 $I>S$，如图 3-4 所示。

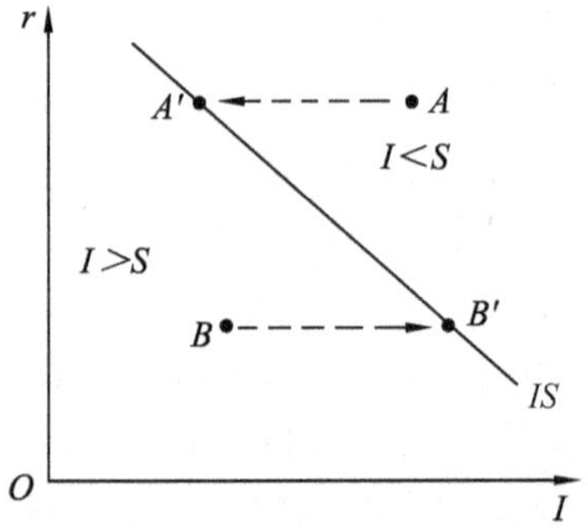

图 3-4　产品市场失衡及调整

当国民经济初始状态处于 A 点，由于 $I<S$，即总需求小于总供给，在市场机制作用下，国民收入水平将下降，最终减少到 *IS* 曲线上的 A' 点。当国民经济初始状态处于 B 点，由于 $I>S$，即总需求大于总供给，在市场机制作用下，国民收入将提高，最终增加到 *IS* 曲线上的 B' 点。

对两部门 *IS* 曲线也可进行数学推导。

当产品市场实现均衡，即总需求等于总供给时，应满足以下联立方程组：

$$\begin{cases} Y=C+I \\ C=\alpha+\beta Y \\ I=e-dr \end{cases}$$

整理后得到：

$$r=-\frac{1-\beta}{d}Y+\frac{\alpha+e}{d} \tag{3-8}$$

其中：$-\frac{1-\beta}{d}$是 IS 曲线的斜率，$\frac{\alpha+e}{d}$是 IS 曲线在纵坐标上的截距。由于 β 为边际消费倾向 MPC，根据凯恩斯消费理论的观点，$0<\beta<1$，则 $1-\beta>0$，d 为利率对投资的影响系数，或投资对利率变动的反应系数，通常情况下 $d\geqslant 0$。当 $d>0$ 时，则 $-\frac{1-\beta}{d}<0$，即 IS 曲线的斜率为负，这与图形推导的结论一致；当 $d=0$，即利率变动对投资没有影响时，$-\frac{1-\beta}{d}\to-\infty$，此时，$IS$ 曲线为垂直的直线。

令 k_e 为简单支出乘数，即 $k_e=\frac{1}{1-\beta}$，$\overline{A}$为自发消费和自发投资之和，即$\overline{A}=\alpha+e$，则 IS 曲线可表示为：

$$r=-\frac{1}{k_e d}Y+\frac{\overline{A}}{d} \tag{3-9}$$

（2）三部门经济 IS 曲线推导

三部门经济中，产品市场均衡条件由 $I=S$ 拓展为 $I+G=S+T$，代表产品市场均衡的曲线仍然成为 IS 曲线，其推导过程与两部门 IS 曲线类似。

三部门经济是在两部门经济的基础上增加了政府部门。令政府购买 $G=G_0$，税收 $T=T_0+tY$，即税收由两部分组成：T_0 为定量税，tY 为比例税，t 为税率且 $0<t<1$，转移支付 $TR=TR_0$，可支配收入 $Y_d=Y-T+TR$。

则有联立方程组：

$$\begin{cases} Y=C+I+G \\ C=\alpha+\beta Y_d \\ I=e-dr \\ G=G_0 \\ Y_d=Y-T+TR \\ T=T_0+tY \\ TR=TR_0 \end{cases}$$

得到：

$$r=-\frac{1-\beta(1-t)}{d}Y+\frac{\alpha+e+G_0-\beta T_0+\beta TR_0}{d} \tag{3-10}$$

（3）四部门经济 IS 曲线推导

四部门经济是在三部门经济的基础上增加了进出口部门。由于出口主要取决于国外的收入和消费水平，因此可将出口视为外生变量，令出口$X=X_0$，为一常数；进口与本国的国民收入有关，令进口 $M=M_0+mY$，其中 M_0 为不受国民收入影响的自发进口部分，mY 为受国民收入影响的进口部分，m 为边际进口倾向且 $0<m<1$。净出口 $NX=X-M$，其他假设条件与三部门经济相同，由此可得联立方程组：

$$\begin{cases} Y = C + I + G + NX \\ C = \alpha + \beta Y_d \\ I = e - dr \\ G = G_0 \\ Y_d = Y - T + TR \\ T = T_0 + tY \\ TR = TR_0 \\ X = X_0 \\ M = M_0 + mY \\ NX = X - M \end{cases}$$

得到：
$$r = -\frac{1-\beta(1-t)+m}{d}Y + \frac{\alpha + e + G_0 - \beta T_0 + \beta TR_0 + X_0 - M_0}{d} \tag{3-11}$$

3.2.2 *IS* 曲线的转动

影响 *IS* 曲线转动的因素主要是 *IS* 曲线的斜率。以四部门经济为例，*IS* 曲线斜率的绝对值为$\frac{1-\beta(1-t)+m}{d}$，影响斜率的变量包括 d，β，t 和 m，下面对这些变量逐一进行分析。

（1）d

d 为投资对利率变动的反应系数。从斜率的表达式看，d 增大，使 *IS* 曲线斜率的绝对值变小，从而使 *IS* 曲线由陡峭变为平坦。反之，d 减小，使 *IS* 曲线斜率的绝对值由小变大，从而使 *IS* 曲线由平坦变为陡峭。其经济原理为：d 反映了投资对利率变动的敏感程度，当 d 增大时，表明利率的较小幅度的变动会造成投资的较大幅度的变化，从而带来较大的国民收入的变化。

如图 3-5 所示，对于 d 值较小即斜率绝对值较大的 IS_1 曲线，当利率由 r_1 下降到 r_2，国民收入的增加幅度较大，从 Y_1 增加到 Y_2；对于 d 值较大即斜率绝对值较小的 IS_2 曲线，利率下降相同的幅度，国民收入的增加幅度较大，从 Y_3 增加到 Y_4。

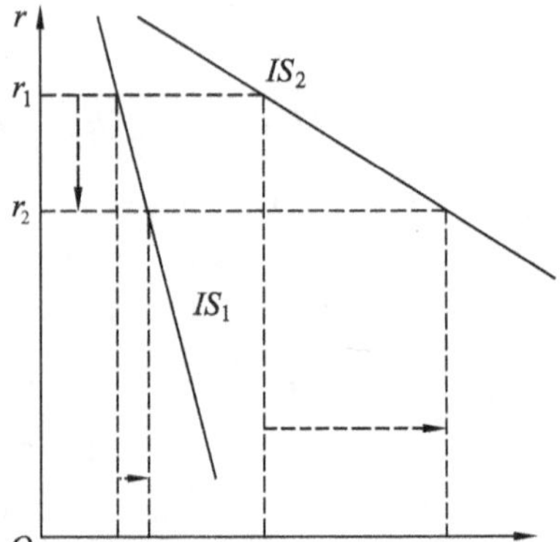

图 3-5　*IS* 曲线的转动

（2）β

β 为边际消费倾向。从斜率的表达式看，β 增大，使 *IS* 曲线斜率的绝对值变小，从而使 *IS* 曲线由陡峭变为平坦。反之，β 逐渐减小，使 *IS* 曲线斜率的绝对值由小变大，从而使 *IS* 曲线由平坦变为陡峭。其经济原理为：边际消费倾向 β 越大，意味着支出乘数较大，从而利率变动引起投资变动时，收入会以较大幅度变动，即同等幅度利率降低时国民收入增加幅度就越大，因此 *IS* 曲线就越平坦。

（3）t

t 为所得税税率。从斜率的表达式看，t 减小，使 *IS* 曲线斜率的绝对值变小，从而使 *IS*

曲线由陡峭变为平坦。反之，t 增加，使 IS 曲线斜率的绝对值由小变大，从而使 IS 曲线由平坦变为陡峭。其经济原理为：税率 t 下降使同等利率水平的投资和国民收入更大，面对相同幅度利率的下降，税率下降后的投资和国民收入的增幅更大。

（4）m

m 为边际进口倾向。从斜率的表达式看，m 增大，使 IS 曲线斜率的绝对值变大，从而使 IS 曲线由平坦变为陡峭。反之，m 减小，使 IS 曲线斜率的绝对值变小，从而使 IS 曲线由陡峭变为平坦。

将 β,t,m 综合表示为支出乘数则更容易理解。

令广义支出乘数 $k_e=\dfrac{1}{1-\beta(1-t)+m}$，这样，四部门 IS 曲线斜率可表示为 $-\dfrac{1}{k_e d}$。可以看出，当 k_e 增大时，IS 曲线斜率绝对值减小，IS 曲线由陡峭变得平坦。经济原理为：当 β 增大、或者 t 减小、或者 m 减小，使得广义支出乘数 k_e 变大时，由利率变动导致投资的变动，在较大支出乘数的作用下会导致国民收入以较大的幅度变动，使 IS 曲线变得更加平坦。

3.2.3　IS 曲线的平移

IS 曲线的平移主要受截距 $\dfrac{\alpha+e+G_0-\beta T_0+\beta TR_0+X_0-M_0}{d}$ 的影响，涉及的变量包括 α，β,e,G_0,T_0,TR_0,X_0 和 M_0。以下将逐一分析。

（1）消费、投资和净出口增加会使 IS 曲线向右移动，反之，消费、投资和净出口减少会使 IS 曲线向左移动。在 d,t,m 不变的条件下，消费、投资和净出口增加意味着 α,e 以及 X_0-M_0 的增加，即 IS 曲线在纵坐标上的截距变大，从而 IS 曲线向右移动；消费、投资和净出口减小意味着 α,e 以及 X_0-M_0 的减小，即 IS 曲线在纵坐标上的截距变小，从而 IS 曲线向左移动。

（2）政府支出增加会使 IS 曲线向右移动，反之，政府支出减少会使 IS 曲线向左移动。在 d,t,m,β 不变的条件下，政府支出增加，意味着或者政府购买 G_0 增加、或者税收 T_0 下降、或者转移支付 TR_0 增加，这将使 IS 曲线在纵坐标上的截距变大，从而 IS 曲线向右移动；政府支出减少意味着或者政府购买 G_0 减少、或者税收 T_0 增加、或者转移支付 TR_0 减少，这将使 IS 曲线在纵坐标上的截距变小，从而 IS 曲线向左移动。但不同变量对国民收入增加幅度的影响不一样，主要受其相应的支出乘数的影响。

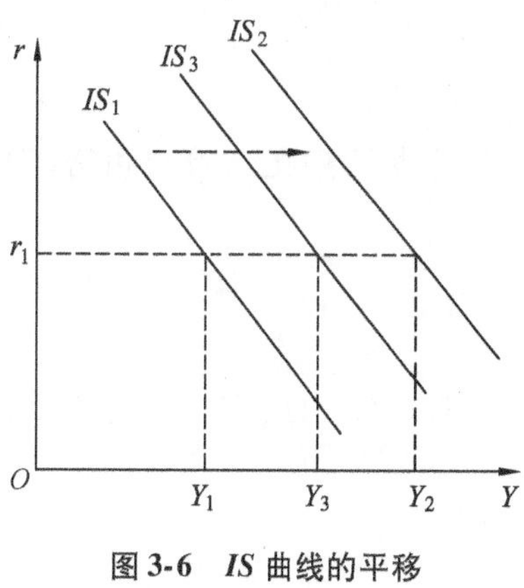

图 3-6　IS 曲线的平移

如图 3-6 所示，采用政府购买使得 IS 曲线右移。假设政府购买的增加幅度是 ΔG，则在利率 r_1 水平下，国民收入的增加幅度为 $\Delta Y=Y_2-Y_1=k_G\Delta G=\dfrac{1}{1-\beta(1-t)+m}\Delta G$，即为 IS 曲线向右平移的幅度。IS 曲线由 IS_1 向右平移到 IS_2。如果采用政府转移支付使得 IS 曲线右移，假设政府转移支付增加幅度为 ΔTR 并且令 $\Delta TR=\Delta G$，则国民收入的增加幅度为：

$$\Delta Y' = Y_3 - Y_1 = k_{\text{TR}} \Delta TR$$
$$= k_{\text{TR}} \Delta G = \frac{\beta}{1-\beta(1-t)+m} \Delta G$$

显然,此时国民收入的增加幅度变小,IS 曲线由 IS_1 向右平移到 IS_3。由于税收乘数 $k_{\text{T}} = -k_{\text{TR}}$,因此税收对国民收入的变动幅度与转移支付相同,但方向与转移支付和政府购买相反。

令$\overline{A} = \alpha + e + G_0 - \beta T_0 + \beta TR_0 + X_0 - M_0$,则 IS 曲线的截距可表示为$\overline{A}/d$。综合上述分析,可以得到如下结论:当$\overline{A}$增大,即注入项($\alpha, e, G_0, TR_0, X_0$)增大时,IS 曲线在纵坐标截距变大,从而 IS 曲线向右移动;当$\overline{A}$减小,即漏出项(T_0, M_0)增大时,IS 曲线在纵坐标截距变小,从而 IS 曲线向左移动。

例 1:

假定(1)消费函数为 $C = 50 + 0.8Y$,投资函数为 $I = 100 - 5r$,(2)消费函数为 $C = 50 + 0.8Y$,投资函数 $I = 100 - 10r$,(3)消费函数为 $C = 50 + 0.75r$,投资函数为 $I = 100 - 10r$。

(a)求(1)、(2)和(3)的 IS 曲线;

(b)比较(1)和(2)说明投资对利率更为敏感时,IS 曲线斜率将发生什么变化;

(c)比较(2)和(3)说明边际消费倾向变动时,IS 曲线斜率将发生什么变化。

解:(a)由 $C = \alpha + \beta Y$,$I = e - dr$ 和 $Y = C + I$ 可知:

$$Y = \alpha + \beta Y + e - dr$$

此时 IS 曲线将为:$r = \frac{\alpha + e}{d} - \frac{1-\beta}{d}Y$。

由(1)的已知条件 $C = 50 + 0.8Y$ 和 $I = 100 - 5r$,可得(1)的 IS 曲线为:

$$r = \frac{50+100}{5} - \frac{1-0.8}{5}Y$$

即:
$$r = 30 - \frac{1}{25}Y \qquad ①$$

同样由(2)的已知条件可得(2)的 IS 曲线为 $r = \frac{50+100}{10} - \frac{1-0.8}{10}Y$。

即:
$$r = 15 - \frac{1}{50}Y \qquad ②$$

同样由(3)的已知条件可得(3)的 IS 曲线为 $r = \frac{50+100}{10} - \frac{1-0.75}{10}Y$。

即:
$$r = 15 - \frac{1}{40}Y \qquad ③$$

(b)由(1)和(2)的投资函数比较可知(2)的投资行为对利率更为敏感,而由(1)和(2)的 IS 曲线方程①和②比较可知,(2)的 IS 曲线斜率(绝对值)要小于(1)的 IS 曲线斜率。这说明在其他条件不变的情况下,投资对利率越敏感即 d 越大时,IS 曲线的斜率(绝对值)越小。

(c)由(2)和(3)的消费函数比较可知(2)的边际消费倾向较大,而由(2)和(3)的

IS 曲线方程②和③比较可知(2)的 *IS* 曲线斜率(绝对值)要小于(3)的 *IS* 曲线斜率。说明在其他条件不变的情况下,边际消费倾向越大,即 β 越大时,*IS* 曲线的斜率(绝对值)越小。

3.3 利率的决定

在产品市场上,价格是最基本的市场信号,相应的在货币市场上,利率就是最基本的市场信号。同样,产品市场上的价格由产品供求共同决定,货币市场上的利率也应该由货币供求共同决定。

3.3.1 货币需求

货币需求是指人们在某一时点上愿意并且能够以货币形式持有的资产数量,即人们的持币需求。凯恩斯将货币需求称为"流动性偏好",是指由于货币具有使用上的灵活性,人们宁肯以牺牲利息收入而储存不生息的货币来保持资产流动性的心理倾向。

人们的财富如果不以货币形式持有,而以其他形式持有,会给他们带来收益。例如,以债券形式持有,会有债息收入;以股票形式持有,会有股息及红利收入;以房产形式持有,会有租金收入等等。那么,为何人们还是愿意持有不生息的货币?凯恩斯认为,就是因为货币具有使用上的灵活性,随时可以满足以下三类不同的动机。

(1) 交易需求动机

指个人或企业为了进行正常的交易活动而持有一部分货币的动机。由于收入和支出在时间上不是同步的,因而个人或企业必须有足够的货币资金来支付日常需要的开支。个人或企业出于这种交易动机所需要的货币量,决定于收入水平、交易习惯和商业制度,而交易习惯和商业制度在短期内一般可假定为固定不变,于是,出于交易动机的货币需求量主要决定于收入。收入越高,交易数量越大或者所交换的商品和劳务的价格越高,从而为应付日常开支所需的货币量就越大。

(2) 预防需求动机

预防需求动机又称为谨慎需求动机。指个人或企业为预防意外支出而持有一部分货币的动机,如个人或企业为应付失业、疾病、事故等意外事件而需要事先持有一定数量的货币。因此,如果说货币的交易需求产生于收入和支出间缺乏同步性,那么货币的预防性需求则产生于未来收入和支出的不确定性。西方经济学家认为,个人对货币的预防需求主要取决于他对意外事件的看法。从全社会来看,这一货币需求量大体上也和收入成正比,是收入的增函数。

货币的交易需求和预防需求有时难以完全分开,因此,常用 L_1 表示交易动机和谨慎动机所产生的全部实际货币需求量,用 Y 表示收入水平,有:

$$L_1 = f(Y) = kY \tag{3-12}$$

其中,k 表示收入变动对货币交易和预防需求的影响系数,一般来说,$0 < k < 1$。

(3) 投机需求动机

指个人或企业为了抓住有利的购买有价证券的机会而持有一部分货币的动机。假定人们一时不用的财富只能用货币形式或债券形式来保存，债券能带来收益，而闲置货币则没有收益，那么人们为何不全部购买债券而要在二者间作选择？原因在于人们想利用利率水平或有价证券价格水平的变化进行投机。在实际生活中，债券价格与利率成反比。由于债券市场价格是经常波动的，凡预计债券价格将上涨（即预期利率将下降）的人，就会用货币买进债券以备日后以更高价格卖出；反之，凡预计债券价格将下跌的人，就会卖出债券保存货币以备日后债券价格下跌时再买进。这种预计债券价格将下跌（即利率上升）而需要把货币保留在手中的情况，就是对货币的投机性需求。可见，有价证券未来价格的不确定性是对货币投机需求的必要前提，这一需求与利率呈反方向变化。利率越高，即有价证券价格越低，人们认为这一价格已降低到正常水平以下，预计很快会回升，就会抓住机会及时买进有价证券，于是，人们手中出于投机动机而持有的货币量就会减少。相反，利率越低，即有价证券价格越高，人们认为这一价格已涨到正常水平以上，预计就要回跌，于是，他们就会抓住时机卖出有价证券。这样，人们手中出于投机动机而持有的货币量就会增加。

用 L_2 表示货币投机需求动机产生的货币需求量，由于 L_2 与收入无关，而且仅与利率反向变动，假设 L_2 与利率 r 之间存在线性关系，有：

$$L_2 = g(r) = u - hr \tag{3-13}$$

其中：h 为利率变动对货币投机需求的影响系数，r 为利率，u 表示利率为 0 时的货币投机需求量，显然 $u>0$。

顺便提及，有的教材也将 u 略去，将 L_2 简单地表示为 $L_2 = -hr$，这一表示方式不影响分析问题的结论。

（4）流动偏好陷阱

投机需求分析说明，对利率的预期是人们调节货币和债券配置比例的重要依据，利率越高，货币需求量越小。当利率极高时，这一需求量为 0，因为人们认为这时利率不大可能再上升，或者说有价证券价格不大可能再下降，因而将所持有的货币全部换成有价证券。反之，当利率极低，人们会认为这时利率不大可能再下降，或者说有价证券市场价格不大可能再上升而只会跌落，因而会将所持有的有价证券全部换成货币。人们有了货币也绝不肯再去买有价证券，以免证券价格下跌遭受损失，人们不管有多少货币都愿意持在手中，这种情况称为“流动偏好陷阱”或“凯恩斯陷阱”。当利率极低时，人们手中无论增加多少货币，都不会再购买有价证券，都要留在手中，因而流动性偏好趋向于无限大，这时候即使银行增加货币供给，也不会再使利率下降。

（5）货币需求函数

将对货币的交易需求、预防需求和投机性需求加总，就得到货币的总需求。根据以上分析可知，货币的交易需求和预防需求是收入的函数，而货币的投机性需求是利率的函数，因此，货币总需求函数是收入和利率的函数。令 L 表示货币总需求，则有：

$$L = L_1 + L_2 = f(Y) + g(r) = kY + u - hr \tag{3-14}$$

在式（3-14）中，L，L_1 和 L_2 都代表对货币的实际需求，即具有不变购买力的实际货币需求量。名义货币量和实际货币量是有区别的。名义货币量是不管货币购买力如何而仅计算其票面值的货币量。把名义货币量折算成具有不变购买力的实际货币量，必须用价格指

数加以调整。假设 m,M 和 P 分别表示实际货币量、名义货币量和价格指数(表示社会平均价格水平),则有:

$$m=\frac{M}{P}\text{或者 }M=mP \tag{3-15}$$

即实际货币量为名义货币量除以价格指数,或者名义货币量等于实际货币量乘以价格指数。如果式(3-14)中 L 为名义货币需求,则:

$$L=(kY+u-hr)P$$

这说明,名义货币需求除了受收入和利率的影响之外,还会因价格水平的波动而变化。

货币的总需求函数可以用图形表示。如图3-7所示,横坐标表示货币的需求,纵坐标表示利率水平。L_1 为货币交易需求和预防需求曲线。因为 L_1 只与收入有关,而与利率无关,因此 L_1 为一条与横坐标垂直的直线,OA 表示由收入所决定的基于交易需求和预防需求的货币需求数量。当收入 Y 增加时,OA 会随之增加,即 L_1 会向右移动。

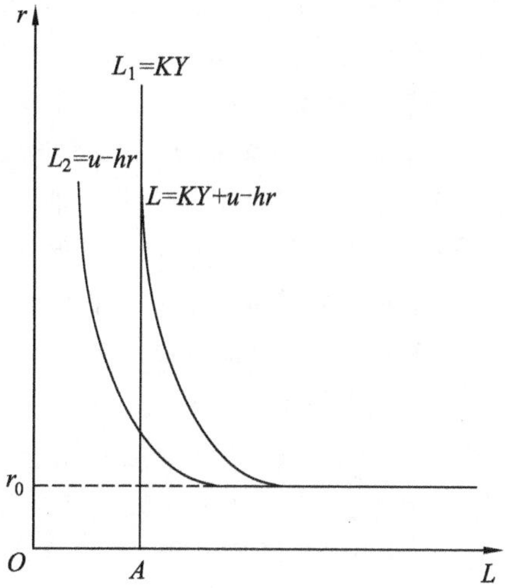

图 3-7　货币需求曲线

L_2 为货币的投机需求曲线,可以看出,曲线向右下方倾斜,表明利率与货币投机需求反向变动。当利率为 r_0 时,货币投机需求曲线趋于水平,对货币的投机需求趋于无穷,即进入"凯恩斯陷阱"。L 为货币总需求曲线,可通过将每一利率水平下的 L_2 加上 L_1 得到。

当收入水平提高时,由于 L_1 会向右移动,因此货币总需求函数同样也会向右移动。如图3-8所示,用 Y_1,Y_2,Y_3 表示三条不同的货币需求曲线 L_1,L_2 和 L_3 代表的收入水平,显然有 $Y_1<Y_2<Y_3$。

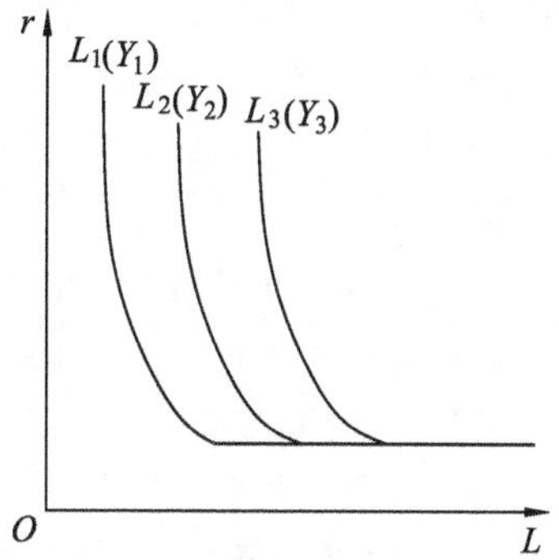

图 3-8　不同收入的货币需求曲线

因此,综合上述对货币需求曲线的分析,可以得出如下结论:货币需求量与收入的正向变动关系通过货币需求曲线左右平移表现,即收入增加,货币需求曲线向右平移,收入减少,货币需求曲线向左平移;而货币需求量与利率的反向变动关系则是通过每一条需求曲线都是向右下方倾斜来表现。

案例评析

美联储降息:疑似掉进流动性陷阱

美联储的降息,似乎在短期内并未能为股市带来根本性的提振作用。从种种迹象来看,通过购买问题资产和扩大贷款抵押品范围,美国的财政部和美联储已经在事实上采用了所谓"量化宽松"政策。

在20世纪90年代,日本央行即采用了这一政策来应对当时的通货紧缩,当时,日本的短期利率持续在零水准附近,但是日本仍然无可避免地持续衰退。事情的真相还不止于此,与日本央行21世纪初的方案相比,美联储扩张其资产负债表的速度实在是快得惊人。由于市场流动性始终无法释放,美联储采取的大量措施虽名为解冻信贷市场,但也导致了其资产负债表的急剧膨胀。今天,美联储已在毫无愧色地以危机的名义向市场投注了数量惊人的流动性,而且似乎还乐于看到银行间市场的有效联邦利率偏低的状况。

来自巴克莱资本的分析也指出,日本央行用了三年时间才将其资产负债表扩张了35%,美联储却仅仅用了一个月,就把资产负债表翻了一番。这种事实当然旁证了流动性紧缩的局面,但或许已经急红了眼的美联储应该冷静地想一下,美国是否已经掉进了"流动性陷阱"。

理论上,量化宽松政策是具有典型货币原教旨主义色彩的工具。其生效逻辑是:如果经济达不到长期均衡,造成物价调整不充分的话,若通过降低名义利率,则根据费雪公式,会带动实际利率下降(假设物价不发生变化)。实际利率的下降有助于促进企业、个人的短期投资,促进经济复苏。这是量化宽松政策的立足点。不过,在传统的凯恩斯经济学框架中,货币当局对利率是无法随心所欲进行调控的,由于资金持有者的灵活性偏好事实上可以绝对化,则当利率降至某一极低水准时,因利息收入太低,现金窖藏效应凸显,导致债务工具市场崩溃,这就是所谓流动性陷阱。

流动性陷阱易进难出。以日本案例来看,量化宽松政策事实上造成了日本国民与企业对低利率的长期依赖。从20世纪90年代中期启动政策,到1999年降为零利率,直到现在这个政策仍没有完全退位。美国现在才开始玩这个"勇敢者的游戏",能否做到"万花丛中过,片叶不沾身",仍是未知数。

(节选于《美联储吞下降息"虎狼药"》,《新京报》,2008年10月31日)

3.3.2 货币供给

货币供给是一个存量概念,是指一个国家在某一时点上所保持的不属于政府和银行所有的硬币、纸币和银行存款的总和。西方经济学家认为,货币供给量是由国家用货币政策来调节的,因而是一个外生变量,其大小与利率高低无关。如图3-9所示,横坐标表示货币供给量,纵坐标表示利率,M为货币的供给曲线,是一条垂立于横轴的直线。OB表示货币的供给数量，是由国家政策调节的外生变量。当货币供给量增加，即 OB 增加时，M 曲线向右移动，反之，当货币供给量下降即 OB 下降时，M 曲线向左移动。

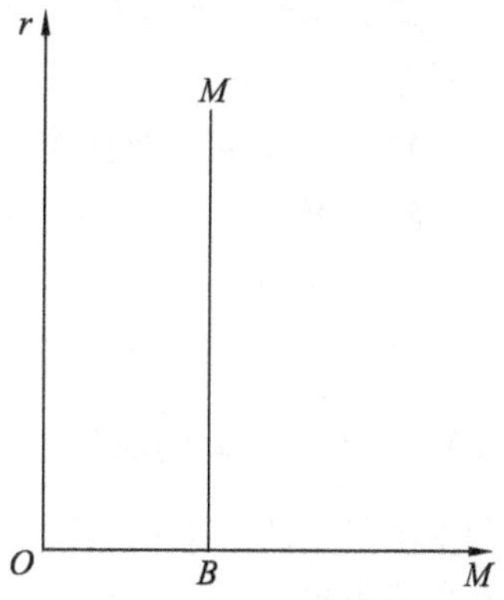

图 3-9　货币供给曲线

货币存量一般分为 M_1，M_2 及 M_3。

M_1 又称交易货币，它包括各种实际用于交易的货币。M_1 = 流通中的现金或称通货（硬币 + 纸币）+ 支票账户存款（商业银行的活期存款及其他支票存款）。M_1 通常称为狭义货币。

M_2 又称为广义货币，包括了 M_1 以及流动性较差、不能直接用作支付工具的储蓄存款、小额定期存款、个人持有的货币市场互助基金等。

M_3 包括 M_2 以及流动性更差、不能随时取出的大额定期存款、机构性货币市场互助基金、金融债券等。

从 M_1 到 M_3，货币流动性逐渐下降。由于国情和金融发展水平的差异，各国对货币供给层次的划分也不尽相同，但总体的原则是按流动性的强弱来划分的。

同样，考虑到价格因素，货币供给也有名义量和实际量之分，它们之间的关系也可以用式（3-15）表示。

拓展阅读

我国从 1994 年三季度起由中国人民银行按季向社会公布货币供应量统计监测指标。参照国际通用原则，根据我国实际情况，中国人民银行将我国货币供应量指标分为以下四个层次：

$M_1 = M_0$ + 企业活期存款 + 机关团体部队存款 + 农村存款 + 个人持有的信用卡类存款；

$M_2 = M_1$ + 城乡居民储蓄存款 + 企业存款中具有定期性质的存款 + 外币存款 + 信托类存款；

$M_3 = M_2$ + 金融债券 + 商业票据 + 大额可转让存单等；

$M_4 = M_3$ + 其他短期流动资产。

20 世纪 70 年代以后，面对各种信用流通工具不断增加和金融状况不断变化的现实，美国先后多次修改货币供应量不同层次指标。到 80 年代，公布的情况是：

M_1A = 流通中的现金 + 活期存款；

$M_1B = M_1A$ + 可转让存单 + 自动转账服务存单 + 信贷协会股票 + 互助储蓄银行活期存款；

$M_2 = M_1B$ + 商业银行隔夜回购协议 + 欧洲美元隔夜存款 + 货币市场互助基金股票 + 所有存款的储蓄存款和小额定期存款；

$M_3 = M_2$ + 大额定期存单（10 万元以上）+ 定期回购协议 + 定期欧洲美元存款；

$L = M_3$ + 银行承兑票据 + 商业票据 + 储蓄债券 + 短期政府债券。

而日本的货币量层次划分又不同于美国，中央银行控制重心也有很大差异。其划分方法为：

M_1 = 现金 + 活期存款；

$M_2 = M_1$ + 企业定期存款；

$M_3 = M_2$ + 邮局、农协、渔协、信用组合、劳动金库的存款 + 信托存款。

在经济学中，所谓货币供给通常指狭义货币供给。

3.3.3 均衡利率的决定

利率由货币的需求和供给共同决定。如图 3-10 所示，横坐标表示货币量，包括货币需求量和货币供给量，纵坐标表示利率，L 为货币需求曲线，M 为货币供给量，则 M 与 L 的交点 E 为货币市场均衡点，r 为均衡利率。E 点表示，在 r 的利率水平下，货币供给量和货币需求量正好相等，货币市场实现均衡。如果市场利率低于均衡利率 r，则说明货币需求超过供给，这时人们感到手中持有的货币太少，就会卖出有价证券，证券价格就会下降，亦即利率会上升。对货币需求的减少，一直要持续到货币供求相等时为止。相反，当利率高于均衡利率 r 时，说明货币供给超过货币需求，这时人们感到手中持有的货币太多，就会用多余的货币买进有价证券。于是，证券价格会上升，亦即利率会下降。这种情况也一直要持续到货币供求相等时为止。只有当货币供求相等时，利率才不再变动。

货币供给和需求的变动会影响到均衡利率水平。如图 3-11 所示，在收入水平保持不变，从而货币需求曲线不变的条件下，中央银行增加货币供给量，货币供给曲线由 M 向右移动到 M'，为保持货币市场均衡，增加的货币供给通过利率下降所增加的货币投机需求消化，均衡点由 E 变为 E'，均衡利率由 r 下降到 r'。如果这一过程持续下去，利率不断降低，就会进入所谓的“凯恩斯陷阱”。即 M 向右平移到 M'' 时，继续增加货币供给，利率水平将一直保持在 r_0 水平，利率不会继续下降，原因在于当利率极低时，再多的货币供给都会被无穷大的货币投机需求所吸收。

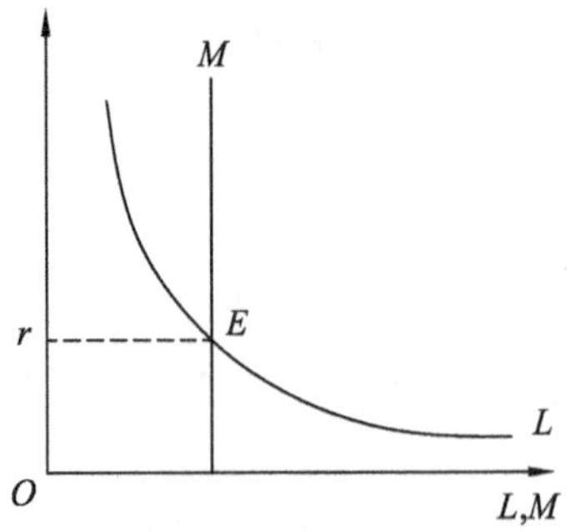

图 3-10 货币供求的均衡

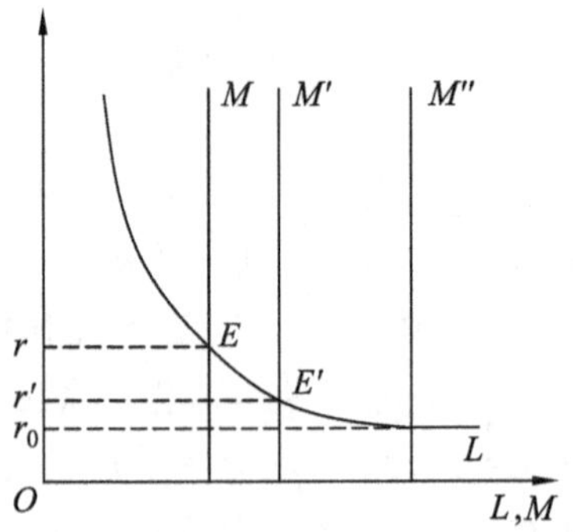

图 3-11 货币供给的变化对均衡点的影响

当货币供给量保持不变时，由于收入水平变化而引起的需求曲线的变化也会导致利率水平的变动。如图 3-12 所示，由于收入增加，货币需求曲线由 L 向右移动到 L'，而货币供给曲线 M 不变，为实现货币市场均衡，收入增加带来的货币交易和预防需求增加的需要被利率上升带来的投机需求的减少所抵消，因此，均衡点由 E 变为 E'，均衡利率由 r 上升到 r'。

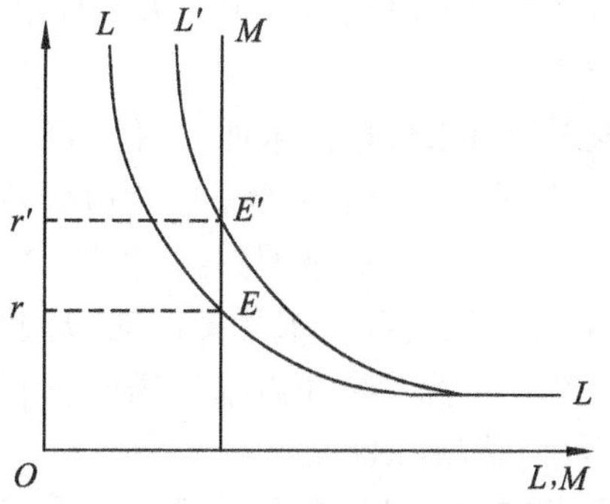

图 3-12　货币需求的变化对均衡点的影响

当货币需求和供给同时变动时，利率就会受到二者的共同影响，在移动后的货币需求曲线和供给曲线的交点上达到均衡，可以借助货币供给曲线和需求曲线图形来综合分析。

3.4　*LM* 曲线及其变动

在介绍了货币需求和货币供给以及均衡利率的决定以后，本节将介绍反映货币市场均衡的重要分析工具：*LM* 曲线。

3.4.1　*LM* 曲线的推导

LM 曲线表示货币市场实现均衡时，利率和国民收入之间的各种可能的组合。以下采用四象限法对 *LM* 曲线进行推导。

如图 3-13 所示，四个象限横坐标和纵坐标代表的经济变量均为正值。第二象限为货币的投机需求函数 $L_2 = g(r)$，由上一节分析可知，L_2 与 r 呈反向变动，即投资需求是利率的减函数。第四象限为货币的交易需求和预防需求曲线 $L_1 = f(Y)$，L_1 与 Y 同向变动，L_1 是 Y 的增函数。

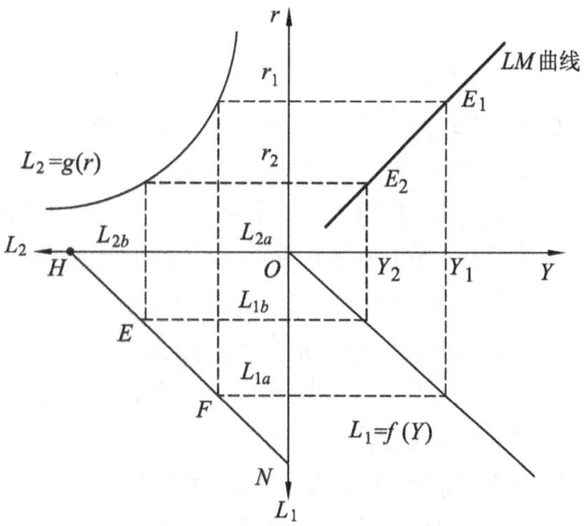

图 3-13　*LM* 曲线的推导

第三象限横坐标为货币投机需求 L_2，纵坐标为货币交易和预防需求 L_1，*HN* 为一直线，其上的每一点表示在既定的货币供给下，货币投机需求和交易预防需求的各种可能组合。容易得知，当货币交易和预防需求 L_1 为 0 时，货币供给就等于货币投机需求，在图形上即为 *H* 点；当货币投机需求 L_2 为 0 时，货币供给就等于货币交易预防需求，在图形上即为 *N* 点。由于货币供给量不变，因此有 $OH = ON$，*OH* 或者 *ON* 的大小即为给定的货币供给量。*HN* 上每一点都表示货币投机需求和交易需求均不为 0 时的各种可能的组合，两种货币需求之和均等于给定的货币供给。

例如直线 HN 上的 F 点，对应的货币投机需求为 L_{2a}，货币交易预防需求为 L_{1a}，由几何关系，显然有 $L_{1a}+L_{2a}=OH=ON$。

当利率为 r_1 时，由第二象限的货币投机需求曲线，得到对应于 r_1 水平的货币投机需求 L_{2a}；再根据第三象限 HN 直线，得到给定货币供给下的货币交易投机需求量 L_{1a}；再由第四象限的货币交易预防需求曲线，得到对应于 L_{1a} 的收入水平 Y_1；在第一象限标出 r_1 和 Y_1 对应的点 $E_1(r_1,Y_1)$，该点表示货币市场供给和需求均衡时对应的利率和收入的组合点。利用同样的方法，可以标出一系列货币市场供给和需求均衡时的利率和国民收入的组合点，如 E_2 等，将这些点依次连接，就形成了 *LM* 曲线。

从图形可以看出，*LM* 曲线向右上方倾斜，即货币市场均衡时利率与国民收入同向变动。这反映了 *LM* 曲线的一般特性：收入水平增加时，会增加货币的交易预防需求，此时，由于货币供给量保持不变，就必须通过利率上升来减少货币的投机需求，从而才能保持货币市场供求均衡。

LM 曲线上的点表示货币市场均衡时利率和国民收入的组合点，*LM* 曲线以外的点都表示货币市场没有实现均衡时，利率和国民收入的组合。

如图 3-14 所示，A 点在 *LM* 曲线右下侧，与 *LM* 曲线上的 A' 点相比，收入水平相同，但利率水平低于 A'，表明 A 点货币交易预防需求与 A' 点相同，但货币投机需求比 A' 点大，因而 A 点货币需求大于 A' 点货币需求。而 A' 点在 *LM* 曲线上，货币需求等于给定的货币供给，这说明 A 点的货币需求大于货币供给。由此可以推知，在 *LM* 曲线右下侧的点都表示货币需求大于货币供给，即 $L>M$。

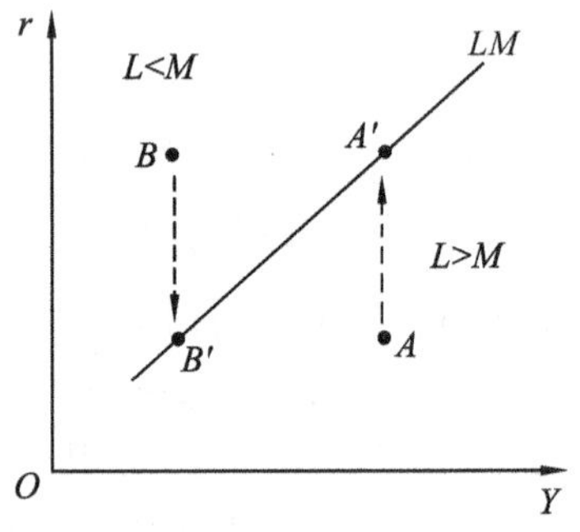

图 3-14　货币市场失衡及调整

B 点在 *LM* 曲线左上侧，与 *LM* 曲线上的 B' 点相比，收入水平相同，但利率水平高于 B'，表明 B 点货币交易预防需求与 B' 点相同，但货币投机需求比 B' 点小，因而 B 点的货币需求小于 B' 点货币需求，而 B' 点在 *LM* 曲线上，货币需求等于给定的货币供给，因此 B 点的货币需求小于货币供给。由此可以推知，在 *LM* 曲线左上侧的点都表示货币需求小于货币供给，即 $L<M$。

如果初始货币市场供求失衡，即利率与国民收入的组合点在 *LM* 曲线以外，在市场机制的作用下，会调整到 *LM* 曲线上。如在 A 点，由于 $L>M$，会导致利率上升，直到上升到 *LM* 曲线上的 A' 点；在 B 点，由于 $L<M$，会导致利率下降，直到下降到 *LM* 曲线上的 B' 点。

LM 曲线的数学推导如下：

设中央银行的名义货币供给量为 M，市场上的名义货币需求量为 $L=(kY+u-hr)P$，当货币市场均衡时，有 $M=L$，即 $M=(kY+u-hr)P$，整理得到：

$$r=\frac{k}{h}Y+\frac{u}{h}-\frac{M}{hP} \tag{3-16}$$

3.4.2　*LM* 曲线的两个特殊区域

当货币的投机需求变化时，*LM* 曲线的形状也会发生变化，以下将考虑两种极端的情况。

如图 3-15 所示，当利率水平非常低，如在 r_0 时，第二象限货币投资需求曲线变为水平，即进入“凯恩斯陷阱”，此时，货币的投机需求无穷大。采用上述 *LM* 曲线的图形推导方法，在利率为 r_0 时，*LM* 曲线为水平直线，表示相同利率 r_0 与不同收入水平组合能使货币市场均衡。凯恩斯认为，20 世纪 30 年代大萧条时期，西方国家的经济就是这种情况，因而 *LM* 曲线呈水平状的这个区域称为“凯恩斯区域”或“萧条区域”。

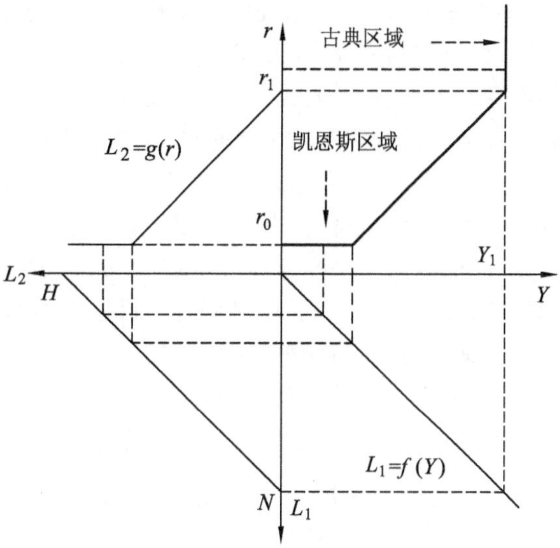

图 3-15　*LM* 曲线的两个特殊区域

当利率很高时，如图 3-15 中的 r_1，货币投机需求降为 0，从而在 r_1 以上，货币投机需求与纵坐标重合。采用上述 *LM* 曲线的图形推导方法，r_1 以上的 *LM* 曲线与纵坐标平行，与横坐标垂直，表示不同的利率水平和相同的国民收入水平能使货币市场均衡，这符合“古典学派”以及基本上以“古典学派”理论为基础的货币主义的观点，因而曲线呈垂直状态的这一区域被称为“古典区域”。

因此，完整的 *LM* 曲线如图 3-15 的第一象限所示。

3.4.3　*LM* 曲线的转动

LM 曲线的转动主要受斜率的影响。由式(3-16)可知，*LM* 曲线的斜率为 $\frac{k}{h}$，下文将分析 k 与 h 对 *LM* 曲线转动的影响。

（1）k 对 *LM* 曲线转动的影响

由货币需求函数可知，k 为收入变化对货币需求的影响系数，或者说是货币需求对收入变化的敏感系数。在其他变量不变的条件下，k 越大，*LM* 曲线斜率越大，曲线越陡峭；反之，k 越小，*LM* 曲线斜率越小，曲线越平坦。其经济原理为：k 越大，表示货币需求对收入变化越敏感，小幅度收入的提高（或降低）会引起大幅货币交易需求的增加（或减少），在保持货币供给不变的条件下，需要大幅减少（或增加）货币投机需求以维持货币供求均衡，进而只有大幅提高（或降低）利率才能达到这一目标。因而从图形上看，小幅国民收入的变动与大幅利率的变动相对应，*LM* 曲线更加陡峭。反之，k 越小，表示货币需求对收入变化越不敏感，大幅收入的增加（或减少）才会引起小幅货币交易需求的增加（或减少），在保持货币供给不变的条件下，只需要小幅减少（或增加）货币投机需求以维持货币供求均衡，进而只需小幅提高（或降低）利率就能达到这一目标。因而从图形上看，大幅国民收入的变动与小幅利率的变动相对应，曲线更加平坦。

（2）h 对 *LM* 曲线转动的影响

由货币需求函数可知，h 为利率变化对货币需求的影响系数，或者说是货币需求对利率变化的敏感系数。在其他变量不变的条件下，h 越大，*LM* 曲线斜率越小，曲线越平坦；反之，

h 越小,LM 曲线斜率越大,曲线越陡峭。其经济原理为:h 越大,表示货币需求对利率变化越敏感,小幅的利率提高(或降低)会引起大幅货币投机需求的减少(或增加);在保持货币供给不变的条件下,需要大幅增加(或减少)货币交易预防需求以维持货币供求均衡,进而只有大幅增加(或减少)收入才能达到这一目标。因而从图形上看,小幅利率的变动与大幅国民收入的变动相对应,曲线更加平坦。反之,h 越小,表示货币需求对利率变化越不敏感,大幅的利率提高(或降低)只会引起小幅货币投机需求的减少(或增加);在保持货币供给不变的条件下,只需要小幅增加(或减少)货币交易预防需求以维持货币供求均衡,进而只需小幅增加(或减少)收入就能达到这一目标。因而从图形上看,大幅利率的变动与小幅国民收入的变动相对应,曲线更加陡峭。

(3) k 和 h 对 LM 曲线转动的综合影响

当 k 和 h 都发生变化时,LM 曲线的转动受两者相对大小的影响。$\frac{k}{h}$越大,LM 曲线越陡峭,$\frac{k}{h}$越小,LM 曲线越平坦。

如图 3-16 所示,LM_1 曲线的 k 值较大,或者 h 值较小,因而曲线斜率较大;LM_2 曲线的 k 值较小,或者 h 值较大,因而曲线斜率较小。当利率由 r_1 上升至 r_2 时,对应于 LM_1 曲线的国民收入的增加幅度较小,为 Y_1Y_2,对应于 LM_2 曲线的国民收入的增加幅度较大,为 Y_3Y_4。

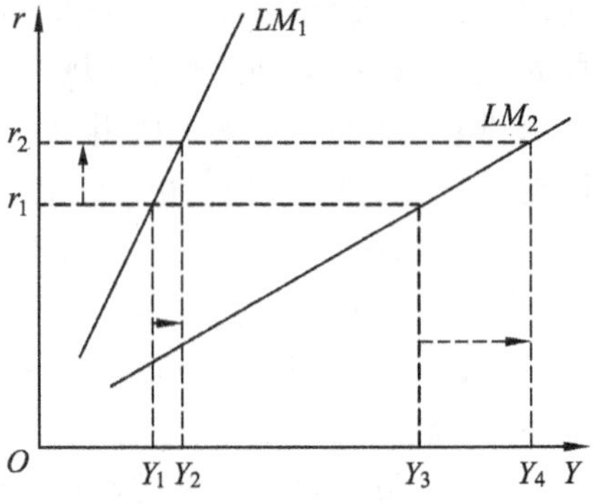

图 3-16　LM 曲线的转动

3.4.4　LM 曲线的平移

LM 曲线的平移主要受截距的影响。由 LM 曲线表达式可知,LM 曲线在纵坐标上的截距为$\frac{u}{h}-\frac{M}{hP}$。其中 u 为常数,在有些经济学教材中,u 也可以省略;h 为利率变化对货币需求的影响系数,在短期中也是相对稳定的。因此,LM 曲线的平移主要受 M 和 P 这两个变量的影响。

(1) M 对 LM 曲线平移的影响

M 为货币的名义供给量。在其他因素不变的条件下,M 增加时,LM 曲线在纵坐标上截距变小,LM 曲线向右移动;M 减少时,LM 曲线在纵坐标上截距变大,LM 曲线向左移动。其经济原理为:货币供给量增加,必须增加货币需求以吸纳增加的货币供给;当利率水平不变,即货币投机需求不变时,需要增加国民收入水平进而增加货币交易预防需求才能使货币市场达到供求均衡。这就意味着在每一个利率水平下,国民收入水平都会增加,因此在图形上表现为 LM 曲线向右移动。反之,货币供给量减少,必须减少货币需求以释放货币供给;当利率水平不变,即货币投机需求不变时,需要减少国民收入水平进而减少货币交易预防需求才能使货币市场达到供求均衡。这就意味着在每一个利率水平下,国民收入水平都会减少,因此在图形上表现为 LM 曲线向左移动。

(2) P 对 LM 曲线平移的影响

P 为价格水平。在其他因素不变的条件下,P 下降,LM 曲线在纵坐标上截距变小,LM

曲线向右移动；P 上升，LM 曲线在纵坐标上截距变大，LM 曲线向左移动。价格水平下降，意味着实际货币供给增加；价格水平上升，意味着实际货币供给下降，经济原理与货币供给变化的分析类似。

如图 3-17 所示，当 M 增加，或者 P 下降时，LM 曲线由 LM_1 向右平移到 LM_2；当 M 减少，或者 P 上升时，LM 曲线由 LM_2 向左平移到 LM_1。

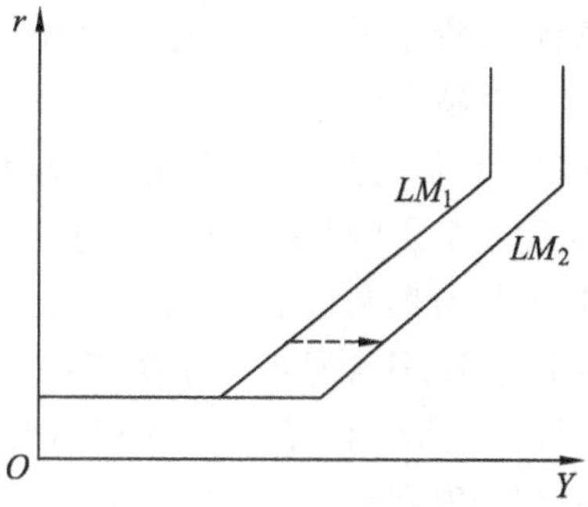

图 3-17　*LM* 曲线的平移

例 2：

假定货币需求函数为 $L=0.2Y-5r$，价格水平不变（$P=1$）。

（1）若名义货币供给量为 150，找出货币需求与供给均衡时的 LM 曲线；

（2）若名义货币供给量为 200，找出货币需求与供给均衡时的 LM 曲线，并与（1）中 LM 曲线比较有什么不同；

（3）对于（2）中这条 LM 曲线，若 $r=10$，$Y=1\ 100$，货币需求与供给是否均衡，若非均衡，利率该如何变化。

解：（1）在价格水平不变 $P=1$ 时，若已知货币需求函数为 $L=0.2Y-5r$ 和名义货币供给量为 150，则 LM 曲线为：$0.2Y-5r=150$，即：

$$r=-30+\frac{1}{25}Y$$

（2）若名义货币供给量为 200，同样根据（1）中所用的方法可得货币需求与货币供给均衡时的 LM 曲线为 $0.2Y-5r=200$，即：

$$r=-40+\frac{1}{25}Y$$

与（1）中 LM 曲线 $r=-30+\frac{1}{25}Y$ 相比会发觉，（2）的 LM 曲线位于（1）的 LM 曲线的右下方，且两者平行，这说明货币供给增加会引导 LM 曲线向右下平行移动。

（3）当 $r=10$，$Y=1\ 100$ 时，货币需求量为 $L=0.2\times1\ 100-5\times10=170$，对于（2）中 LM 曲线来讲，货币供给 200，此时货币需求小于货币供给，处于非均衡状态，市场存在利率下降的压力。

3.5　*IS-LM* 模型

3.5.1　产品和货币市场同时均衡时的利率和国民收入

凯恩斯在《就业、利息和货币通论》中说明了总收入取决于与总供给相等的总有效需求，而有效需求由消费支出和投资支出共同决定。由于消费倾向在短期内是稳定的，因而有效需求主要取决于引致投资。投资量又决定于资本边际效率和利率的比较。如果资本边际效率为一定,则投资取决于利率。利率取决于货币数量和流动性偏好即货币需求。货币需求由货币的交易需求(包括预防需求)和投机需求构成。交易货币需求取决于收入水平,投机需求取决于利率水平。因此,在商品市场上,要决定收入,必须先决定利率,否则无法确定投资水平;而利率是在货币市场上决定的,在货币市场上,确定利率水平之前又必须确定一个特定的收入水平,而收入水平又是在商品市场上决定的,因此利率的决定又依赖于商品市场。这样,凯恩斯的理论就陷入了循环论证:利率通过投资影响收入,而收入通过货币需求又影响利率;或者反过来说,收入依赖于利率,而利率又依赖于收入。汉森和希克斯把产品市场和货币市场结合起来,建立了一个产品市场和货币市场的一般均衡模型,即 *IS-LM* 模型,从而很好地解决了这一循环论证的问题。

在 *IS* 曲线上,有一系列利率与相应收入的组合可使产品市场均衡;在 *LM* 曲线上,又有一系列利率和相应收入的组合可使货币市场均衡。但能够使产品市场和货币市场同时达到均衡的利率和收入组合却只有一个。这一均衡的利率和收入可以在 *IS* 曲线和 *LM* 曲线的交点上求得,其数值可通过求解 *IS* 和 *LM* 的联立方程得到。

已知四部门经济中 *IS* 曲线为:

$$r = -\frac{1-\beta(1-t)+m}{d}Y + \frac{\alpha + e + G_0 - \beta T_0 + \beta TR_0 + X_0 - M_0}{d}$$

LM 曲线方程为:

$$r = \frac{k}{h}Y + \frac{u}{h} - \frac{M}{hP}$$

将两方程联立,就能求出均衡国民收入和均衡利率水平。

例 3:

假定一个只有家庭和企业的两部门经济,消费 $C=100+0.8Y$,投资 $I=150-6r$,货币供给 $M=150$,货币需求 $L=0.2Y-4r$。

(1) 求 *IS* 和 *LM* 曲线;

(2) 求产品市场和货币市场同时均衡时的利率和收入。

解:(1) 由 $Y=C+I$ 可知 *IS* 曲线为:

$$Y = 100 + 0.8Y + 150 - 6r$$

即 $Y = 1\ 250 - 30r$。

由货币供给和货币需求相符可得 *LM* 曲线为:

$$0.2Y - 4r = 150$$

即 $Y = 750 + 20r$。

(2) 当商品市场与货币市场同时均衡时,*IS* 和 *LM* 相交于一点,该点的收入和利率可通过求解 *IS* 和 *LM* 联立方程而得,即:

$$\begin{cases} Y = 1\ 250 - 30r \\ Y = 750 + 20r \end{cases}$$

解得均衡利率 $r=10$，均衡收入 $Y=950$。

例 4：

假定某经济中消费函数为 $C=0.8(1-t)Y$，税率 $t=0.25$，投资函数为 $I=900-50r$，政府购买 $\overline{G}=800$，货币需求为 $L=0.25Y-62.5r$，实际货币供给为 $\frac{\overline{M}}{P}=500$，试求：

（1）*IS* 曲线；

（2）*LM* 曲线；

（3）两个市场同时均衡时的利率和收入。

解：（1）这是一个引入政府的三部门经济模型，因此在已知 $C=0.8(1-t)Y$，$t=0.25$，$I=900-50r$ 和 $\overline{G}=800$ 的条件下，由恒等式 $Y=C+I+\overline{G}$ 可得 *IS* 曲线为：

$$Y=0.8(1-0.25)Y+900-50r+800$$

化简得 $Y=4\ 250-125r$，即为所求的 *IS* 曲线。

（2）在货币需求 $L=0.25Y-62.5r$，货币供给 $\frac{\overline{M}}{P}=500$ 的已知条件下，由货币市场均衡条件货币供给等于货币需求，得 *LM* 曲线为：

$$0.25Y-62.5r=500$$

化简得 $Y=2\ 000+250r$，即为所求的 *LM* 曲线。

（3）由 *IS* 曲线和 *LM* 曲线联立得：

$$\begin{cases}Y=4\ 250-125r\\Y=2\ 000+250r\end{cases}$$

解方程组得两个市场同时均衡的均衡利率 $r=6$，均衡收入 $Y=3\ 500$。

例 5：

假定某经济中收入恒等式为 $Y=C+I+G+NX$，且消费函数为 $C=100+0.9(1-t)Y$，投资函数为 $I=200-500r$，净出口函数为 $NX=100-0.12Y-500r$，货币需求为 $L=0.8Y-2\ 000r$，政府支出 $G=200$，税率 $t=0.2$，名义货币供给 $M=800$，价格水平不变为 $P=1$，试求：

（1）*IS* 曲线；

（2）*LM* 曲线；

（3）产品市场和货币市场同时均衡时的均衡利率和均衡收入；

（4）两个市场同时均衡时的消费、投资和净出口值。

解：（1）这是一个引入政府、外贸的四部门经济模型。在 C,I,G,NX 为已知的条件下，由 $Y=C+I+G+NX$ 得：

$$\begin{aligned}Y&=100+0.9(1-t)Y+200-500r+200+100-0.12Y-500r\\&=100+0.9(1-0.2)Y+200-500r+200+100-0.12Y-500r\\&=600+0.6Y-1\ 000r\end{aligned}$$

整理化简得 *IS* 曲线为 $Y=1\ 500-2\ 500r$。

（2）在名义货币供给 800 和价格水平为 1 的情况下，实际货币供给为 800，由货币需求与货币供给相等得 *LM* 曲线为：

$$800 = 0.8Y - 2\ 000r$$

化简得 $Y = 1\ 000 + 2\ 500r$。

(3) 由 *IS* 和 *LM* 曲线联立得:

$$1\ 500 - 2\ 500r = 1\ 000 + 2\ 500r$$

解得 $r = 0.10$,代入 *LM* 曲线方程得 $Y = 1\ 000 + 2\ 500 \times 0.10 = 1\ 250$。

故产品市场和货币市场同时均衡时的均衡利率为 $r = 0.10$,均衡收入为 $Y = 1\ 250$。

(4) 将均衡收入 $Y = 1\ 250$,利率 $r = 0.10$ 分别代入消费、投资、净出口函数得:

$$C = 100 + 0.9(1 - t)Y = 100 + 0.9 \times (1 - 0.2) \times 1\ 250 = 1\ 000$$

$$I = 200 - 500r = 200 - 500 \times 0.10 = 150$$

$$NX = 100 - 0.12Y - 500r = 100 - 0.12 \times 1\ 250 - 500 \times 0.10 = -100$$

3.5.2 均衡国民收入的形成机制

IS 曲线上的点表示产品市场均衡时利率和国民收入的组合,*LM* 曲线上的点表示货币市场均衡时利率和国民收入的组合。在 *IS* 曲线和 *LM* 曲线之外的点表示在产品市场和货币市场都没有实现均衡时的利率和国民收入的组合。

如图3-18所示,*IS* 曲线和 *LM* 曲线在 *E* 点相交,*E* 点即为产品市场和货币市场同时均衡的均衡点,r_E 为均衡利率水平,Y_E 为均衡国民收入水平。*IS* 曲线和 *LM* 曲线将坐标平面划分为四个区域。由本章第 3 节内容可知,区域Ⅰ和区域Ⅱ在 *IS* 曲线右侧,投资小于储蓄,即 $I < S$;区域Ⅲ和区域Ⅳ在 *IS* 曲线左侧,投资大于储蓄,即 $I > S$。由本章第 4 节的内容可知,区域Ⅱ和区域Ⅲ位于 *LM* 曲线右侧,货币需求大于货币供给,即 $L > M$;区域Ⅰ和Ⅳ位于 *LM* 曲线左侧,货币需求小于货币供给,即 $L < M$。由此,可以总结出四个象限的非均衡关系,见表3-1。

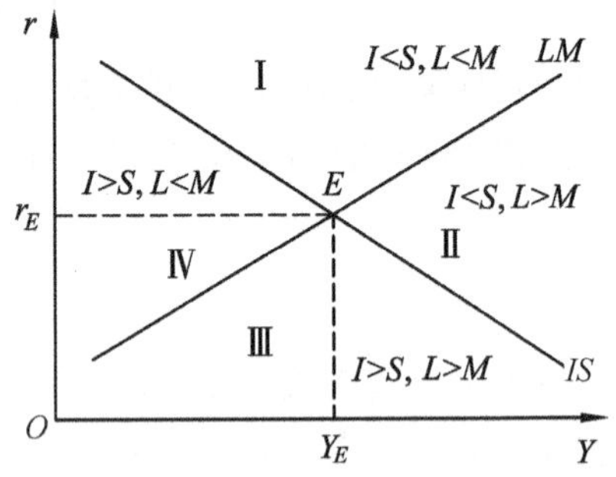

图3-18 产品市场和货币市场的一般均衡

表3-1 产品市场和货币市场的非均衡关系

区域	产品市场	货币市场
Ⅰ	$I < S$ 有超额产品供给	$L < M$ 有超额货币供给
Ⅱ	$I < S$ 有超额产品供给	$L > M$ 有超额货币需求
Ⅲ	$I > S$ 有超额产品需求	$L > M$ 有超额货币需求
Ⅳ	$I > S$ 有超额产品需求	$L < M$ 有超额货币供给

市场一般不太可能在一开始就正好处于两个市场同时均衡的均衡点 *E*,在上述各个区域中 *IS* 和 *LM* 非均衡状态的各种组合点,会得到调整,*IS* 不均衡会导致收入变动:投资大于储蓄会导致收入上升,投资小于储蓄会导致收入下降;*LM* 不均衡会导致利率变动:货币需

求大于货币供给会导致利率上升，货币需求小于货币供给会导致利率下降。这种调整最终都会趋向均衡利率和均衡收入。

例如，如图 3-19 所示，初始的利率和国民收入组合点在 A 点，此时 $I > S$，存在产品的超额需求，会使收入上升；又由于 $L > M$，存在超额货币需求，会使利率上升，在这两种合力的作用下会使 A 点向右上方移动，假设移动到 B 点。

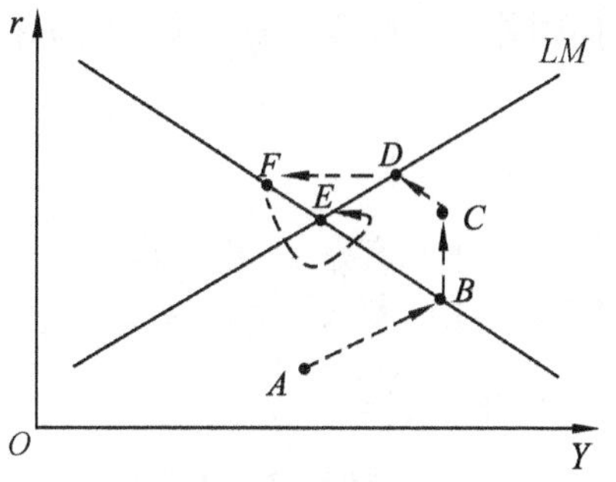

图 3-19 失衡的调整过程

在 B 点，虽然产品市场均衡了，但是货币市场仍然不均衡，仍然存在超额货币需求，利率水平会继续上升，B 点向上移动，假设移动到 C 点。

在 C 点，$I < S$，存在产品超额供给，会导致收入下降；又由于 $L > M$，存在货币超额需求，会使利率上升，在这两个合力的推动下，会使 C 点向左上方移动，假设移动到 D 点。

同理，D 点会继续移动到 F 点，最后直至 E 点，最终两个市场同时实现均衡。

3.6 *IS-LM* 模型拓展

以上几节内容探讨了在封闭条件下的产品市场和货币市场的均衡问题。而在开放的条件下，一国经济的均衡包括内部均衡和外部均衡。前者指国内产品市场和货币市场的均衡，后者指国际收支均衡。分析开放条件下的均衡问题可利用拓展的 *IS-LM* 模型，即 *IS-LM-BP* 模型进行分析。

3.6.1 国际收支均衡曲线

国际收支均衡意味着国际收入等于国际支出，即国际收支平衡表中经常项目及资本项目的借方总值与贷方总值相等。由于经常项目中进出口占据支配地位，可以近似地用净出口 NX 代表国际收入。如果 $NX > 0$，表示国际收入净流入；反之，如果 $NX < 0$，表示国际收入净流出。

影响净出口的因素很多，其中最主要的是本国的国民收入 Y。净出口函数可简化地表示为：

$$NX = f(Y) \tag{3-17}$$

本国国民收入增加会导致对国外产品的需求增加，即进口数量增加。而出口主要受国外收入和购买水平的影响，可以看作是外生变量。因此，随着本国收入的提高，净出口 NX 会下降，即本国收入和净出口反向变动，即 NX 是收入 Y 的减函数。因此有：

$$\frac{\mathrm{d}NX}{\mathrm{d}Y} < 0$$

用 K 表示资本项目下的资本净流出额，即 K = 流向国外的本国资本额 − 流入本国的外国资本额。影响 K 的因素很多，在假定国外利率既定的条件下，K 主要受本国利率 r 的影响，因而资本净流出函数可表示为：

$$K = g(r) \tag{3-18}$$

如果本国利率 r 提高，由于资本具有逐利性，必然会使流入本国的外国资本额增加，同时流向国外的本国资本额下降，以追逐更高的利润，从而 K 下降。因此有：

$$\frac{dK}{dr} < 0$$

即 K 是本国利率 r 的减函数。

用 BP 表示国际收支差额，则有：

$$BP = NX - K \tag{3-19}$$

国际收支均衡时，意味着 $BP = 0$，即 $NX = K$。

如果 $NX > K$，$BP > 0$，表明国际收入的净流入大于国际资本的净流出，即存在国际收支顺差；如果 $NX < K$，$BP < 0$，表明国际收入的净流入小于国际资本的净流出，即存在国际收支逆差。

3.6.2 *BP* 曲线的推导

采用四象限法推导 BP 曲线，如图 3-20 所示，横坐标和纵坐标代表的经济变量均为正。第二象限横坐标 K 为资本净流出，纵坐标是利率 r，K 是 r 的减函数；第三象限的 45°射线，其上任意一点表示国际收支均衡，即 $NX = K$；第四象限横坐标为本国国民收入 Y，纵坐标为净出口 NX，NX 是 Y 的减函数。

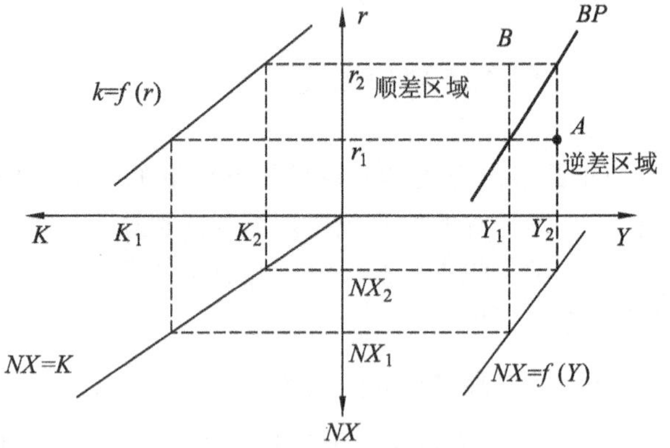

图 3-20　*BP* 曲线的推导

第一象限的 BP 曲线即为国际收支均衡曲线，其上任意一点表示实现国际收支均衡时的利率 r 和本国国民收入 Y 的组合。图中 (r_1, Y_1)、(r_2, Y_2) 均在 BP 曲线上。容易得知，在 BP 曲线右下方，$NX < K$，即存在国际收支逆差，如图中 A 点；在 BP 曲线左上方，$NX > K$，即存在国际收支顺差，如图中 B 点。

3.6.3 *BP* 曲线的移动

（1）汇率变动

当本币贬值、汇率上升时，表明同样的收入水平净出口 NX 增加，表现在图 3-20 中，就是 Y_1，Y_2 分别会带来更高水平的 NX，第四象限的净出口函数曲线会向右下方移动，从而 Y_1 和 Y_2 分别要与比 r_1 和 r_2 更低的利率水平相组合使国际收支均衡，即 BP 曲线右移，因而 BP 曲线右边的逆差区域缩小，顺差区域扩大。其经济原理为：本币贬值导致净出口增加，使外汇流入增加，为了维持国际收支均衡，资本净流出也相应增加，必然要求利率水平下降。于是，相同的收入水平分别要和更低的利率水平组合，使得 BP 曲线向右平移。

反之，本币升值、汇率下降使净出口减少，BP 曲线向左平移，逆差区域扩大，顺差区域缩小。

（2）物价变动

如果本国物价水平提高，在汇率不变的前提下，会使本国产品在国际市场上的价格相应提高，使得外国消费者购买本国商品数量减少，而本国消费者又会更多购买价格相对便宜的外国商品，从而导致净出口减少，使得 BP 曲线向左平移。反之，本国物价水平下降，会使 BP 曲线向右平移。

3.6.4 BP 曲线的转动

从上述推导可以看出，BP 曲线向右上方倾斜，即斜率为正，其经济含义为：本国国民收入增加，使得进口增加，净出口减少；为了保持国际收支均衡，资本净流出额必须等额下降，而只有利率上升才能实现这一目标。因此，国内国民收入 Y 与利率 r 同向变动。

在出口额和国际市场利率既定的条件下，BP 曲线斜率主要由以下因素决定：

（1）国际资本对国内利率变动的反应系数。国际资本对国内利率变动的反应系数体现了国际资本对国内利率变动的敏感程度。如果反应系数较大，微小的利率变动会引起大幅度国际资本流动，则 BP 曲线斜率较小，较为平坦；反之，如果反应系数较小，大幅度的利率变动会引起小幅度国际资本流动，则 BP 曲线斜率较大，较为陡峭。

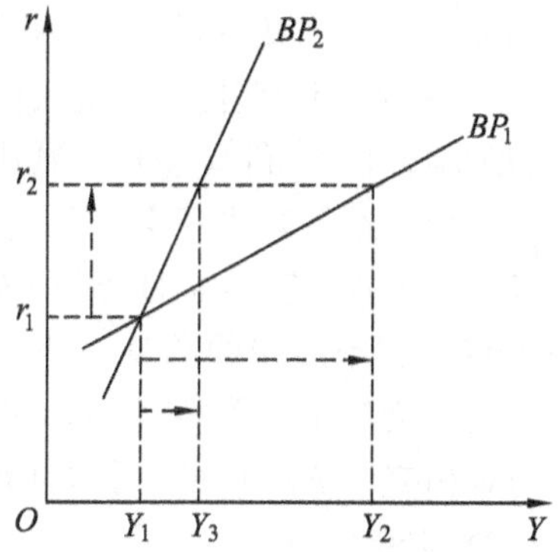

图 3-21　BP 曲线的转动

如图 3-21 所示，BP_1 曲线较为平坦，当利率由 r_1 上升至 r_2 时，国民收入从 Y_1 大幅升至 Y_2。BP_2 曲线较为陡峭，当利率由 r_1 上升至 r_2 时，国民收入增加幅度很小，从 Y_1 增加到 Y_3。

（2）边际进口倾向。边际进口倾向越大，意味着国民收入增加，会大幅增加进口，从而产生国际收支逆差，这要求利率必须大幅提高以便吸收更多资本流入，从而保持国际收支平衡。因此，BP 曲线斜率越大，越陡峭。反之，边际进口倾向越小，BP 曲线斜率越小，越平坦。

3.6.5 内部均衡与外部均衡的作用机制

（1）固定汇率制度下的调节

第一，国际顺差调节。

如图 3-22 所示，假定初始的曲线为 IS_1，LM_1 和 BP_1，内部均衡点为 E_1，由于 E_1 在 BP 曲线左侧，存在国际收支顺差，使本币有升值倾向，为了维持固定汇率，中央银行会增加本国货币供给以购买外币。货币供给量增加使 LM_1 曲线向右平移至 LM_2 如图中①所示，进而导致收入增加和利率下降。收入增加会扩大进口，减少净出口，利率下降会增加资本净流出额。货币供给

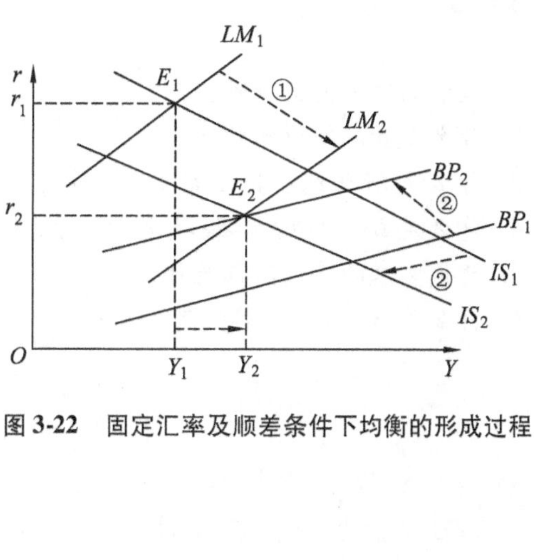

图 3-22　固定汇率及顺差条件下均衡的形成过程

量增加还会提高价格水平，从而使净出口减少，使得 *IS* 曲线和 *BP* 曲线分别向左平移。如图中②所示三条曲线的移动一直会持续到在某点同时相交为止。图 3-22 显示了 IS_2，LM_2 和 BP_2 同时相交于 E_2 点，此时，内部均衡和外部均衡同时实现。

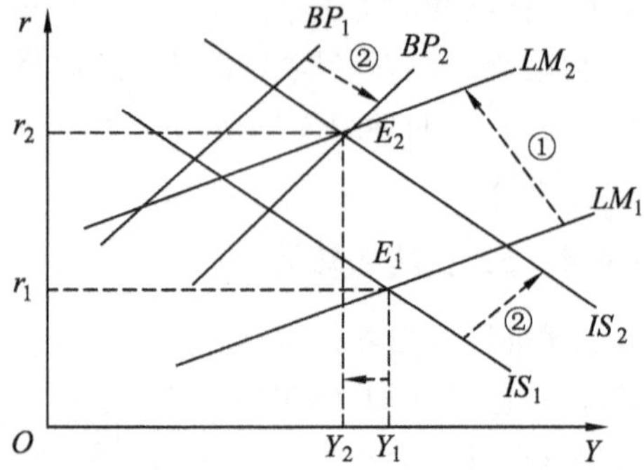

图 3-23　固定汇率及逆差条件下均衡的形成过程

第二，国际逆差调节。

如图 3-23 所示，假设初始曲线为 IS_1，*LM* 和 BP_1，内部均衡点为 E_1。由于 E_1 在 *BP* 曲线右侧，存在国际收支逆差，使本币有贬值倾向，为了维持固定汇率，中央银行会抛出外汇储备购买市场上过多的本币。本币供给量增加使 LM_1 曲线向左平移，进而导致收入减少和利率上升。收入减少会减少进口，增加净出口，利率上升会减少资本净流出额。货币供给量减少还会降低价格水平，从而使净出口增加，使得 *IS* 曲线和 *BP* 曲线分别向右平移。三条曲线的移动一直会持续到在某点同时相交为止。图 3-24 显示了 IS_2，*LM* 和 BP_2 同时相交于 E_2 点，此时，内部均衡和外部均衡同时实现。

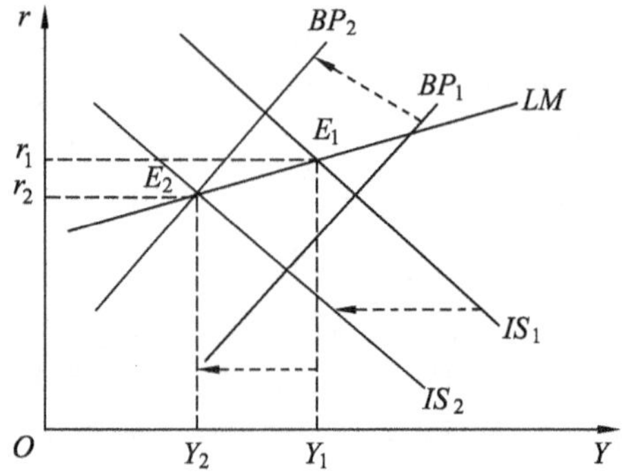

图 3-24　浮动汇率制下均衡的形成

(2) 浮动汇率制下的调节

如图 3-24 所示，假设初始曲线为 IS_1，*LM* 和 BP_1，内部均衡点为 E_1。由于 E_1 在 BP_1 曲线左侧，存在国际收支顺差，导致汇率上升。汇率上升导致净出口减少，从而使得 IS_1 和 BP_1 向左平移。最终，IS_2，*LM* 和 BP_2 在 E_2 点相交，同时实现内外部均衡。由于国内的货币供给量没有变动，因而 *LM* 曲线并未移动。

初始国际收支逆差与顺差的分析类似，结论也相同。

复习思考

1. 投资的决定因素有哪些？
2. 什么是资本的边际效率？
3. 什么是 *IS* 曲线？其经济含义是什么？哪些因素会影响 *IS* 曲线的移动和转动？
4. 什么是 *LM* 曲线？其经济含义是什么？哪些因素会影响 *IS* 曲线的移动和转动？
5. 货币需求的三大动机是什么？
6. 什么是 *BP* 曲线？其经济含义是什么？哪些因素会影响 *BP* 曲线的移动和转动？

4 经济增长理论和总供给曲线

经济问题

为什么发达国家的生活水平高

当你在世界各国旅行时,你会看到生活水平的巨大差别。在美国、日本或德国这样的国家,人均收入是印度、印度尼西亚这样的国家人均收入的十几倍。这种巨大的收入差异反应在生活质量的巨大差异上。发达国家有更多的汽车,更多的电话、电视机,更好的营养,更安全的住房,更好的医疗以及更长的预期寿命。即使在一个国家内,生活水平也随着时间推移而发生了巨大变化。过去一个世纪以来,美国按人均实际 *GDP* 衡量的平均收入每年增长 2% 左右。虽然 2% 看起来并不大,但这种增长率意味着平均收入每 35 年翻一番。由于这种增长,现在美国人的平均收入是一个世纪以前的 8 倍左右。因此,普通美国人享有比他们的父母、祖父母高得多的经济繁荣。用什么来解释这些呢?发达国家如何能确保自己的高生活水平呢?发展中国家应该采取什么政策加快经济增长,以便加入发达国家的行列呢?这些是宏观经济学要解决的重要问题。

([美]曼昆,《经济学原理》第 6 版,北京大学出版社,2013 年)

本章将介绍经济增长和经济发展的基本概念,并重点介绍一些重要的经济增长模型,包括哈罗德—多马模型、新古典增长模型、内生增长模型等;同时,还将介绍与经济增长相关的各类总供给曲线,包括古典总供给曲线、凯恩斯总供给曲线和常规总供给曲线。

4.1 经济增长和经济发展

4.1.1 经济增长

经济增长(Economic Growth)指国民总产出的增加。由于国内生产总值(*GDP*),既是衡量一个国家(或地区)经济活动的重要指标,也是反映该国(或该地区)在一定时期内生产总成果的重要指标,因此,经济增长通常用 *GDP* 或者人均 *GDP* 的增长来衡量。

用 Y_t 表示 t 期 *GDP* 水平,Y_{t-1} 表示 $t-1$ 期 *GDP* 水平,则 *GDP* 增长率 G_Y 可表示为:

$$G_Y = \frac{Y_t - Y_{t-1}}{Y_t} \tag{4-1}$$

用 $\overline{Y}_t$ 表示 t 期人均 GDP 水平,$\overline{Y}_{t-1}$ 表示 $t-1$ 期人均 GDP 水平,则人均 GDP 增长率 g_Y 可表示为:

$$g_Y = \frac{\overline{Y}_t - \overline{Y}_{t-1}}{\overline{Y}_{t-1}} \tag{4-2}$$

在宏观经济学中,为了分析问题的方便,还经常会用到瞬时增长率(the Instantaneous Growth Rate)的概念。假设 $B(t)$ 为时间 t 的函数,则瞬时增长率 g_B 定义为:

$$g_B = \lim_{\Delta t \to 0} \frac{\frac{B(t+\Delta t) - B(t)}{\Delta t}}{B(t)} = \frac{\frac{dB(t)}{dt}}{B(t)} = \frac{B'(t)}{B(t)} \tag{4-3}$$

4.1.2 经济发展

如果说经济增长是一个"量"的概念,那么经济发展就是一个较为复杂的"质"的概念。按照广义的理解,经济发展不仅包括经济增长,而且还包括国民的生活质量,以及整个社会各个不同方面的总体进步。总之,经济发展是反映一个经济社会总体发展水平的综合性概念。经济发展是经济持续增长的结果。

案例评析

经济增长的重要性

在任何一个时点上经济增长速度有多快都是非常重要的。今天在增长率上的细小差别会在未来转变为经济活动水平的巨大差异,因为经济增长是年复一年累积而成的。美国的实际人均国内生产总值(*GDP*)以 1985 年的价格来衡量,从 1870 年的 2 244 美元上升到 1990 年的 18 258 美元,增长了 7.1 倍。这一实际人均 *GDP* 的增长对应于每年 1.75% 的增长率。这一成绩使得美国 1990 年拥有世界最高水平的实际人均 *GDP*。

100 多年前,日本并不是一个富国,1890 年日本人均 *GDP* 为 842 美元,远低于当时的阿根廷的水平。但是,从 1890 年至 1990 年,靠着 *GDP* 按照 3% 的速度增长,日本已成为当今的经济大国,到 1990 年,日本人均 *GDP* 已达 16 144 美元,远高于阿根廷 1987 年人均 *GDP* 为 3 302 美元的水平。

(和讯网,http://news.hexun.com,2012_12_12)

4.2 哈罗德—多马模型

从这一节开始,我们将依次介绍一些重要的经济增长模型。这一节首先介绍哈罗德—多马模型。

哈罗德—多马模型是英国经济学家哈罗德和美国经济学家多马在 20 世纪 40 年代中后

期分别提出的经济增长模型。由于两人提出的模型非常类似,因此将这一模型统称为哈罗德—多马模型。

拓展阅读

哈罗德(1900—1978)1922 年在牛津大学毕业后留校任教,但并未立即执教,最初两学期去剑桥大学进修,师从凯恩斯研究经济学。然而,师生之谊并未导致他盲目地附和凯恩斯,相反,却为他以后反对凯恩斯的理论、改进凯恩斯的研究方法提供了契机。

哈罗德在 1939 年就提出了将凯恩斯的理论分析长期化、动态化的初步意见。1973 年,他在出版的《动态经济学》中正式提出了动态化分析的哈罗德经济增长模型。

4.2.1 模型的产生

凯恩斯认为,在一定时期内,产量和收入水平由总需求决定。政府增加投资会使总需求增加,从而最终提高收入和产出水平。哈罗德则认为,投资具有两方面作用:一方面能扩大总需求,缓解销售困难;另一方面,它能使生产能力提高,从而增加总供给,可能会进一步造成总需求不足。凯恩斯只注意到投资可以解决本期需求不足,没有注意投资会增加下期供给而可能带来下期需求不足的问题。要解决下期和更远未来的需求不足,投资必须保持一定的增长率。投资应保持怎样的增长率正是哈罗德—多马模型要解决的问题。凯恩斯的分析是短期、静态分析,哈罗德的分析是长期、动态分析。哈罗德—多马模型所解决的问题是: 投资应保持怎样的增长率,才能使经济长期、稳定地均衡增长。

4.2.2 基本方程

模型假定: ① 全社会只生产一种产品,这种产品既可以当投资品,也可以当消费品。② 生产过程只使用劳动与资本两种生产要素。③ 不考虑技术进步,而且不论生产规模的大小,生产任何一单位产品所需要的资本和劳动数量不变,即资本与产量比不变。

哈罗德—多马模型中的一个重要概念是资本—产出比。所谓资本—产出比(Capital-Output Ratio)是指生产一单位产品所需要的资本量,即资本与产量之比。

用 σ 表示资本—产出比,则:

$$\sigma = \frac{K}{Y} \tag{4-4}$$

其中: K 表示资本,Y 表示产量。

例如,生产 200 万元产品,需要 400 万元资本设备,则 $\sigma = \frac{400}{200} = 2$,即生产 1 元产品,需要 2 元资本设备。

(1) 社会储蓄率

设 s 表示社会储蓄率,S 表示社会储蓄量,Y 表示国民收入,则:

$$s = \frac{S}{Y} \tag{4-5}$$

从而有：

$$S = s \cdot Y \tag{4-6}$$

(2) 资本—产出比，又称为资本系数，假设两者的增长量依次为 ΔK 和 ΔY，两者之比被称为边际资本—产出比，如果原有的资本—产出比等于边际资本—产出比，那么有：

$$\sigma = \frac{\Delta K}{\Delta Y} \tag{4-7}$$

从而有：

$$\Delta K = \sigma \cdot \Delta Y \tag{4-8}$$

(3) 经济增长率。用 G 表示经济增长率，由上一节经济增长率定义，有：

$$G = \frac{\Delta Y}{Y} \tag{4-9}$$

由于资本增量即投资，有：

$$\Delta K = I \tag{4-10}$$

即有：

$$I = \sigma \cdot \Delta Y \tag{4-11}$$

根据凯恩斯理论，经济活动实现均衡的条件是投资与储蓄相等，即 $I = S$。哈罗德同样认为，这一条件也是经济实现稳定、均衡增长的条件，有：

$$\sigma \cdot \Delta Y = s \cdot Y \tag{4-12}$$

即：

$$\frac{\Delta Y}{Y} = \frac{s}{\sigma} \tag{4-13}$$

于是有：

$$G = \frac{s}{\sigma} \tag{4-14}$$

等式(4-14)是哈罗德模型的基本方程。它表明，经济增长率必须等于储蓄率与资本—产出比率之比，才能实现均衡经济增长。在生产技术不变，即 σ 不变的条件下，经济增长率由社会储蓄率 s 决定，即社会资本积累率。哈罗德模型强调了持续性投资在长期经济增长中的重要作用。

根据哈罗德模型 $I = S$ 的均衡条件，必须保证每年储蓄全部转化为投资。如果考虑劳动生产率的提高、人口的增长，这条均衡路径是否还存在？

为此，哈罗德进一步研究了三种增长率。

4.2.3 三种增长率

(1) 有保证的增长率

也称为适度增长率(Warranted Rate of Growth)。指满足 $I = S$ 条件的增长率，即满足哈罗德模型的增长率,又称为均衡增长率,用 G_w 表示。

(2) 实际增长率

即实际的经济增长率 G_t。在现实经济中,不能完全保证 $I=S$,因此实际增长率不一定与有保证的增长率相等。

(3) 自然增长率

除了投资、储蓄因素以外,人口增长和技术进步也会影响经济增长。自然增长率指在人口和技术进步条件下所能达到的最大增长率,用 G_n 表示。哈罗德认为,G_n 可以近似地用人口增长率(劳动力增长率)与劳动生产率增长率之和表示。

4.2.4 长期均衡增长条件

哈罗德认为,要实现经济社会长期均衡稳定的增长,必须满足三种增长率都相等的条件,即:

$$G_t = G_w = G_n$$

如果满足这一条件,储蓄全部转化为投资,实现充分就业,经济增长与人口和劳动生产率的增长相协调。

但是,三种增长率由不同因素决定,因此很难同时实现完全相等,这使得经济社会稳定均衡增长的目标较难实现。

(1) 比较 G_w 和 G_t

① 如果 $G_t < G_w$,即实际增长率小于有保证的增长率,说明投资规模过小,投资未吸收全部储蓄,总需求的不足使得生产出来的产品不能全部销售,从而导致投资更少,需求不足更为严重,形成通货紧缩。

② 如果 $G_t > G_w$,即实际增长率大于有保证的增长率,表明投资规模过大,资本不足,引发通货膨胀。

(2) 比较 G_w 和 G_n

① 如果 $G_w < G_n$,即有保证的增长率小于自然增长率,意味着还存在可供使用的富余劳动力和潜在的劳动生产率,生产有进一步扩大的可能。此时经济将出现长期扩展趋势,容易出现长期性通货膨胀。

② 如果 $G_w > G_n$,表明投资的增长超过了劳动力增长和生产率增长的限度,会使增加的资本得不到足够的劳动力,也超过了劳动生产率代表的技术水平的限制,结果使生产率下降,导致经济出现长期停滞。

可以看出,只有当 $G_t = G_w = G_n$,经济才能实现长期、稳定的均衡增长。为了实现均衡增长,政府必须采取措施使得三种增长率相等。

由于哈罗德模型提出的经济增长条件较为苛刻严格,所以一些经济学家称哈罗德提出的增长路径处于难以达到或难以维持的"刃锋(knife-edge)状态"。

例 1:

已知资本—产出比率为 4,假设某国某年的国民收入为 1 000 亿美元,消费为 800 亿美元。按照哈罗德增长模型,要使该年的储蓄全部转化为投资,第二年的增长率应该为多少?

解: 由题意,当年的国民收入 $Y_1 = 1\ 000$ 亿美元,消费 $C = 800$ 亿美元,则:

储蓄 $S = 1\ 000 - 800 = 200$ 亿美元，

储蓄率 $s = S/Y_1 = 200/1\ 000 = 20\%$。

为使该年 200 亿美元的储蓄全部转化为投资，第 2 年的有保证的增长率 G_w 应为：

$$G_w = \frac{储蓄率\ s}{资本—产出比率\ \sigma} = \frac{20\%}{4} = 5\%$$

此时，如果第二年的增长率达到 5%，则：

$$Y_2 = 1\ 000 \times (1 + 5\%) = 1\ 050\ 亿美元$$

$$\Delta Y = Y_2 - Y_1 = 50\ 亿美元$$

由 $\sigma = 4$，则投资 $I = \Delta Y \times \sigma = 50 \times 4 = 200$ 亿美元。

即该年 200 亿美元的储蓄正好在第 2 年全部转化为投资，经济实现均衡增长。

例 2：

如果要使一国的产出年增长率 G 从 5% 提高到 7%，在资本—产出比率 σ 等于 4 的前提下，根据哈罗德增长模型，储蓄率应相应有何变化？

解：根据哈罗德增长模型，为实现经济的均衡增长，有：

$$增长率\ G = \frac{储蓄率\ s}{资本—产出比率\ \sigma}$$

其中 σ 相对稳定，增长取决于储蓄率。

由题意，当产出年增长率 G_1 为 5% 时，有：

$$G_1 = \frac{s_1}{\sigma}$$

$$s_1 - G_1 \cdot \sigma = 5\% \times 4 = 20\%$$

当产出年增长率 G_2 为 7% 时，有：

$$G_2 = \frac{s_2}{\sigma}$$

$$s_2 = G_2 \cdot \sigma = 7\% \times 4 = 28\%$$

即为使年增长率为 5% 提高到 7%，在资本—产出比率不变的条件下，储蓄率 s 应从 20% 提高到 28%。

4.3 新古典增长模型

从当代的角度看，宏观经济学对经济增长理论所进行的较有影响的研究有两个时期：第一个时期是 20 世纪 50 年代后期和整个 60 年代；第二个时期是 20 世纪 80 年代后期和 90 年代初期。第一个时期的研究产生了新古典增长理论，第二个时期的研究产生了内生增长理论。在新古典增长理论中，1956 年美国经济学家索洛提出的索洛模型最具代表性。索洛模型系统分析了经济长期、稳定增长的条件及储蓄、人口等因素对经济增长的影响。下面对这一模型进行介绍。

4.3.1 基本假设

新古典增长模型建立在一个新古典生产方程体系之上，主要研究的是在一个封闭的没有政府部门的经济中,储蓄、人口增长及技术进步对增长的作用,它关注的焦点是经济增长的直接原因。新古典增长模型有以下一些基本假定:① 经济由一个部门组成,该部门生产的产品既可以用于投资,也可以用于消费;② 该经济体是封闭的,不存在政府部门和国际贸易部门;③ 生产的规模报酬不变;④ 该经济的技术进步、人口增长及资本折旧的速度都由外生因素决定;⑤ 社会储蓄函数为 $S=sY$,s 为储蓄率。

4.3.2 索洛模型基本方程

在没有技术进步的情况下,设经济的生产函数为:

$$Y=F(L,K) \tag{4-15}$$

其中:Y 为总产出,L 和 K 分别为总量劳动和总量资本,它们均随时间变化而变化,从而,Y 也随时间变化而变化。

由于生产规模报酬不变,有:

$$\lambda Y=F(\lambda L,\lambda K) \tag{4-16}$$

其中 $\lambda>0$,令 $\lambda=\frac{1}{L}$,即相当于将式(4-15)两边同除以 L,得到:

$$\frac{Y}{L}=F\left(1,\frac{K}{L}\right) \tag{4-17}$$

令 $y=\frac{Y}{L}$表示人均产量,$k=\frac{K}{L}$表示人均资本,则有:

$$y=F(1,k)=f(k) \tag{4-18}$$

式(4-18)表明,人均产出由人均资本存量决定。

求 k 关于时间 t 的导数,有:

$$\frac{\mathrm{d}k}{\mathrm{d}t}=\frac{\mathrm{d}(K/L)}{\mathrm{d}t}=\frac{1}{L^2}\left(L\cdot\frac{\mathrm{d}K}{\mathrm{d}t}-K\cdot\frac{\mathrm{d}L}{\mathrm{d}t}\right)=\frac{1}{L}\cdot\frac{\mathrm{d}K}{\mathrm{d}t}-\frac{K}{L}\cdot\frac{1}{L}\cdot\frac{\mathrm{d}L}{\mathrm{d}t} \tag{4-19}$$

其中:$\frac{\mathrm{d}k}{\mathrm{d}t}$为人均资本随时间推移而产生的增量,可以用 $\dot{k}$ 表示。$\frac{\mathrm{d}K}{\mathrm{d}t}$为总量资本随时间推移而产生的增量,其数值应等于新增投资减去资本折旧,于是有:

$$\frac{\mathrm{d}K}{\mathrm{d}t}=I-\delta\cdot K$$

其中:I 为投资数额,δ 为折旧率。

由于在封闭的经济中,投资与储蓄相等,即 $I=S=sY$,于是有:

$$\frac{\mathrm{d}K}{\mathrm{d}t}=sY-\delta\cdot K \tag{4-20}$$

用 n 表示人口增长率,假设劳动增长率与人口增长率相等,由瞬时增长率定义有:

$$\frac{\frac{\mathrm{d}L}{\mathrm{d}t}}{L}=\frac{1}{L}\cdot\frac{\mathrm{d}L}{\mathrm{d}t}=n \tag{4-21}$$

将式(4-20)和式(4-21)代入式(4-19),有:

$$\dot{k}=\frac{1}{L}(sY-\delta\cdot K)-nk=sy-\delta k-nk=sf(k)-(n+\delta)k \tag{4-22}$$

因此,最终索洛方程可表示为:

$$\dot{k}=sf(k)-(n+\delta)k \tag{4-23}$$

其中:$\dot{k}$ 为人均资本随时间的增量,称为“资本的深化”。$(n+\delta)k$ 可以理解为“必要”的或者是“临界”的投资,它是保持人均资本 k 不变的必需的投资。为了阻止人均资本 k 下降,需要用一部分投资来抵消折旧,这部分投资就是 δk 项。同样还需要一些投资,因为劳动数量以 n 的速率在增长,这部分投资就是 nk 项。$(n+\delta)k$ 称为“资本的广化”。因此,人均储蓄由资本的深化和资本的广化两部分组成。因此有:资本的深化 = 人均储蓄 - 资本的广化。

如果 $sf(k)>(n+\delta)k$,则 $\dot{k}>0$,人均资本水平提高,经济社会经历着资本深化。如果 $sf(k)=(n+\delta)k$,则 $\dot{k}=0$,人均资本水平不变;如果 $sf(k)<(n+\delta)k$,则 $\dot{k}<0$,人均资本水平下降。

4.3.3 稳态分析

下面利用图形对索洛模型进行稳态分析。如图 4-1 所示,横坐标表示人均资本 k,$k=\frac{K}{L}$,纵坐标表示人均产出 y,$y=\frac{Y}{L}$。$f(k)$ 曲线为人均产量曲线,曲线上每一点均表示与人均资本相对应的人均产出。例如,当人均资本为 k_1 时,对应的人均产出为 y_1。$sf(k)$ 曲线为人均储蓄曲线。由于一般情况下储蓄率 s 的范围介于 0 ~ 1 之间,因此 $sf(k)$ 曲线位置比 $f(k)$ 要低。该曲线上每一点均表示与人均资本相对应的人均储蓄。$(n+\delta)k$ 曲线为资本广化曲线,斜率恒为 $n+\delta$,并且经过原点。

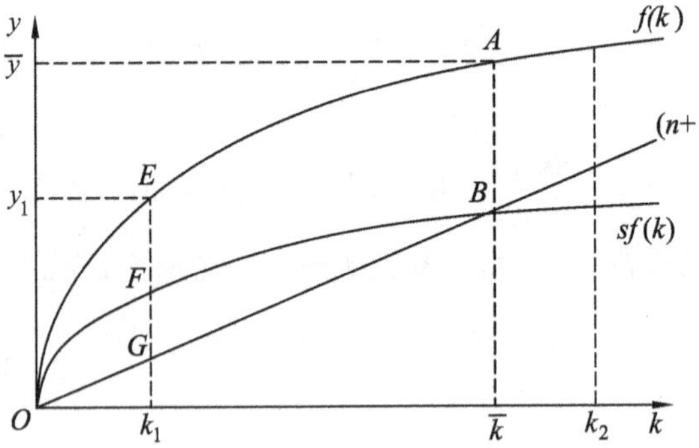

图 4-1 索洛模型稳态分析

图中人均储蓄曲线 $sf(k)$ 与资本广化曲线 $(n+\delta)k$ 的交点 B 称为稳态点(steady-state)。在研究增长的文献中,稳态意味着包括资本存量和产出在内的有关内生变量将不会随时间的推移而变化。稳态 B 点既确定了内生变量人均资本存量的水平,又确定了内生变量人均产出的水平。

因此,经济实现稳态增长的条件为:

$$sf(k) = (n+\delta)k \tag{4-24}$$

根据索洛模型方程,在 $\dot{k}=0$ 的情况下,上式成立。因此,$\dot{k}=0$ 同样是索洛模型中经济增长的稳态条件。

由式(4-24)所确定的人均资本量,即图 4-1 中的 $\bar{k}$ 称为稳态资本存量。将 $\bar{k}$ 代入人均产出曲线,即可求出相应的人均产量 $\bar{y}$,对应于图中 A 点。

如果初始人均资本偏离 k,在经济机制作用下,会自动向稳态点对应的资本存量 $\bar{k}$ 移动。在 $\bar{k}$ 左边,$sf(k) > (n+\delta)k$,$\dot{k}>0$,表明人均资本随时间推移持续增加,直到 $sf(k) = (n+\delta)k$,人均资本等于 $\bar{k}$ 为止。在 $\bar{k}$ 右边,$sf(k) < (n+\delta)k$,$\dot{k}<0$,表明人均资本随时间推移持续减少,直到 $sf(k) = (n+\delta)k$,人均资本等于 $\bar{k}$ 为止。

因此,在索洛模型中,人均资本、人均储蓄、人均产出会自动趋于稳态,从而经济实现稳态增长。从索洛模型方程可以看出,经济稳态增长的条件是经济社会的新增储蓄量正好全部用于新增劳动力资本配备和资本折旧,从而维持人均资本存量不变。索洛模型意义在于:无论一个国家初始人均资本状态如何,都有可能实现经济均衡增长。与哈罗德—多马模型的“刃锋”式经济增长路径相比,索洛模型无疑具有更加广泛的指导意义和实用价值。

运用索洛模型,可以对不同国家的收入差距给予一定的解释。

将人均产出函数 $y=f(k)$ 改写成如下形式:

$$y = k^{\alpha}$$

其中 $0<\alpha<1$,根据索洛模型稳态增长条件,可得:

$$sk^{\alpha} = (n+\delta)k$$

求得:

$$\bar{k} = \left(\frac{s}{n+\delta}\right)^{\frac{1}{1-\alpha}}, \bar{y} = \left(\frac{s}{n+\delta}\right)^{\frac{\alpha}{1-\alpha}}$$

可以看出,若其他条件相同,储蓄率或投资率较高的国家通常比较富裕。在这些国家中,劳动力人均资本量较高,因此人均产量也较高。另一方面,根据新古典增长模型,人口增长率较高的国家通常比较贫穷。在这些国家,面对人口增长,为保持资本—劳动比率不变,需要把更大比例的收入用于储蓄和投资。这种资本广化的要求使得资本深化变得更加困难,从而使得人均资本量减少。

图 4-2 分别给出了一些国家(地区)人均收入与总投资占产出比例的关系和人均收入与人口增长率的关系。

总体而言,新古典增长理论的预言与事实数据是一致的。投资率较高的国家平均要比投资率较低的国家富裕,人口增长率较高的国家平均要比人口增长率较低的国家贫穷。从这点上说,新古典增长理论得到了事实数据的证实。

还需要指出的是,当经济处于稳态时,k 和 y 都是固定不变的。由于人均收入固定不变,故其增长率为零,这时,总收入以相同于人口增长率的增长率增长,即增长率为 n。可见,稳态增长率不受储蓄率的影响,这是新古典增长理论的一个关键结论。

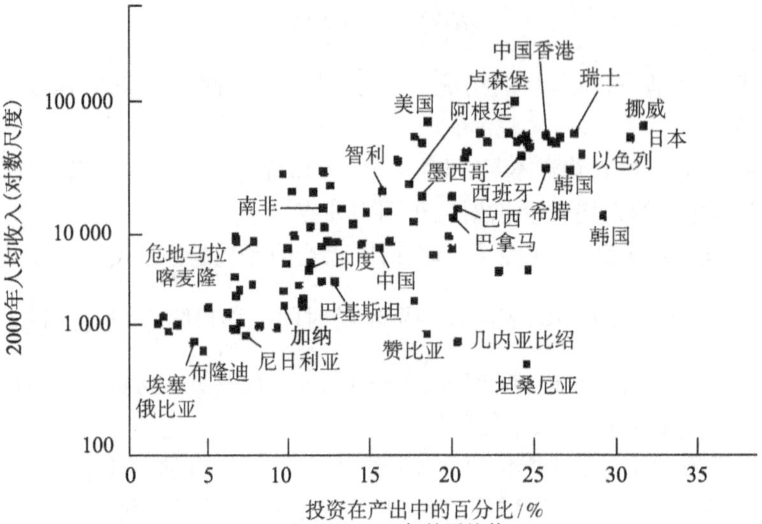

（a）1960–2000年的平均值

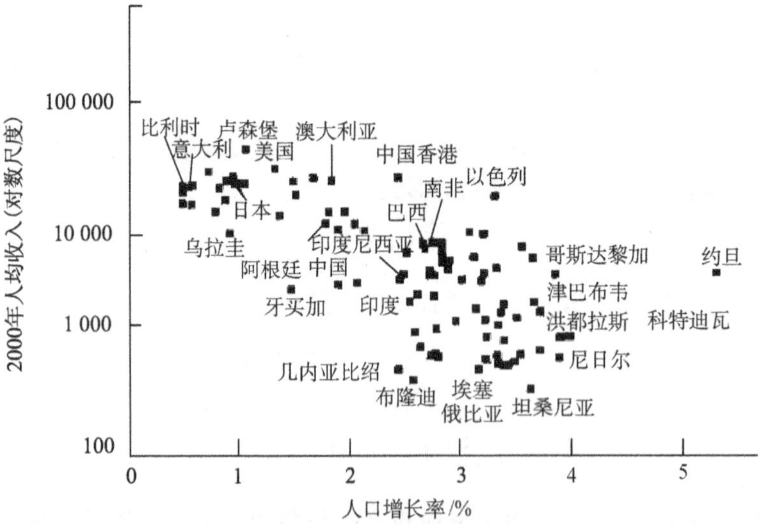

（b）1960–2000年的平均数

图 4-2　投资率、人口增长与人均收入的关系①

4.3.4　储蓄率和人口增长率对经济增长的影响

（1）储蓄率对经济增长的影响

图 4-3 显示了储蓄率的增加对经济增长的影响。经济最初位于 C 点的稳态均衡。现在假定储蓄率由 s 提高到 s'，这使储蓄曲线由 $sf(k)$ 上移至 $s'f(k)$ 的位置。这时稳态点由 C 上移至 C'，可知储蓄率的增加提高了稳态的人均资本和人均产量。

虽然从短期看，更高的储蓄率导致了总产量和人均产量增长率的增加，但由于 C 点和 C' 点都是稳态，按照前面关于稳态的分析，稳态中的产量增长率是独立于储蓄率的，从长期看，随着资本积累增长率的逐渐降低，最终又回落到人口增长的水平。

① ［美］曼昆：《宏观经济学》第 6 版，中国人民大学出版社，2009 年，第 188、199 页。

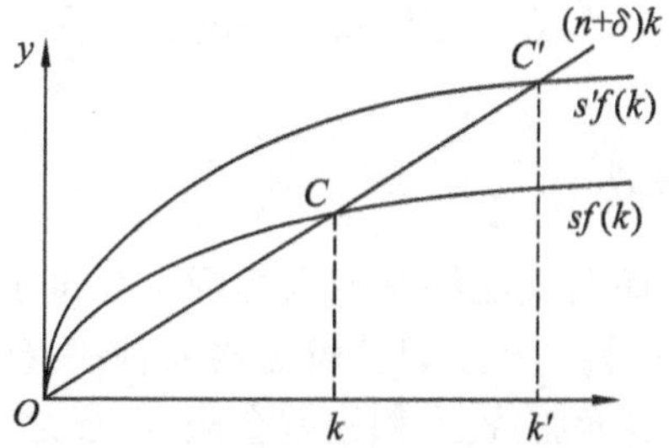

图 4-3　储蓄率对经济增长的影响

图 4-4 中,图(a)显示了人均收入的时间路径。储蓄率的上升导致人均资本上升,从而人均产量增加,直到达到新的稳态为止。图(b)则显示了总产量增长率的时间路径。储蓄率的增加导致资本积累,从而带动了产量的一个暂时性的较高增长。但随着资本积累,产量的增长最终会回落到人口增长率的水平上。

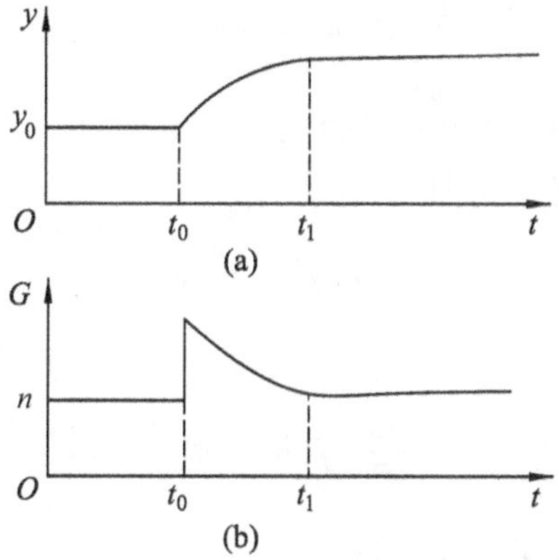

图 4-4　人均收入、总产量增长率的时间路径

总之,新古典增长理论在这里得到的结论是,储蓄率的增加不能影响到稳态增长率,但确实能提高收入的稳态水平。用更专业的话说,就是储蓄率的增加只有水平效应,没有增长效应。

(2) 人口增长率对经济增长的影响

图 4-5 显示了人口增长率对经济增长的影响。经济最初位于 A 点所示的稳态。现在假定人口增长率由 n 增加到 n',$(n+\delta)k$ 曲线变为$(n'+\delta)k$。稳态点由 A 变为 A',可以看出,人口增长率的增加降低了人均资本的稳态水平,进而降低了人均产量的稳态水平,这是从新古典增长理论得出的又一重要结论。现实社会中,人口增长率上升导致的人均产量下降正是许多发展中国家面临的问题。两个有着相同储蓄率的国家仅仅由于其中一个国家比另一个国家的人口增长率高,就可以有非常不同的人均收入水平。

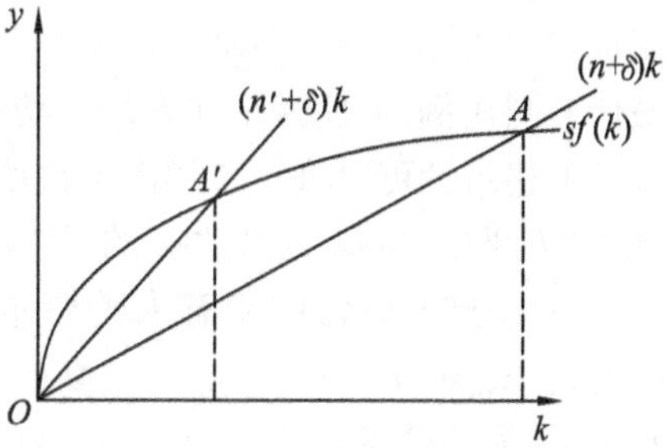

图 4-5　人口增长率对经济增长的影响

对人口增长进行比较静态分析的另一个重要结论是,人口增长率的上升增加了总产量的稳态增长率。理解这一结论的要点在于懂得稳态的真正含义，并且注意到A'点和A点都是稳态均衡点。

4.3.5 最佳经济增长途径

通过上述分析可以看出，储蓄率能够影响人均资本存量水平，而人均资本存量又会影响人均产量。从整个社会角度看，产出可以分解为两部分：一部分是消费，另一部分是资本积累。当产出一定时，如果消费增加，资本积累就会减少，反之亦然。经济发展的根本目的是提高人均消费水平，因此，经济增长的最佳路径应该是实现人均消费最大化的路径。美国学者菲尔普斯对这一问题进行了研究，并在1961年提出了著名的资本积累黄金律(Golden Rule)。现推导如下：

用$\frac{C}{L}$表示人均消费，则有：

$$\frac{C}{L} = y - sf(k) = f(k) - sf(k) \tag{4-25}$$

式(4-25)表示人均消费等于人均产出减去人均储蓄。

在经济稳态增长并且不考虑折旧的情况下，有：

$$sf(k) = nk \tag{4-26}$$

则有：

$$\frac{C}{L} = f(k) - nk \tag{4-27}$$

由此得到人均消费最大化的一阶条件：

$$f'(k) = n \tag{4-28}$$

式(4-28)中，$f'(k)$为人均产出对人均资本k的一阶导数，其经济意义为人均资本的微小变动导致人均产出的变动量，几何意义为人均产出曲线任意一点的切线斜率，n为经济均衡增长条件下劳动的增长率。该式表明：要使稳态人均消费达到最大，稳态人均资本的选择应使资本的边际产品与劳动生产率相等。如果满足这一等式，资本与消费在产出中就能实现最佳分割比例，从而保证在人均消费最大化条件下经济的均衡增长。

上述结论可以进一步用图形说明。如图4-6所示，在经济实现稳态增长时，人均消费可以用$f(k)$曲线和nk曲线之间的垂直距离表示。

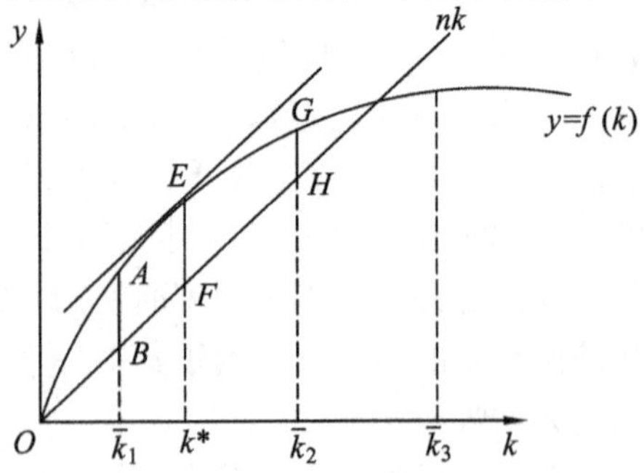

图4-6 资本积累的黄金律

在$\bar{k}_1$这一较低的稳态人均资本水平上，人均消费较小，为AB。在$\bar{k}_2$这一较高的稳态人均资本水平上，人均消费水平同样较小，为GH，原因在于虽然人均收入水平较高，但人均储蓄水平同样也比较高。如果将人均资本水平提高到$\bar{k}_3$，则没有任何产出用于消费。

在稳态人均资本水平为k^*时，$f(k)$曲线切线斜率与nk曲线斜率n相等，过E点的切线与nk平行，此时人均消费 EF 最大，从而实现消费最大化。

由黄金律可知，当人均资本高于黄金律水平，可以通过增加消费、减少储蓄使得人均资本下降到黄金律水平。反之，当人均资本低于黄金律水平，则可以通过缩减消费、增加储蓄的方法使人均资本提高到黄金律水平。

例 3：

在新古典增长模型中，生产函数为 $y=f(k)=2k-0.5k^2$，人均储蓄率为 0.3，设人口增长率为 3%，求：

（1）使经济均衡增长的 k 值；

（2）黄金分割律所要求的人均资本量。

解：（1）经济均衡增长时，$sf(k)=nk$，将已知条件代入该式，得：

$$0.3(2k-0.5k^2)=0.03k$$

解得：

$$k=3.8$$

（2）按照黄金律的要求，有 $f'(k)=n$，即 $2-k=0.03$。

求得：

$$k=1.97$$

4.3.6 技术进步的影响

前面关于新古典增长理论的论述是在没有考虑技术进步的情况下进行的，现在把技术进步这一因素引进来，经济中的生产函数可以写为：

$$Y=F(AL,K) \tag{4-29}$$

在式(4-29)中，A 为技术进步参数，当作为技术状态的变量 A 随着时间的推移增大时，说明存在着技术进步，这时，经济中劳动效率提高了。20 世纪最有影响的劳动效率提高的例子是亨利·福特通过流水线进行大规模的生产创新，根据当时的观察计算，这一技术进步把工人组装一辆汽车主要部件的时间从 12.5 小时缩短到 1.5 小时。AL 为有效劳动投入，A 越大，表示每个员工在相同时间内能够生产出更多的产量，提供更多的服务。

假定生产函数仍然为规模报酬不变，并同时假定 A 为外生给定，以不变的增长率 g 增长，采用类似的推导方法，可以得到考虑技术进步的索洛方程：

$$\dot{k}=sf(k)-(n+g+\delta)k \tag{4-30}$$

这里 k 表示有效劳动的人均资本，即 $k=\frac{K}{AL}$，$f(k)$ 为有效劳动的人均产出，即 $f(k)=\frac{Y}{AL}$。

经济实现长期稳态增长的条件为 $\dot{k}=0$，因此有：

$$sf(k)=(n+g+\delta)k \tag{4-31}$$

在考虑技术进步条件下，黄金律可表示为：

$$f'(k)=n+k \tag{4-32}$$

在稳态增长条件下,有效劳动的人均资本和产出不变,增长率为0。但由于有效劳动等于技术进步参数 A 与劳动投入相乘,如果不考虑技术进步,则人均资本和人均产出仍然是增长的。

案例评析

什么原因导致美国经济增长放慢

从1959年到1973年,按美国企业每工作小时产量来衡量的生产率每年增长3.2%。从1973年到1994年,每年生产率增长只有1.3%。生产率增长放慢反映在实际工资和家庭收入增长的减少上,也反映在一般人对经济的忧虑上。由于生产率增长放慢,经过许多年的积累,生产率增长下降了1.9%,对收入有严重的影响。如果生产率增长没有放慢,美国人的平均收入应该比现在高出50%左右。

究竟是什么原因导致经济增长放慢?有两个事实确定无疑。第一,经济增长放慢是一个世界性现象。在20世纪70年代中期,不止美国,包括加拿大、法国、德国、意大利、日本、英国在内的工业化国家,都发生了经济增长放慢的现象。因此,为了解释美国经济增长放慢,必须超出美国来观察。第二,这种放慢不能追溯到那些最容易衡量的生产要素。经济学家可以直接衡量工人所得到的物质资本数量和以正规教育年限为形式的人力资本。显然,生产率放慢主要并不是由于这些投入增长的减少。技术看来是剩下的少数几个可归咎的原因之一。但事实却是,90年代以来,计算机信息技术所带来的技术革命,使得生产率大大提高,技术和经济的融合,掀起了全球范围的经济增长浪潮。

(道客巴巴,http://www.doc88.com)

4.4 内生增长理论简介

内生增长理论是产生于20世纪80年代中期的一个西方宏观经济理论分支,其核心思想是认为经济能够不依赖外力推动实现持续增长,内生的技术进步是保证经济持续增长的决定因素。本节将简要介绍有代表性的两个内生增长理论:罗默的知识溢出模型和卢卡斯的专业化人力资本积累增长模型。

4.4.1 罗默的知识溢出模型

(1) 模型的主要内容

1986年,罗默在《收益递增经济增长模型》中提出了内生经济增长模型,在理论模型上,罗默认为新古典增长理论关于边际收益递减的假设是导致其失效的根本原因,因此在他提出的增长模型中放弃了这一假设。首先,罗默认为在经济增长中,知识与资本(是由放弃当前消费来积累的)不同,它是由规模收益递减的研究技术生产的。另外,对知识的投资具有正的外在效应。更为重要的是,消费品的生产作为知识及其他投入的函数,具有递增的规模收益。外部性、产出生产中的规模收益递增和新知识生产中的规模收益递减是罗默增长理论的三要素。根据这些要素,罗默的增长模型实现了技术进步的内生化。罗默的模型除了传统的资本和劳动这两个生产要素以外,还有另外两个要素,即人力资本和技术水平。模型中所列入的劳动是指非熟练劳动,而人力资本则指熟练劳动,人力资本用正式教育和在职培训等受教育时间长度来表示,这样,就把知识或教育水平在经济增长中的作用考虑进去了。关于模型中所列入的技术水平这个要素,罗默认为它体现于物质产品之上,如新的设备、新的原材料等,它们表示技术创新的成果。换言之,知识的进步体现在两方面:一方面体现在劳动者的熟练程度上,它在模型中用人力资本来表示;另一方面体现在新设备、新原材料等物质产品之上的技术先进性,它在模型中用技术水平来表示。罗默的内生增长理论认为,企业创造的新知识是经济增长的主要因素。知识作为一种特殊的生产要素,它本身的生产具有报酬递减的特征,而在产品生产中具有报酬递增的特点。另外知识还具有外在性,即一个企业创造的知识会成为公共知识而使其他企业受益。只要企业实现知识生产的最优控制,就可以使经济达到长期稳定的增长。

1990 年,罗默给出了第二个模型,它假设有四种投入:资本、劳动、人力资本和技术,经济中有三种类型的部门:研究部门、中间产品部门、最终产品部门。并且假设: ① 最终产品 Y 是劳动力 X、物资资本 L 和用于最终产品生产的人力资本 H 的函数;② 中间产品的生产指对资本品的生产;③ 研究部门的投入是人力资本 H 和已有的知识存量,产出是新技术。

(2) 对模型的评价

罗默模型的合理性主要表现在:

① 罗默承认知识能提高投资收益,从而说明了一定时期内投资收益率的现象和各国经济增长率的非收敛性及长期收益增长的原因。

② 新古典理论认为技术进步只是外生决定的、偶然的、无成本的资源,而罗默等人的理论认为知识是一种生产要素,而经济主体必须像在机器上投资一样在知识上投资。

③ 罗默承认投资促进知识积累,知识又刺激投资,形成一种良性循环,从而得出投资的持续增长能永久性提高增长率,这曾是传统理论一直否定的观点,但大量事实证明这一结论是符合客观实际的。

总体而言,罗默的模型较为系统地分析了知识与技术对经济增长的作用,突出了研究与开发对经济增长的贡献,这与现实经济相符。但是,其存在的主要缺陷是:没有研究初始的人力资本状况和对人力资本总量不变的假定并不符合现实。

4.4.2 卢卡斯的专业化人力资本积累增长模型

(1) 模型的主要内容

当代西方经济学认为,资本有两种形式,即物质资本和人力资本。物质资本是以物质形式所体现的资本,包括投入生产过程中的厂房、机器、设备、资金等各种物质生产要素的数量和质量;人力资本是体现在劳动者身上的可用于生产产品或提供各种服务的智力、技能以及知识的总和。人力资本增值就是通过对人力资本的积累、投资和扩充,促使人力资本的价值得以提升。

卢卡斯等人充分借鉴了贝克尔等人对人力资本研究的成果,分析了人力资本的形成过程,并把人力资本的形成结合到经济增长模型之中。卢卡斯的内生经济增长模型把整个经济分成两个部门。在第一个部门中,每个劳动者根据其拥有的物质资本(与产品同质)和一部分的人力资本生产消费品。在第二个部门中，人力资本自我形成。模型还进一步假定，所有个人都是同质的，因而可以得到加总的生产函数和人力资本形成函数：

$$Q_t = A_t k_t^{\alpha}(\mu_t H_t^{1-\alpha}) \tag{4-33}$$

$$\dot{H}_t = B(1-\mu_t)^{\beta} H_t \tag{4-34}$$

其中：A, B, α, β 都是正的参数，Q_t 是产出，K_t 是物质资本存量，H_t 是人力资本存量，$\dot{H}_t$ 为人力资本存量对时间 t 的导数，$(1-\mu_t)$ 是人力资本用于人力资本形成的部分。进一步，当 μ 为常数，根据(4-34)式，人力资本的增长率由(4-35)式决定：

$$\frac{\dot{H}}{H} = B(1-\mu)^{\beta} \tag{4-35}$$

其中，$\frac{\dot{H}}{H}$ 为人力资本增长率。

当经济处于均衡增长路径时，经过一系列复杂的数学推导，可以得到如下关系式：

$$\frac{\dot{Q}}{Q} = \frac{\dot{H}}{H} = \frac{\dot{H}/A}{1-\mu} \tag{4-36}$$

对卢卡斯模型的深入探讨已超出了本书的范畴，感兴趣的读者可参阅《经济增长》或者《高级宏观经济学》等相关资料。在此，主要归纳模型的一些重要结论：人力资本增值越快越多，则部门经济产出越快越多；人力资本积累不仅具有外部性，而且与人力资本存量成正比；人力资本积累（人力资本增值）是经济得以持续增长的决定性因素和产业发展的真正源泉。

（2）模型的结论和启示

① 人力资本积累是经济增长的基础

在卢卡斯模型中，人力资本变化率代表技术进步率，它取决于现有人力资本水平和从事人力资本建设的时间。人力资本通过推动技术进步，使资本的收益率提高，从而使经济增长速度加快。因而，人力资本越多，技术进步越快，经济增长也越快。

按照卢卡斯模型中的思想，专业化的人力资本随着生产某种商品数量的增加而增加，但其增加的速度是递减的。但是，由于专业化的人力资本增长是在已有的人力资本水平上进行的，某种商品生产的技能可以成为另一种商品生产的基础，从而提高了这种产品生产所需人力资本的形成速度。因此，人力资本的积累从总体上看是递增的，这导致人力资本的边际产出在总体上的递增性。它克服了劳动和物质资本的边际产出递减的限制，使经济得以持续增长。所以，人力资本积累是经济持续增长的根源。

② 教育是人力资本形成的最佳途径

根据卢卡斯模型，人力资本的形成有两条途径。一是通过脱离生产活动的学校教育获取人力资本，卢卡斯将其称之为社会一般人力资本。按照这一途径获得的人力资本，能够产生人力资本的“内部效应”。二是在实践中学习形成人力资本，卢卡斯将其称之为专业化人力资本，按照这一途径形成的人力资本，其具有外部效应。更进一步，卢卡斯认为，专业化人力资本形成的规模和速度，直接取决于社会一般人力资本已达到的水平。在现有人力资本总体水平较低的情况下，利用“干中学”获得的专业化人力资本的水平也不会很高。而且，如果单纯依靠“实践中学习”的方式，专业化人力资本及人力资本总体水平只能以十分缓慢的速度提高，难以适应经济快速发展的需要。只有学校教育才可以形成人力资本生产的规模效应，并突破专业的限制，最有效地提高一般知识水平。不仅如此，如果将“实践中学习”的思想贯穿于学校教育中，也可以通过学校教育形成专业化人力资本。因此，教育是人力资本形成的最佳途径。

拓展阅读

内生增长模型的新发展

内生增长模型包含两条具体的研究思路。第一条是罗默、卢卡斯等人用全经济范围的收益递增、技术外部性解释经济增长的思路，代表性模型有罗默的知识溢出模型、卢卡斯的人力资本模型、巴罗模型等。第二条是用资本持续积累解释经济内生增长的思路，代表性模型是琼斯—真野模型、雷贝洛模型等。完全竞争条件下内生增长模型存在一定的缺陷：一是完全竞争假设条件过于严格，限制了模型的解释力和适用性。二是完全竞争假设无法较好地描述技术商品的特性——非竞争性和部分排他性，并使一些内生增长模型产生逻辑上的不一致。

为了克服上述内生增长模型存在的问题，从20世纪90年代开始，增长理论家开始在垄断竞争假设下研究经济增长问题，提出了一些新的内生增长模型。这些模型又可以根据经济学者对技术进步的不同理解，分成三种类型：产品种类增加型内生增长模型、产品质量升级型内生增长模型、专业化加深型内生增长模型。这三类模型的提出，表明内生增长理论进入了一个新的发展阶段。

（百度百科，http://baike.baidu.com）

4.5 总供给曲线概述

总供给是经济社会所提供的总产量（或国民收入），即经济社会投入的基本资源所生产的产量。这里所说的基本资源主要包括劳动、生产性资本存量和技术。在宏观经济学中，常常使用生产函数描述总产出与劳动、资本和技术之间的关系。

4.5.1 短期与长期宏观生产函数

在西方经济学中，生产函数是指投入和产出之间的数量关系。生产函数有微观和宏观之分，在微观经济学中讨论的生产函数是微观生产函数，本节讨论的生产函数是宏观生产函数。宏观生产函数又称总量生产函数，是指整个国民经济的生产函数，它表示总投入和总产出之间的关系。

假定一个经济社会在一定的技术水平下使用劳动和资本两种要素进行生产，则宏观生产函数可表示为：

$$Y = f(N, K)$$

其中：Y 为总产出，N 为整个社会的就业水平或就业量，K 为整个社会的资本存量。为了简便起见，这一生产函数中技术水平没有作为变量表示出来，其影响由函数表达式来反映。该式表明，经济社会的产出主要由整个社会的就业量、资本存量和技术水平所决定。

宏观生产函数可以分为短期生产函数和长期生产函数。在短期宏观生产函数中，由于资本存量和技术水平在短期内不可能有较大的改变，所以二者被认为是不变的常数。用$\overline{K}$表示不变的资本存量，则短期生产函数可表示为：

$$Y = f(N, \overline{K}) \tag{4-37}$$

式(4-37)表明，在一定的技术水平和资本存量条件下，在短期内经济社会生产的产出 Y 取决于就业量 N，即总产量是经济中就业量的函数，随着总就业量的变化而变化。

上述短期宏观生产函数式有两条重要的性质：一是总产出随总就业量的增加而增加；二是在技术不变和 K 为常数的假设条件下，由于边际报酬递减规律的作用，随着总就业量的增加，总产出按递减的比率增加。这样，短期宏观生产函数可以用图 4-7 表示。

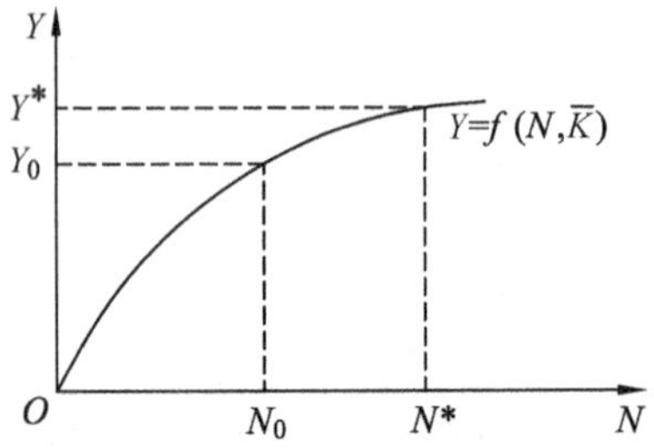

图 4-7　短期宏观生产函数

图4-7 中，横轴 N 表示劳动的总就业量，纵轴 Y 表示总产量，曲线 $Y = f(N, \overline{K})$ 表示总产量是总就业量的函数。例如，当总就业量为 N_0 时，对应的总产量为 Y_0，图中曲线越来越平缓，表示总产量随总就业量的增加而增加，但增加的幅度越来越缓慢。当 N 达到充分就业的 N^* 时，相应的产量为 Y^*。

长期生产函数与短期生产函数的区别主要在于，在长期生产函数中，包括生产函数中的三个主要自变量在内的一切自变量都可以改变。首先，技术水平可以有很大进步，存在着足够的改善技术的时间。其次，人口的增长能够影响充分就业的劳动者的数量。最后，资本的存量也会随着积累的增加有着很大的变化。这样，长期生产函数可以表示为：

$$Y^* = f(N^*, K^*) \tag{4-38}$$

式(4-38)中，N^* 为各个短期中的充分就业量，K^* 为各期的资本存量，技术水平的变化没有被明确表示出来，隐含在函数表达式中，Y^* 为各期的充分就业时的产量。

本节主要讨论短期生产函数。由上述对短期生产函数的讨论可知，在一定时期和一定条件下，总供给将主要由经济的总就业水平决定。那么经济中的就业水平又是如何决定的？为了解决这一问题，需要引入另一个市场，即劳动市场。

4.5.2　劳动市场

在微观经济学中，曾经讨论过劳动的需求函数。由于劳动的边际产品随劳动投入的增加而降低，所以劳动的需求函数是实际工资的减函数。上述微观经济学意义上的劳动需求与实际工资的关系，对于宏观总量意义上的劳动市场也是成立的。

如果用 N_d 表示劳动需求量，则劳动需求函数可表示为：

$$N_d = N_d\left(\frac{W}{P}\right) \tag{4-39}$$

式(4-39)中,$\frac{W}{P}$为实际工资;N_d 与$\frac{W}{P}$呈反方向变动关系。实际工资低时,劳动的需求量大;实际工资高时,劳动的需求量小。从几何意义上看,劳动需求函数的曲线的斜率为负。如图 4-8 所示。

与劳动需求函数类似,宏观意义上的劳动供给也是实际工资的函数。劳动的供给函数可表示为:

$$N_s = N_s\left(\frac{W}{P}\right) \tag{4-40}$$

式(4-40)中,N_s 为劳动供给总量。与劳动的需求函数相反,劳动供给量是实际工资的增函数。实际工资低时,劳动的供给量小;实际工资高时,劳动的供给量大。从几何意义上看,劳动供给曲线斜率为正,如图 4-9 所示。

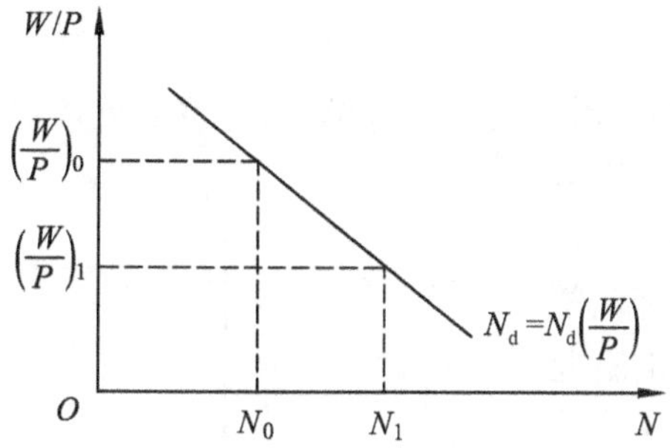

图 4-8 劳动需求函数

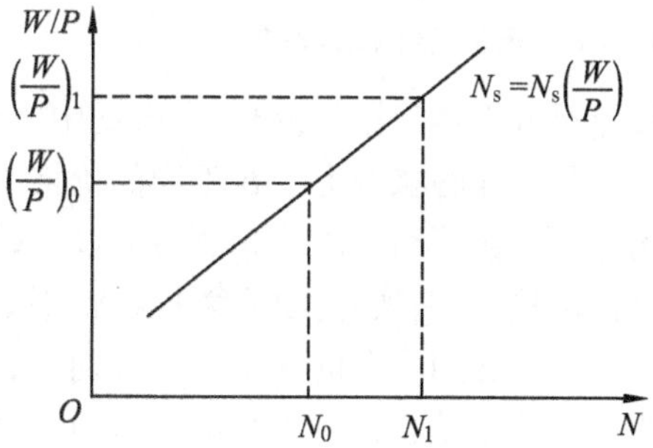

图 4-9 劳动供给函数

如果工资 W 和价格 P 两者都是可以调整的,那么实际工资$\frac{W}{P}$也是可以调整的。劳动市场的均衡就由劳动的需求曲线和劳动的供给曲线的交点来决定。

如图 4-10 所示,在实际工资$\left(\frac{W}{P}\right)_0$的水平上,企业所选择的劳动数量正好等于公众所提供的劳动数量,即就业水平为 N_0。如果实际工资太高,例如图中的$\left(\frac{W}{P}\right)_2$,则劳动的供给量为 N_2,而劳动的需求量只为 N_1,这意味着劳动供过于求,表明经济不能为所有愿意工作者提供足够的职位,在价格和工资具有完全伸缩性的情况下,实际工资就会降低,从而刺激企业的劳动需求,抑制劳动者的劳动供给。随着实际工资的不断调整,劳动的供求数量也在不断调整,直到使劳动市场达到供求相等的均衡状态时为止。当实际工资水平低于均衡工资水平,按照同样的分析思路,最终仍然会调整到均衡工作水平。

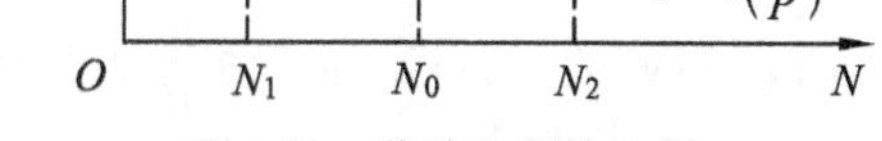

图 4-10 劳动市场的均衡

因此，在价格和工资具有完全伸缩性的完全竞争的经济中，劳动市场的均衡条件是：

$$N_s\left(\frac{W}{P}\right)=N_d\left(\frac{W}{P}\right)$$

劳动市场的均衡一方面决定了均衡的实际工资，另一方面决定了均衡的就业量。

4.6 总供给曲线类型

总供给函数是指总产量与一般价格水平之间的关系。在以价格水平为纵坐标，总产量为横坐标的坐标系中，总供给函数的几何表达即为总供给曲线。

按照货币工资 W 和价格水平 P 进行调整所要求的时间的长短，宏观经济学将总产出与价格水平之间的关系分为三种，即古典总供给曲线、凯恩斯总供给曲线和常规总供给曲线。其中，古典总供给曲线可以看作长期供给曲线的代表，凯恩斯总供给曲线可以看作短期总供给曲线的代表，常规总供给曲线则是将短期总供给曲线和长期总供给曲线相融合的总供给曲线。

4.6.1 古典总供给曲线

按照西方古典学派的说法，在长期中，价格和货币工资具有伸缩性，经济的就业水平就会处在充分就业的状态上。在不同的价格水平下，当劳动市场存在超额劳动需求或超额劳动供给时，货币工资就会进行调整，进而实际工资发生调整，实际工资调整到使劳动市场达到均衡的水平。在长期中，经济的就业水平或产量并不随着价格水平的变动而变动，而始终处在充分就业的状态上，从而经济的产量水平也将位于潜在产量或充分就业的水平上，不受价格变动的影响。因此，古典学派认为，总供给曲线是一条位于经济的潜在产量或充分就业产量水平上的垂直线。如图 4-11 所示。

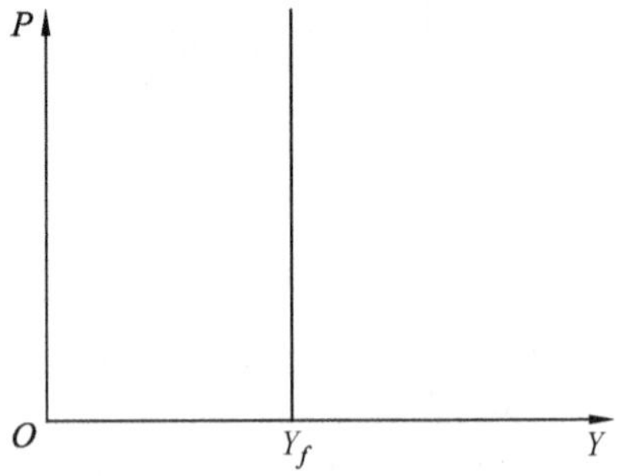

图 4-11 古典总供给曲线

古典总供给曲线的为垂直的理由有两个：第一，古典学派假设货币工资 W 和价格水平 P 可以迅速或立即自行调节，使得实际工资总是处于充分就业所应有的水平，从而使产量或国民收入也总是处于充分就业的水平，不受价格的影响。根据这一理由，古典总供给曲线并不意味着时期长短。换言之，只要存在着 W 和 P 迅速或立即调整的假设，古典总供给曲线就是一个短期总供给曲线。第二，古典学派一般研究经济事物的长期状态，而在长期中，即使不采用 W 和 P 能够迅速或立即调整的假设，货币工资和价格水平被认为是具有充分的时间来进行调整，使得实际工资$\frac{W}{P}$处于充分就业应有的水平，从而，总供给曲线也是一条垂直线。因此，古典总供给曲线也代表长期总供给曲线。

4.6.2 凯恩斯总供给曲线

古典学派关于工资和价格具有完全伸缩性即完全弹性的假定受到后来许多经济学家的质疑和否定，他们提出多种假说来说明总供给曲线的形成。这些总供给曲线是在经济资源没有充分利用的情况下取得的，具有短期性的特征，所以称为短期供给曲线。

凯恩斯最重要的著作《就业、利息和货币通论》（以下简称《通论》）于 1936 年出版时，当时整个西方世界都处于严重的大萧条状态，经济社会存在着大量的失业人口和生产能力，这本书基本上是针对这种状态而撰写的。此外，该书也提出了货币工资具有“刚性”的假设，即假设由于种种原因，货币工资不会轻易变动。在货币工资“刚性”的假设条件下，当产量（从而国民收入）增加时，价格和货币工资均不会发生变化，这也与当时的实际情况相吻合。因此，凯恩斯的总供给曲线是一条水平线，如图 4-12 中的 P_0E_0 所示。

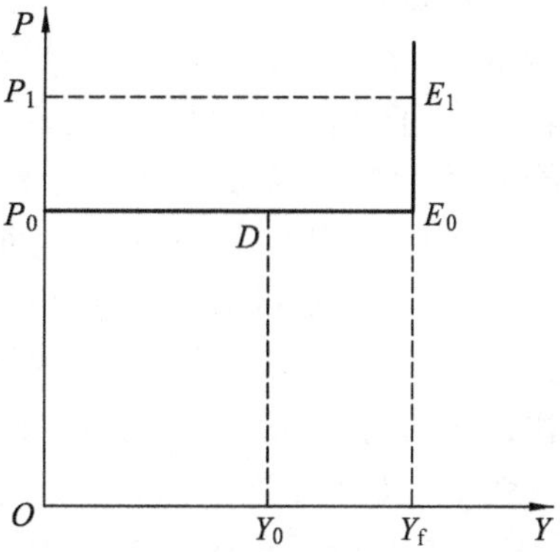

图 4-12　凯恩斯总供给曲线

图 4-12 中的 Y_f 代表充分就业的产量或国民收入。P_0E_0 为水平线，其含义为：在产量小于 Y_f 的条件下，由于货币工资 W 和价格水平 P 都不会变动，在既有的价格下，在达到充分就业 Y_f 之前，经济社会能提供任何数量的产量 Y_0。在达到充分就业 Y_f 之后，社会已经没有多余的生产能力，不可能生产出更多的产品，因此，增加的需求不但不会增加产量，反而会引起价格的上升，如图中 E_1，表示产量已经达到充分就业时的最大产量，过度的产品需求只会导致价格从 P_0 上升到 P_1，而产量仍然保持在 Y_f 的水平。

凯恩斯总供给曲线在达到充分就业水平之前具有水平线形状的原因有两个：第一，货币工资 W 和价格 P 均都具有刚性，即二者完全不能进行调整。第二，《通论》所研究的情况是短期的情况，由于时间非常短，导致货币工资 W 和 P 没有足够的时间进行调整。

因此，凯恩斯的总需求曲线也称为反 L 形总供给曲线。但是，凯恩斯描述的总供给曲线是以 20 世纪 30 年代经济危机为背景的，这是一种不具备普遍意义的特殊情况，因而水平的短期 AS 曲线只是一种特殊形式。

4.6.3　常规供给曲线

上述两种类型的总供给曲线分别代表两种极端状态：古典总供给曲线认为货币工资 W 和价格水平 P 能够立即进行调整，而凯恩斯总供给曲线认为货币工资 W 和价格水平 P 完全不能进行调整。

西方学者认为，在通常情况下，短期总供给曲线位于两个极端之间，如图 4-13 所示的 CC 曲线。

图 4-13 中，AA 表示古典总供给曲线，BB 表示凯恩斯总供给曲线，CC 表示常规总供给曲线。价格水平越高，经济中的企业提供的总产出就越多。从微观经济学的角度看，在短期，当经济中的工资和其他资源的价格相对固定，或不太易变时，随着企业产品价格的提高，企业增加产量通常能够盈利。因此，更高的价格水平将导致更高的总产量。

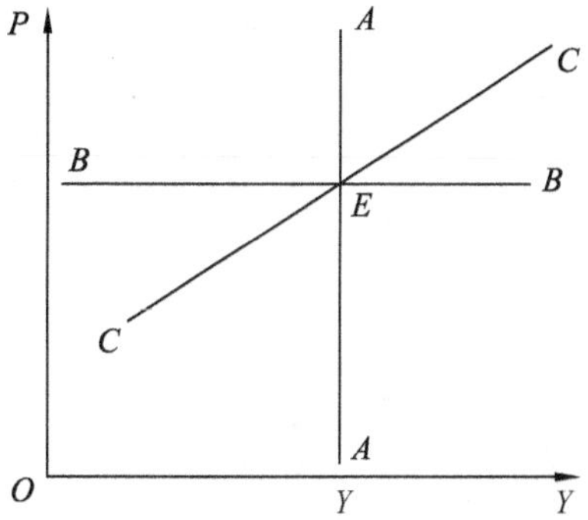

图 4-13　线性常规总供给曲线

在更一般的情况下，常规总供给曲线是非线性的。

如图 4-14 所示，*CC* 曲线即为非线性的常规总供给曲线。在图中,左下方的 *C* 点代表较为严重的萧条状态,由于这种状态存在着大量的失业和闲置的生产能力,所以当产量或国民收入 *Y* 增加时,价格水平 *P* 会稍有上升,但上升的速度不会很快,即 *CC* 的斜率相对较小。由左方的 *C* 点沿着 *CC* 向右方行进,产量和国民收入逐渐上升,随着经济的好转,*P* 的上升越来越快,在图形上表现为 *CC* 的斜率逐渐加大,直到代表充分就业的 *E* 点。这时,由于充分就业并不意味着整个社会的全部资源和有劳动能力的人口都已经就业,所以仍然存在着一些难以利用的资源和能力较差的劳动者,因此,在 *E* 点之后,如果产量还要增加,那么,*P* 的上升还要加快,在图形上表现为 *CC* 的斜率将明显加大。因此,总体而言,在 *E* 点左下方的 *CE* 线段,离开 *E* 点的距离越大,曲线的斜率越小,而在处于 *E* 点右方的 *EC* 线段,离开 *E* 点的距离越大,曲线的斜率越大。西方学者认为,这种形状的总供给曲线可以代表总供给曲线的常规状态。

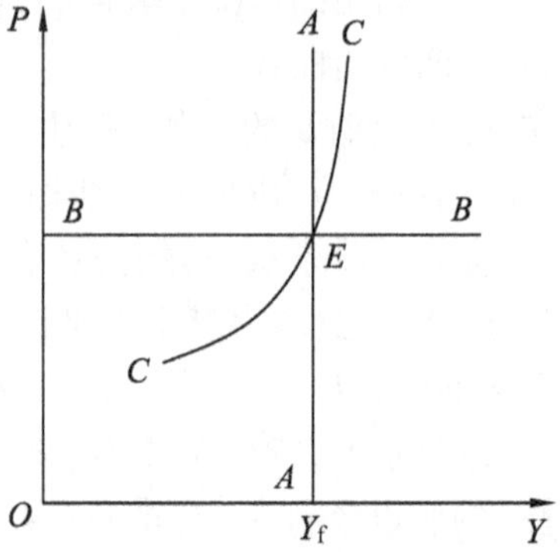

图 4-14　非线性常规总供给曲线

复习思考

1. 经济增长和经济发展的含义是什么？什么是瞬时增长率？
2. 什么是哈罗德—多马模型？
3. 什么是新古典增长模型？
4. 什么是资本积累的黄金律？
5. 什么是内生增长模型？与新古典增长模型有何区别？
6. 什么是总供给曲线？
7. 古典总供给曲线、凯恩斯总供给曲线、常规总供给曲线有何区别与联系？

5 *AS-AD* 模型及其拓展

经济问题

蜜蜂的寓言与节俭“美德”

有一则古老的寓言:从前有一群蜜蜂过着挥霍、奢华的生活,整个蜂群兴旺发达,百业昌盛。后来,它们改变了原有的生活习惯,崇尚节俭朴素,结果社会凋敝,经济衰落,最终被敌手打败。俗语说:“新三年,旧三年,缝缝补补又三年。”如果真是如此节约,我们的纺织行业就会面临着纺织品卖不出去,工人下岗,收入降低,从而影响整个社会消费。因此,对个人来说,节俭是一种美德,大多数时候我们还要提倡,但对整个社会来说,过度节俭就不是美德,而是一种退步。如何理解在现代经济条件下,节俭不是一种美德?过度节俭对社会总需求、社会总供给会产生什么样的致命影响?

([荷]伯纳德·曼德维尔,《蜜蜂的寓言》,中国社会科学出版社,2002 年)

前面已经解释了总需求函数和曲线与总供给函数和曲线,将总需求曲线和总供给曲线结合起来,就可以构成总需求与总供给模型,即 *AS-AD* 模型。总需求与总供给的均衡是产品市场、货币市场和劳动市场的共同均衡,由此可以说明价格水平和国民收入水平的决定。因为在总供给曲线上不仅存在着凯恩斯主义、古典主义及新古典主义三种情形,而且还存在着长期与短期的区别,因此总供给—总需求模型存在着多种变异的情况。

5.1 总需求与总供给及其均衡

5.1.1 总需求与总供给

总需求(Aggregate Demand)是指在不同的价格水平上各部门总的计划支出之和。在开放经济中,社会总需求包括消费需求(C)、投资需求(I)、政府需求(G)和国外净需求(NX)。总需求曲线表示社会的需求总量和价格水平之间的相反方向的关系,是向右下方倾斜的。总需求曲线之所以向右下方倾斜,主要取决于实际余额效应、时际替代效应和开放替代效应三个因素。

(1) 实际余额效应。当价格水平上升时,人们手中名义资产的数量没有改变,但以货币实际购买力衡量的实际资产的数量会减少,因此,人们在收入不变的情况下,就会减少对商品的需求量而增加名义资产数量以维持实际资产数额不变,这就是实际余额效应。实际余额效应的结果使价格水平上升时,人们所愿意购买的商品总量减少;价格水平下降时,人们所愿意购买的商品总量增加。因此,总需求曲线向右下方倾斜。

(2) 时际替代效应。一般来讲,价格上升时,利率水平也会提高。利率水平的提高也就意味着当前消费的机会成本增加而未来消费的预期收益提高。因此,人们会减少当前消费量,增加未来消费量。随着总价格水平的提高,人们会用未来消费替代当前消费从而减少对商品的需求总量;随着总价格水平的下降,人们则会用当前消费替代未来消费从而增加对商品的需求总量,这就是时际替代效应。时际替代效应也会导致总需求曲线向右下方倾斜。

(3) 开放替代效应。当一国价格水平上升时,在其他国家生产的产品就会变得相对便宜,本国居民就会用外国产品来替代本国产品,增加对进口品的需求;而外国居民则会用本国产品替代外国产品,减少对进口品的需求。因此,净出口需求量会减少,从而商品需求总量也会减少。因此,总价格水平上升,人们会用进口替代出口,从而减少对国内商品的需求量;而总价格水平下降,人们则会用出口替代进口,从而增加对国内商品的需求量,这就是开放替代效应。在开放经济条件下,开放替代效应就构成了总需求曲线向右下方倾斜的另一个原因。

现在就来具体说明,如何根据 *IS-LM* 模型推导出总需求曲线。

上面的价格水平上升的例子表明,总需求函数同时涉及产品市场与货币市场。换句话说,总需求函数也可以从产品市场与货币市场的同时均衡中得到。如果暂时略去国际部门,在三部门的经济中,*IS* 曲线的方程为:

$$Y=C(Y-t)+I(r)+G \tag{5-1}$$

LM 曲线的方程为:

$$\frac{M}{P}=L_1(Y)+L_2(r) \tag{5-2}$$

在上面两个方程中,如果把 Y 和 r 当做未知数,而把其他变量,特别是 P 当做参数来对这两个方程联立求解,则所求得的 Y 的解式一般包含 P 这一变量。该解式表示了不同价格 P 与不同的总需求量 Y 之间的函数关系,即总需求函数。现在用一具体例子加以说明。例如:

$$0.5Y+240r=3\,500$$

$$0.5Y-260r=\frac{1\,000}{P}$$

求出 Y 的解式,得到:

$$Y=\frac{3\,640P+960}{P}=3\,640+\frac{960}{P} \tag{5-3}$$

式(5-3)即为总需求函数。

在这种情况下，总需求曲线反映的是产品市场和货币市场同时处于均衡时，价格水平和产出水平的关系。因此，总需求曲线可以从 *IS-LM* 模型中求取。

在 *IS-LM* 模型中，一般价格水平被假定为是一个常数。在价格水平固定不变且货币供给为已知时，*IS* 曲线和 *LM* 曲线的交点决定均衡的收入（产量）水平。现用图 5-1 说明，图 5-1 分（a）（b）两个部分。图（a）表示价格水平和需求总量之间的关系，即总需求曲线。当价格 P 的数值为 P_1 时，$LM(P_1)$ 曲线与 *IS* 曲线相交于 E_1，E_1 点所表示的国民收入和利率顺次为 Y_1 和 r_1。将 P_1 和 Y_1 标在图（b）中便得到总需求曲线上的一点 D_1。现在，假设 P 由 P_1 下降到 P_2，由于 P 的下降，图（a）中的 $LM(P_1)$ 曲线移动到 $LM(P_2)$ 的位置，它与 *IS* 曲线的交点为 E_2。E_2 点所表示的收入和利率顺次为 Y_2 和 r_2。对应于图（a）中的点 E_2，又可在图（b）中找到 D_2。按照同样的程序，随着 P 的变化，*LM* 曲线和 *IS* 曲线可以有许多交点，每一个交点都标志着一个特定的 Y 和 r。于是就有许多 P 与 Y 的组合，从而构成了图（b）中的一系列点。把这些点连在一起所得到的曲线便是总需求曲线 *AD*。

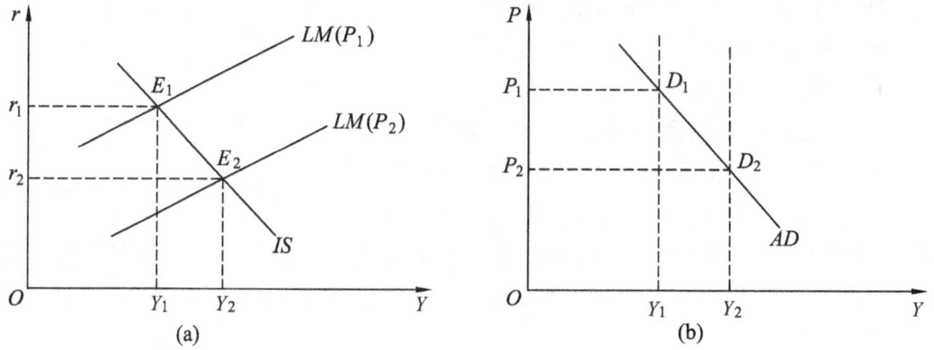

图 5-1　总需求曲线的推导

应该指出的是，价格水平的变化，对 *IS* 曲线的位置没有影响。这是因为，决定 *IS* 曲线的变量被假定是实际量，而不是随价格变化而变动的名义量。

从以上关于总需求曲线的推导中看到，总需求曲线表示社会的需求总量和价格水平之间的反方向的关系，即总需求曲线是向右下方倾斜的。向右下方倾斜的总需求曲线表示，价格水平越高，需求总量越小；价格水平越低，需求总量越大。

总供给（Aggregate Supply）是经济社会的总产量（或总产出），描述的是经济社会的基本资源用于生产时可能有的产量。一般而言，总供给主要是由生产性投入（最重要的是劳动与资本）的数量和这些投入组合的效率（即社会的技术）决定的。总供给函数（Aggregate Supply Function）是指总供给（或总产出）和价格水平之间的关系。在以价格为纵坐标，总产出（或总收入）为横坐标的坐标系中，总供给函数的几何表示为总供给曲线。总供给曲线（Aggregate Supply Curve）表明了价格与产量的结合，即在某种价格水平时，整个社会的厂商所愿意供给的产品总量。所有厂商所愿意供给的产品总量取决于它们在提供这些产品时的价格，以及它们在生产这些产品时所必须支付的劳动与其他生产要素的费用。因此，总供给曲线反映了要素市场（特别是劳动市场）与产品市场的状态。各派经济学家对总供给有不同的分析。

5.1.2 总需求—总供给均衡

根据前面章节，我们可以得到总需求—总供给模型的四个方程：

产品市场均衡条件：$Y = C(Y-t) + I(r) + G$；

货币市场均衡条件：$\frac{M}{P} = L_1(Y) + L_2(r)$；

劳动市场均衡条件：$f_d(N) = \frac{W}{P}, f_s(N) = \frac{W}{P}$；

短期总量生产函数：$Y = Y(N,K)$。

在上述四个方程中，前两个方程联立可得 AD 函数，后两个方程联立可得 AS 函数，把总需求函数和总供给函数联立在一起可得供求均衡时候的均衡产出和均衡价格。

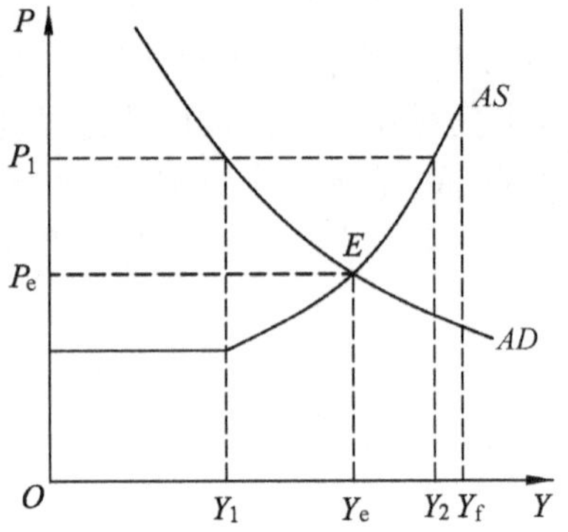

图 5-2 总需求与总供给的均衡

用图形来表示总需求—总供给模型，见图 5-2。在图 5-2 中，AD 曲线是由总需求函数决定的总需求曲线，AS 曲线是由总供给函数决定的总供给曲线，AD 与 AS 的交点 E 为均衡点，Y_e为均衡国民收入，P_e为均衡价格总水平。这里应当指出的是，总供求的均衡是通过市场的内在机制自动实现的。例如，当价格水平高于 P_e 为 P_1时，总需求会由 Y_e减少到 Y_1，总供给却由 Y_e增加到 Y_2，总供给大于总需求会造成价格总水平下降直到 P_e为止。如果价格水平低于 P_e，总需求会大于总供给，价格总水平会上升，直到均衡时为止。

5.1.3 总需求—总供给均衡的变动

总供求均衡点决定均衡国民收入和均衡价格总水平，均衡点的位置又取决于 AD 线和 AS 线的位置，AD 线和 AS 线位置的任何移动都将导致均衡点的变动，而凡是价格总水平以外的其他因素所引起的总供求的变动都会引起 AD 线或 AS 线的移动，从而导致均衡国民收入的变动。自发投资支出、自发储蓄、货币供给的变化会使总需求曲线移动，货币工资率、劳动供给的变化以及技术进步的作用会使总供给曲线移动。

导致总需求曲线变动的因素主要有：① 消费需求尤其是对于耐用品的购买变化；② 投资需求的变化；③ 政府支出和税收的变化；④ 净出口的变化。

导致总供给曲线变动的因素主要有：① 自然灾害和战争等；② 技术变化；③ 风险承担偏好（如果市场风险增加，而厂商恰恰是风险回避者，则可能会减少供给）；④ 进口商品价格的变化；⑤ 劳动意愿的变化，即人们在闲暇和工作之间进行选择的偏好。

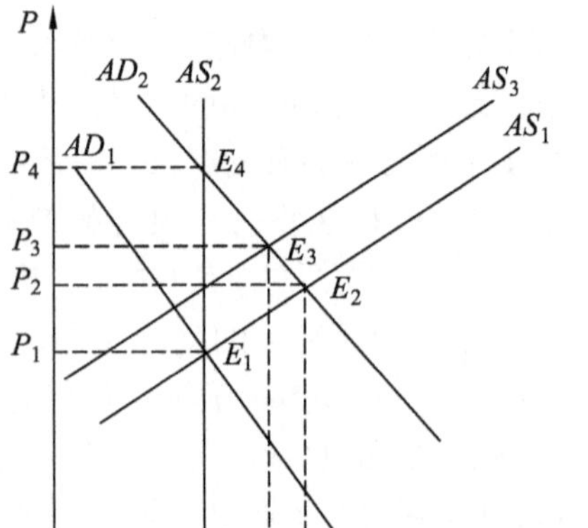

图 5-3 总需求与总供给均衡的变动

在图 5-3 中，横轴代表国民收入 Y，纵轴代表

价格水平 P，AD_1 代表原来的总需求曲线，AS_1 代表短期总供给曲线，AS_2 代表长期总供给曲线。最初，经济在 E_1 点时实现了均衡，均衡的国民收入为 Y_1，均衡的价格水平为 P_1。这时 E_1 点又在长期总供给曲线 AS_2 上，所以，Y_1 代表充分就业的国民收入水平。在短期内，政府通过扩张性的财政政策或货币政策，增加了总需求，从而使总需求曲线从 AD_1 向右上方平行地移动到了 AD_2。AD_2 与短期总供给曲线 AS_1 相交于 E_2。这样，总需求的增加使国民收入水平从 Y_1 增加到 Y_2 并使价格水平从 P_1 上升到 P_2。但是，价格的上升必然引起工资增加，总供给减少，短期总供给曲线从 AS_1 向左上方平行移动到 AS_3，AS_3 与 AD_2 相交于 E_3。这样，国民收入水平从 Y_2 减少到 Y_3，价格水平从 P_2 上升到 P_3。在长期中，总供给曲线是一条垂直线 AS_2。AD_2 与 AS_2 相交于 E_4，国民收入水平为充分就业的国民收入 Y_1，而价格水平上升到 P_4。这一模型是用总需求来说明国民收入决定的收入—支出模型的发展。它说明，总需求与总供给对国民收入与价格水平的决定都有重要的作用，因此，应该同时运用需求管理与供给管理政策。

5.2 凯恩斯主义与新凯恩斯主义的 *AS-AD* 模型

5.2.1 凯恩斯主义的 *AS-AD* 模型

凯恩斯主义的 *AS-AD* 模型是由一条向右下方倾斜的总需求曲线和一条由水平段和垂直段构成的总供给曲线（即反 L 形总供给曲线）所构成的模型，具体如图 5-4 所示。该模型的含义是：在总供给曲线的水平阶段，总需求曲线向右上方移动时，不会引起价格水平的提高，只是引起产量增加。而在总供给曲线的垂直阶段，总需求曲线向右上方移动时，只能引起价格水平的提高，而不能引起实际产量的增加。

如图 5-5 所示，是凯恩斯情形下供需均衡的变动。在总供给曲线的凯恩斯区间，*AS* 线是价格总水平不变条件下的水平线。如果初始均衡点位于 E_1 点，那么任何可以使 *AD* 线移动的因素，都不能影响价格总水平，但却能显著影响国民收入量的变化。例如当总需求曲线从 AD_1 移动到 AD_2 时，达到新均衡点 E_2，国民收入从 Y_1 增加到 Y_2，但价格水平不变，仍保持在 P_1 的水平上。

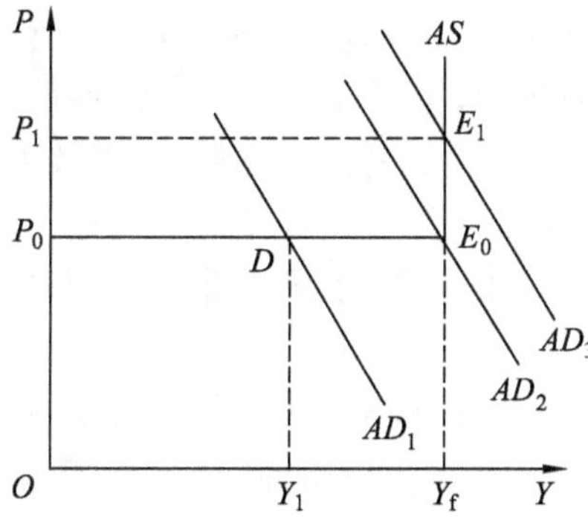

图 5-4 凯恩斯情形下的 *AS-AD* 模型

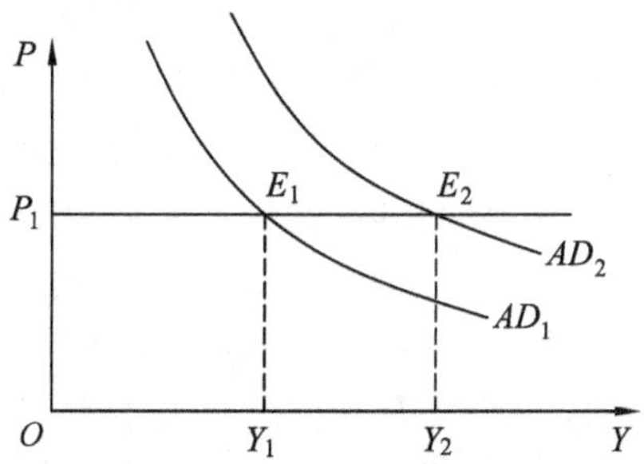

图 5-5 凯恩斯情形下供需均衡的变动

5.2.2 修正的凯恩斯主义 *AS-AD* 模型

修正的凯恩斯的 *AS-AD* 模型是由修正了的总供给曲线和向右下倾斜的总需求曲线构

成的模型。西方经济学界有人认为,在经济没有达到充分就业的情况下,价格水平就会随着总需求的提高而逐步提高。因此,根据这种看法,他们将反L形的总供给曲线的水平段修正为向右上方倾斜的正斜率段,但总需求曲线仍为向右下方倾斜的曲线,从而得到了修正的凯恩斯的 *AS-AD* 模型,具体如图 5-6 所示。其基本含义是:在到达充分就业前的产量水平上,总需求曲线向右移动,会引起价格和产量水平都增加,而在到达充分就业产量水平后,总需求的提高只会引起价格水平的提高,而不会引起实际产量的增加。

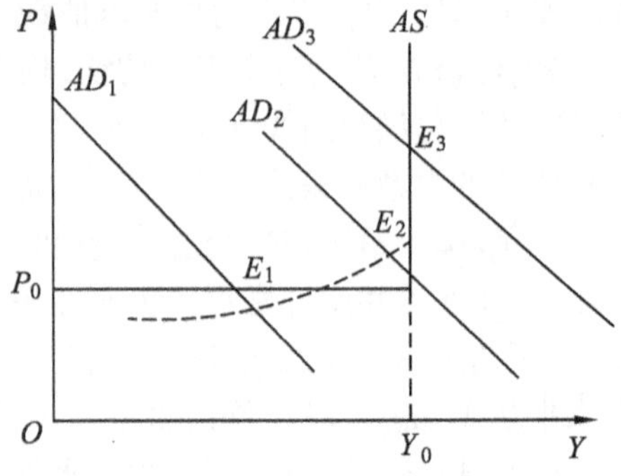

图 5-6 修正的凯恩斯主义 *AS-AD* 模型

5.2.3 新凯恩斯主义的 *AS-AD* 模型

新凯恩斯主义是指 20 世纪 70 年代以后在凯恩斯主义基础上吸取非凯恩斯主义某些观点与方法形成的理论。在 20 世纪 70 年代后期,斯坦利·费希尔、埃德蒙·费尔普斯、约翰·泰勒就为新凯恩斯主义经济学建立了基础。80 年代,美国一批中青年经济学者致力于为凯恩斯主义经济学主要组成部分提供严密的微观经济基础。因为工资和价格粘性往往被视为凯恩斯主义经济学的主题,所以他们努力的主要目的在于表明这些粘性如何由工资和价格确定的微观经济而引起的。因此,他们试图建立工资和价格粘性的微观经济基础。这样,80 年代以来,就形成了新凯恩斯主义经济学,它与新古典宏观经济学相并立,而研究方法是对立的。事实上,以萨缪尔森为首的新古典综合派亦称为新凯恩斯主义,它以“new”表明“新”的意义。

在新凯恩斯主义学者看来,新古典宏观经济学并非关于人们实际生活世界的理论,它的研究方法实质上是未真正应用于现实世界的一种数学上的构思。对比而言,凯恩斯主义经济学并非想成为一种抽象的理论,而是要成为解决世界问题的实际政策模式。凯恩斯宏观经济学在理论上是凌乱的,他们认为,经济理论应当切合于真实世界、真实世界的制度和现实行为。因此,必然发生凯恩斯主义复兴。新凯恩斯主义继承了凯恩斯主义非均衡的基本假设,但新凯恩斯主义也接受了新古典的最优化理性行为和理性预期,发展和改进了“凯恩斯城堡”的微观基础,用粘性取代刚性,从微观基础出发解释了工资和价格粘性的成因。具体包括:用长期工资合同及其引发的工资交错调整解释了名义工资粘性,用效率工资理论、局内人—局外人理论和隐性合同理论解释了实际工资粘性,用菜单成本理论、近似理性理论及价格交错调整理论解释了名义价格粘性,用厂商信誉理论、需求非对称理论、投入产出表理论及寡头博弈理论解释了真实价格粘性。

事实上,不存在一个统一的新凯恩斯主义的理论。在解释价格和工资粘性方面,各人的出发点和方法都不尽相同。有人指出,“新凯恩斯主义者是将成桶的沙子倒在了平滑的新古典范式上”,因此,称其为“学派”与其说是为了确切,不如说是为了方便。

基于上面的观点,新凯恩斯主义认为,由于工资或价格粘性等因素的存在,在短期中,劳动者根据预期工资水平来提供劳动力,因而会形成向右上方倾斜的供给曲线。如果货币工资降低,则在同一价格水平下,由于劳动需求量将提高,从而总产出将相应增加。这意味着，如果货币工资下降，则短期总供给曲线将向右方移动。在长期中，由于劳动者可以知道实际的价格值，所以预期价格等于实际的价格，从而劳动者可以按照实际的价格来决定工资为多少。因而能使 N_d 和 N_s 相交于充分就业这点。因此，长期的总供给曲线是图 5-7 中的相当于潜在产出（Y_f）的垂直线 *LAS*。如图 5-7 所示新凯恩斯情形的 *AS-AD* 模型，在短期中，均衡由 *SAS* 与 *AD* 的交点 *E* 来决定；在长期中，均衡由 *LAS* 与 *AD* 的交点 *F* 来决定，据此来看，持续的总需求扩张政策在长期只会造成物价上涨，增加形成滞涨的可能性。

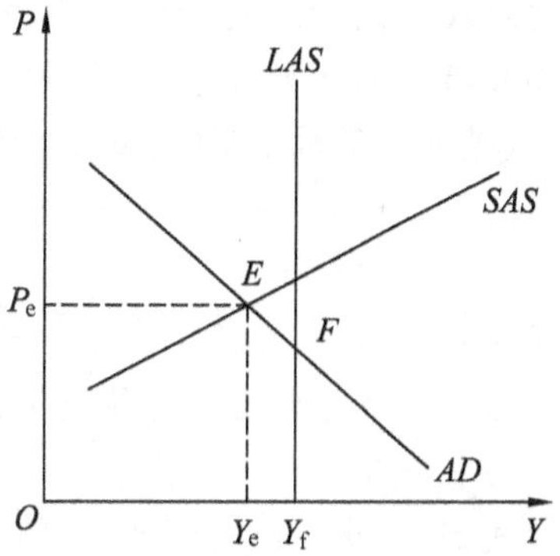

图 5-7 新凯恩斯情形的 *AS-AD* 模型

资料链接

新凯恩斯主义与克林顿经济学

自从 20 世纪 30 年代凯恩斯主义产生之后，它就几乎成了国家干预主义的代名词。凯恩斯主义的具体理论和政策主张可以说大致经历了如下四个阶段的发展和变化：一是以凯恩斯本人的有效需求理论为基础，以摆脱大萧条和严重失业为己任，主张实行以刺激总需求为目标、以需求管理为内容的扩张性财政和金融政策；二是由汉森首倡并以菲利普斯曲线为理论基础，主张实行周期平衡的补偿性财政和金融政策；三是以托宾等人为代表的、以就业空位与失业并存的结构性滞胀理论为基础，主张实行以就业培训、人力政策为中心的结构性或微观化的宏观经济政策；四是 20 世纪 80 年代中期兴起的并且成为克林顿政府官方经济学的新凯恩斯主义，采用了工资和物价粘性的说法，并引入了经济人和理性预期的假设，重新解释了资本主义经济危机和严重失业的原因。从现实来看，新凯恩斯主义对于美国经济正在产生着越来越大的影响，这不能不引起人们的重视。

从理论上讲，新凯恩斯主义其实是一个将凯恩斯主义、现代货币主义、供给学派和理性预期学派的理论与政策主张进行了更为广泛"综合"的"新综合"。因而，所谓克林顿经济学不过就是人们对克林顿政府所主张和实施的一系列新凯恩斯主义的经济政策的一个统称或代名词。克林顿经济学的基本要义就是既反对完全自由放任的政府，又反对过度干预的政府。用克林顿自己的话说就是"我们将走第三条道路"。不仅如此，克林顿经济学还在很大程度上受到日本产业政策的影响，吸收了其中许多有益的东西。克林顿政府的宏观经济政策已经不仅仅是将重点放在总量的简单平衡上，而是在考虑总量平衡的同时，更为注重结构问题。因此可以说，新凯恩斯主义或克林顿经济学对经济乃至西方经济学本身就是极其讲究实用性的。

克林顿经济学从经济政策的实施上主要包括以下几方面：实施了较为合理的

财政政策，克林顿上台后，大力削减财政赤字，同时，政府和国会达成协议，要在2002年消灭财政赤字，实行平衡预算；制定和执行了正确的货币政策，采用较为温和、谨慎的货币政策，大幅度紧缩银根；迅速开发和应用高新技术，这一方面大大提高了生产率，降低了生产成本，增强了产品的竞争力，限制了物价的攀升，另一方面生产和市场信息的准确和快速的收集，也减少了生产的盲目性，有效地控制了库存的增长，降低了由于生产过剩最终导致经济危机发生的可能性；实行以开拓国外市场为核心的贸易政策，美国政府制定了美国有史以来第一个“国家出口战略”，确定了六大重点出口产业；强调供给政策是克林顿经济学中很独特的一个组成部分，这一政策包括：继续保持较低的税率，政府机构开始加强对技术开发的投入，大幅度增加了对技术改造项目的奖励，提高人力资本素质，提高能源利用率，走可持续发展的道路。

（豆丁网，http://www.docin.com）

5.3 古典与新古典情形下的*AS-AD*模型

5.3.1 古典情形下的*AS-AD*模型

在古典情形下，总供给曲线*AS*是在充分就业的国民收入水平上的垂线，表明无论价格水平如何变动，总供给量都为Y_f，因此在古典情形下可以得出与凯恩斯情形下完全不同的结论。古典情形下的*AS-AD*模型如图5-8所示。

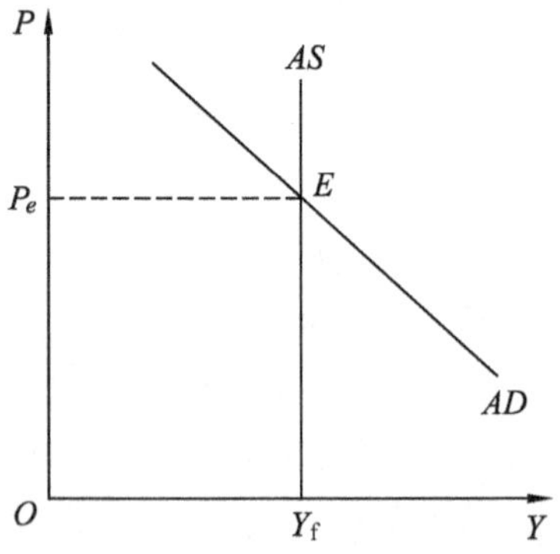

图5-8 古典情形下的*AS-AD*模型

自主投资支出增加、储蓄减少、消费增加都会导致*AD*线向右移动，如图5-9所示，古典情形下的总支出增加引起均衡变动。最初均衡点为E_1点，当总需求曲线从AD_1向右移动到AD_2时，在P_1价格总水平上的总需求增加了，但厂商不可能获得新增劳动力来生产更多的产量，即产品供给对新增的需求无法做出反应。由于厂商试图在供不应求的劳动市场上雇佣更多的工人，他们提高了工资和生产成本，因而必须为他们的产品索取更高的价格。因此，对产品需求的增加会导致更高的价格，却不能提高产量。随着价格总水平的提高，会使总需求沿着AD_2线从E_3开始减少，直至达到新的均衡点E_2为止。在E_2点，均衡的价格水平为P_2，均衡的国民收入不变，仍为Y_f。

图5-10是古典情形下的货币扩张引起均衡变动（货币总供给增加）的效应。图中的E_1点为初始的充分就业均衡点，AD_1与*AS*在此点相交。现在假定名义货币存量增加了，相应的，总需求曲线AD_1向右移动到AD_2。假如价格能够固定，经济均衡点会移动至E_3，但是在产量固定不变的条件下，总需求的增加导致了对产品的超额需求，厂商们对劳动力需求的竞争推动了工资和成本的上涨，价格也随之上涨，直到产品的超额需求消失为止。这时，经济在*AS*曲线与新的总需求曲线AD_2相交的E_2点达到新的均衡。由此可见，只有当总需求再次与充分就业的供给量相等的时候，价格上升的压力才会消失。

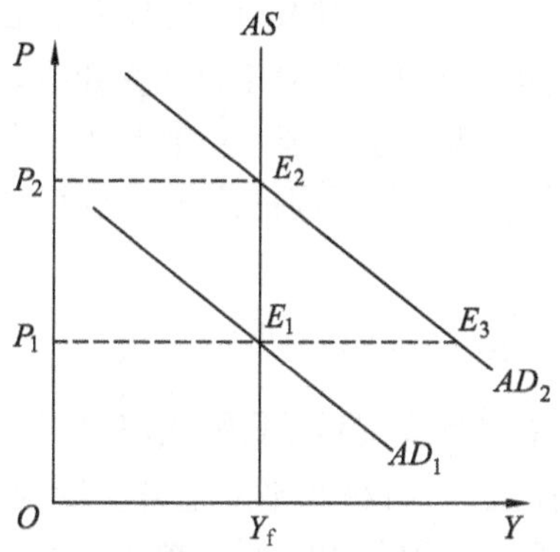

图 5-9　古典情形下的总支出增加引起均衡变动

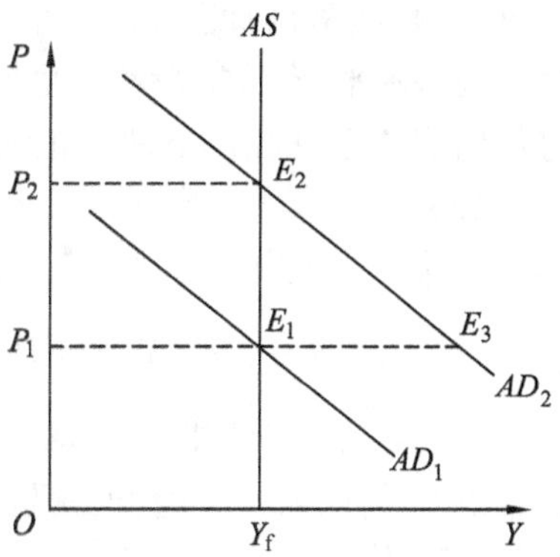

图 5-10　古典情形下的货币扩张引起均衡变动

在经济均衡从 E_1 点移动到 E_2 点的调整过程中，没有产量的变化而只有价格水平的变化，价格与名义货币量以同一比例上升。从图 5-10 可以看到，作为对名义货币增加的反应，*AD* 曲线会向上移动一段与货币增加比例相同的距离。因此，在 E_2 点上，实际货币存量 M/P 恢复到其初始水平。在 E_2 点，名义货币和价格总水平都变动了同一比例，均衡产量则维持不变。由此可以得出古典模型的一个重要结论：在古典供给条件下，名义货币的增加将促使价格水平上升同一比例而利率和实际产出维持不变。货币存量变动只导致价格水平的变化而实际产量与就业量不变的情况，被称为货币中性。

古典经济学认为，在市场机制的作用下，总供求会自动均衡于充分就业的国民收入水平。凯恩斯主义经济学则认为，在市场机制的自发作用下总供求虽然能自动达成均衡，但却不一定达到充分就业的国民收入水平，当均衡点低于潜在产量 Y_f 的水平时，经济便处在失业状态。如果均衡国民收入 Y_e 小于潜在产量 Y_f 的均衡国民收入，这时经济中有非自愿失业存在。一切公开的经济政策，包括财政政策和货币政策在内，都属意料中的因素，经济政策只能改变价格水平的高低，不会造成就业量或产量的上升或下降，宏观经济政策无效。由于意料外的因素无法事先知道，参加经济活动的人，包括国家的经济管理人员在内，事先都不知道这些因素的存在，谈不上理解这些因素的作用。理性预期学派的最终结论是宏观经济政策无效。

5.3.2　新古典情形下的 *AS-AD* 模型

新古典宏观经济学，又称作“新古典主义”和“货币主义Ⅱ”，是 20 世纪 70 年代由货币主义和理性预期学派发展演化而来的一个经济学流派。新古典宏观经济学和凯恩斯主义一起并列为西方主流经济学派中的两大流派。

理性预期假说、持续市场出清假说和总供给（自然率）假说构成了新古典宏观经济学的基础。具体来说，新古典宏观经济学一般都接受以下四个命题：私人经济是可以自身稳定的；货币在长期是中性的；货币在短期也是中性的；凯恩斯主义积极干预的经济政策是有害的。

理性预期假说：是在有效利用一切信息的前提下，对经济变量作出的在长期中平均来说最为准确的、而又与所使用的经济理论、模型相一致的预期。

市场出清假说：无论是劳动市场还是产品市场上的价格都具有充分的灵活性，可根据供求情况迅速进行调整。

总供给(自然率)假说:任何一个资本主义社会都存在一个自然失业率,其大小取决于该社会的技术水平、资源数量和文化传统,在长期中经济社会总会趋向于自然失业率。

总供给假说建立在以下两个正统的微观经济学假说基础之上:第一:工人和厂商为了最大化自身利益而做出决策;第二,无论是工人的劳动供给还是厂商的产量供给都取决于相对价格。从该分析中,可以得出意外供给函数:

$$Y - Y_f = \alpha(P - P^e)\text{或者 }Y - Y_f = \alpha(P^e - P)$$

产量 Y 对它的自然水平 Y_f 的偏离仅仅是对实际价格水平或实际通货膨胀率 P 对其预期通货膨胀率 P^e 的偏离的反应,也就是对没有预期到的(意外)价格水平的上升所做的反应。例如,当市场价格水平普遍提高,某个厂商的产品价格高于厂商的预期值时,单个厂商感到意外,错误地把自己产品的绝对价格上升当成相对价格的上升,从而增加劳动需求,提高货币工资,导致经济中就业和产出供给的上升。但在没有价格意外的情况下,产量将保持在它的自然率水平上。实际上,意外供给函数重述了货币主义的附加预期的菲利普斯曲线:只有当通货膨胀的预期完全正确(也就是没有价格意外)时,产量和就业才会停留在其自然率水平上。

因为人们对价格的预期总会与实际价格存在一定的偏离,因此,这个偏离就会影响人们的决策,最终会造成实际产出与潜在产出之间存在偏离,从而形成一条过潜在产出线的供给曲线。正常情况下,这条供给曲线是向右上方倾斜的,短期如此,长期亦如此。但在特殊条件下,新古典的供给曲线会与潜在产出线重合。如图 5-11 新古典情形的 AS-AD 模型。在新古典情形下,长期总供给曲线 LAS 是一系列短期供需均衡点的连线。因此,短期均衡由附加预期的短期供给曲线 ES 与总需求曲线 AD 共同决定;长期均衡由附加预期的长期供给曲线 LAS 与总需求曲线 AD 共同决定;在滞涨条件下,长期来看,向右上方倾斜的长期总供给曲线会逐渐与潜在产量线重合。

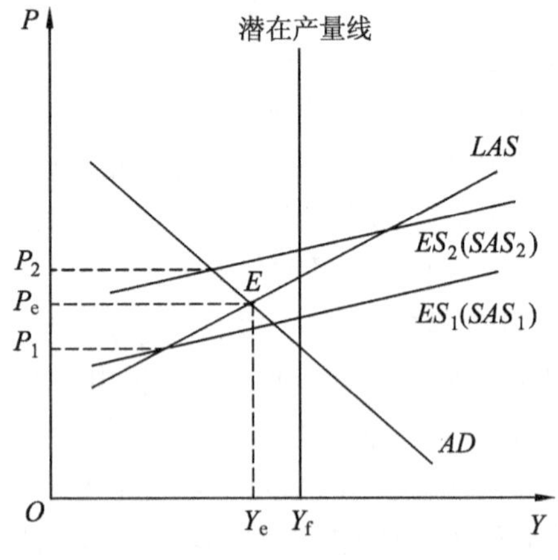

图 5-11　新古典情形的 AS-AD 模型

在正常情形下,总供给曲线是向右上方倾斜的曲线,总需求的变动引起国民收入与价格水平的同方向变动,如图 5-12 所示。在图中,AS 与 AD_0 相交于 E_0点,决定了国民收入为 Y_0,价格水平为 P_0。当总需求增加,AD_0 右移到 AD_1与 AS 相交于 E_1,决定了新的国民收入为 Y_1,价格总水平为 P_1,这表明总需求增加使国民收入由 Y_0增加到 Y_1,使价格总水平由 P_0上升为 P_1。相反,当总需求减少,AD 线从 AD_0左移到 AD_2与 AS 相交于 E_2,决定了

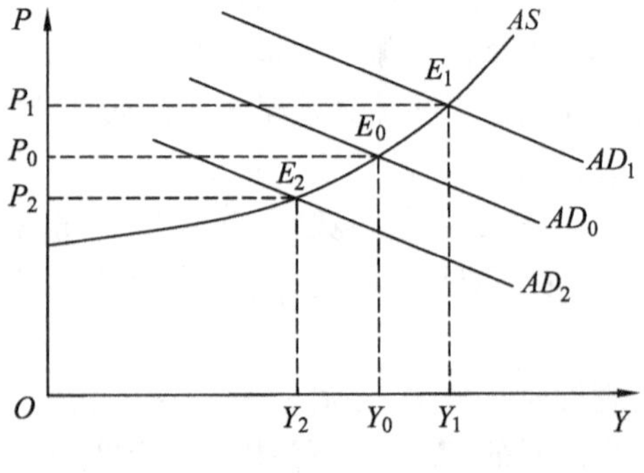

图 5-12　新古典情形下总需求扩张

国民收入为 Y_2，价格总水平为 P_2，这表明总需求减少使国民收入由 Y_0 减少到 Y_2，使价格总水平由 P_0 下降为 P_2。

在正常情形下，总供给和总需求的同时变动，如图 5-13 所示。短期来看，新的均衡由变动后的新的短期总供给曲线和总需求曲线来共同决定，如图中 B 点。但长期来看，总产出有回归潜在产出的趋势，因此，要么总需求曲线回移，要么总供给曲线回移，或者同时回移，从而在 AS 线上移动，图中长期均衡点表现为在 A 与 C 点之间移动。

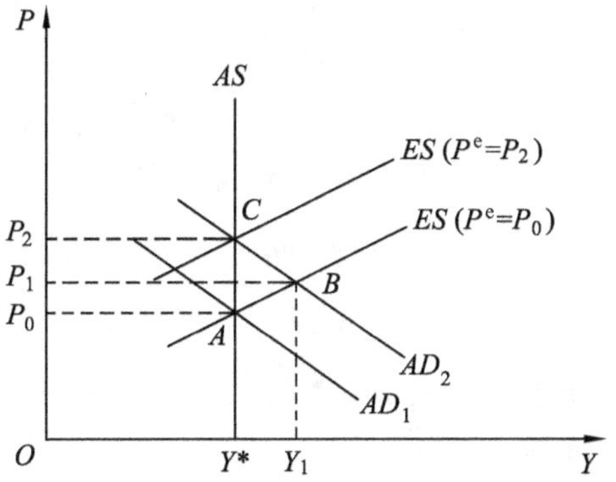

图 5-13 新古典情形下总需求—总供给均衡的变动

5.3.3 简化的新古典 AS-AD 模型函数

这里的新古典宏观经济学模型主要说明，对货币量和一般价格水平的不完全信息怎样导致了货币的非中性，也就是货币量的变化怎样导致了对一般价格和相对价格变化的短期混淆，从而带来了产出和就业的波动。由模型引申出的政策含义是，系统的货币政策无效，随机的货币政策有害。

新古典宏观经济模型最初是以相当复杂的形式出现的，在后来的文献中出现了这一模型较为简洁的表述。下面介绍一个简化的新古典宏观经济模型。

设经济的总需求函数为：

$$y_t^d = \alpha_t + \beta(m_t - p_t), \ \beta > 0 \tag{5-4}$$

式(5-4)中，α 代表除货币供给以外其他所有能引起总需求变化的因素。为了简化推导过程，m 和 p 是货币供给和价格水平取了对数以后的值，因而 $(m-p)$ 等价于实际货币供给量 (M/P) 的对数。参数 β 是货币供给量对总需求的乘数。

附加了预期的总供给函数（卢卡斯供给函数）为：

$$y_t^s = y_n + \gamma(p_t - p_t^e), \ \gamma > 0 \tag{5-5}$$

这一函数的意思是：如果价格水平等于人们预期的值 $(p_t = p_t^e)$，则总供给等于自然率的产出水平 y_n。否则，随着现实价格水平超出预期的价格水平，产出增加到自然率水平之上。

当总供给等于总需求时，均衡产生了，此时现实的产出也等于总供给和总需求。即：

$$y_t = y_t^A = y_t^s \tag{5-6}$$

首先在给定 α 和 m 的条件下，计算理性预期的均衡产出和价格。为此，对式(5-4)和式

(5-5)的两端取数学期望,然后将式(5-6)分别代入两式,得到:

$$y_t^e = \alpha_t^e + \beta(m_t^e - p_t^e) \tag{5-7}$$

$$y_t^e = y_n \tag{5-8}$$

式(5-7)和式(5-8)中,上标 e 代表变量的期望值。式(5-8)说明理性预期的均衡产出等于自然率的产出水平。利用两式可以解得理性预期的均衡价格水平:

$$p_t^e = m_t^e - \frac{1}{\beta}(y_n - \alpha_t^e) \tag{5-9}$$

现在再来计算经济处于均衡状态,但预期不是理性时的价格和产出水平,它是经济更经常呈现的状态。用式(5-4)和式(5-5)分别去减式(5-7)和式(5-8),得到:

$$y_t - y_n = (\alpha_t - \alpha_t^e) + \beta(m_t - m_t^e) - \beta(p_t - p_t^e) \tag{5-10}$$

$$y_t - y_n = \gamma(p_t - p_t^e) \tag{5-11}$$

等式(5-10)表示总需求中未预期的部分,等式(5-11)表示产出对自然率水平的偏离。从以上两式可以解得现实的产出和价格:

$$y_t = y_n + \frac{\gamma}{\gamma + \beta}[(\alpha_t - \alpha_t^e) + \beta(m_t - m_t^e)] \tag{5-12}$$

$$p_t = m_t^e - \frac{1}{\beta}(y_n - \alpha_t^e) + \frac{1}{\gamma + \beta}[(\alpha_t - \alpha_t^e) + \beta(m_t - m_t^e)] \tag{5-13}$$

式(5-12)说明,当 $\alpha_t^e = a_t, m_t^e = m_t$ 时,$y_t = y_n$,这一结果的理论解释是,由公众所预期到的总需求的变动,不能导致整个经济产量和就业量的变动。只有未预期到的货币供给量(总需求)的变化才能使产出水平偏离其长期增长路径。式(5-13)说明,预期到的和未预期到的总需求变化都能影响价格。把两者结合起来可知,完全预期到的总需求增加只会使价格水平上升。

5.4 凯恩斯主义对经济波动的解释

AS-AD 模型是主流经济学派解释宏观经济波动的重要理论工具,新古典宏观经济学和凯恩斯主义并列为西方主流经济学派中的两大流派。凯恩斯主义经济学的重要代表主流经济学派把向右上方倾斜的总供给曲线称为短期总供给曲线,把垂直的总供给曲线称为长期总供给曲线,他们对宏观经济波动的解释大致如下。

5.4.1 凯恩斯主义对短期经济波动的解释

在短期内,国民收入和价格总水平的决定有两种情况,如图 5-14 和图 5-15 所示。

第一种情况是 *E* 点所表明的情况,图 5-14 中的 *AD* 是总需求曲线,*SAS* 是短期总供给曲线,总需求曲线和短期总供给曲线的交点 *E* 决定的产量或收入为 *Y*,价格总水平为 *P*,二者都处于很低的水平,这种情况表示经济处于萧条状态。

第二种情况是 *E'* 点所表明的情况,当总需求增加,总需求曲线从 *AD* 向右移动到 *AD'* 时,短期总供给曲线 *SAS* 和新的总需求曲线 *AD'* 的交点 *E'* 决定的产量或收入为 *Y'*,价格总

水平为 P'，二者都处于很高的水平，这种情况表示经济处于高涨状态。

如果石油价格上涨或工资水平普遍提高等原因使总供给曲线向左移动，但总需求曲线不变，就会发生经济停滞和通货膨胀(价格总水平上涨)同时出现的情况，即会出现“滞胀”的局面。

在图 5-15 中，AD 是总需求曲线，SAS 是短期总供给曲线，两者的交点 E 决定的产量或收入为 Y，价格水平为 P。由于出现供给冲击，短期总供给曲线向左移动到 SAS'，总需求曲线和新的短期总供给曲线 SAS' 的交点 E' 决定的产量或收入为 Y'，价格水平为 P'，这个产量低于原来的产量，而价格水平却高于原来的价格水平，这种情况表示经济处于滞胀状态，即经济停滞和通货膨胀结合在一起的状态。

上述的萧条状态、高涨状态和滞胀状态都是短期存在的状态。

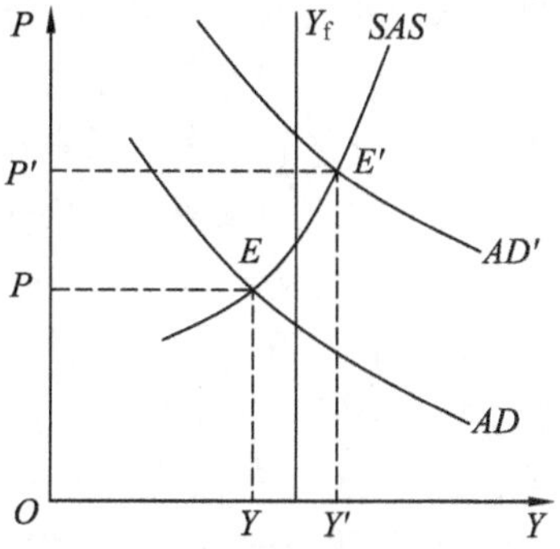

图 5-14 萧条状态与高涨状态

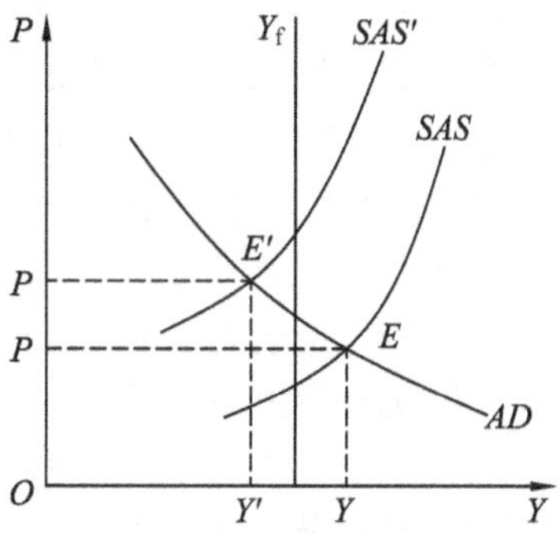

图 5-15 滞胀状态

5.4.2 凯恩斯主义对长期经济波动的解释

在长期内，一切价格都能够自由地涨落，经济具有达到充分就业的趋势，因而总供给曲线垂直于 Y 轴，如图 5-16 所示。

图 5-16 中的 LAS 是长期总供给曲线，它和潜在产量线完全重合，总需求曲线 AD 和长期总供给曲线 LAS 的交点 E 决定的产量为 Y，价格水平为 P_e；当总需求增加使总需求曲线 AD 向右移动到 AD' 的位置时，总需求曲线 AD' 和长期总供给曲线 LAS 的交点 E' 决定的产量为 Y'，价格水平为 P'。由于 $Y = Y' = Y_f$，所以，在长期中，总需求的增加只是提高了价格水平，而不会改变产量或收入。

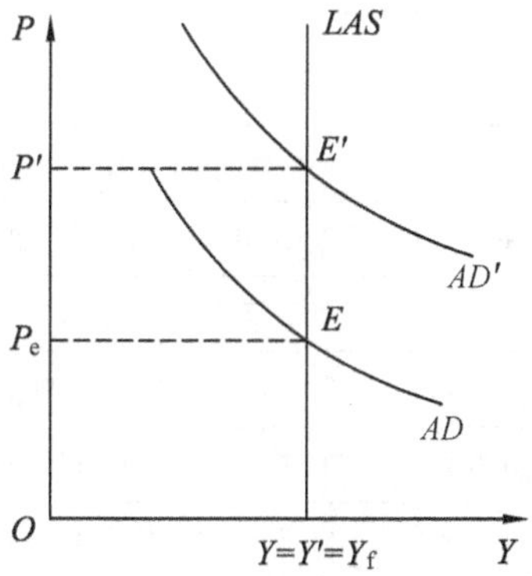

图 5-16 长期均衡状态

综上所述，主流经济学派认为总供给—总需求模型可以用来解释萧条状态、高涨状态和滞胀状态的短期收入和价格总水平的决定，也可以用来解释充分就业状态的长期收入和价格总水平的决定。在政策主张上，主流学派经济学家认为，虽然经济在长期内可以处在充分就业的均衡状态，但在短期内，萧条和过度繁荣甚至滞胀状态是不可避免的，这些情况仍然会给社会带来经济损失，因此有必要推行凯恩斯主义的反周期经济政策，以熨平萧条和过度繁荣所带来的经济波动，使经济处于持续稳定的充分就业状态。

案例评析

“神舟”对国民经济有何潜在影响

2003年10月15日,中国首次载人航天飞行获得圆满成功。中国社科院世界经济与政治研究所国际战略研究室主任沈骥如在接受中国华艺广播公司采访时表示,“神舟”五号载人飞船太空之旅的成功对中国的国民经济有着巨大的潜在影响。沈骥如认为,“神舟”五号载人飞船的成功发射和回收是一个国家综合国力的表现。中国的经济、科技等方面如果没有发展到一个相当高的程度,是无法把人送到太空去的。

同时,美国和俄罗斯的经验表明,航天事业的发展又会反过来带动国民经济的发展。因为航天是一个综合工程,它要求机械制造、计算机、材料、通讯等等一系列技术要发展到比较高的程度,它亦涉及几千个部门和工厂之间的密切合作,以解决很多技术上的难题。这些技术难题解决之后,不仅可以用在航天上,也可以用在普通老百姓的日常生活当中。所以,航天事业的发展必定会推动国家工业现代化的发展。

同时,沈骥如说,航天不是仅把一个人送入太空“看一看”,而是还要进行各种科学考察。沈骥如还特别指出,地球是人类的摇篮,地球的资源——尤其是能源是有限的。人类已发现月球上有一种地球上没有的元素,这种元素就是氦的同位素氦3,它可以用来进行热核发电,可以给地球用几百万年。如果人类能去开发这样的能源,地球在几百万年内都不会存在能源危机问题。这位学者表示,开发月球是开发宇宙的第一步。人类还要到火星去,甚至还要探测其他星球,进行更远的飞行。

表5-1　神舟系列飞船发射时间与乘组

编号	发射时间	返回时间	发射地点	乘组成员
神舟一号	1999年11月20日6时30分	1999年11月21日3时41分	酒泉卫星发射中心	无人飞船
神舟二号	2001年1月10日1时0分	2001年1月16日19时22分		无人飞船
神舟三号	2002年3月25日22时15分	2002年4月1日16时54分		搭载模拟人
神舟四号	2002年12月30日0时40分	2003年1月5日19时16分		搭载模拟人
神舟五号	2003年10月15日9时0分	2003年10月16日6时28分		杨利伟
神舟六号	2005年10月12日9时0分	2005年10月17日4时32分		费俊龙、聂海胜
神舟七号	2008年9月25日21点10分4秒	2008年9月28日17时37分		翟志刚、刘伯明、景海鹏
神舟八号	2011年11月1日5时58分10秒	2011年11月17日19时32分		搭载模拟人
神舟九号	2012年6月16日18时37分24秒	2012年6月29日10时7分		景海鹏、刘旺、刘洋
神舟十号	2013年6月11日17时38分	2013年6月26日8时7分		聂海胜、张晓光、王亚平

(中国新闻网,http://chinaneus. com,2003_10_20)

拓展阅读

新古典宏观经济学的理性预期假说

理性预期假说、持续市场出清假说和总供给(自然率)假说构成新古典宏观经济学的基础。尽管新古典宏观经济学派接受所有三个假说,然而持不同主张的新古典宏观经济学家也可能只支持其中一个或两个假说,而没有必要把三个假说全部接受。

1. 三种非理性预期

(1) 静态预期(Statical Expectations)

静态预期完全按照变量的过去值来预期变量的未来值,即使错误不断,也从不修正。蛛网模型中的预期就是这种预期。其形式为:

$$P_t^e = P_{t-1}$$

(2) 外推型预期或外插型预期(Extrapolative Expectations)

外插型预期是指凯恩斯“通论”中的预期。凯恩斯认为预期具有二重性,一方面,对于有些经济变量,是可以主观估算出其有关的概率分布的;但另一方面,另一些经济变量却根本无法通过计算形成预期。例如投资决策,企业家对于不确定的未来,常常缺少估计投资盈利与否的客观基础,全凭过去的投资盈利情况与自己的主观预测或血气冲动(由生理与心理情况决定)行事。其形式为:

$$P_t^e = P_{t-1} + \alpha(P_{t-1} - P_{t-2})$$

其中 α 的大小,取决于经济主体的心情的乐观程度:假设从 $t-2$ 期到 $t-1$ 期价格上升了,乐观的人将预期这种上涨趋势持续下去,即 $\alpha = 1$,悲观的人预期未来的价格会下降,即 $\alpha = -1$。若 $\alpha = 0$,就变成静态预期了。外推型预期有以下特征:预期的形成缺少可靠的基础,易受情绪的支配,预期被看做是外生变量,预期不受有关经济变量与政策变量的影响。

(3) 适应性预期

适应性预期是指经济主体主要根据某种变量的过去值来形成该变量未来的预期值。如果预期不正确,即预期的变量值与实际变量值不一致,经济主体就会按照实际变量值与预期变量值的差额来逐渐地(不是一次性地)调整预期偏差。以通货膨胀为例,对 $t+1$ 期的适应性预期通货膨胀率可以用下述公式来表示:

$$\dot{P}_{t+1}^{e} = \dot{P}_{t} + \alpha(\dot{P}_{t})$$

在适应性预期中,人们只能随着价格的变动滞后地调整对价格的预期,是一种被动的后顾式预期。由于适应性预期仅仅根据过去预测未来,因而只有在将来的情况同过去的情况相类似时,这种预期才可能是大致准确的。但是将来的情况不一定与过去情况保持相似,而且经济政策本身也会加剧未来与过去的区别。因此，适应性预期仍然难以对经济前景做出可靠的推断。认识到现代货币主义在预期问题上的这一失误后，年轻的理性预期学派提出了不同的新颖观点。

2. 理性预期概念的提出

理性预期概念与美国经济学家穆斯的有关微观经济学研究成果相关。美国经济学家约翰·弗雷泽·穆斯(John Fraser Muth，1930 年出生于美国芝加哥，1962 年获得卡内基—梅隆大学的哲学博士学位)在 1961 年 7 月号的《经济计量学》杂志上发表《理性预期和价格变动理论》一文，率先提出了理性预期概念。他认为，追求利益最大化的经济人能够充分利用自己在过去和现在所能得到的各种信息进行正确的预期。“由于预期是对未来事件有根据的预言，所以预期与有关的经济理论的预言，在本质上是一样的，我们将这种预言叫‘理性预期’”①。他提出理性预期的目的是为了说明，微观经济学中关于价格决定的动态模型——蛛网模型完全是以非理性预期为前提的。如果生产者的预期合乎理性，那么商品市场将很快地趋于均衡。

穆斯所提出的理性预期概念，在当时并没有被人们用于宏观经济分析，因而对经济理论未产生广泛的影响。卢卡斯于 1972 年发表《预期与货币中性》一文，率先将穆斯的理性预期假说同货币主义模型结合起来，用于分析宏观经济问题。以后随着新古典宏观经济学的流行，理性预期概念也被广泛地应用于宏观经济学研究之中。

3. 理性预期的含义(理性预期假说的弱版本和强版本)

(1) 理性预期假说的弱版本

弱版本的主要含义是指在形成关于某一变量的未来值的预期时，经济主体会找到该变量的所有决定因素，并会最佳(最有效)地利用有关这些决定因素的所有可公开获知的信息。也就是说，预期是经济主体按照效用最大化原则理性地形成的。例如，如果经济主体认为通货膨胀率是由货币扩张率决定的，那么他们就会充分利用有关货币扩张率的所有可公开获知的信息来形成对未来通货膨胀率的预期。

(2) 理性预期假说的强版本

理性预期假说的强版本形式在上文引自穆斯论文的文字中已有表述，而新古典宏观经济学派中的理性预期正是穆斯的这种强版本形式。理性预期的强版本形式认为，经济主体对某些经济变量的主观预期同这些变量的客观数学条件期望相一致。以通货膨胀的预期为例，理性预期假说的强版本形式可以用下述代数式来表示：

$$\dot{P}_t^e = E(\dot{P}_t | I_{t-1})$$

其中，$\dot{P}_t^e$ 是 t 期的预期通货膨胀率。I_{t-1} 是在 $t-1$ 时期，经济主体所能得到的有关信息集合。$E(\dot{P}_t | I_{t-1})$ 为 t 期的通货膨胀率的期望值。

理性预期的强版本形式不排除存在预期误差的可能性。无误差的完美预期

① 外国经济研究会：《现代国外经济学论文选》第 7 辑，商务印书馆，1983 年。

只存在于消除了不确定性和经济主体拥有完全信息的世界。在一个充满不确定性与经济主体得不到完全信息的现实生活中，即使是理性预期，也会产生误差。然而这种预期误差是一种随机误差，它的条件期望值等于零，且与经济主体形成预期时所得到的信息集合没有关系。在理性预期中，经济主体对经济变量的预期平均来说是正确的，即预期不会产生系统性误差。如果预期有误差，当事人就会从过去的错误中吸取教训并改变他们形成预期的方式，这样就排除了系统性错误。因此，强理性预期形式隐含着：

$$\dot{P}_t^e = \dot{P}_t + \varepsilon_t$$

其中，$\dot{P}_t^e$ 是 t 期的预期通货膨胀率，$\dot{P}_t$ 为 t 期的实际通货膨胀率，ε_t 为随机误差项，它的平均值为零，且与预期形成时所能得到的信息集合不相关，否则经济主体就没有充分利用所有可得到的信息。

总之，理性预期假说的强版本有以下三方面的含义：

第一，作为经济决策的经济主体是有理性的。为了追求最大利益，他们总是力求对未来做出正确的预期。

第二，经济主体为了做出正确的预期，会力图获得进行正确预期所需要的一切信息：包括过去的和现在的各种信息。

第三，由于信息的不完全和未来的不确定性，经济主体的预期可能存在失误。但经济主体对经济变量的预期平均来说是正确的，即经济主体对经济变量的主观预期同这些经济变量的客观数学条件期望相一致，经济主体在预期时不会犯系统性错误。这是因为当预期发生错误时，经济主体能够及时地根据他所得到的新的信息来修正他形成预期的方式，不会再犯同样的错误。由于理性的经济主体能够随时修正形成预期的方式和自己的行为，使得政府在采用某项政策干预经济时，往往达不到预期目标。这就是著名的"卢卡斯批判"的本质含义。

4. 理性预期与适应性预期的区别

(1) 能否利用所有可以公开得到的信息

在理性预期形式中，经济主体总是能够利用所有可以得到的信息对某些经济变量进行预期，而不是仅仅根据这些经济变量的过去值来进行预期。这是它与适应性预期的一大差别。以通货膨胀为例，人们在形成对通货膨胀的适应性预期时，仅仅考虑过去的实际通货膨胀率及其与预期的通货膨胀率的误差。而在理性预期中，人们不仅考虑这些因素，还考虑政府已经或将要采取的宏观干预政策可能产生的对通货膨胀率的影响。理性预期假说排除了经济主体浪费有用信息资源的可能性。

(2) 预期误差是否具有系统性

根据适应性预期假设，经济主体对某一变量的未来值的预期（例如通货膨胀）仅仅建立在该变量过去值的基础之上。这种通过"回顾式"方法形成预期的一个主要问题在于，除非所预期的变量值在未来一个相当长的时期内保持不变，否则对它形成的预期就会重复错误，导致预期误差具有系统性。原因有两个：

不考虑该变量过去值(实际值与预期值)以外的其他信息,尽管错误不断重复;经济主体只是部分地调整预期,调整量为其上次误差的一定比例。

而在理性预期假说下,人们会考虑和利用所有可公开获得的信息,理性地形成预期。即使有误差,其原因主要是不确定性和不完全信息,而且误差具有随机性,它的平均值为零。从而产生了理性预期强版本下的关键性含义:即经济主体不会形成有系统性误差的预期。

5. 对理性预期的批评

有许多针对理性预期的批评,这里简短地介绍一下常见的两种批评。

(1) 信息成本

获取和处理那些所有可公开获得的信息进行预期,需要一定的成本(时间、努力和金钱等),因此经济主体就不可能使用所有可得到的公开信息。

理性预期假说的辩护者指出,"理性"经济主体在形成他们的预期时有激励去最佳地利用所有可得到的信息。换言之,当事人有激励获得信息并把信息运用到这样一点,在这一点,边际收益(以预期精确度的改进来衡量)等于边际成本(从获取和处理所有可得到的公开信息的角度讲)。当然,在这种情况下,与能获得所有的信息以及这些信息都被利用的情形相比,预期效果会差一些。另外,理性预期假说并不要求所有经济主体独立地去获取和处理可获得的各种信息。经济主体也可以间接地,例如从新闻媒介发表的预测和评论中获取信息。如果预测结果各不相同,那么问题就成为辨别哪一种的观点是"正确的",即从"噪音"中筛选有用的各种信息。

(2) 在分散的市场里操作的每个经济主体处理信息、做出正确的预期的能力也是有限的,因而难以保证他们能够根据所获得的信息进行准确的预期。

事实上,即便是专门的预测机构,他们根据大型复杂的宏观经济模型所做出的经济预测也未必都是准确的,有时连方向都预测失误。所以公众的预期也不可能做到平均来说是正确的地步,从而不可能完全抵消政府经济政策的影响。

(黄亚钧,《宏观经济学》第2版,高等教育出版社,2005年)

复习思考

1. 比较古典总供给曲线与凯恩斯总供给曲线。
2. 比较新凯恩斯总供给曲线与新古典总供给曲线。
3. 比较微观经济学的供求模型和宏观经济学中的总供给总需求模型的异同。
4. 已知:总供给函数 $AS=2\ 300+400P$,总需求函数 $AD=2\ 000+\dfrac{4\ 500}{P}$。试求均衡的收入和均衡价格。
5. 已知:总供给函数 $AS=2\ 000+P$,总需求函数 $AD=2\ 400-P$,如果总需求曲线向右移10%,求均衡点。
6. 已知:总供给函数 $AS=2\ 000+P$,总需求函数 $AD=2\ 400-P$,如果总供给曲线向左移10%,求均衡点。

6 失业、通货膨胀与经济波动

经济问题

我国面临失业与通胀的两难

近些年来,大学生就业难问题已成热点。从表面上看,当前似乎出现了大学生“供过于求”的局面,扩招后大学生已经太多了。但从实际的横向对照以及我国经济社会发展的实际需求来看,我国的人力资源总量,尤其是大学生的数量还是远远落后于发达国家的。那么,在高素质人力资源这么稀缺的背景下,为什么还会出现大量的大学生就业难的问题呢?

进入21世纪后,我国经济一直保持着高速增长,通货膨胀率也一直在低位运行,这种良好发展态势甚至被世界经济学家称为“中国之谜”。然而,自2008年以来,我国开始出现物价上涨、通胀高企的局面,相关生活必需品的价格迅速攀升,使人们越来越不堪重负。国家统计局数据显示,2011年中国居民消费价格指数同比上涨5.4%,工业品出厂价格指数同比上涨6%。2011年全年居民消费价格指数高于市场预期的5.2%,创下历史最高点。这一时期我国通货膨胀的原因有哪些?应该采用什么方式进行治理呢?

(百度文库,http://www.wenku.baidu.com)

6.1 失业与奥肯定律

6.1.1 失业

(1) 失业的含义

失业分为狭义失业和广义失业。狭义失业是指作为生产要素的劳动没有得到充分利用的状态,广义失业是指现有可用的一切生产要素(包括劳动、资本、土地、企业家才能、技术、信息等)没有得到充分利用的状态。通常,失业指狭义的失业。

符合法定工作条件、有工作愿望、愿意接受现行工资且正在寻找工作但还没有找到工作的人,就是失业者。把握失业的含义,必须注意两点:第一,符合工作条件。失业者是相对于具有某种工作条件来说的人,比如达到法定的劳动年龄、具有劳动能力和劳动技能等。

如果一个人缺乏工作过程中所需要的工作能力和劳动技能，即使没有工作，也不属于失业者。第二，有工作的愿望且接受现行的工资。对于有工作愿望且接受现行工资水平的人来说，尽管积极寻找工作但仍然没有找到工作，就属于失业者。如果没有工作的愿望，或虽然有工作愿望但不接受现行的工资水平而没有工作的人，不属于失业者。

但是，有工作能力而没有工作，毕竟是一种劳动力的闲置。为了把这种劳动力的闲置与失业区别开，西方经济学把符合工作条件但不按现行工资寻找工作的人叫做自愿失业者；而把有工作愿望且接受现行工资水平、正在积极寻找工作但仍然没有找到工作的失业者叫做非自愿失业者。

(2) 失业的衡量

失业的状况通过失业率来衡量。失业率是失业人数(失业量)与劳动力总量(劳动总量)的比例。因此，失业率取决于劳动总量、就业人数(就业量)，失业量 = 劳动总量 - 就业量。用 N 表示就业量，U 表示失业量，L 表示劳动总量，n 表示就业率，u 表示失业率，那么有：

$$n = \frac{N}{L}, u = \frac{U}{L}$$

这样，失业率 u 可以通过就业率 n 得到，即 $u = 1 - n$。反之，知道了失业率 u，也可以得到就业率 n。因此，研究失业问题，实际也是研究就业问题，减少失业，就是扩大就业。

(3) 自然失业率与充分就业

失业率会随着就业量的提高而下降，但失业率从来不会降到零。在社会经济发展正常的条件下，仍然存在着失业，此时的失业率叫做自然失业率。与自然失业率相对应的就业量叫做潜在就业量。只存在自然失业率的就业状况，就是充分就业。

(4) 失业的类型

摩擦性失业是指劳动者想要工作与得到工作之间的时间消耗造成的失业。在实际劳动市场上，失业率总是围绕自然失业率波动，原因之一是工人寻找最适合自己的工作需要时间。工人与工作不匹配所引起的失业即摩擦性失业(Frictional Unemployment)，是由于经济运行中各种因素的变化和劳动力市场的功能缺陷所造成的临时性失业。经济总是变动的，工人寻找最适合自己偏好和技能的工作也需要时间，因而一定数量的摩擦性失业不可避免。在这种经济现象中，由于产业结构等方面的不断变化，原有的工作不断消失，新的工作不断产生，而工人在交换工作时需要时间，因而就产生了相应的临时性失业，即摩擦性失业。它的规模决定于失业工人在寻找工作时所遇到的结构上的困难。这种结构上的困难，主要是指缺乏就业机会的信息，缺乏就业的知识，以及缺乏迅速移动必须具备的先决条件。摩擦性失业也与工人自由寻找新工作和随意变换工作有关。在自由经济中，摩擦性失业是一种经常性的失业，并非周期性的。减少摩擦性失业的办法，主要是增加劳动力的流动性和多提供有关就业机会的信息。

周期性失业是指经济周期中的衰退或萧条时期因总需求下降而造成的失业。经济增长具有周期性，当经济增长处于高涨阶段时，就业量增加，失业量减少；经济增长处于下降阶段时，就业量减少而失业量增加。按照凯恩斯的说法，当实际的总需求小于充分就业的总需求时，消费疲软，市场不旺，造成企业投资减少从而减少雇佣人员而形成周期性失业。

通货紧缩时期的失业也可看作是周期性失业。

结构性失业是指由劳动的供给结构与劳动的需求结构不一致而导致的失业。劳动的需求结构是由包括产业结构、产品结构在内的经济结构决定的,劳动的供给结构是由人口总量和人口结构决定的,教育也是影响劳动的供给结构的重要变量。当经济结构变化时,比如有些部门或产业迅速发展,一些地区正在开发,同时,某些部门或产业正在衰落,这就使得对劳动的需求发生了变化。当劳动者因技术、性别、心理等原因而不能适应劳动需求的变化时,就会出现工作岗位与劳动人口的失衡,从而形成结构性失业。在结构性失业出现后,劳动的供给结构必须根据产业结构和产品结构去调整。在这种调整中,年长者调整的速度慢于年轻者,因为年长者接受新知识的主动性及经济行为的灵活性低于年轻者。所以,在结构性失业人口中,年长者多于年轻者。在存在结构性失业的经济中,一方面有失业者,另一方面又有职位空缺,但失业者因种种原因又不能填补现有的职位空缺。

季节性失业是指某一行业随着季节(包括自然季节、生产或销售季节)的变换而造成的失业。有些行业的生产与服务会随着季节的变化而变化,对劳动的需求也随着季节的变化而变化,生产和销售旺季所需的人手多,生产和销售淡季所需的人手少,因而出现季节性失业。季节性失业是在生产或销售处于淡季时而出现的失业。在建筑业、农业、旅游业等行业中,季节性失业最明显。

技术性失业是指技术进步所产生的机器排挤工人所造成的失业。技术水平不断提高是社会经济发展的必然趋势,当技术水平提高后,先进的设备会代替一部分工人的劳动,企业这时就会解雇工人,从而造成失业,这就是技术性失业。

古典失业又称工资性失业,是指工资刚性引起的失业,即工人要求较高的工资而使资本家解雇工人所产生的失业。由于工会的存在与最低工资法的规定,市场难以调节劳动的供求,故而不能形成市场化的均衡工资,形成了工资只能升不能降的工资刚性。当资本家不愿意增加工资总量时,随着单个劳动工资的增加就解雇一部分工人,从而造成失业。这种失业最早由古典经济学家提出,故称为古典失业。

隐性失业是指表面上有工作、但实际上对生产并没有作出贡献的现象,即有“职”无“工”。这种失业往往表现为一个人的活儿三个人干、两天的活儿干五天,农村的剩余劳动力多属于隐性失业。存在隐性失业时,生产效率是低的。

(5) 失业的影响

① 失业对家庭的影响。失业使失业者的家庭收入和消费受到消极影响。失业后,家庭收入急剧下降,消费支出也随之下降。

② 对厂商的影响。失业增加后,厂商产品的销售市场萎缩,有效需求下降。于是产出降低,生产能力闲置,利润率开始下降。厂商面临如此景况,就会减少投资需求,减少新生产能力的形成。

③ 对国民经济的影响。失业增加后,由于家庭消费减少和厂商投资下降,整个国民经济的增长受到抑制。

④ 对社会的影响。失业会导致个人的尊严受损、家庭关系紧张、生活水平下降和疾病增多,还会导致犯罪增多和社会秩序混乱。

6.1.2 奥肯定律

奥肯定律是美国经济学家阿瑟·奥肯提出来的、有关失业率上升与经济增长率下降二者相互关系的原理，即当实际 *GDP* 增长相对于潜在 *GDP* 增长下降 2% 时，失业率上升大约 1%；当实际 *GDP* 增长相对于潜在 *GDP* 增长上升 2% 时，失业率下降大约 1%。潜在 *GDP* 这个概念是奥肯首先提出的，它是指在保持价格相对稳定情况下，一国经济所生产的最大产值。潜在 *GDP* 也称充分就业 *GDP*。奥肯定律揭示了失业与经济增长之间的内在关系，失业的变动引起经济增长的变动，同样，经济增长的变动也引起失业的相应变动。从失业增加引起经济增长减少的角度看，奥肯定律其实说明了失业给经济带来的损失。该定律用公式表示为：

$$\text{失业率变动百分比} = -\frac{1}{2}\times(\text{实际 }GDP\text{ 增长率}-\text{潜在 }GDP\text{ 增长率}) \qquad (6\text{-}1)$$

在美国，潜在 *GDP* 增长率一般为 3%。根据公式(6-1)，当实际 *GDP* 的平均增长率为 3% 时，失业率保持不变。当经济扩张快于 3% 时，失业率下降的幅度等于经济增长率的一半。例如，如果 *GDP* 到第二年度增长 5%（高出潜在水平 2%），奥肯定律预期失业率下降 1%。当 *GDP* 下降，或增长不到 3% 时，失业率上升。例如，如果 *GDP* 到第二年度为 -1%，奥肯定律预期失业率上升 2%。

奥肯定律的一个重要结论是：为防止失业率上升，实际 *GDP* 增长必须与潜在 *GDP* 增长同样快。如果想要使失业率下降，实际 *GDP* 增长必须快于潜在 *GDP* 增长。需要注意的是，奥肯所提出经济增长与失业率之间的具体数量关系只是对美国经济所做的描述，而且是在一段特定历史时期的描述，不仅其他国家未必与之相同，而且现代美国的经济也未必仍然依照原有轨迹继续运行。因此，奥肯定律的意义不在于其所提供的具体数值，而在于其揭示了经济增长与就业增长之间的关系。

资料链接

奥肯定律的存在性和非线性

我国实行改革开放 30 多年来，国家经济总量得到了迅猛的扩张，年均经济增长率达到了 9.8%，高于同期世界经济增速 6.8 个百分点。然而，我国就业增长的 *GDP* 弹性系数却呈现出快速的下降趋势，也就是说，经济增长对就业的吸纳能力正在逐渐下滑。1978—1990 年，我国经济增长率为 9.1%，就业增长率为 2.9%，就业的 *GDP* 弹性系数为 0.32；而 1991—2008 年，就业弹性系数不足 0.2，甚至在少数年份位于 0.1 以下，远远低于同期的美国(0.42)、德国(0.20)和英国(0.18)。

另一方面，自 1998 年以来，我国的失业率几乎保持在 6% 以上的水平，高速的经济增长并没有使失业率降低。这种“高增长”与“高失业”并存的发展格局使得传统的“奥肯定律”在我国的适用出现了明显的偏离。

目前，国内关于奥肯定律的研究也存在着两种截然不同的观点。大多数研究者认为，中国总量经济增长与失业率之间的关系明显偏离传统的奥肯定律，也就是说，奥肯定律这一经验规律在中国是失效的。邹薇和胡翾选取了我国 1980—

1996 年的 *GNP* 和 *GDP* 以及城镇登记失业率数据为实证样本进行研究，得出了传统的奥肯定律在中国并不适用的结论。但他们认为，如果使用就业人口指数取代传统的失业率指标，那一定能得出符合中国的奥肯模式。而蔡昉指出，由于城镇登记失业率数据远远低估了我国的真实失业率水平，因而在他的研究中采用了国际劳工组织对失业率的定义和调查方法，对 1978 年以来的中国城镇失业率进行了重新估计，有效克服了传统研究中的失业率数据失真问题。而且，蔡昉进一步以实际 *GDP* 年增长率和估计得到的失业率数据进行线性回归来研究中国的经济增长与失业率关系，得到了中国并不存在奥肯定律的结论。在此基础上，方福前和孙永君针对差分版本、缺口版本、动态版本、生产函数版本和不对称版本等 5 个不同版本的奥肯定律在中国的适用情况分别进行了实证研究，他们同样也得出我国的失业率和产出增长率之间并不存在一个固定比例替代关系的结论，这也就是说，奥肯定律的经验结论在我国并不适用。

但是，少数研究者认为，由于我国目前正处于经济转轨时期，经济增长与失业率之间并不总是存在着经典的线性替代关系，奥肯定律在我国仍然是存在的。林秀梅和王磊采用 *HP* 滤波和门限估计法进行研究后发现，以往研究中被人们认为严重背离奥肯定律的我国经济增长和失业率之间的替代关系，在我国存在着非线性的表现形式，而且产出的变动可能会引起失业率的非对称性变化。

由此可见，国内关于奥肯定律的大多数研究仍集中在寻找两者之间的线性特征上，而很少关注奥肯定律可能蕴含的非线性、非对称特征。而且，已有的研究大多采用官方公布的城镇登记失业率数据为实证样本，而这种做法会因为统计口径中失业率的数据缺乏足够的波动性使得最终的实证结果令人难以信服。事实上，由产出与失业之间不存在简单的线性关系并不能直接推断奥肯定律在中国不适用，因为从学理的逻辑性来看还存在另一种非线性的可能性。陈宇峰、俞剑与陈启清构建了一个非线性奥肯定律模型，结合国际油价的外部供给冲击，系统地考察了奥肯定律这一经验规律在我国的存在性和非线性。研究结果表明，传统的线性奥肯定律在我国已经失效，但呈现出明显的非线性特征，经济扩张和经济收缩对失业的影响具有截然不同的非对称效应。考虑到外部供给冲击的影响，奥肯定律会出现一定程度的偏移，而且呈现出线性与非线性特征的频繁转换。

（陈宇峰、俞剑、陈启清，《外部冲击与奥肯定律的存在性和非线性》，《经济理论与经济管理》，2011 年第 8 期）

6.2　通货膨胀与菲利普斯曲线

6.2.1　通货膨胀

（1）通货膨胀的含义和衡量

通货膨胀是指经济社会一般价格水平普遍、持续的上涨。一般价格水平是指物价总水平，而不是指个别商品的物价水平。衡量通货膨胀状况的经济指标是通货膨胀率。通货膨胀率是一般价格水平的上涨率。一般价格水平持续上涨而不是一时上涨，才是通货膨胀。

衡量价格水平的经济指标是物价指数。物价指数是表示若干种商品价格水平的指数，它一般分为消费物价指数、批发物价指数和国内生产总值(或国民生产总值)折算指数。知道了基期和现期的物价指数，就可以计算出通货膨胀率，其方法是用现期物价指数与基期物价指数的差额，除以基期物价指数。

(2) 通货膨胀的类型

通货膨胀的类型是指通货膨胀的种类。依据不同的划分标准，通货膨胀的类型区分也不相同。

依据通货膨胀率的高低，可划分为温和的通货膨胀、急剧的通货膨胀和恶性的通货膨胀。温和的通货膨胀是价格上涨缓慢的通货膨胀，通常是指通货膨胀率为1% ~9%的通货膨胀。急剧的通货膨胀是价格急速上涨的通货膨胀，通常是指通货膨胀率为10% ~999%的通货膨胀。恶性的通货膨胀是价格上涨失去控制的通货膨胀，通常是指通货膨胀率为1 000%至无穷大的通货膨胀。

依据对不同商品价格影响的差别，可划分为平衡的通货膨胀和非平衡的通货膨胀。平衡的通货膨胀是指所有商品的价格每年上涨速率相同的通货膨胀，非平衡的通货膨胀是指不同的商品的价格每年上涨速率不相同的通货膨胀。

依据对通货膨胀的预料程度，可划分为可预期的通货膨胀和非预期的通货膨胀。可预期的通货膨胀是指商品价格上涨速率在人们预料之中的通货膨胀，非预期的通货膨胀是指商品价格上涨速率不在人们预料之中的通货膨胀。

(3) 通货膨胀的形成原因

形成通货膨胀的原因是多方面的，宏观经济主体及其行为、微观经济主体及其行为，都会从货币供给量、需求、供给、经济结构等方面促成通货膨胀。

① 货币供给的增加形成通货膨胀

把通货膨胀与货币供给联系起来的经济理论是以货币数量论为理论依据的。货币数量论用交易方程作为分析工具，提出了商品价格决定于货币供给量的理论。货币数量论者提出的交易方程是：

$$MV = PY \tag{6-2}$$

其中的M,V,P,Y分别表示货币的供给量、货币的流通速度、商品价格水平和实际国民收入。等式的左边，是经济中的总支出；等式的右边，是名义收入。

货币数量论认为，在这个等式中，货币流通速度V和实际国民收入Y在短期内都是常数，因此，物价水平P就随着货币供给量的变动而变动。当货币供给量增加时，物价水平就上升，形成通货膨胀。

货币数量论中的传统货币数量论和现代货币数量论在对通货膨胀原因的解释上，具有相同的观点，但是它们也有区别，即传统货币数量论认为货币供给量的变动只是影响物价的变动，而现代货币数量论则认为货币供给量的变动会影响总产量或国民收入的变动。

② 需求拉动的通货膨胀

需求拉动的通货膨胀也称为超额需求通货膨胀，是指因总需求增加而引起的一般价格水平普遍和持续的上涨。

需求拉动的通货膨胀理论有两种。一种是凯恩斯提出的充分就业时的需求拉动的通货膨胀理论,一种是 W·鲍莫尔提出的非实现充分就业时的需求拉动的通货膨胀理论。

凯恩斯认为,当经济中实现了充分就业时,如果实际总需求大于充分就业的总需求,其差额就构成了“通货膨胀缺口”,导致通货膨胀,如图 6-1(a)所示。当总需求不断增加,总需求曲线 AD_1 不断右移至 AD_2,AD_3 时,价格水平就相应由 P_1 上升到 P_2,P_3,同时,收入量也由 Y_1 不断增加到 Y_2,Y_3——这一段的价格上涨是“瓶颈式”通货膨胀。当总需求 AD_3 继续增加至 AD_4时,由于总供给已经达到充分就业水平,即 AS 曲线呈现垂直形状,总需求的增加不会使收入 y_3 再增加,故在总供给或收入不变的情况下,价格由 P_3 上升到 P_4——这一段的价格上涨就是“需求拉动”的通货膨胀。

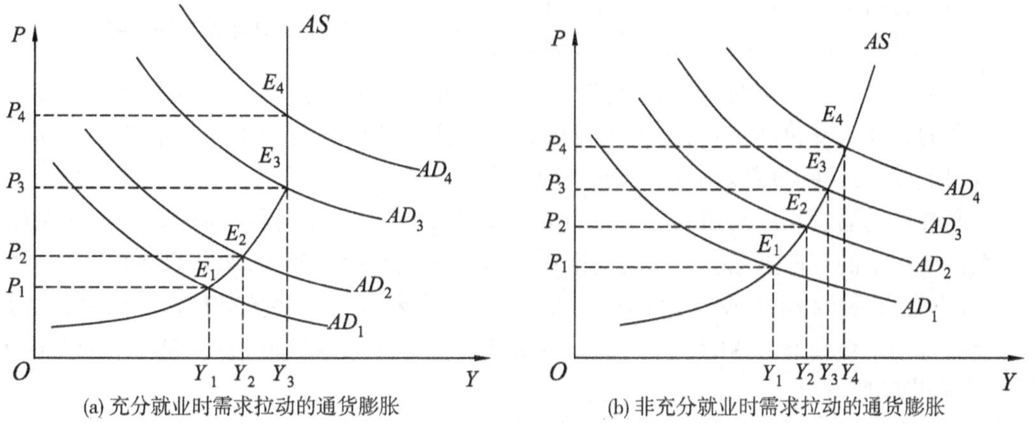

图 6-1　需求拉动的通货膨胀

鲍莫尔认为,不仅在充分就业的条件下会出现通货膨胀,在非充分就业的条件下也会出现通货膨胀。未实现充分就业时,总需求增加所引起的通货膨胀率的高低取决于总供给曲线的斜率。总供给曲线的斜率越大,总需求增加所引起的产量增加就越小,引起的物价上涨的幅度就越大,通货膨胀越严重,如图 6-1(b)所示。在总供给曲线 AS 不变时,总需求 AD 不断增加,当从 AD_1 上升到 AD_2 时,国民收入从 Y_1 增加到 Y_2;当从 AD_2 上升到 AD_3 时,国民收入从 Y_2 上升到 Y_3;当从 AD_3 上升到 AD_4时,国民收入从 Y_3 增加到 Y_4,增加的幅度越来越小,而价格相应地从 P_1 上升到 P_2、从 P_2 上升到 P_3、从 P_3 上升到 P_4,上升的幅度越来越大。可以看到,当总供给曲线越来越接近潜在产出时,需求增加推动国民收入增长的作用在下降,而推动物价上涨的作用则在上升。总之,当总供给曲线一定时,总需求连续增加,就会在推动国民收入增长的同时,推动物价水平上涨。这样,当太多的货币支出追逐太少的商品时,就会发生需求拉动的通货膨胀。

③ 成本推动的通货膨胀

成本推动的通货膨胀也称为成本型通货膨胀或供给型通货膨胀,是指总供给的减少所引起的一般价格水平普遍和持续的上涨。当总需求曲线一定时,总供给曲线因成本提高而向左移动,于是在国民产出降低的同时,物价却上涨了。如图 6-2 所示,总需求曲线 AD 不变,当总供给减少即总供给曲线由 AS_1 向左移动到 AS_2 时,国民收入由 Y_1 减少到 Y_2,价格则由 P_1 上升到 P_2。

引起成本推动的通货膨胀的原因有工资成本增长、利润增长和进口原料成本增加，与此相对应，有三种成本推动的通货膨胀的理论。第一种是关于工资成本推动通货膨胀的理论，第二种是关于利润推动通货膨胀的理论，第三种是关于原料成本推动通货膨胀的理论。

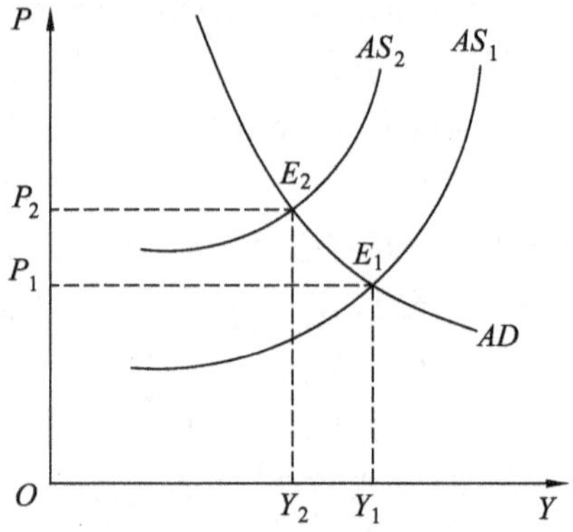

图 6-2　成本推动的通货膨胀

工资成本推动的通货膨胀是指工资的上涨而引起的物价普遍上涨。关于工资成本推动通货膨胀的理论认为，工会组织对增加工资的要求是引起成本推动的通货膨胀的原因。在工会组织的要求下，劳动市场成为不完全竞争的生产要素市场，企业在许多工会会员失业的情况下，仍然支付高工资。由于工资决定中攀比原则的存在，没有工会的企业也支付高工资，因为工资低无法留住企业所需要的工人。于是，工资成本就会普遍上涨，导致物价普遍上涨，从而出现通货膨胀。

利润推动的通货膨胀是指具有垄断地位的企业为实现更多的利润而提高价格所引起的一般价格水平的普遍上涨。关于利润推动的通货膨胀的理论认为，垄断企业作为产品供给一方，不是市场价格的接受者，而是价格的操纵者，垄断企业能够操纵价格。操纵价格是一种能够得到高额利润的垄断价格。在操纵价格大量存在的条件下，会引起物价的普遍上涨，引发通货膨胀。

原料成本推动的通货膨胀是指由于进口原料的价格提高而引起的物价普遍上涨。关于原料成本推动的通货膨胀的理论认为，一国从外国进口的商品，有些作为原料进入本国的生产过程。当作为原料的进口商品的价格上涨后，本国的生产成本就会上升，从而推动本国物价上涨，引发通货膨胀。例如，进口石油的价格上升，就会使以石油为原料的企业的生产经营成本上涨。

④ 结构性通货膨胀

结构性通货膨胀是指经济结构的非均衡状况所引起的一般价格水平普遍和持续的上涨。结构性通货膨胀理论的提出者认为，在没有需求拉动和成本推动的情况下，仅仅经济结构失衡也可以引发通货膨胀。在现实经济中，有的部门劳动生产率高，有的部门劳动生产率低，有的部门属于先进部门，有的部门属于保守部门。一般说来，工业是劳动生产率不断提高的先进部门，而服务业则属于劳动生产率低的保守部门。劳动生产率高的生产部门提高了货币工资后，劳动生产率低的生产部门也在“公平”原则下要求提高货币工资，否则劳动生产率低的生产部门工人就感到“不公平”。当劳动生产率低的生产部门的货币工资也提高以后，劳动生产率低的生产部门提供的产品（或服务）的价格也必然提高。这样，整个社会工资增长率高于劳动生产率的增长率，从而引发了一般物价水平持续和普遍的上涨，从而出现通货膨胀。

（4）通货膨胀螺旋

通货膨胀螺旋是指通货膨胀的连续性。通货膨胀螺旋的存在，是通货膨胀预期和惯性决定的。在现代经济中，人们根据市场上的价格信息进行交易谈判，以契约形式决定产品和生产要素的价格。在存在通货膨胀的情况下,人们总是根据现有的通货膨胀率预期未来的通货膨胀率,并根据这种对未来的通货膨胀率的预期提高产品和生产要素的价格。这种经济现象持续下去,就形成了通货膨胀的连续性,形成通货膨胀螺旋。

美国经济学家萨缪尔森认为,通货膨胀螺旋的具体形式是由实际失业率与自然失业率的相对关系决定的。当实际失业率小于自然失业率时,通货膨胀螺旋具有上升的趋势;当实际失业率大于自然失业率时,通货膨胀螺旋具有下降的趋势。

斯蒂格利茨认为,通货膨胀不是价格水平的一次性改变,而是价格水平一个月又一个月持续地上升。他认为通货膨胀螺旋的基本特性是其自我维持性,就像一个滑冰的人,只要开始推他一下,他就会不停地在冰上滑下去一样。

(5) 通货膨胀的经济效应

通货膨胀的经济效应是指通货膨胀对收入分配、就业、产出等经济变量的作用。

① 通货膨胀的收入分配效应

在市场经济中,产品价格和生产要素价格具有收入分配的功能,因此,通货膨胀这种普遍的物价上涨具有收入分配效应。第一,通货膨胀使政府获得所谓的通货膨胀税收。实行货币的财政发行,进入流通采购商品,使政府得到了一种不同于其他税收的税收收入。这是一种隐蔽的税收。如果政府用这种通货膨胀税收额去投资,且与私人投资具有互补性,那么,通货膨胀的收入分配效应就是对经济增长有一定作用的正效应。第二,在分配上不利于低收入者,有利于高收入者。低收入者一般是低工资劳动者,他们的实际收入因通货膨胀而减少或增长缓慢,他们是通货膨胀的受害者。高收入者一般是有其他资产形式和非工资收入的人,他们可以通过提高商品价格把通货膨胀的损失转嫁出去,并利用通货膨胀促使人们购买行为向前调整,增加商品的销售额,提高利润水平。第三,调整债权人与债务人之间的分配关系。由于利息率调整的灵敏性低于商品价格,所以,在通货膨胀条件下,债务人可以用贬值的货币偿还债务,而债权人则只能以贬值的货币实现债权。实际利息率等于名义利息率与通货膨胀率的差额,如果通货膨胀率超过了名义利息率,债权人实现的实际利息将是负值。

② 通货膨胀的产出和就业效应

通货膨胀的产出和就业效应是指物价普遍上涨对产出和就业的影响。在通货膨胀条件下,人们的购买行为提前,从而使需求增加;物价上涨推动供给上升,从而刺激厂商增加投资、增加产出。产品市场需求和供给的增加,推动着对劳动需求的增加,从而增加就业。

③ 通货膨胀与产量

通货膨胀与产量的联系是通货膨胀影响总需求和总供给而实现的。在简单国民收入决定理论中,只分析了在价格不变的条件下国民收入与商品市场上收入与支出的关系。在价格一定时,收入和支出的关系决定了国民收入的产出量。在 *IS-LM* 分析中,只是在简单国民收入决定理论的基础上,增加了货币市场的均衡分析,但仍然是以价格不变为分析条件的。在 *AS-AD* 模型中,在说明国民收入随 *AS* 与 *AD* 变动的同时,价格也相应发生了变动。上述是静态分析和比较静态分析。在这里将要进行的分析,是一种动态分析。就是说,这里所说的总需求是动态总需求,总供给是动态总供给,而总需求与总供给的关系也是一种动态总需求与动态总供给的关系。

动态总需求曲线是在通货膨胀率与国民收入平面中反映出来的通货膨胀率与总需求之间关系的几何线。用 *DAD* 表示动态总需求曲线。因为动态总需求既与产品市场的均衡有联系，又与货币市场的均衡有联系，所以，可以从 *IS-LM* 模型分析中求得。

$$\pi = \sigma A - m + \frac{1}{\phi}(Y_{t+1} - Y_t) \tag{6-3}$$

式(6-3)中，σ 表示大于零的参数，A 表示自发的总支出的变化。

取通货膨胀率 π 为纵轴，产量 Y 为横轴，在这个平面中把式(6-3)表现出来，就是图 6-3 表示的动态总需求曲线。

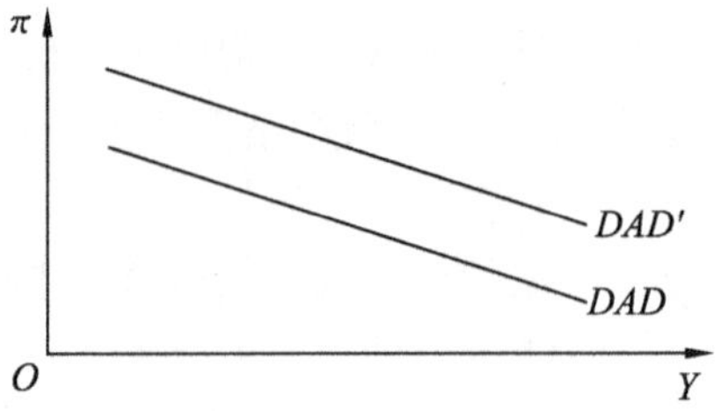

图 6-3　动态总需求曲线

从图 6-3 中可以看出，动态总需求曲线是向右下方倾斜的曲线，表明总需求与通货膨胀率之间存在着反向关系。

动态总供给曲线是在通货膨胀率与国民收入平面中反映出来的通货膨胀率与总供给之间关系的几何线，分为短期总供给曲线和长期总供给曲线。

短期总供给曲线的位置与实际通货膨胀率、预期通货膨胀率、潜在产出和实际产出相关联。当实际通货膨胀率小于预期通货膨胀率时，实际产出小于潜在产出；当实际通货膨胀率大于预期通货膨胀率时，实际产出大于潜在产出；当实际通货膨胀率等于预期通货膨胀率时，实际产出等于潜在产出。这样的数量关系用式(6-4)表示：

$$\pi_t = \pi_e + \lambda(Y_{t-1} - Y^*) \tag{6-4}$$

式(6-4)中，π_t为 t 期实际通货膨胀率，π_e为预期通货膨胀率，Y_{t-1}为 $t-1$ 期实际产出量，Y^*为潜在产出量，$\lambda = \frac{h}{Y^*}$，λ 与 h 都为某一常数。

图 6-4 中的短期总供给曲线 *DAS* 和 *DAS'*分别对应不同的预期通货膨胀率，*DAS* 的预期通货膨胀率是 5%，*DAS'*的预期通货膨胀率是 10%，但同一条动态总供给曲线表示的预期通货膨胀率是相同的。*DAS* 曲线上的 A 点表示的预期通货膨胀率等于实际通货膨胀率，B 点的预期通货膨胀率高于实际通货膨胀率，C 点的预期通货膨胀率小于实际通货膨胀率。同样，在 *DAS'* 曲线上的 A'点的预期通货膨胀率等于实际通货膨胀率，B'点的预期通货膨胀率大于实际通货膨胀率，C'点的预期通货膨胀率小于实际通货膨胀率。过 A 点和 A'点的连线，即成为动态总供给曲线 *LAS*，在这条线上，预期通货膨胀率等于实际通货膨胀率，实际产出量等于潜在产出量。这表明，在短期中，实际产出量受到通货膨胀的影响，因为人们预期的通货膨胀率往往

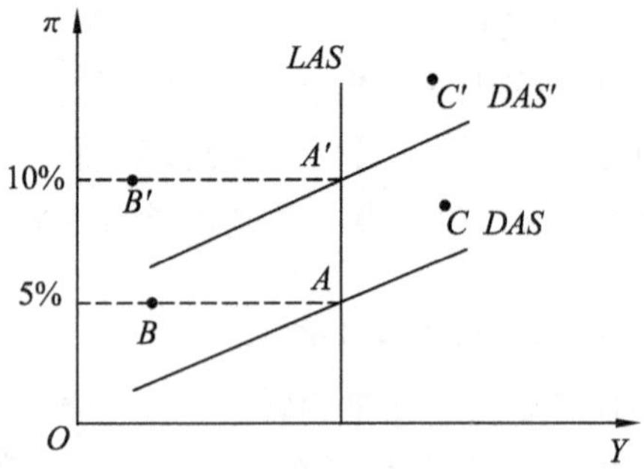

图 6-4　动态总供给曲线

与实际通货膨胀率有差别。但是在长期中,人们对通货膨胀率的预期越来越接近实际通货膨胀率,使通货膨胀率对产量的影响趋向于零。

动态总需求曲线和总供给曲线可用来揭示通货膨胀率和产量的决定。如图 6-5 所示,动态总需求曲线 *DAD* 与动态总供给曲线 *DAS* 相交于 E_0 点,在该点,通货膨胀率和产量分别为 π_0 和 Y_0。当总需求曲线和总供给曲线的位置一定时,实际通货膨胀率和产量也是一定的;当总需求曲线和总供给曲线变动时,实际通货膨胀率和实际产量也相应发生变动。在短期中,只有总需求曲线或总供给曲线其中之一变动,这种变动决定了实际通货膨胀率和实际产量的变动。在长期中,总需求曲线和总供给曲线都变动,这种变动可以综合性地决定实际通货膨胀率和实际产量。如图 6-5 中的 E_1 点,通货膨胀和产量都提高了。

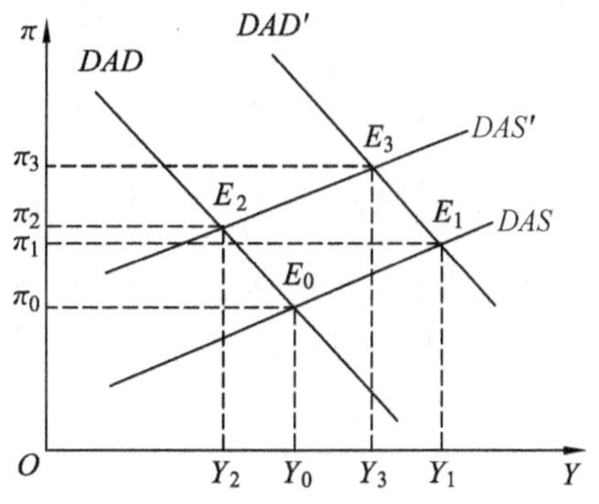

图 6-5　通货膨胀和产量

假定在短期中只有总需求曲线变动。这时,总需求曲线向右移动,使实际通货膨胀率和产量提高,如图 6-5 中的 *DAD* 移动到 *DAD'* 后,均衡点从 E_0 点移到 E_1 点,此时的通货膨胀率 π_1 高于 π_0,产量 Y_1 高于 Y_0。总需求曲线的移动与货币增长率相关。如果通货膨胀率上升的幅度小于货币增长率的幅度,说明增长的货币有一部分被产量消化了。假定产量没有增长,那么新增货币就在原来的通货膨胀率的基础上,全部用来提高通货膨胀率。而产量增长后,新增货币额中就有一部分是用来实现新增产量的价格的,而只有一部分是用来提高通货膨胀率的。

假定在短期中只有总供给曲线变动。这时,总供给曲线向左移动,使实际通货膨胀率提高,产量下降,如图 6-5 中的 *DAS* 移动到 *DAS'* 后,均衡点从 E_0 点移到 E_2 点,此时的通货膨胀率 π_2 高于 π_0,但是产量 Y_2 低于 Y_0。如果总供给曲线向左移动是由预期通货膨胀率提高引起的,由于通货膨胀率预期具有惯性作用,就使实际通货膨胀率进一步提高,产量更低。

在长期中,总需求曲线和总供给曲线都是变动的,预期通货膨胀率将与实际通货膨胀率相等,产量将稳定在潜在产量上,即:$\pi_e = \pi, Y = Y^*$。因此,在长期中,货币增长率就对产量没有影响,只是推动通货膨胀率的提高,就是:$\pi = m, Y = Y^*$。就是说,在长期中,产量等于潜在产量,通货膨胀率由货币增长率决定。这给人们一个重要的启示:要控制通货膨胀率,就必须控制货币增长率。

(5) 反通货膨胀的政策

① 用衰退来降低通货膨胀

用衰退来降低通货膨胀是指通过降低国民收入来抑制通货膨胀。根据降低国民收入速度的快慢,用衰退降低通货膨胀的方法分为渐进式和激进式。

渐进式降低通货膨胀的方法是指用较长的时间和每个时期降低较少的通货膨胀率来消除通货膨胀的方法。实际的通货膨胀率取决于人们对通货膨胀率的预期和通货膨胀压力,即实际通货膨胀率是通货膨胀率预期与通货膨胀压力之和,可表示为:

$$\pi_t = \pi_e + h \frac{Y_{t-1} - Y^*}{Y^*} \tag{6-5}$$

式(6-5)中,π_t表示 t 期的通货膨胀率,π_e 为预期通货膨胀率,h 是常数,Y_{t-1}表示 $t-1$ 期实际国民收入,Y^*表示潜在国民收入,$\frac{Y_{t-1} - Y^*}{Y^*}$表示通货膨胀压力。由于 π_e 可以用上一个时期的通货膨胀率即 π_{t-1}来表示,所以,式(6-5)又可以表示为:

$$\pi_t = \pi_{t-1} + h \frac{Y_{t-1} - Y^*}{Y^*}$$

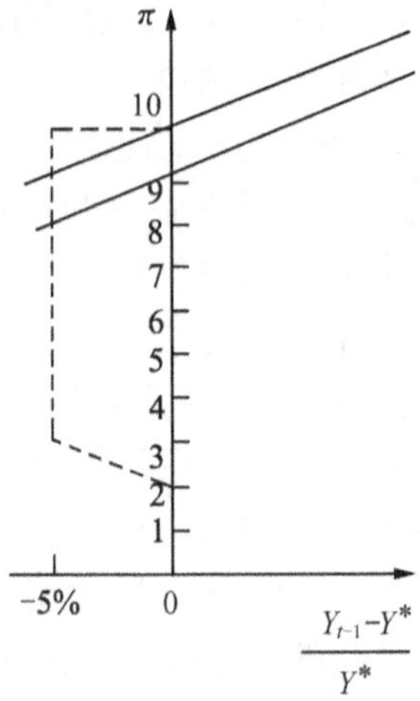

图 6-6　渐进式降低通货膨胀

可见,可以通过紧缩的财政政策和货币政策把实际国民收入 Y_{t-1}降下来,这样降低国民收入的过程,实际上就是一次经济衰退过程。衰退的程度取决于实际国民收入下降的程度。随着经济衰退,通货膨胀率就会下降。渐进式降低通货膨胀率的过程中,实际国民收入是缓慢下降的。渐进式降低通货膨胀的方法可以用图 6-6 描述出来。

激进式降低通货膨胀的方法是指用较短的时间和每个时期降低较多的通货膨胀率来消除通货膨胀的方法。依据附加预期变量的价格调整方程,只要把实际国民收入下调的力度加大,就可以减轻通货膨胀的压力,从而实现快速降低通货膨胀率的目标。激进式降低通货膨胀的方法也可以用图 6-7 描述出来。

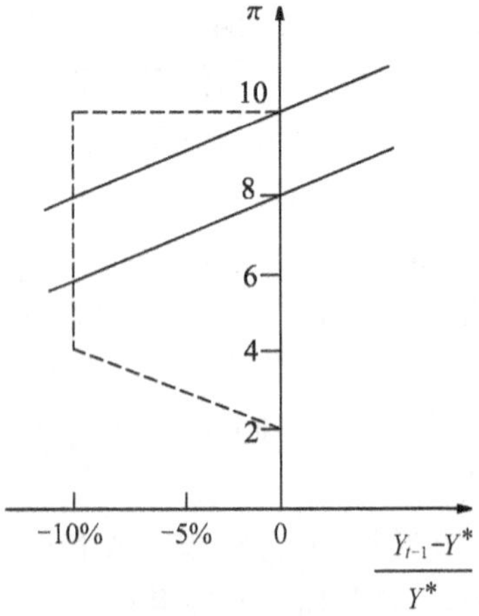

图 6-7　激进式降低通货膨胀

西方经济学家认为上述两种方法各有优劣。激进式降低通货膨胀的方法能够在较短时期内比较快地实现降低通货膨胀率的目标,增强对政府控制物价能力的信心,减缓通货膨胀的心理预期,但短期内带来的失业量也很大;渐进式降低通货膨胀方法的一个特点是逐步降低失业率,从而使社会成员承受较小的失业压力,但在较长时间内承受较高的通货膨胀率。

② 收入政策

收入政策也叫工资和物价管制政策,是政府为了降低一般物价水平上升的速度,而采取的限制货币工资和价格的政策。收入政策的理论基础是成本推动通货膨胀理论。西方经济学家认为工会是垄断组织,工会与垄断厂商分别具有提高工资与商品价格的垄断力量。工会与垄断厂商的垄断,使生产成本不断上升,引发了成本推动的通货膨胀。因此,要降低通货膨胀率,就要对工资和物价进行管制,实行收入政策。收入政策有三种具体方法:

第一,实行工资和价格指导指标。工资和价格指导就是把工资和物价上涨的幅度限定在一定的范围内。1962 年初,美国总统经济顾问委员会在提交给总统的年度报告中,首次提出实行工资和价格指导指标。当时规定,当年的工资和价格增长率为 3.2%。但事实上,把工资限制在这个指标内的同时,商品价格则高出了 3.2%,于是引起了工人的反对,到 1968 年,美国总统经济顾问委员会于 1962 年提出的工资和价格指导指标暂告废止。

第二,冻结工资和物价。1971 年 8 月,当时的美国总统尼克松宣布实行三个月的工资和物价冻结的政策。同年 11 月,冻结工资和物价的政策进入第二阶段。这种政策在抑制工资和物价上涨上,收到了比较显著的效果。美国的物价水平上涨幅度在 1968 年为 4.2%,1969 年为5.5%,1970 年为 5.7%,而在实行了冻结工资和物价的收入政策后,从 1971 年到 1972 年中期,物价只上涨了 3.2%。

第三,实行以税收为基础的收入政策。这种政策以减税、增税作为奖惩手段,以减税政策来奖励遵守工资增长界限的企业,对不遵守工资增长界限的企业实行增税政策以示惩罚。实际上,这种政策为企业抑制工资上涨提供了政策依据和动力。

③ 改变预期

改变预期是指在相信政府有控制通货膨胀能力的基础上改变对通货膨胀率的预期。改变预期就可以制止工资与物价螺旋上升。斯蒂格利茨认为,对通货膨胀的心理预期对通货膨胀起着巨大的作用。要想实现引导企业和工人不涨物价和不涨工资的目标,在很大程度上应当打破企业和工人对通货膨胀的心理预期。因此政府必须对经济实行剧烈的、持久的干预。政府要敢于务求实效,否则,就不能实现改变预期并控制通货膨胀的目的。

如果政府控制通货膨胀率的措施足以使人们相信政府控制通货膨胀的能力,人们就会降低甚至消除对通货膨胀的预期,使政府为增加就业而采取的政策产生有效性。

如果政府控制通货膨胀率的措施不足以使人们相信政府能够控制通货膨胀,人们的通货膨胀预期就不能消除,这种预期就继续推动通货膨胀过程。人们对通货膨胀的心理预期一旦形成,就具有惯性,而要改变这种具有惯性的心理预期,政府必须采取强有力的措施。正因为如此,上面介绍的渐进式降低通货膨胀的方法和激进式降低通货膨胀的方法相比较,后者在降低通货膨胀的作用上比前者更有效,因为它更能体现政府控制通货膨胀的决心,因此,更能使人们增强对政府控制通货膨胀的信心,从而降低和消除通货膨胀的心理预期。

④ 实行异端稳定措施

异端稳定措施是针对恶性通货膨胀而采取的控制通货膨胀的方法。

恶性通货膨胀的产生,既有一般原因又有特殊原因。恶性通货膨胀的一般原因是货币供给的高速增长。恶性通货膨胀的特殊原因是发生各种重大事件,例如战争、巨大的财政赤字和债务等。一国政府如果积累了巨大的财政赤字和债务,就会形成巨大的恶性通货膨胀的压力。为减少巨大的财政赤字和债务,把债务负担转嫁给社会或外国,该政府往往实行通货膨胀的政策。在国内,通货膨胀的政策可以减少国家的债务负担;在国际上,如果债务国是国际货币发行国,它实行通货膨胀的政策可以使债权国少实现债权,也就是使债务国少偿还外债。恶性通货膨胀是一种严重的经济综合症。要制止恶性通货膨胀,就必须采取多种措施,一般有以下几种。

第一,制止汇率下降。一般来说,一个国家的汇率下降,会使进口商品价格上涨。如果这些商品价格成为本国的生产成本,就以成本推动的形式推动本国的物价上涨。因此,制止本国汇率下降,在一定程度上可起到制止通货膨胀的作用。

第二,制止大规模的预算赤字。如上所述,财政赤字过大是造成恶性通货膨胀的原因之一。因此,要制止恶性通货膨胀,就必须极大地降低预算赤字。

第三,实施异端稳定措施。所谓异端稳定措施,是指除货币和财政措施之外的制止通货膨胀的措施,包括对工资和物价的直接干预、暂停偿还外债、进行货币改革等。

对工资和物价的直接干预,就是通过设置工资和价格上限的方法制止通货膨胀。这样可以抑制成本上涨,提高人们对于物价稳定计划的信心,改变人们的通货膨胀预期,克服通货膨胀惯性。

暂停偿还外债。如果一个国家需要偿还的外债时期比较集中,且数量巨大,同时出口又乏力,就会形成汇率下降和通货膨胀的经济态势。在这种情况下,暂时停止偿还外债,就可以使用有限的外汇储备来稳定汇率,制止汇率下降和通货膨胀。

进行货币改革。当本币由于通货膨胀而使物价十分巨大时,就会流行一种奇特的市场病症——计数疲劳症,即人们因计算物价难度的加大而导致的心理病症。一件很小的商品,其价格已经不能用单位货币来计价,而是用几位数字的货币额来计价。在这种情况出现后,要使恶性通货膨胀降下来,进行货币改革是一项得力措施。

6.2.2 菲利普斯曲线

(1) 菲利普斯曲线的含义

英国经济学家菲利普斯通过研究 1861—1957 年英国的失业率与货币工资增长率的统计资料,做出了一条表示失业率与工资变动率之间依存关系的曲线,这条曲线就叫被称为菲利普斯曲线。菲利普斯曲线是一条向右下方倾斜的曲线,力图揭示出失业与货币工资变动之间存在着一种反向关系:当失业率较低时,货币工资趋向上升,当失业率较高时,货币工资趋向下降。用失业率 u 作横坐标,$\frac{\Delta W}{W}$ 作纵坐标,可作出菲利普斯曲线,如图 6-8 所示。

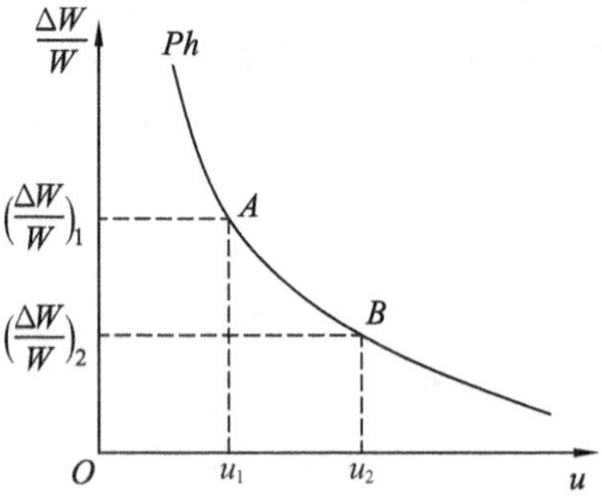

图 6-8　菲利普斯曲线

菲利普斯曲线经后凯恩斯主义主流学派的萨缪尔森等人的改造,工资变动率变成通货膨胀率 π。萨缪尔森认为,经过他们改造后的菲利普斯曲线,可以阐明失业与通货膨胀之间的交替关系。经过改造的菲利普斯曲线如图 6-9 所示。本章以后所提到的菲利普斯曲线,其含义都是改造过的菲利普斯曲线。菲利普斯曲线是揭示通货膨胀率与失业率之间存在着替换关系的曲线:低水平的失业率,伴随着高水平的通货膨胀率;反之,低水平的通货膨胀率,对应着高水平的失业率。

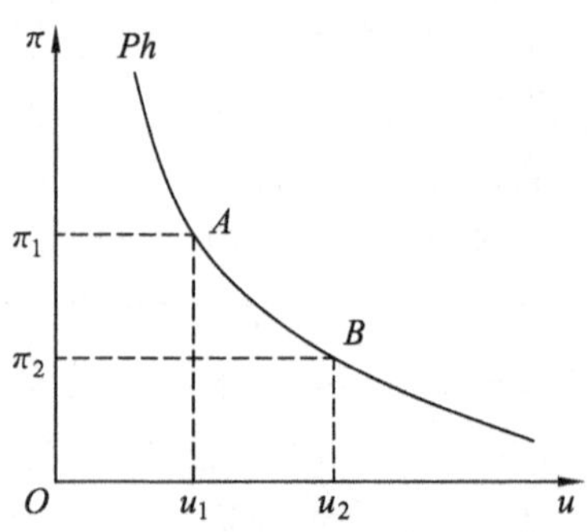

图 6-9　改造后的菲利普斯曲线

（2）菲利普斯曲线的移动

第一，菲利普斯曲线上点的移动。在同一条菲利普斯曲线上，存在着点的移动，每次移动都是失业率与通货膨胀率的新组合。当在菲利普斯曲线上选取高失业率时，菲利普斯曲线上的点就在同一条菲利普斯曲线上向右下方移动，于是就有更低的通货膨胀率与之搭配。反之，选取低失业率，就有高通货膨胀率与之搭配。菲利普斯曲线上点的移动，反映的是假定没有通货膨胀预期的条件下出现的失业率与通货膨胀率的交替关系。

第二，菲利普斯曲线的移动。当人们对通货膨胀率具有一定预期后，就会出现如下情况：在失业率相同时，存在着比原来的菲利普斯曲线更高的通货膨胀率。或者说，在通货膨胀率相同时，存在着更高的失业率。于是，菲利普斯曲线就由原来的菲利普斯曲线 Ph_1 沿着通货膨胀率提高的方向向上移动，形成一条新的菲利普斯曲线 Ph_2。依此类推，还可以形成代表更高通货膨胀率的菲利普斯曲线 Ph_3，如图 6-10 所示。

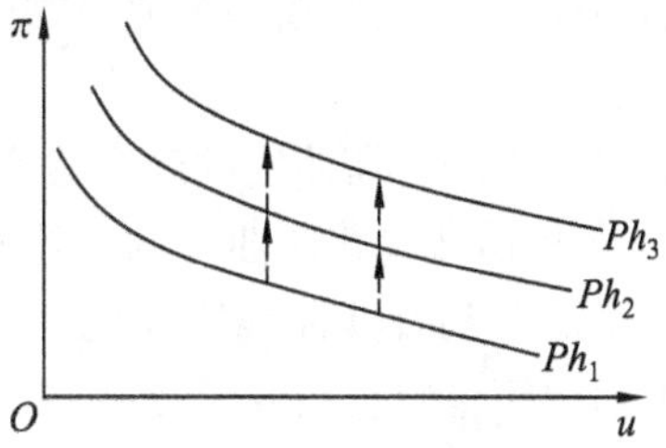

图 6-10　菲利普斯曲线的移动

（3）短期菲利普斯曲线与长期菲利普斯曲线

① 自然率假说和菲利普斯曲线的划分

货币主义者提出了自然率假说。所谓自然率就是自然失业率，是指没有货币干扰、劳动市场和产品市场处于均衡时的失业率。所以，自然失业率也被定义为是能使价格和工资膨胀的向上及向下的力量处于平衡状态的失业率。当处于自然失业率时，通货膨胀率是稳定的，不会呈现出逐渐加剧或者下降的趋势。货币主义者认为，自然失业率取决于实际的经济因素，与货币因素无关。货币主义者根据失业率是否稳定在自然失业率的状况，把菲利普斯曲线划分为短期菲利普斯曲线和长期菲利普斯曲线。

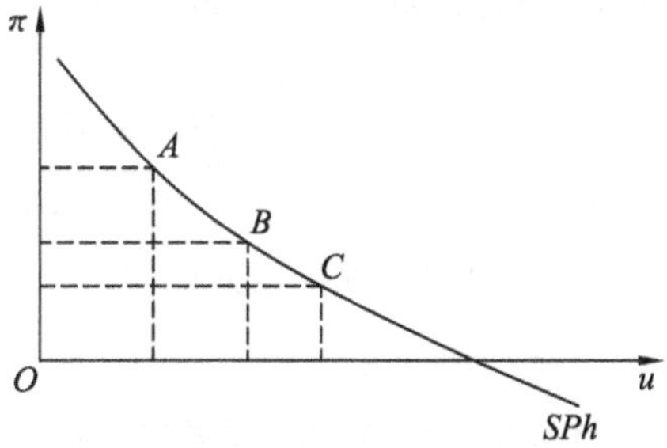

图 6-11　短期的菲利普斯曲线

② 短期菲利普斯曲线

短期菲利普斯曲线是可以围绕自然失业率上下波动的菲利普斯曲线，其典型的特征是存在着通货膨胀与失业的替代关系。如图 6-11 所示，短期菲利普斯曲线 *SPh* 上有三个点 *A*，*B*，*C*，如果 *B* 点的失业率是自然失业率，那么 *A* 点的失业率小于自然失业率，*C* 点的失业率大于自然失业率。

③ 长期菲利普斯曲线

长期菲利普斯曲线是一条垂直于横轴的直线，表示在长期中不存在通货膨胀与失业的替代关系。长期菲利普斯曲线是由短期菲利普斯曲线的移动形成的，如图 6-12 所示。

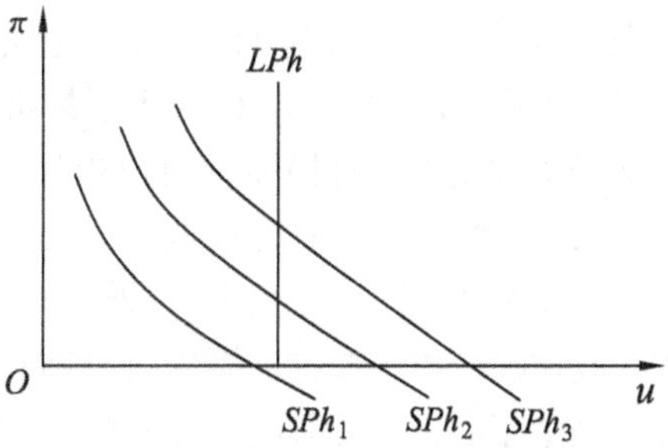

图 6-12　垂直的长期菲利普斯曲线

短期菲利普斯曲线的移动受人们对通货膨

胀的预期的影响。在通货膨胀率预期形成后,当失业率低于自然失业率时,现实使工人坚信通货膨胀会持续下去,于是要求提高工资,当工资增加后推动了物价上升,使菲利普斯曲线向上移动。之后,尽管失业率增加到自然失业率的水平,但通货膨胀率仍然停留在通货膨胀预期的水平上。随着对通货膨胀预期的提高,在失业率为自然失业率时的通货膨胀率也相继提高。因此,长期菲利普斯曲线是垂直的,它不存在通货膨胀与失业的替代关系。政府减少失业、刺激就业的通货膨胀政策,在短期内是有效的,但在长期中,由于人们理性预期的存在,政策就难以发挥作用。实行通货膨胀的结果是物价不断上升,但失业并不会减少。

(4) 菲利普斯曲线的政策含义

① 短期菲利普斯曲线的政策含义

短期菲利普斯曲线隐含的假定条件是实际产出小于潜在的产出,因此,政府实行扩大需求的政策虽然会引起通货膨胀,但却可以增加产出,降低失业率。也就是说,要想减少失业,就采取通货膨胀的政策。反之,要想降低通货膨胀率,就应使失业增加。

② 长期菲利普斯曲线的政策含义

在长期中,政府连续实行扩大需求的政策,会使实际产出与潜在产出的差距越来越小,最终等于零,这时增加货币投放来刺激需求,并不能提高总产出和降低失业率,而只是刺激通货膨胀率的上升。长期菲利普斯曲线的政策含义是:要想使刺激需求的政策产生积极效应,就必须提高供给和潜在产出能力。

6.3 经济波动与周期

现代宏观经济理论把经济周期作为以国民收入为中心的经济活动的短期周期性波动。经济周期理论是国民收入决定理论的动态化。

6.3.1 经济周期的基本知识

(1) 经济周期的含义

经济周期是经济活动水平(通常以国民收入来代表)的一种波动,它形成一种规律性的模式,即先是经济活动的扩展,随后是收缩,接着是进一步扩张。当经济扩张让位于衰退,国民收入、就业和生产下降,价格与利润跌落,工人失业。当最终到达最低点以后,复苏开始出现。复苏可以是缓慢的,也可以是快速的。新的高涨可以表现为长期持续的旺盛的需求、充足的就业机会以及增长的生活标准,也可以表现为短暂的价格膨胀和投机活动。

从经济周期的这种描述中可以看出,经济周期就是国民收入及经济活动的周期性波动。经济学家在解释这一现象时强调:第一,经济周期的中心是国民收入的波动,由于这种波动而引起了失业率、物价水平、利率、对外贸易等活动的波动。所以,研究经济周期的关键是研究国民收入波动的规律与根源。第二,经济周期是经济中不可避免的波动。第三,虽然每次经济周期并不完全相同,但它们却有共同之点,即每个周期都是繁荣与萧条的交替。

(2) 经济周期的阶段

经济周期可以分为两个大的阶段:扩张阶段与收缩阶段。收缩阶段常常短于扩张阶段,其振幅可能是收敛性的、发散性的或稳定性的。如果更细一些,则把经济周期分为四个阶段:繁荣、衰退、萧条、复苏。其中繁荣与萧条是两个主要阶段,衰退与复苏是两个过渡性阶段。

繁荣阶段是国民收入与经济活动高于正常水平的一个阶段。其特征为生产迅速增加,投资增加,信用扩张,价格水平上升,就业增加,公众对未来乐观。繁荣的最高点称为顶峰,这时就业与产量水平达到最高,但股票与商品的价格开始下跌,存货水平高,公众的情绪正由乐观转为悲观。这是繁荣的极盛时期,也是由繁荣转向衰退的开始,顶峰一般为 1 ~2 个月。

萧条阶段是国民收入与经济活动低于正常水平的一个阶段。其特征为生产急剧减少,投资减少,信用紧缩,价格水平下跌,失业严重,公众对未来悲观。萧条的最低点称为谷底,这时就业与产量跌至最低,但股票与商品的价格开始回升,存货减少,公众的情绪正由悲观转为乐观。这是萧条的最严重时期,也是由萧条转向复苏的开始。谷底一般为 1 ~2 个月。

衰退阶段是从繁荣到萧条的过渡时期,这时经济开始从顶峰下降,但仍未低于正常水平。

复苏阶段是从萧条到繁荣的过渡时期,这时经济开始从谷底回升,但仍未达到正常水平。

(3) 经济周期的分类

经济学家根据一个经济周期时间的长短,把经济周期分为不同的类型。

① 朱格拉周期:中周期。世界上第一次生产过剩性危机于 1825 年发生于英国,以后经济学家就注意并研究了这一问题。但是,他们大多把危机作为一种独立的事件来研究。1860 年,法国经济学家朱格拉在他的《论法国、英国和美国的商业危机及其发生周期》一书中提出,危机或恐慌并不是一种独立的现象,而是经济中周期性波动的三个连续阶段(繁荣、危机、清算)中的一个。这三个阶段反复出现形成周期现象。他对较长时期的工业经济周期进行了研究,并根据生产、就业人数、物价等指标,确定了经济中平均每一个周期为 9 ~10 年。这就是中周期,又称为朱格拉周期。美国经济学家汉森把这种周期称为“主要经济周期”,并根据统计资料计算出美国 1795—1937 年间共有 17 个这样的周期,其平均长度为 8. 35 年。

② 基钦周期:短周期。1923 年,英国经济学家基钦在《经济因素中的周期与趋势》中研究了 1890—1922 年间英国与美国的物价、银行结算、利率等指标,认为经济周期实际上有主要周期与次要周期两种。主要周期即中周期,次要周期为 3 ~4 年一次的短周期,又称基钦周期。汉森根据统计资料计算出美国 1807—1937 年间共有 37 个这样的周期,平均长度为 3. 51 年。

③ 康德拉季耶夫周期:长周期或长波。1925 年,俄国经济学家康德拉季耶夫在《经济生活中的长期波动》中研究了美国、英国、法国和其他一些国家长期的时间序列资料,认为资本主义社会有一种为期 50 ~60 年、平均长度为 54 年左右的长期波动。这就是长周期,又称康德拉季耶夫周期。

康德拉季耶夫根据对美国、英国、法国一百多年内批发物价指数、利率、工资率、对外贸易量、煤铁产量与消耗量等数据变动的分析,认为从 18 世纪末期以后,这些国家经历了三个长周期。第一个长周期从 1789 年到 1849 年,上升部分 25 年,下降部分 35 年,共 60 年。第二个长周期从 1849 年到 1896 年,上升部分为 24 年,下降部分为 23 年,共 47 年。第三个周期从 1896 年起,上升部分为 24 年,1920 年以后进入下降时期。

对长周期现象有不同的解释。有的经济学家认为这是一种长期积累的变动。有的经济学家认为是由战争引起的,与政府在繁荣时期的大量军费开支有关。也有的经济学家认为,长周期仅仅是一种价格现象,而不是产量现象。现在有许多经济学家仍然重视对长周期的研究,称之为长波理论。

④ 库兹涅茨周期:另一种长周期。1930 年,美国经济学家库兹涅茨在《生产和价格的长期运动》中提出了存在一种与房屋建筑业相关的经济周期,这种周期长度在 15 ~ 25 年之间,平均长度为 20 年左右。这也是一种长周期,被称为库兹涅茨周期,或建筑业周期。

库兹涅茨主要研究了美国、英国、德国、法国、比利时等国从 19 世纪初叶或中叶到 20 世纪初叶 60 种工农业主要产品的产量和 35 种工农业主要产品的价格变动的长期时间数列资料。他剔除了其间短周期与中周期的变动,着重分析了有关数列资料中反映出的长期消长过程,提出在主要工业国家存在着长度从 15 年到 25 年不等、平均长度为 20 年的长周期。这种周期与人口增长而引起的建筑业增长与衰退相关,是由建筑业的周期性变动引起的。而且,在工业国家中产量增长呈现出渐减的趋势。库兹涅茨提出的长周期受到了经济学界的重视。

⑤ 熊彼特周期:一种综合。奥地利经济学家熊彼特在 1939 年出版的《经济周期》第一卷中,对朱格拉周期、基钦周期和康德拉季耶夫周期进行了综合分析。

熊彼特认为,每一个长周期包括 6 个中周期,每一个中周期包括 3 个短周期。短周期约为 40 个月,中周期约为 9 ~ 10 年,长周期为 48 ~ 60 年。他以重大创新为标志,划分了三个长周期。第一个长周期从 18 世纪 80 年代到 1842 年,是“产业革命时期”,第二个长周期从 1842 年到 1897 年,是“蒸汽和钢铁时期”,第三个长周期是 1897 年以后,是“电气、化学和汽车时期”。在每个长周期中仍有中等创新所引起的波动,这就形成若干个中周期。在每个中周期中还有小创新所引起的波动,这就形成若干个短周期。

(4) 经济周期的特征

根据现代经济学家的争论,要对经济周期有一个比较完整的理解,必须把握经济周期的以下特征。经济周期被定义为总体经济活动的波动,而不是某一个具体的经济变量的波动,如实际 *GDP*。尽管实际 *GDP* 是测度总体经济活动最近似的单个指标,但是,经济活动的其他指标如就业、价格水平和金融市场变量,对理解经济周期也是非常重要的。典型的经济周期如图 6-13 所示。

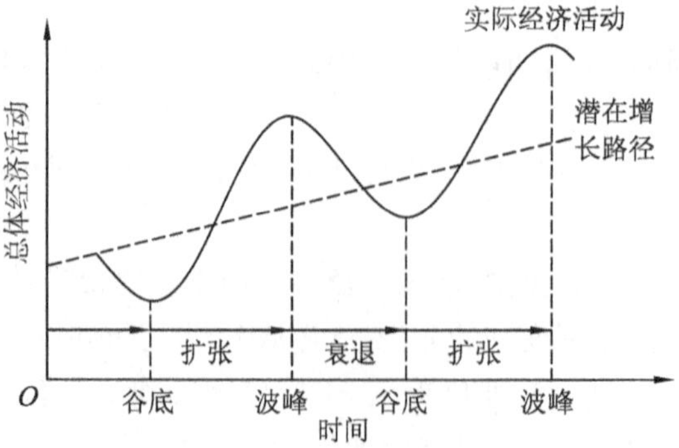

图 6-13　经济周期的四个阶段

图 6-13 中虚线表示总体经济总是处于充分就业时的潜在国民产出的增长路径，实线表示实际经济活动的上升和下降。总体经济活动的下降称为衰退，如果下降比较严重，就称为萧条。总体经济活动的上升称为扩张。经济周期两个阶段相互交替的转折点，分别称为波峰和谷底。在经济到达波峰之后，经济开始下降；在经济到达谷底之后，经济开始增长。一般地，我们把总体经济从一个谷底到下一个谷底的时间内所经历的扩张和紧随其后的衰退，或者，总体经济从一个波峰到下一个波峰的时间内所经历的衰退和紧随其后的扩张，称为一个经济周期。

经济周期是指总体经济活动的波动，并不是指几个部门或仅仅几个经济变量的波动，相反，扩张或衰退总是同时在许多经济活动中发生。因此，要完整地反映整个经济的活动周期，就必须包括较多的经济指标。尽管在经济中，一些产业或行业对经济周期较其他产业或行业更为敏感，但是在许多产业，产出和就业都倾向于在衰退期下降，在扩张期增加。其他变量，如价格水平、政府支出、投资、市场利率等变量，在经济周期中一般也具有一定的规律性。

经济学家常常将经济周期称为"经济循环"，因为按照严格的定义，周期是指有规律的、可预测的现象或事件发生的时间间隔，或者说固定的时间长度。而我们定义的经济周期，并非周期性发生，即不是按照某一规律或某一时间间隔发生的，也并不总是持续一个固定的时间长度。但是，经济周期却是循环发生的，它总是按照"扩张—波峰—衰退—谷底"这一标准形态周而复始地出现。因此，我们可以说经济周期实际上并不具有周期性，但具有循环性。

经济周期的时间长短存在着较大的差别，有的经济周期可能不到一年，有的则长达几年甚至数十年。但是，一旦经济衰退产生，总体经济将维持衰退一段时期，或者一年或者时间更长，类似地，一旦扩张开始，经济倾向于持续一段时期。这种衰退之后的进一步衰退的倾向，以及增长之后进一步增长的倾向，被称为经济周期的持续性。

6.3.2 经济周期与宏观经济指标

在实际经济中，不可能有两个完全一样的经济周期。但尽管如此，绝大多数经济周期仍然有一些共同特征。经济学家不能准确地预测经济周期，但是，通过对经济周期中宏观经济变量的一致性行为的研究，诺贝尔经济学奖得主、芝加哥大学的罗伯特·卢卡斯教授认为，经济周期都是相似的，或者说，经济周期都有许多共同特征。本节将研究宏观经济变量在经济周期中的一致性。

(1) 宏观经济指标的循环性：方向与时机

宏观经济指标循环行为的第一个特征是方向（Direction），即相对于总体经济活动宏观经济指标变动的方向。如果一个经济变量的变化与总体经济活动波动的方向一致，即在经济扩张时上升，在衰退时下降，那么，该指标是顺周期的（Procyclical）；如果经济变量变动方向与总体经济活动波动方向相反，即在衰退时上升，在扩张时下降，则该指标是逆周期的（Counter cyclical）；如果经济变量在经济周期中没有特定的变化，则该指标是反周期的（Anticyclical）。

第二个特征是时机（Timing），即相对于经济周期转折点，经济变量位于转折点（波峰和谷底）的时间选择。在对经济周期的长期研究中，人们发现，经济指标与实际经济活动的波动并不同步。一些宏观经济变量往往先于总体经济活动的变化而变化，这些变量的波峰和谷底一般出现在经济周期的波峰和谷底之前，这些变量一般被称为先行变量(Leading Variable)。另一些宏观经济变量往往迟于总体经济活动的变化而变化，这些经济变量的波峰和谷底一般出现在经济周期的波峰和谷底之后，这些变量被称为滞后变量(Lagging Variable)。还有一些经济变量与总体经济活动变化一致，其波峰和谷底几乎总是与相应经济周期的波峰和谷底同时出现，这些变量一般被称为一致变量(Coincident Variable)。

那些总是领先于经济周期变动的经济变量，可以用来对未来的经济周期进行预测。在美国，经济学家一般用领先指示器指标(The Index of Leading Indicator)来预测未来的宏观经济活动。

领先指示器指标是由生产或制造部门的工人平均每周工作小时数、失业保险每周平均初始申请数、供货方推迟交货指标、消费品和原料行业企业的新订单价值、非国防资本品行业企业的新订单价值、获得批准的私人房屋建筑数量指标、500 种普通股股票价格指标、M_2 货币供应量、10 年期国债与联邦基金的利率差、消费者预期指标共计 10 个先行指标加权构成的。

(2) 经济周期与产出缺口

如图 6-13 所示，在经济周期的波峰，相对于潜在的经济增长趋势，经济活动处于高涨状态；在经济周期的谷底，经济活动达到最低点。图 6-13 中的虚线表示经济产出的潜在增长路径。潜在增长路径是指当生产要素被充分利用时经济总产出所经历的过程。经济总产出(一般用 *GDP* 表示)的变动主要有两个原因：一是生产所需资源的增加，如人口规模增加，企业获得的可用于生产的资产(机器、设备和厂房)增加，知识存量增加，以及土地改良、新产品和新技术被发明利用，使得经济可以生产更多的商品和服务，总产出呈现上升的趋势；二是生产要素的充分利用，当劳动处于充分就业、资本得到充分利用时，即使资源数量保持不变，总产出也将处于上升趋势。但是，产量并不总是处于其潜在的产出水平或现有资源的充分利用水平，总产出一般围绕其潜在产出水平波动。在扩张时期，生产要素的利用程度提高，工人加班加点工作，机器设备满负荷运转，总产量可能超过潜在的产出水平。相反，当经济处于衰退时期，由于失业增加，机器设备闲置，社会资源的生产能力没有得到充分利用，总产量将少于现有资源与技术实际能生产的水平。图 6-13 中的波浪式曲线显示出产量的周期性偏离趋势，这种偏离趋势被称为产出缺口。

$$产出缺口 = 潜在产出 - 实际产出$$

产出缺口度量了实际产量与经济中现有资源充分利用所能生产的产量之间的差额。

(3) 经济周期与通货膨胀

从历史经验看，当经济处于衰退期时，通货膨胀率一般呈下降趋势，严重时甚至会出现负数，也就是出现通货紧缩；当经济处于扩张期时，经济常常伴随着通货膨胀率的上升。可以说，在多数情况下，通货膨胀与经济周期的走势是相吻合的，并且通货膨胀的波动往往比经济周期的波动更为剧烈。

从通货膨胀与经济周期的关系看，通货膨胀是顺周期的经济变量，但是与经济周期并不是严格同步，经常是存在一个时滞：通货膨胀率在经济扩张期上升，并且在经济周期达到波峰之后才达到其最高点；在经济衰退期通货膨胀率下降，并且在经济周期达到谷底之后才达到其最低点。

通货膨胀是一个重要的宏观经济问题。但是,通货膨胀的代价显然比失业的代价小。在失业的情况下,潜在产量得不到充分利用,广大居民的生活水平下降,社会福利总水平将明显下降。在通货膨胀情况下,并没有明显的产量下降损失。但事实证明,通货膨胀破坏了各经济主体所熟知的价格关系,并降低了价格系统的效率。

(4) 经济周期与失业率

劳动力市场的波动是经济周期研究的一个重要内容。在经济周期的衰退期,就业一般增长较慢甚至下降,失业率通常处于上升状态。在扩张期,失业率则会下降。在经济周期的波峰,失业率一般保持在最低水平,在谷底时的失业率则达到其最高水平。从美国经济的历史表现来看,在大萧条和 OPEC 石油危机期间,失业率均创出阶段性高点,而在第二次世界大战期间由于政府战争支出的大幅增加,失业率达到一个显著的低点。

(5) 经济周期与股票价格

金融变量如股票价格、名义利率等,对经济周期是较为敏感的。同失业率、通货膨胀相比,股票价格与经济周期的吻合性稍显逊色。从总体上说,股票价格能够基本反映经济周期的变化,并且常常由于其领先于经济活动的变化,因而具有一定的预测性。股票价格一般在经济扩张时期呈上升趋势,在经济衰退之前就开始下跌。因此,股票价格常常被认为是国民经济的晴雨表。

为什么股票价格和经济活动会同时波动?原因之一是由于托宾 q 理论和总需求—总供给模型共同给定的。由于资本的重置成本是较为稳定的,所以股票价格下跌往往与 q 下降有关,q 的下降反映了投资者对资本现期或未来的获利能力感到悲观,这将引起投资减少,相应的又会引起产出和就业下降。原因之二是当股票成为经济主体的一部分财富时,股票价格的下跌使经济主体财富减少,从而消费者减少了消费支出,降低了总需求。原因之三是股票价格下跌也反映了有关技术进步和长期经济增长的坏消息,消费者和投资者的信心将影响未来总需求的增加,使总产出增加较慢。

但是,股票市场并不总是表现出领先总体经济活动的特色,有时会与经济活动的发展方向产生偏差。其中的重要原因是经济主体无法总是正确地预测经济发展的前景,股票价格是由人们对公司利润的预期决定的,而预期利润又取决于整体经济状况,因此,股票价格的最终决定因素是对未来经济情况的预期,而预期总是有偏差的。所以股票市场的变动不能作为预测经济周期的完全可靠的风向标,只能作为一种重要的参考指标。

6.3.3 经济周期理论

(1) 凯恩斯主义形成之前的主要经济周期理论

① 外生经济周期理论与内生经济周期理论

外生经济周期理论认为,经济周期的根源在于经济之外的某些因素的变动。例如,创新理论认为是创新引起了经济周期性波动。太阳黑子理论认为是太阳黑子的变化影响了农业生产与整个经济而引起了经济周期性波动。非货币投资过度理论认为是新领土开拓、技术发明或人口增加等所引起的投资过度导致了经济周期性波动。政治性周期理论则认为政府出于政治目的(如选举等),周期性地制止爬行的通货膨胀或用通货膨胀来消灭失业引起了经济周期性波动。此外,还有用战争、革命、移民、偶然事件等来解释经济周期的。这些理论并不否认经济中内在因素(如投资等)的重要性,但它们强调引起这些因素变动的根本原因在经济体系之外,而且这些外生因素本身并不受经济因素的影响。

内生经济周期理论侧重于在经济体系之内寻找经济周期自发运动的原因。这种理论并不否认外生因素对经济的冲击作用,但强调经济中这种周期性的波动是经济体系内的因素引起的。因此,每一次繁荣都为下一次萧条创造了条件。这些经济体系内的因素自发地运动就引起了周期性波动。例如,货币理论认为,经济周期是由于银行货币与信用交替地扩大与紧缩所引起的,而这种货币与信用的运动,又是一个经济本身所形成的自发过程。货币投资过度理论认为,是过度的投资引起了繁荣与萧条的交替,而投资过度的根源又在于货币与信用的扩张。心理理论认为,人的乐观或悲观的预期是周期性波动的原因,而引起这种心理预期变动的则是经济因素。消费理论则把经济周期,特别是生产过剩性危机的发生,归因于收入分配不平等而造成的消费不足。

② 纯货币周期理论

英国经济学家霍特里用货币因素来解释经济周期的理论,属于内生经济周期理论。这种理论认为,经济周期是一种纯货币现象。经济中周期性的波动完全是由于银行体系交替地扩大和紧缩信用所造成的。在发达的资本主义社会,流通工具主要是银行信用。商人运用的资本主要来自银行信用。当银行体系降低利率,扩大信用时,商人就会向银行增加借款,从而增加向生产者的订货。这样就引起生产的扩张和收入的增加,而收入的增加又引起对商品需求的增加和物价上升,经济活动继续扩大,经济进入繁荣阶段。但是,银行扩大信用的能力并不是无限的。当银行体系被迫停止信用扩张,转而紧缩信用时,商人得不到贷款,就减少订货,由此出现生产过剩的危机,经济进入萧条阶段。在萧条时期,资金逐渐回到银行,银行可以通过某些途径来扩大信用,促进经济复苏。根据这一理论,其他非货币因素也会引起局部的萧条,但只有货币因素才能引起普遍的萧条。许多经济学家认为,货币在现代经济中是非常重要的,货币量的变动(即信用的扩大与缩小)对经济周期也有相当大的影响,但把引起经济周期的原因完全归结为货币并不符合实际情况。

③ 投资过度周期理论

投资过度周期理论也是一种用生产资料的投资过多来解释经济周期的理论。这种理论认为,无论是什么原因引起了投资的增加,这种增加都会引起经济繁荣。这种繁荣首先表现在对投资品(即生产资料)需求的增加以及投资品价格的上升上。这就更加刺激了对资本品的投资。资本品的生产过度发展引起了消费品生产的减少,从而形成经济结构的失衡。而资本品生产过多必将引起资本品过剩,于是出现生产过剩危机,经济进入萧条。持这种观点的经济学家对最初引起投资增加的原因有不同的解释。奥地利经济学家哈耶克和密塞斯等人认为是货币量的增加引起投资增加。他们用货币因素来说明经济结构的失调,以及由此所引起的经济波动,被称为货币投资过度理论。这种理论属于内生经济周期理论。瑞典经济学家卡塞尔、维克塞尔和德国经济学家斯皮托夫等人认为是新发明、新发现、新市场开辟等因素引起了投资增加。他们用非经济因素(技术、领土、人口等)来说明经济结构的失调,以及由此所引起的经济波动,被称为非货币投资过度理论。这种理论属于外生经济周期理论。

④ 创新周期理论

创新周期理论是熊彼特提出的一种用技术创新来解释经济周期的理论,属于外生经济周期理论。创新是指对生产要素的重新组合,例如,采用新的生产技术、新的企业组织形式,开辟新产品、新市场等。这种理论首先用创新来解释繁荣和衰退,即创新提高了生产效率,为创新者带来了盈利,引起其他企业效仿,进而形成创新浪潮。创新浪潮使银行信用扩大、对资本品的需求增加,引起经济繁荣。随着创新的普及,盈利机会逐渐消失,银行信用紧缩,对资本品的需求减少,这就引起经济衰退。直至另一次创新出现,经济才会再次繁荣。

但经济周期实际上包括繁荣、衰退、萧条、复苏四个阶段,比创新周期理论多出了萧条和复苏两个阶段。这种理论用创新引起的"第二次浪潮"来解释。在第一次浪潮中,创新引起了对资本品需求的扩大和银行信用的扩张。这就促进了生产资本品的部门扩张,进而又促进了生产消费品的部门扩张,这种扩张引起物价普遍上升,投资机会增加,也出现了投机活动,从而产生了第二次浪潮,它是第一次浪潮的反应。然而,这两次浪潮有着重大的区别,第二次浪潮中许多投资机会与本部门的创新无关。这样,在第二次浪潮中包含了失误和过度投资行为。这就在衰退之后出现了另一个失衡的阶段——萧条。萧条发生后,第二次浪潮的反应逐渐消除,经济转向复苏。要使经济从复苏进入繁荣还有待于新的创新出现。

熊彼特根据这种理论解释了长周期、中周期与短周期。他认为,重大的技术创新(例如蒸汽机、炼钢、汽车制造等)对经济有长期的影响,这些创新所引起的繁荣时间长,繁荣之后的衰退时间也长,从而所引起的经济周期就长,形成了长周期,中等创新所引起的经济繁荣及随之而来的衰退则形成中周期。那些不很重要的小创新则只能引起短周期。

以上这些理论从不同的角度分析了经济周期的原因,解释了经济周期中的某些现象,但还没有哪一种理论能作出令人完全满意的解释。

(2)凯恩斯主义的经济周期理论

凯恩斯对经济周期波动的解释归结为《通论》中提出的边际消费倾向、资本边际效率、流动性偏好因素,这些因素导致了人们消费需求、投资需求的降低,从而使得有效需求不足,导致了短期中出现衰退。在经济周期的扩张阶段,人们受盲目乐观情绪支配,往往过高地估计了产品的需求、价格和利润。并且由于人们之间互相影响,某企业经营者因对未来的乐观预期而增加与他有关联的货物和服务的需求,就会带动其他企业经营者也相应增加需求,从而导致过多的投资。然而,扩张导致资本品需求增加,资本品价格上升,从而资本边际效率下降。而且,随着收入上升,货币需求增加,提高了利率,使一些项目不能获利,这些因素对投资的扩张产生了向下的压力。随着经济转而向下滑动,悲观情绪蔓延,股票价格也将下降,人们财富的减少又导致了自发消费的下降,厂商积压了过多的存货从而缩减生产。在乘数机制的作用下,萧条不可避免地出现了。

凯恩斯主义宏观经济学以国民收入决定理论为中心,所以,就把经济周期理论作为国民收入决定理论的动态化。凯恩斯主义学派的经济周期理论有这样几个特征。

第一,国民收入的水平取决于总需求,因而引起国民收入波动的主要原因仍在于总需求。以总需求分析为中心是凯恩斯主义经济周期理论的特征之一。

第二,在总需求中,消费占的比例相当大,但根据现代经济学家的理论与经验研究,消费在长期中是相当稳定的。消费中的短期变动,尤其是耐用品的消费变动,对经济周期也有影响,但并不是主要原因。政府支出是一种可以人为控制的因素,净出口所占的比例很小。这样,经济周期的原因就在于投资的变动。所以说,凯恩斯主义经济周期理论是以投资分析为中心的,都是要分析投资变动的原因及其对经济周期的影响。

凯恩斯主义的经济周期理论是由各经济学家从凯恩斯关于国民收入决定的分析出发的,但各自分析的方法与角度不同,结论也不同。例如,英国经济学家卡尔多从凯恩斯的储蓄—投资关系出发,分析了事前投资、事后投资、事先储蓄和事后储蓄之间的差异如何引起经济周期的,美国经济学家萨缪尔森的乘数—加速原理相互作用理论则分析了投资与产量之间的相互关系如何引起周期性波动,等等。

① 加速原理

在国民经济中,投资与国民收入是相互影响的。乘数原理说明了投资变动对国民收入变动的影响,而加速原理要说明国民收入变动对投资变动的影响。所以说,加速原理是论证投资取决于国民收入(或产量)变动率的理论,可用公式(6-6)来说明。

$$I_t = I_0 + D = a(Y_t - Y_{t-1}) + D \tag{6-6}$$

在式(6-6)中,I_t 代表总投资,包括净投资(即新增加的投资 I_0)和重置投资(即折旧 D)。净投资 I_0 取决于加速系数 a 和本期收入 Y_t 与上期收入 Y_{t-1}的差异。加速系数指产量增加一定量所需要增加的净投资量,即净投资量与产量增加量之比,它反映了社会的生产技术水平。例如,如果在一定的生产技术水平之下,增加 100 万元的产量需要增加的净投资为 200 万元,则加速系数为 2。与加速系数相关的另一个概念是资本—产量比率,即生产一单位产量所需要的资本量,或者资本量与产量之比。在技术不变的条件下,加速系数与资本—产量比率的数值是相同的。

为了进一步说明加速原理的含义,可以举一个例子说明。设 $a=2$(资本—产量比率亦为 2),折旧率为 10%,则可以作出下面的加速原理举例表。

表 6-1　加速原理

年序	产量	资本量	净投资	重置投资	总投资
1	100	200		20	20
2	120	240	40	24	64
3	140	280	40	28	68
4	160	320	40	32	72
5	160	320	0	32	32
6	150	300	-20	30	10

根据表 6-1,可以说明加速原理的基本含义:第一,投资是产量变动率的函数,而不是产量变动绝对量的函数。这也就是说,投资的变动取决于产量变动率,而不是产量变动量。第二,投资的变动大于产量的变动。当产量增加时,投资的增加率大于产量的增长率(在表 6-1 中,从第 1 年到第 2 年,产量增加 20%,而总投资增加 220%)。当产量减少时,投资的减少也大于产量减少(在表 6-1 中,从第 5 年到第 6 年,产量减少 6.25%,而总投资减少 68.75%),这就是加速的含义。投资的变动大于产量的变动是因为现代生产是一种“迂廻生产”,即采用了大量的机器设备,这样,在开始时必然引起大量的投资。同样,在产量减少时,投资也会减少得更多。加速原理所反映的正是这种现代化大生产的特点。第三,要使

投资增长率保持不变，产量就必须维持一定的增长水平（在表 6-1 中，要使净投资不变，第 2 年到第 3 年和第 3 年到第 4 年，产量的增长率应分别为 17% 和 14%）。如果产量维持原水平，投资一定会下降（在表 6-1 中，从第 4 年到第 5 年，产量没变，总投资减少了 56%）。这说明经济发展到一定阶段时，要再实现高增长率就是一件困难的事。

总之，加速原理说明了产量（即国民收入）水平的变动是影响投资水平变动的重要因素。还应该指出两点：其一，影响投资的因素不仅有产量，还有诸如资本家的预期、风险、投资成本、利息率、技术进步等。加速原理没有考虑这些因素，它实际是在假定这些因素不变的条件下，分析产量对投资的影响。其二，加速原理只适用于设备得到充分利用的情况，如果设备没有得到充分利用，则加速原理无法发挥作用。

② 乘数—加速模型的含义

第一，在经济中，投资、国民收入、消费相互影响，相互调节。如果政府支出为既定（即政府不干预经济），只靠经济本身的力量自发调节，那么，就会形成经济周期。周期中各阶段的出现，正是乘数与加速原理相互作用的结果。而在这种自发调节中，投资是关键，经济周期主要是由投资引起的。第二，乘数与加速原理相互作用引起经济周期的具体过程是，投资增加引起产量的更大增加，产量的更大增加又引起投资的更大增加，这样，经济就会出现繁荣。然而，产量达到一定水平后，由于社会需求与资源的限制无法再增加，这时就会由于加速原理的作用使投资减少，投资的减少又会由于乘数的作用使产量继续减少。这两者的共同作用使经济进入萧条。萧条持续一定时期后，由于产量回升又使投资增加、产量再增加，从而经济进入另一次繁荣。正是由于乘数与加速原理的共同作用，经济中就形成了由繁荣到萧条，又由萧条到繁荣的周期性运动。第三，政府可以通过干预经济的政策来减轻经济周期的波动。如果政府运用经济政策改变这些变量，则经济周期的波动可以减轻，甚至消除。

（3）货币主义对经济周期波动的解释

从 20 世纪 30 年代到 60 年代，凯恩斯主义的观点一直占据主导地位。凯恩斯认为不稳定的自发消费和投资支出是经济周期出现的主要原因，因而，凯恩斯的追随者们把注意力集中于控制总需求上。这种观点是通过逆经济方向的需求管理政策来熨平经济波动，努力维持经济稳定。繁荣时，通过增加税收或减少政府购买给经济降温；衰退时，通过减少税收或增加政府开支拉动经济复苏。理想状态下，相机抉择的宏观政策如果在合适的时机采取，则可以稳定总需求，保持充分就业，消除周期波动。然而在 20 世纪 60 年代，凯恩斯主义受到了以弗里德曼为代表的货币主义学派的批判。经济周期理论得到进一步发展，由原来的利用政策熨平波动转到寻找周期波动的原因。

在对经济周期的解释上，货币学派和凯恩斯主义一致认为总需求的不稳定是经济周期产生的主要原因，分歧在于货币学派认为总需求不稳定是货币供给的不稳定造成的，将经济的周期波动完全或主要归结为货币数量的变动。弗里德曼与施瓦茨的研究成果表明，在长期中，经济系统是内在稳定、趋向充分就业的，价格的调整最终会使产出重返自然率水平；然而，在短期中，由于人们具有货币幻觉，货币当局政策的不稳定导致了总需求波动，从而引起了经济的不稳定，实际产出与充分就业产出水平出现偏离。这和早期经济学家强调的货币中性不同，货币学派认为货币中性只在长期中存在，在短期中货币供给的变化导致总需求的波动进而影响了产出水平。

货币学派主张按照单一规则(Simple Rule)制定货币政策,避免中央银行为了减轻衰退或政治目的而任意、频繁地改变货币政策。他们认为,由于经济政策发挥效应存在时滞,相机抉择的货币政策与财政政策不但不会减轻经济波动,反而有可能加剧波动。而且,财政政策还具有挤出效应,政府投资将会减少更有效率的私人投资,造成资源浪费。因此,类似于古典学派的主张,货币学派主张自由放任。货币学派提出的一些重要理论和观点被20世纪70年代兴起的理性预期学派吸收并加以拓展。

(4) 理性预期和实际经济周期理论

理性预期学派批判凯恩斯主义经济学没有微观基础,前者继承了古典主义的市场出清、经济当事人追求利益最大化的假设,并引入理性预期,即经济主体根据当前可利用的一切信息形成对某个经济变量未来值的预期。在对经济周期的本质认识上,卢卡斯提出了不完全信息的货币幻觉理论,将货币供给变动看作外生的需求冲击的源泉,认为预料不到的货币供给的变化是价格和产量波动的驱动力。他假定厂商收集经济中其他产品价格的信息有困难,存在暂时的信息障碍,以至于厂商不能清楚地了解其他市场正在发生什么。如果货币供给增加导致一般价格水平上涨,但是由于信息不完全,生产者无法区分是一般性价格水平还是他所生产的产品的相对价格上涨,可能误认为是市场对他所生产的产品的需求上升导致的相对价格水平的上升,于是会扩大生产、增加投资以增加供给。然而,当发现经济系统中其他商品价格都在上涨、生产成本等幅度上升时,厂商将减少投资到正常水平,恢复原来的生产规模,这样就产生了经济的波动。20世纪80年代初,理性预期学派的部分学者不赞成用货币冲击来说明宏观经济波动,而将一国的经济周期归结为以技术变动为代表的实际冲击,提出了实际经济周期理论即RBC理论(Real Business Cycle Theory)。

RBC理论强调经济周期是由经济活动中以技术变动为代表的实际因素而不是货币等名义因素引起的,突出了供给的主导作用,其核心是资本积累的新古典增长模型,这被作为理解经济波动和经济增长的基准模型。RBC模型认为引起经济增长的那些经济力量带来了经济波动,即供给冲击是产生波动的最主要根源。设生产函数为:

$$Y_t = f(L_t, K_t, Z_t) \tag{6-7}$$

其中:Y是实际产出,L是劳动力,K是资本存量,Z代表对生产函数的随机冲击因素,包括技术进步、人口结构的变动、投入要素的相对价格改变和消费者偏好的改变等。假定随机项服从简单的、具有漂移的随机游动过程(random walk with drift):

$$Z_t = a + Z_{t-1} + e_i \tag{6-8}$$

其中:a是常数项,$a>0$,e_i是具有0均值的随机误差项,这说明每一期的生产技术以常数a加上随机误差项e_i的新息(innovations)的速度增长。

RBC模型考虑追求效用最大化的代表性主体对经济环境中的这些随机冲击因素做出的动态反应,认为对这些冲击的最优反应导致了消费、投资和产出等与原来的稳态值的偏离。RBC模型认为,经济系统频繁受到影响产出的外生冲击。持续的正的冲击,如计算机技术的发展和应用,将带来产出快速增长。

RBC理论自从20世纪80年代出现以来,经过20多年发展,其分析问题的模式对现代宏观经济学已经产生了深远的影响。虽然其利用动态一般均衡模型进行分析的方法已经被广为采用，不过在对经济周期问题的解释上，大量研究表明 RBC 理论存在诸多缺陷，在一些基本问题上仍然存在分歧。特别是大多数 RBC 模型不能刻画产出的周期特征，这是对 RBC 理论的重要挑战。

（5）新凯恩斯主义模型中对经济周期本质的阐释

信奉凯恩斯主义的经济学家对货币主义和理性预期模型提出了质疑，并且修正了传统的模型，使得理论模型可以更好地解释现代经济。早期凯恩斯主义经济学家们认为工资、价格是固定的，关于这方面他们并没有做出解释，现实经济发展表明，随着时间推移，工资和价格水平都是变化的。新凯恩斯主义弥补了这一不足。20 世纪 80 年代以后，新凯恩斯主义经济学家提出工资和价格粘性，认为价格水平和名义工资水平既不像原凯恩斯主义经济学家们所假定的一成不变，也不像古典主义假设的那样能够灵活调整，而是缓慢变化的。他们仍然坚持了市场非出清的凯恩斯主义观点，借鉴了理性预期、微观基础和自然率假说等内容，在经济周期理论领域做出了创新性研究。

新凯恩斯主义的主要贡献是，指出了不稳定的总需求和总供给都是产生经济周期的重要决定因素。对于总供给冲击导致经济周期波动，与古典经济学的解释相同，即劳动市场或生产函数的实际变化改变了企业在既定价格下愿意生产的产品数量。对于总需求的不稳定，新凯恩斯主义模型的论述和原来的凯恩斯主义模型很类似，都认为私人消费、投资支出的不稳定是总需求不稳定的主要来源。不过，与原来的凯恩斯主义模型显著不同的是，新凯恩斯主义还强调了货币需求，认为货币不稳定也是经济不稳定的原因之一。总需求的不稳定导致经济周期波动是因为短期中名义工资和价格的粘性。新凯恩斯主义者认为，在非完全竞争市场条件下，由于频繁改变产品售价具有菜单成本（Menu Cost），厂商面对经济系统中的需求冲击，通常并不会立即改变产品的销售价格，而是首先选择提高产量。因此，价格水平并非迅速调整而是缓慢变化的，也就是说价格具有粘性。面临总需求冲击，小的菜单成本导致了大的经济周期波动。在劳动市场上，新凯恩斯主义者认为，对于某个给定时期，工人们面临着工资合同的约束，这决定了短期中工人的名义工资变化缓慢。由于名义工资具有粘性，在产品市场出现需求冲击时，实际工资将偏离劳动市场均衡状态对应的实际工资水平，从而实际失业率偏离充分就业的自然失业率，实际产出也就当然偏离了潜在产出水平，即产生了经济波动。不过，在长期中，所有合同都可以重新签订，价格和名义工资都可以根据供给、需求状况灵活调整。因此，新凯恩斯主义模型认为，在长期中，价格和工资能够对总需求变化做出充分反应，保证经济系统的实际产出回到自然率水平。不过，菜单成本论只考虑了调整价格的成本，却忽视了调整产量的成本，而且，现实经济中的菜单成本太小，难以解释经济大萧条那样大的经济波动。

新凯恩斯主义的经济周期模型还有工资、价格粘性与经济周期波动论、交错调整价格论、垄断竞争和总需求波动论、市场结构和宏观经济波动论、市场对策和协调失灵论、价格非稳定性与经济周期论等，这些理论从不同角度说明了引起经济周期波动的原因。新凯恩斯主义关于经济周期波动的模型与 RBC 模型相比，所依据的行为规则并非最优，然而，它也可以模拟出与实际的经济周期波动特征相符的结果。而且，基于新凯恩斯主义的行为规则更简单、更便于求解，并且其解与 RBC 模型中跨期最优问题的解相比，经济主体的效用损失可以忽略不计。新凯恩斯主义的经济周期理论能够直面市场经济体制存在的非均衡常态，而且，新凯恩斯主义的模型对各个经济学流派理论精华兼收并蓄，认为不稳定的总需求和总供给都能够导致经济周期，实际冲击引起的自发私人支出的变动和货币因素都可能成为总需求不稳定的原因，是对经济周期波动成因更加贴近现实的解释。

案例评析

外部冲击与中国经济波动

经济波动可能来源于内部冲击，也可能来自外部冲击；可能来自需求冲击，也可能来自供给冲击，分析清楚经济波动的原因有利于制定合理的经济调控政策，保持经济平稳运行。中国加入世界贸易组织之后，与世界经济、金融市场的联系日渐紧密，对外部市场的依存度逐步提高，已成为世界第一大出口国和第二大进口国，进出口总额约占世界货物贸易总额的10.7%。随着金融市场开放程度的上升，中国已成为世界外商投资的首要目的地，人民币国际化程度也在持续提升。截至2011年末，中国已是世界第二大经济体，这在很大程度上受益于对外开放。中国在享受对外开放所带来的经济高速增长、人民生活改善等好处的同时，国内经济运行也面临外部风险的冲击。1997年的亚洲金融危机、2008年的全球金融危机等外部冲击对中国经济稳定性产生了较大影响。因而，研究外部冲击对中国经济运行的影响具有重要意义。

通过选择石油价格、美国货币政策、国际需求以及国际价格作为外部冲击因素，用中国经济增速和*CPI*（同比增速）代表国内经济运行状态，建立贝叶斯结构向量自回归模型，运用来自国家统计局、《中国经济景气月报》以及经济合作与发展组织（OECD）数据库1994年一季度至2012年二季度的宏观经济数据，并对所有带有季节因素的变量进行了季节性调整之后，研究外部冲击对于中国经济运行的影响，以及中国经济波动可能对世界经济产生的影响。

实证分析从外部冲击对中国经济波动的动态影响和中国经济波动对世界经济的动态影响两个方面展开。其中，外部冲击对中国经济波动的动态影响表现在外部冲击对中国经济增速和价格的动态影响上，而中国经济波动对世界经济的动态影响则表现为中国经济增速和价格波动对世界经济的影响两个方面。研究结论可以归结为以下四个方面：

第一，外部冲击对中国经济增速波动的影响不高。国际需求、国际价格和国际油价的冲击对中国经济增速具有正向效应，美国联邦基金利率对中国经济增速具有长期负向影响。外部冲击能够解释中国经济增速波动的20.7%，内部冲击是中国经济增速波动的首要因素，随着中国对外开放度的逐步上升，外部冲击对中国经济运行的影响力将逐步增大，需要提高对外部冲击的重视程度。

第二，外部冲击对中国价格波动的影响较低。国际利率冲击对于中国价格具有负向效应，国际需求、国际价格和国家油价对于中国价格具有正向效应。外部冲击仅能够解释7.0%的中国价格波动，这其中国际需求的影响最大。

第三，中国经济增速波动国际运行的影响不可忽视。中国经济增速波动的冲击对国际利率、国际需求、国际价格和国际油价具有正向效应，其中，中国经济增速波动对国际油价影响最大，能够解释近21.5%的国际油价波动。

第四，中国价格对国际经济运行的影响不高。中国价格水平的正向冲击波动对于美国联邦基金利率、国际需求具有负向效应，对于国际价格、国际油价具有正向效应，其中对于国际油价的影响最大，能够解释对于国际油价波动的长期贡献度能够达到17%。

（袁吉伟，《外部冲击对中国经济波动的影响》，《经济与管理研究》，2013年第1期）

拓展阅读

政府促进就业的途径与手段

在社会主义市场经济条件下，劳动力市场应该在劳动力资源的配置中起基础作用，政府不再直接介入劳动力配置和工资决定，而是通过制定发展战略、实施宏观经济政策和建立有利于扩大就业的宏观政策环境来促进就业。

1. 制定符合比较优势的发展战略。一个国家或地区实施什么样的发展战略，不仅决定其经济增长的绩效，也决定其经济增长的就业容量。对于劳动力丰富的发展中国家来说，选择符合自身比较优势的发展战略，就意味着劳动密集型产业应该成为产业的主体，这样才能最大限度地创造就业机会，并且使尽可能多的劳动者享受发展的成果。在全面建设小康社会的过程中，人均收入的提高有两种途径：一是就业人口的工资水平不断提高，但另一部分人口由于没有就业或就业不充分，收入没有提高；二是更广泛的人口参与就业，平均工资可能增长不快，但总体人均收入水平仍然可以快速提高，而且收入分配比较均等。显然，在劳动力资源丰富的国情下，人民生活水平的提高和收入差距的缩小，主要应依靠后一种途径来实现。一方面，工资水平和人工成本上涨过快，不利于扩大就业；另一方面，加快城镇化进程，转移农村劳动力，进而增加农民收入、解决“三农”问题，需要创造大量就业机会。因此，在制定经济发展战略时，应按照比较优势来选择产业结构。除了在一些必要的高科技领域赶超世界前沿水平，大多数地区的主导产业都应该是劳动密集型的。实践证明，非国有经济、中小企业和服务业通常具有以较少投资吸纳较多就业的特点，应该得到更多的政策鼓励，加快其发展。

2. 把就业纳入宏观反周期政策中。在西方市场经济国家，就业被列为货币政策和财政政策的首要目标。这些国家实施的宏观经济反周期政策，无一例外是根据就业信号做出反应，采取财政手段或货币手段降低失业率。我国过去长期认为，只要保证一定的经济增长速度，就业的增长就会自然而然地得到保障。经济增长固然是就业增长的前提和必要条件，但并不是充分条件。实际上，我国在计划经济时期推行重工业优先发展战略，由于倾斜性地对重工业投资，造成的就业量损失达40%以上。因此，把就业作为宏观经济调控的独立和优先目标，就可以更有力地保障这一目标的实现。也就是说，不仅要依靠经济总量的增长，同时要通过产业结构的调整以及适宜的技术选择战略来实现就业增长的目标。新一届中央政府把新增800万人就业和经济增长率达到7%同时作为2003年宏观经济调控目标，这是一个良好开端，将有助于解决就业问题。

3. 针对特殊困难群众的就业扶助政策。除了有劳动障碍的群体外，我国经济体制转轨时期还涉及一部分因历史原因造成的特困群体，特别是国有企业下岗职工中女性40岁以上、男性50岁以上的人群（“4050”人员）。他们的困难在于很难通过市场自动解决其就业问题。因此，除了建立健全社会保障制度，还要实行积极的就业促进政策，给予特困群体以相应的政策扶持。首先，为特殊困难群众创造公共就业岗位和公益性就业岗位。在政府的公共服务中，能够提供一些就业岗位。这些公共部门的就业岗位应遵循就业最大化原则，不宜过度资本密集化。此外，还有必要根据失业状况的严重程度，额外为失业者创造一些公益性岗位，相当于以工代赈。其次，加强对下岗失业人员特别是“4050”人员的转岗培训。由于历史原因，这一代人的人力资本形成受到严重影响，直接表现为平均受教育年限短。因此，通过培训转变他们的就业观念，增强就业和创业能力，是政府的责任。第三，创建社区就业和保障平台。就业问题涉及千家万户，有效的政府管理和服务需要有一个基层平台。如何把扶助措施落实到真正的困难群众身上，把社区居民服务中蕴藏的巨大就业需求反映出来，也需要一个有效的中介环节。在我国，社区是执行这方面职能最好的层次。

4. 建立健全社会保障体系。劳动力市场的发育和形成，有赖于社会保障功能与市场竞争标准相分离，使企业把冗员分离出来，按照实际需求使用劳动力，而把失业保险的职能交给社会执行。随着社会主义市场经济体制的建立，劳动力资源越来越多地通过市场配置；产业结构调整在创造新的就业岗位的同时，将一些部门的劳动力排挤出来；我国加入世贸组织后，在一些不具有比较优势的产业会出现就业岗位的丧失；农村劳动力继续向非农产业和城镇转移……在这些调整中，一部分劳动者将在一定时间内处于失业状态，急需失业保险制度对他们进行保障。

5. 维护劳动力市场的弹性。在市场经济条件下，虽然宏观经济政策的实施涉及政府干预，但解决就业问题主要应该依靠劳动力市场的作用。劳动力市场发育的标志首先是工资由劳动力的供求状况决定。劳动者的报酬水平反映劳动力资源的供求状况，发挥工资的杠杆作用，有利于劳动力资源的合理配置，并形成符合我国比较优势的产业结构和技术结构。劳动力市场发育的另一个标志是劳动力的充分流动。一种生产要素只有流动起来，才能得到有效配置和充分利用。长期以来，劳动力不能在城乡之间流动，造成了资源配置的扭曲和低效率。一旦劳动力流动起来，资源重新配置产生的效应对总体经济增长具有重要意义，并有助于我国在国际竞争中长期保持比较优势。最后应强调，劳动力市场作用的发挥，以及政府对劳动力市场的规制和引导，都应该在法制的基础上进行。

（蔡昉，《人民日报》，2003年4月22日）

复习思考

1. 失业、就业和不在工作的区别是什么?
2. 摩擦性失业与结构性失业相比,哪一种失业问题更严重些?
3. 能否说有劳动能力的人都有了工作才是充分就业?
4. 高价格和通货膨胀的区别是什么?
5. 通货膨胀、通货紧缩有何联系和区别?
6. 通货膨胀是怎样实现财富再分配的?
7. 通货膨胀对经济有何影响?
8. 什么是菲利普斯曲线?
9. 简述短期与长期菲利普斯曲线的关系。
10. 经济周期各阶段的主要特点是什么?
11. 乘数原理和加速原理有什么联系和区别?
12. 实际经济周期理论是怎样解释经济周期波动的?

7 *IS-LM* 模型的政策含义

经济问题

温家宝总理在2013年两会的《政府工作报告》中指出："继续实施积极的财政政策。更好地发挥积极财政政策在稳增长、调结构、促改革、惠民生中的作用。一是适当增加财政赤字和国债规模。二是结合税制改革完善结构性减税政策。重点是加快推进营业税改征增值税试点工作，完善试点办法，适时扩大试点地区和行业范围。三是着力优化财政支出结构。四是继续加强地方政府性债务管理。

继续实施稳健的货币政策。把握好促进经济增长、稳定物价和防范金融风险之间的平衡。一是健全宏观审慎政策框架，发挥货币政策逆周期调节作用。二是促进金融资源优化配置。三是守住不发生系统性和区域性金融风险底线。"

什么是财政政策？什么是货币政策？如何用 *IS-LM* 模型分析财政政策和货币政策的作用效果？这是本章要解决的问题。

（新华网，http://www.xinhuanet.com.2013_03_18）

在短期内，一般认为国民收入波动的主要原因是来自需求方面的，因此 *IS-LM* 模型的分析是西方宏观经济政策的理论基础。财政政策和货币政策是西方国家进行总需求管理的两大基本经济政策；这两大经济政策的作用和效果可以通过分析 *IS-LM* 模型加以说明。因此，本章将利用 *IS-LM* 模型具体分析财政政策和货币政策的作用效果。

7.1 财政政策和货币政策概述

在 *IS-LM* 模型的分析中曾经提到，*IS* 和 *LM* 相交所决定的均衡收入不一定是充分就业的收入，在市场的自发调节无法实现充分就业均衡的情况下，需要运用财政政策和货币政策等工具进行调节。具体而言，就是主动运用财政和货币政策来改变 *IS* 和 *LM* 曲线的位置，使它们相交于充分就业的国民收入。

财政政策是政府变动税收和支出以便影响总需求、就业和国民收入的政策。变动税收是指改变税率和税率结构。例如，在经济萧条时，政府采用减税措施，给个人和企业多留些可支配收入，以刺激消费需求从而增加生产和就业。尽管这又会增加对货币的需求，使利率上升、私人投资受到一些影响、削弱一些减税对增加总需求的作用，但总体而言，国民收入还是增加了。改变所得税结构,使高收入者增加些赋税负担,使低收入者减少些负担,同样可起到刺激社会总需求的作用。变动政府支出指改变政府对商品与劳务的购买支出以及转移支付。例如,在经济萧条时,政府扩大对商品和劳务的购买,多投资公共建设,就可以扩大私人企业产品销路,还可以增加消费,刺激总需求。尽管这样做也会增加对货币的需求,从而使利率上升,影响一些私人投资,但总的说来,生产和就业还会增加。政府还可以用减税或加速折旧等办法给私人投资以津贴,直接刺激私人投资,增加生产和就业。以上所有这些措施,都是扩张性的财政政策。当然,在经济高涨、通货膨胀率太高时,政府也可以采用增税、减少政府支出等紧缩性财政措施以控制物价上涨。

货币政策是政府货币当局即中央银行通过银行体系变动货币供给量来调节总需求的政策。例如,在经济萧条时增加货币供给,一方面可降低利息率,刺激私人投资;另一方面,货币供给增加可直接支持企业扩大投资,进而刺激消费,使生产和就业增加。反之,在经济过热、通货膨胀率太高时,可紧缩货币供给量以提高利率,抑制投资和消费,使生产和就业减少些或增长慢一些。前者是扩张性货币政策,后者是紧缩性货币政策。

可见,无论是财政政策还是货币政策,都是通过影响利率、消费、投资进而影响总需求,使就业和国民收入得到调节。

本书的第3章已经对 *IS-LM* 模型进行了详细说明,这一模型是分析财政政策和货币政策变动及其作用效果的有力工具。以下将利用 *IS-LM* 模型对财政政策、货币政策变动和作用效果进行分析。

7.2 *IS-LM* 模型与财政政策

7.2.1 财政政策对 *IS* 曲线的影响

由第3章内容可知,影响 *IS* 曲线转动的因素包括投资对利率变动的反应系数 d、边际消费倾向 β、所得税税率 t、边际进口倾向 m 等,影响 *IS* 曲线平移的因素包括消费、投资、净出口、政府购买、税收和转移支付等。财政政策的作用是政府变动税收和支出以便影响总需求进而影响就业和国民收入,因此,当财政政策发生变化时,会使 *IS* 曲线发生平移。

当政府采取增加政府购买、减少税收、增加转移支付等措施,即扩张性财政政策,会使 *IS* 曲线向右移动。如图7-1所示,初始的 *IS* 曲线为 IS_1,*LM* 曲线为 *LM*,均衡点为 E_1,均衡国民收入和利率分别为 Y_1 和 r_1。在货币市场保持均衡,即 *LM* 曲线保持不变的条件下,采取扩张性财政政策,会使 *IS* 曲线从 IS_1 向右平移到 IS_2,均衡点由 E_1 变为 E_2,均衡国民收入由 Y_1 增加到 Y_2,均衡利率由 r_1 上升到 r_2。其经济原理为:扩张性财政政策会使总需求和国民收入增加,因而对货币的交易预防需求增加,为了保持货币市场均衡,必须提高利率水平从而降低货币的投机需求,因此均衡利率和国民收入水平都会上升。

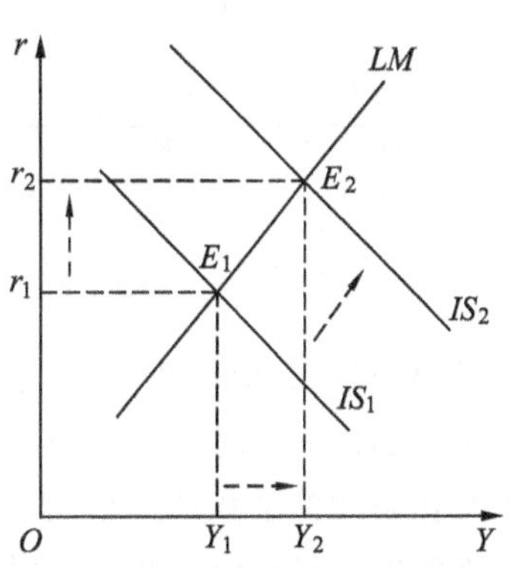

图7-1 财政政策对 *IS* 曲线的影响

反之，当政府采取减少政府购买、增加税收、减少转移支付等措施，即紧缩性财政政策时，会使 *IS* 曲线向左移动。可以同样利用图 7-1 说明这一问题。初始的 *IS* 和 *LM* 曲线分别为 IS_2 和 *LM*，在货币市场保持均衡，即 *LM* 曲线保持不变的条件下，采取紧缩性财政政策，会使 *IS* 曲线从 IS_2 向左平移到 IS_1，均衡点由 E_2 变为 E_1，均衡国民收入由 Y_2 下降到 Y_1，均衡利率由 r_2 下降到 r_1。其经济原理为：紧缩性财政政策会使总需求和国民收入下降，因而对货币的交易预防需求下降，为了保持货币市场均衡，必须降低利率水平从而增加货币的投机需求，因此均衡利率和国民收入水平都会下降。

7.2.2 财政政策的作用效果

财政政策的作用效果主要受 *IS* 曲线和 *LM* 曲线斜率的影响。

（1）*IS* 曲线斜率对财政政策作用效果的影响

LM 曲线斜率保持不变，*IS* 曲线斜率绝对值越大，即 *IS* 曲线越陡峭，移动 *IS* 曲线时收入变化越大，财政政策作用效果越明显。反之，*IS* 曲线斜率绝对值越小，即 *IS* 曲线越平坦，财政政策作用效果越不明显。以下以扩张性财政政策为例，分析 *IS* 斜率对财政政策的作用效果。

如图 7-2 所示，在图（a）和图（b）中，假设初始国民收入和利率相同，均为 Y_0 和 r_0，*LM* 曲线保持不变。图（a）中 *IS* 曲线斜率绝对值较小，较为平坦，图（b）中 *IS* 曲线斜率绝对值较大，较为陡峭。假设政府实行一项扩张性财政政策，它可以是增加政府支出，也可以是减少税收，或者是增加转移支付。现在假定是增加同样一笔支出为 ΔG，使 *IS* 曲线向右移动相同的水平距离 $Y_0Y_2 = k_G \cdot \Delta G$，$k_G$为政府购买乘数。由于 *LM* 曲线不变，实际国民收入的增加幅度小于 Y_0Y_2，在图（a）中，实际国民收入由 Y_0 增加到 Y_1，图（b）中实际国民收入由 Y_0 增加到 Y_1'。可以看出，$Y_0Y_1' > Y_0Y_1$，表明 *IS* 曲线斜率绝对值越大，即越陡峭，国民收入增加幅度越大，扩张性财政政策效果越明显。

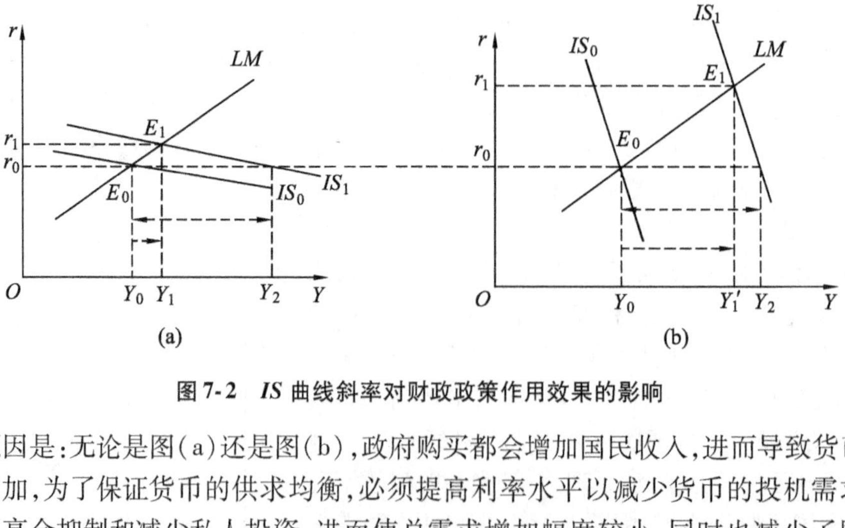

图 7-2 *IS* 曲线斜率对财政政策作用效果的影响

其原因是：无论是图（a）还是图（b），政府购买都会增加国民收入，进而导致货币交易预防需求增加，为了保证货币的供求均衡，必须提高利率水平以减少货币的投机需求。但利率水平提高会抑制和减少私人投资，进而使总需求增加幅度较小，同时也减少了国民收入的增加幅度。这种由于政府支出增加使利率上升，进而导致私人消费和投资下降的现象称为“挤出效应”（crowding out effect）。在图（a）和图（b）中，利率不变时，国民收入增加幅度均为 Y_0Y_2，但实际国民收入的增加幅度分别为 Y_0Y_1 和 Y_0Y_1'，因而挤出效应大小分别为 Y_1Y_2

和 $Y_1'Y_2$,从图中可以看出,$Y_1Y_2>Y_1'Y_2$,表明挤出效应的大小受 *IS* 曲线斜率的影响。*IS* 曲线斜率绝对值越大,曲线越陡峭,扩张性财政政策效果越明显,挤出效应就越小;反之,*IS* 曲线斜率绝对值越小,曲线越平坦,扩张性财政政策效果越小,挤出效应就越大。

由第 3 章的内容可知,*IS* 曲线的斜率会受到投资对利率变动的反应系数 d 的影响。d 越大,投资对利率变动越敏感,*IS* 曲线越平坦,利率稍微提高很小的幅度,会导致投资大幅下降,对国民收入增加的抑制作用就越大,从而挤出效应就越大。反之,d 越小,投资对利率变动越不敏感,*IS* 曲线越陡峭,利率提高较大的幅度才会导致投资变动较小幅度,对国民收入增加的抑制作用较小,从而挤出效应就越小。

紧缩性财政政策的分析过程与扩张性财政政策类似,结论也相同,即 *IS* 曲线斜率绝对值越大,即越陡峭,紧缩性财政政策效果越明显,挤出效应越小;*IS* 曲线斜率绝对值越小,即越平坦,紧缩性财政政策效果越不明显,挤出效应越大。

（2）*LM* 曲线斜率对财政政策作用效果的影响

IS 曲线保持不变,*LM* 曲线斜率越小,即 *LM* 曲线越平坦,财政政策效果越大;反之,*LM* 曲线斜率越大,即 *LM* 曲线越陡峭,财政政策效果越小。以下以扩张性财政政策为例,分析 *LM* 斜率对财政政策的作用效果。

如图 7-3 所示,图(a)和图(b)中 *IS* 曲线相同,初始均衡点都为 E_0;图(a)中 *LM* 曲线斜率较小,较为平坦,图(b)中 *LM* 曲线斜率较大,较为陡峭。假设政府采用扩张性财政政策,使 *IS* 曲线向右移动相同的幅度 Y_0Y_2,图(a)中国民收入增加幅度为 Y_0Y_1,大于图(b)中国民收入增加幅度 Y_0Y_1',图(a)中挤出效应为 Y_1Y_2,小于图(b)中挤出效应 $Y_1'Y_2$,表明 *LM* 曲线斜率越小,即越平坦,扩张性财政政策效果越大,挤出效应越小;*LM* 曲线斜率越大,即越陡峭,扩张性财政政策效果越小,挤出效应越大。

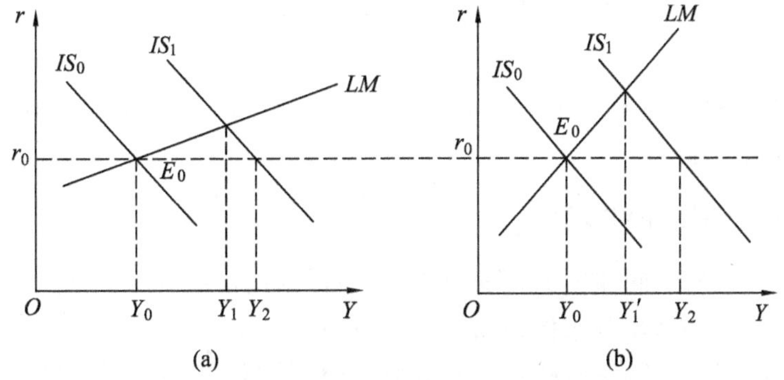

图 7-3 *LM* 曲线斜率对财政政策作用效果的影响

由第 3 章内容可知,影响 *LM* 曲线斜率的因素包括收入变化对货币需求的影响系数 k 和利率变化对货币需求的影响系数 h。当 k 增加,*LM* 曲线斜率变大,变得更加陡峭,当政府采用扩张性财政政策使国民收入增加,会导致货币交易预防需求大幅增加,因此必须大幅增加利率水平减少投机需求以维持货币市场均衡,而利率的大幅增加会明显抑制国民收入的增加,因此财政政策效果不明显,挤出效应较大。h 减少,*LM* 曲线斜率变大,变得更加陡峭,政府采用扩张性的财政政策使国民收入增加,增加了货币的交易预防需求,由于利率变动对于货币需求反应不敏感,需要大幅增加利率才能降低货币的投机需求维持货币市场供求均衡，因此扩张性财政政策效果不明显，挤出效应较大。

当 k 减少，或者 h 增加，都会使 LM 曲线的斜率变小，曲线变得更加平坦。其作用机理的分析过程与上述分析类似。

紧缩性财政政策的分析过程与扩张性财政政策类似，结论也相同，即 LM 曲线越平坦，紧缩性财政政策效果越大；反之，LM 曲线斜率越大，即 LM 曲线越陡峭，紧缩性财政政策效果越小。

7.3 IS-LM 模型与货币政策

7.3.1 货币政策对 LM 曲线的影响

由第 3 节内容分析可知，影响 LM 曲线移动的因素主要是货币供给量 M 和价格水平 P，而货币政策是政府货币当局即中央银行通过银行体系变动货币供给量来调节总需求的政策，因此，当货币政策发生变化时，会使 LM 曲线平移。

当中央银行采用扩张性货币政策，即增加货币供给量时，会使 LM 曲线向右移动。如图 7-4 所示，IS 曲线不变，由于货币供给量增加，LM 曲线由 LM_1 向右平移到 LM_2。均衡点由 E_1 变为 E_2，均衡利率水平由 r_1 下降到 r_2，均衡国民收入由 Y_1 增加到 Y_2。其经济原理为：货币供给量增加导致利率水平下降，利率下降导致投资增加，进而导致国民收入增加。

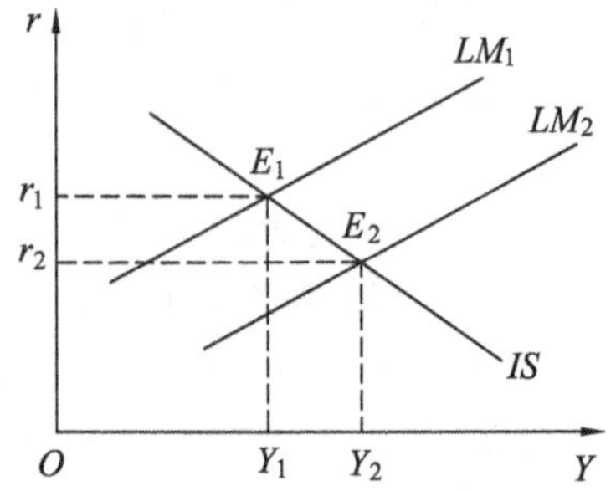

图 7-4 货币政策对 LM 曲线的影响

反之，中央银行采用紧缩性货币政策，即减少货币供给量时，会使 LM 曲线向左移动。可以同样利用图 7-4 说明这一问题。初始的 IS 曲线不变，LM 曲线为 LM_2。由于货币供给量下降，LM 曲线由 LM_2 向左平移到 LM_1。均衡点由 E_2 变为 E_1，均衡利率水平由 r_2 上升到 r_1，均衡国民收入由 Y_2 减少到 Y_1。其经济原理为：货币供给量减少导致利率水平上升，利率上升导致投资减少，进而导致国民收入减少。

7.3.2 货币政策的作用效果

货币政策的作用效果同样也受 IS 曲线和 LM 曲线斜率的影响。

(1) IS 曲线斜率对货币政策作用效果的影响

LM 曲线斜率保持不变，IS 曲线斜率绝对值越小，即 IS 曲线越平坦，货币政策作用效果越明显。反之，IS 曲线斜率绝对值越大，即 IS 曲线越陡峭，货币政策作用效果越不明显。以下以扩张性货币政策为例，分析 IS 曲线斜率对货币政策的作用效果。

如图 7-5 所示，政府通过增加货币供给量，采取扩张性货币政策，使得 LM 曲线向右移动相同的水平距离 Y_0Y_2，图(a)中 IS 曲线斜率绝对值较小，曲线较为平坦，图(b)中 IS 曲线斜率绝对值较大，曲线较为陡峭。图(a)中国民收入增加幅度(Y_0Y_1)较大，扩张性货币政策效果明显；图(b)中国民收入增加幅度(Y_0Y_1')较小，扩张性货币政策效果不明显。

IS 曲线斜率绝对值越小，曲线越平坦，意味着投资对利率变动的反应系数 d 越大，投资对利率的变动越敏感。当政府增加货币供给量使利率小幅下降，就会导致投资大幅度增加,从而使得国民收入也大幅增加。反之,*IS* 曲线斜率绝对值越大,曲线越陡峭,意味着投资对利率变动的反应系数 d 越小,投资对利率的变动越不敏感。当政府增加货币供给量使利率大幅下降,才会导致投资小幅度增加,从而使得国民收入增加幅度也较小。

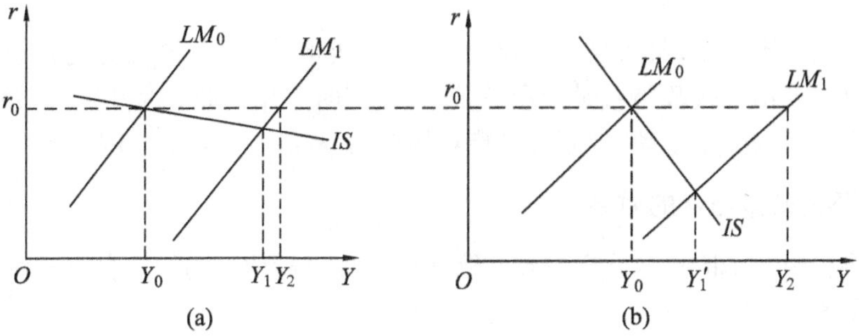

图 7-5　*IS* 曲线斜率对货币政策作用效果的影响

紧缩性货币政策的分析过程与扩张性货币政策类似,结论也相同,即 *IS* 曲线越平坦,紧缩性货币政策作用效果越明显。反之,*IS* 曲线斜率绝对值越大,即 *IS* 曲线越陡峭,紧缩货币政策作用效果越不明显。

(2) *LM* 曲线斜率对货币政策作用效果的影响

IS 曲线保持不变,*LM* 曲线斜率越大,即 *LM* 越陡峭,货币政策效果越明显;反之,*LM* 曲线斜率越小,即 *LM* 越平坦,货币政策效果越不明显。以下以扩张性货币政策为例,分析 *LM* 曲线斜率对货币政策的作用效果。

如图 7-6 所示,图(a)中 *LM* 曲线斜率较大,较为陡峭;图(b)中 *LM* 曲线斜率较小,较为平坦。中央银行采用扩张性货币政策,增加货币供给量,使得 *LM* 曲线向右移动相同的幅度(Y_0Y_2),图(a)中,国民收入增加幅度较大,扩张性货币政策效果较为明显;图(b)中,国民收入增加幅度较小,扩张性货币政策效果不明显。

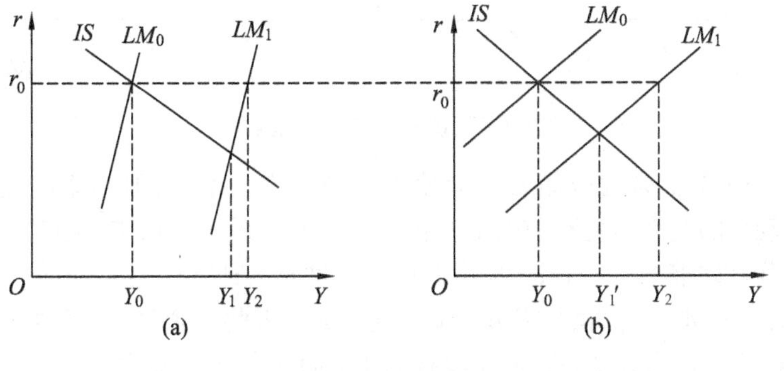

图 7-6　*LM* 曲线斜率对货币政策作用效果的影响

LM 曲线斜率较大,意味着货币需求对利率的反应系数 h 较小,当货币供给量增加导致利率下降时,如果 h 较小,利率大幅下降才能增加货币需求,吸纳增加的货币供给,而利率大幅下降会导致投资大幅增加,进而导致国民收入大幅增加。

LM 曲线斜率较小,意味着货币需求对利率的反应系数 h 较大,当货币供给量增加导致利率下降时,如果 h 较大,利率小幅下降会导致货币需求大幅增长,从而大量吸纳货币供

给，使利率的下降幅度有限，进而使投资增加幅度有限，因而国民收入的增加幅度较小。

7.4 财政政策和货币政策的混合使用

从以上两节内容可知，财政政策变化会使 *IS* 曲线移动，货币政策变化会使 *LM* 曲线移动。无论是单独采用财政政策或是货币政策，还是同时采用财政和货币政策，*IS* 曲线和 *LM* 曲线的变动都会使均衡点变动，进而有可能对均衡利率和国民收入产生影响。

7.4.1 不同政策组合的效果

本小节将利用 *IS-LM* 模型分析财政政策和货币政策各种不同的组合方式对均衡利率和国民收入的影响。

如图 7-7 中的图（a）所示，假设初始的 *IS* 曲线分别是 IS_1 和 LM_1，初始的均衡点为 E_1，均衡利率和国民收入分别为 r_1 和 Y_1。假设此时充分就业的收入水平为 Y^*，并且 $Y_1 < Y^*$，表明此时经济处于萧条状态。为了实现充分就业，政府可采取扩张性财政政策使 *IS* 曲线右移，或者中央银行采取扩张性货币政策使 *LM* 曲线右移，都能使均衡国民收入增加，但都会使利率出现大幅上升或者下降。而如果采用双扩张的政策，即同时使 *IS* 曲线和 *LM* 曲线向右移动，则既能增加国民收入，又可以保持利率水平稳定，避免挤出效应。在图（a）中，IS_1 曲线向右平移到 IS_2，LM_1 曲线向右平移到 LM_2，利率水平仍然保持在 r_1，而国民收入则增加到充分就业的收入水平 Y^*。

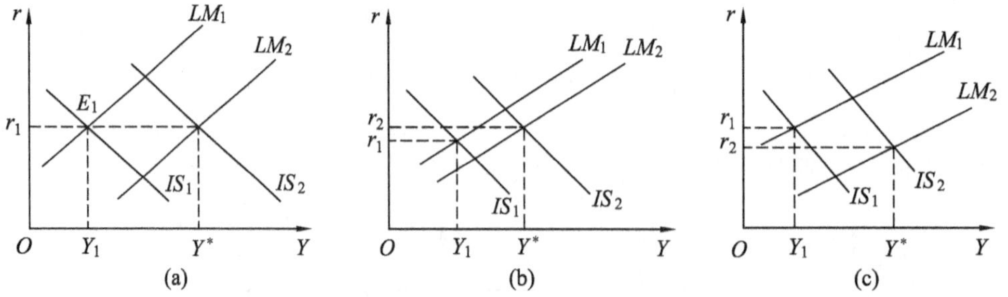

图 7-7 双扩张政策的作用效果

由此可见，采用双扩张的政策肯定会使均衡国民收入增加，但利率的变动却不确定。图（a）显示，变动后的利率与变动前的正好相等；图（b）显示采用双扩张政策，变动之后的利率水平 r_2 高于变动之前的水平 r_1，表明财政政策力度较大；图（c）显示变动之后的利率水平 r_2 低于于变动之前的水平 r_1，表明货币政策力度较大。因此，利率水平变动的高低取决于财政政策和货币政策的作用力度，既与 *IS* 曲线和 *LM* 曲线的移动幅度有关，又和这两条曲线各自的斜率有关。

利用相同的分析方法，可以总结出财政政策和货币政策另外三种不同的组合中利率和国民收入的变动关系，四种组合如表 7-1 所示。

表 7-1　不同政策组合下产出和利率的变化

序号	政策组合	产出	利率
1	扩张性财政政策和紧缩性货币政策	不确定	上升
2	紧缩性财政政策和紧缩性货币政策	减少	不确定
3	紧缩性财政政策和扩张性货币政策	不确定	下降
4	扩张性财政政策和扩张性货币政策	增加	不确定

政府和中央银行可以根据具体情况和不同目标,选择不同的政策组合。例如,当经济萧条但又不太严重时,可采用第一种组合,用扩张性财政政策刺激总需求,再用紧缩性货币政策控制通货膨胀;当经济发生严重通货膨胀时,可采用第二种组合,用紧缩货币来提高利率,降低总需求水平,再紧缩财政,以防止利率过分提高;当经济中出现通货膨胀又不太严重时,可用第三种组合,用紧缩财政压缩总需求,再用扩张性货币政策降低利率,以免财政过度紧缩而引起衰退;当经济严重萧条时,可用第四种组合,用扩张财政增加总需求,再用扩张货币降低利率以克服"挤出效应"。

7.4.2　凯恩斯主义极端情形下政策组合效果

由第 2、第 3 节内容可知,*IS* 曲线越陡峭,或者 *LM* 曲线越平坦,财政政策效果越明显,而货币政策效果越不明显。如图 7-8,垂直的 *IS* 曲线与水平的 *LM* 曲线相交,财政政策完全有效,而货币政策完全失效。这一情形被称为凯恩斯主义极端情况。

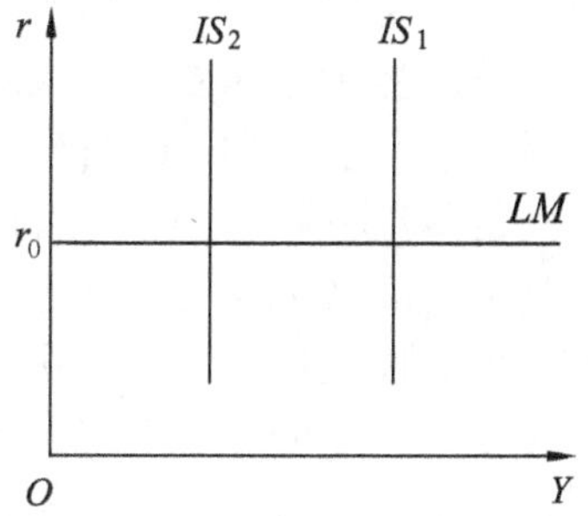

图 7-8　凯恩斯主义极端情形下政策组合效果

其经济原理为:一方面,*LM* 为水平线,说明当利率降到像 r_0 这样低水平时,货币需求的利率弹性已经无限大。这时,人们持有货币而不买债券的利息损失是极小的,而买债券的资本损失风险极大(由于利率极低时债券价格极高,人们会认为这样高的债券价格只会下跌不会再涨,从而买债券的资本损失风险极大)。因此,人们不管有多少货币都只想持在手中。这样,如果货币当局想用增加货币供给来降低利率以刺激投资,是不可能有效果的。水平的 *LM* 即前面说过的"凯恩斯陷阱",这时候政府用增加支出或减税的财政政策来增加总需求,则效果十分显著,因为政府实行扩张性财政政策向私人部门借钱(出售公债等),并不会使利率上升,从而对私人投资不会产生"挤出效应"。这就是说,在凯恩斯陷阱中,即使 *IS* 不垂直而向右下方倾斜,政府实行财政政策也会十分有效。

另一方面,*IS* 曲线为直线,说明投资需求的利率系数为零,即不管利率如何变动,投资都不会变动。在经济停滞时期,利率即使发生了变化,也不能对投资发生明显的影响。垂直的投资需求曲线产生垂直的 *IS* 曲线,这时,即使货币政策能改变利率,对收入也没有作用。

7.4.3　古典主义极端情形下政策组合效果

由第 3 节内容可知,*IS* 曲线越平坦,或者 *LM* 曲线越陡峭,货币政策效果越明显,而财政政策效果越不明显。如图 7-9 所示,水平的 *IS* 曲线与垂直的 *LM* 曲线相交,此时财政政策完全无效,而货币政策完全有效,这一情况被称为古典主义极端情形。

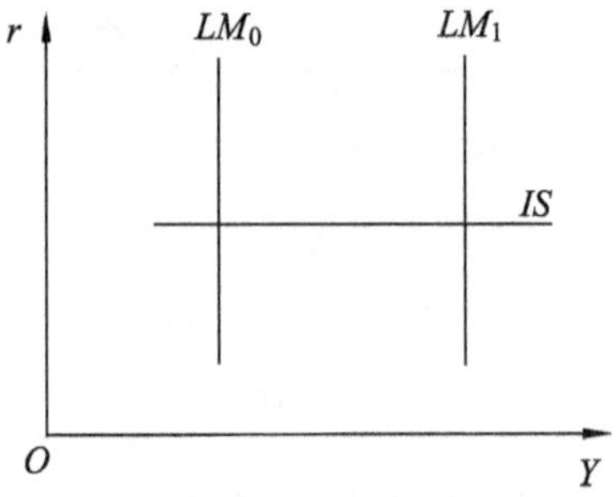

图 7-9 古典主义极端情形下政策组合效果

在古典主义极端情形下,一方面,*LM* 垂直,说明货币需求的利率系数等于零,即利率已经很高,既使人们持有货币的成本或者说损失极大,又使人们看到债券价格低到了只会上涨而不会再跌的程度。因此,人们再不愿为投机而持有货币。这时候,政府如推行一项增加支出的扩张性财政政策而要向私人部门借钱的话,由于私人部门没有闲置货币,所以只有在私人部门认为将投资支出减少一个等于政府借款数目是合算的时候,政府才能借到这笔款项。为此利率(政府借款利率)一定要上涨到足以使政府公债产生的收益大于私人投资的预期收益。在这样的情况下,政府支出的任何增加都将伴随着私人投资的等量减少。显然,政府支出对私人投资的“挤出”就是完全的,扩张性财政政策并没有使收入水平有任何改变。

另一方面,*IS* 呈水平状,说明投资需求的利率系数达到无限大,利率稍有变动,就会使投资大幅度变动。因此,政府因支出增加或税收减少而需要向私人部门借钱时,利率只要稍有上升,就会使私人投资大大减少,产生完全“挤出效应”。

无论是上述凯恩斯主义极端情况,还是古典主义极端情况,在现实生活中都极为少见,常见的是 *LM* 曲线向右上方倾斜而 *IS* 曲线向右下方倾斜。在正常情况下,无论是财政政策还是货币政策,都可以对经济起一定的调节作用。在衰退时期,要多用些扩张性财政政策,而在通货膨胀严重时期,应多用些紧缩性货币政策。

在考虑如何混合使用两种政策时,不仅要看当时的经济形势,还要考虑政治上的需要。这是因为,虽然扩张性财政政策和货币政策都可增加总需求,但不同政策的后果可以对不同的人群产生不同的影响,也使 *GDP* 的组成比例发生变化。例如,实行扩张性货币政策会使利率下降、投资增加,因而对投资部门尤其是住宅建设部门十分有利。可是,实行减税的扩张性财政政策,则有利于增加个人可支配收入,从而可增加消费支出。而同样是采用扩张性财政政策,如果是增加政府支出,例如兴办教育、防止污染、培训职工等,则人们受益的情况又不相同。正因为不同政策措施会对 *GDP* 的组成比例(投资、消费和政府购买在 *GDP* 中的构成比例)产生不同影响,进而影响不同人群的利益,因此,政府在作出混合使用各种政策的决策时,必须考虑各行各业、各个阶层的人群的利益如何协调的问题。

例 1:

假定货币需求 $L=0.2Y$,货币供给 $M=200$,消费 $C=90+0.8Y_d$,税收 $T=50$,投资 $I=140-5r$,政府支出 $G=50$,求:

(1) 导出 *IS* 和 *LM* 方程,求均衡收入、利率和投资。

(2) 若其他情况不变,政府支出 G 增加 20,收入、利率和投资有什么变化?

(3) 是否存在“挤出效应”?

解:(1) 由 $C=90+0.8Y_d$,$T=50$,$I=140-5r$,$G=50$ 和 $Y=C+I+G$ 可知 *IS* 曲线为:

$$\begin{aligned} Y &= 90+0.8Y_d+140-5r+50 \\ &= 90+0.8(Y-50)+140-5r+50=240+0.8Y-5r \end{aligned}$$

化简整理得：

$$Y=1\ 200-25r \quad ①$$

由 $L=0.2Y$，$M=200$ 和 $L=M$ 知 LM 曲线为：$0.2Y=200$，即：

$$Y=1\ 000 \quad ②$$

这说明 LM 曲线处于充分就业的古典区域，故均衡收入为 $Y=1\ 000$，联立式①、②得：

$$1\ 000=1\ 200-25r$$

求得均衡利率 $r=8$，代入投资函数，即得 $I=140-5r=140-5\times8=100$。

（2）在其他条件不变的情况下，政府支出增加 20 将会导致 IS 曲线发生移动，此时由 $Y=C+I+G$ 可得新的 IS 曲线为：

$$\begin{aligned}Y&=90+0.8Y_{\mathrm{d}}+140-5r+70\\&=90+0.8(Y-50)+140-5r+70=260+0.8Y-5r\end{aligned}$$

化简整理得：

$$Y=1\ 300-25r$$

与 LM 曲线 $Y=1\ 000$ 联立得：$1\ 300-25r=1\ 000$，均衡利率为 $r=12$，
代入投资函数得：

$$I=140-5r=140-5\times12=80$$

而均衡收入仍为 $Y=1\ 000$。

（3）由投资变化可以看出，当政府支出增加时，投资减少相应份额，这说明存在"挤出效应"，由均衡收入不变也可以看出，LM 曲线处于古典区域，即 LM 曲线与横轴 Y 垂直，这说明政府支出增加时，只会提高利率和完全挤占私人投资，而不会增加国民收入，可见这是一种与古典情况相吻合的完全挤占。

例 2：

假定 LM 方程为 $Y=500+25r$（货币需求 $L=0.2Y-0.5r$，货币供给 $M=100$），IS 方程为 $Y=950-50r$（消费 $C=40+0.8Y_{\mathrm{d}}$，税收 $T=50$，投资 $I=140-10r$，$G=50$）。求：

（1）均衡收入、利率、消费和投资；

（2）当政府支出从 50 增加到 80 时的收入、利率、消费和投资水平各为多少？

（3）为什么均衡时收入的增加量小于 IS 曲线的右移量？

解：（1）由 IS 和 LM 方程联立得 $Y=950-50r$ 和 $Y=500+25r$，解方程组得均衡利率 $r=6$，均衡收入 $Y=650$，此时消费为 $C=40+0.8Y_{\mathrm{d}}=40+0.8(650-50)$，即 $C=520$，投资为 $I=140-10r=80$。

（2）当政府支出增加为 80 时，IS 曲线将会向右移动，由 $Y=C+I+G$ 得新的 IS 曲线方程为：

$$\begin{aligned}Y&=40+0.8Y_{\mathrm{d}}+140-10r+80\\&=40+0.8(Y-T)+140-10r+80\\&=260+0.8(Y-50)-10r\end{aligned}$$

化简得 $Y = 1\ 100 - 50r$，与 *LM* 曲线 $Y = 500 + 25r$ 联立可得均衡收入 $Y = 700$，均衡利率 $r = 8$，此时有：

$$C = 40 + 0.8Y_{\mathrm{d}} = 40 + 0.8(700 - 50) = 560$$
$$I = 140 - 10r = 140 - 10 \times 8 = 60$$

（3）当政府支出增加时，在支出乘数作用下，*IS* 曲线右移量大于均衡收入增加量的原因在于 *IS* 曲线的右移，在 *LM* 曲线向上倾斜时会使利率提高，从而通过投资需求作用减少了私人投资量，也就是存在政府支出增加部分挤占私人投资的“挤出效应”，因而均衡收入的增加量就小于 *IS* 曲线的右移量。

案例评析

IS-LM 模型与我国宏观经济政策选择

人们通常运用 *IS-LM* 模型来分析宏观经济政策的效力，并以该模型所体现的经济思想作为政府宏观经济政策选择的理论依据。但我国宏观经济学的实践表明，以 *IS-LM* 模型为依据的扩张性宏观经济政策尤其是扩张性货币政策并没有取得预期的效果。

IS-LM 模型的形状取决于 *IS* 曲线和 *LM* 曲线的斜率。以我国投资的利率弹性对 *IS* 曲线斜率的影响看，由于市场经济体制在中国还没有完全确立，政府在企业投资中还起着一定的作用，企业自身还不能自觉地按市场经济原则办事，这必然导致企业投资对利率的反应没有一般市场经济国家敏感，从而导致中国的 *IS* 曲线比一般市场经济国家的 *IS* 曲线陡峭。从边际消费倾向变化对 *IS* 曲线的影响看，储蓄的超常增长表明，中国的边际消费倾向已经远远低于在目前收入水平应具有的水平，收入与消费之间已出现了严重的失衡，这种失衡必然导致我国的 *IS* 曲线比在正常情况下陡峭。

那么，中国的 *LM* 曲线斜率如何呢？首先，中国正处于新旧体制交替的过程中，中国居民对货币的预防性需求急剧膨胀，从而打破了收入与消费之间的稳定关系，使中国的货币交易需求的收入弹性不再稳定，导致 *LM* 曲线不断趋向平坦。其次，从货币投机需求的利率弹性对我国 *LM* 曲线斜率的影响看，在目前的中国，由于金融市场、资本市场尚不十分完善，广大居民缺乏多种投资渠道，利率的变化对人们的投机性货币需求影响并不大，投机需求的利率弹性较小，其对 *LM* 曲线的影响是使 *LM* 曲线比较陡峭。

由以上分析，我们可以得出以下结论：

其一，在进行政策选择时，必须考虑政策的有效性和确定性。在一定的经济形势下，一些政策比另一些政策更加有效，一些政策的影响比另一些政策的影响具有更大的确定性。在我国目前的状况下，*IS* 曲线陡峭，*LM* 曲线平坦，这时，财政政策效果十分有效，货币政策效果有限。近几年，利率连续下调对消费和投资的刺激十分有限已经告诉我们，目前条件下，货币政策充分发挥作用的环境并不存在，继续下调利率很难取得预期的效果。因此，在运用扩张性经济政策以刺激需求时，应把重点放在财政政策上。

在运用扩张性财政政策时，必须注意不同措施的效果。由于悲观预期的存在，居民的预防性货币需求无限膨胀，企业对未来利润率的预期也比较悲观，试图通过增加居民(尤其是收入较高阶层居民)收入以扩大消费需求，通过降低利率以扩大投资需求的愿望在实践中具有很大的不确定性，很可能由于公众的不配合使这些政策的作用受到限制。而政府购买和直接投资的效果则是十分确定的，因此，在政策措施选择上，应加大政府开支和用于失业、养老等方面的转移支付和直接投资。基于此，我们认为政府通过举办公共工程以刺激需求的政策是明智的，而在通过增加居民收入以刺激消费上，应把重点放在增加边际消费倾向较高的低收入阶层身上。

其二，在进行政策选择时，应考虑政策的效力与市场完善程度的关系。宏观经济政策作用的发挥，取决于市场经济制度的完善程度，在制度尚不完善的条件下，货币政策的作用自然受到限制；而财政政策是通过税收和政府支出的变化直接影响经济的运行，尤其是政府支出的变化带有强烈的行政色彩，对市场制度的要求没有货币政策那么高，因此，在市场制度尚不十分完善的情况下，扩张性政策的作用应主要通过财政政策来实现。

财政政策之所以比货币政策更容易发挥作用，是由我国现阶段经济体制和财政政策本身的特点决定的。我们在强调本身带有行政色彩的财政政策作用时，应该谨防片面夸大行政手段的作用，防止出现旧体制、旧的管理方法的复归。更不能因为一些经济手段暂时的失灵而否认其作用，为倒退寻找理论依据。

其三，货币政策的重点应放在为其充分发挥作用创造制度环境上。目前我国 *LM* 曲线的形状表明，希望通过降低利率以刺激投资和消费的货币政策注定不会有多大作用。在这种情况下，人们很容易回到老路上去，即希望通过直接增加或减少货币供给量来达到一定的宏观经济目标，这种带有明显行政色彩的货币政策是我们以前常用的。如果说，在经济“软着陆”时期，行政性的货币政策曾经起过很大作用的话，那么，在经济萧条时期，行政性的货币扩张政策很可能是一付毒药，这样做的后果是非常严重的，极易酿成严重的金融危机。中国金融机构存在的严重问题和东南亚金融危机已经使我们清醒地认识到了这一点。目前，我国货币政策的重点不在于扩张本身(因为间接的扩张效果有限，直接的扩张可能酿成灾难性后果)，而在于完善金融市场、资本市场及需要银行介入的再分配制度和消费制度，为货币政策充分发挥作用创造良好的制度环境。

在市场机制发育不完善的条件下，宏观经济政策的实行不仅要服务于宏观经济管理的目标，而且要肩负起塑造市场体系的重任，以减少政策实施的制约因素。在目前至未来一个相当长的时期内，重建宏观经济运行环境比宏观经济政策实施更为重要。只有建立起完善的市场体系，才能找到渐进地实现宏观调控目标的途径。

(**南开物流网**，http://logistics.nankai.edu.cn)

7.5 蒙代尔—弗莱明模型

上述财政政策和货币政策效果的分析是在封闭的条件下进行的。在开放条件下，财政政策和货币政策的效果受 *IS* 曲线、*LM* 曲线和 *BP* 曲线的共同影响。20 世纪 60 年代初，蒙代尔和弗莱明分别独立地提出了开放经济中的宏观政策模型。他们两人 60 年代初曾同时在国际货币基金组织研究部门工作，他们相互独立地、但几乎是同时建立了各自的模型。1976 年，卢迪戈・多恩布什在发表的一系列汇率政策的论文中，将该模型命名为蒙代尔—弗莱明模型。这一模型的基本思路是将 *IS-LM* 模型拓展到开放经济中，这种分析方法也称为 *IS-LM-BP* 分析。

7.5.1 固定汇率制下的政策效果

(1) 货币政策效果

① 资本完全不流动

如图 7-10 所示，假设初始均衡点为 *IS*，*IM* 和 *BP* 的交点 E_0，此时内外部同时均衡。假设中央银行采取扩张性货币政策，使得 *LM* 曲线向右平移至 *LM′*，此时利率下降，投资增加，从而使国民收入增加。但此时国际收支失衡，处于国际收支逆差状态。国际收支逆差会导致本国货币贬值，为了稳定汇率，中央银行必须出售外汇储备，购买本国货币，从而减少本国货币供给，这将使 *LM′* 曲线向左移动，最终将移动到初始均衡点 E_0。

由此可见，在固定汇率制下，如果资本完全不流动，扩张性货币政策只能在短期提高国民收入水平，而在长期内无法改变国民收入水平，货币政策无效。

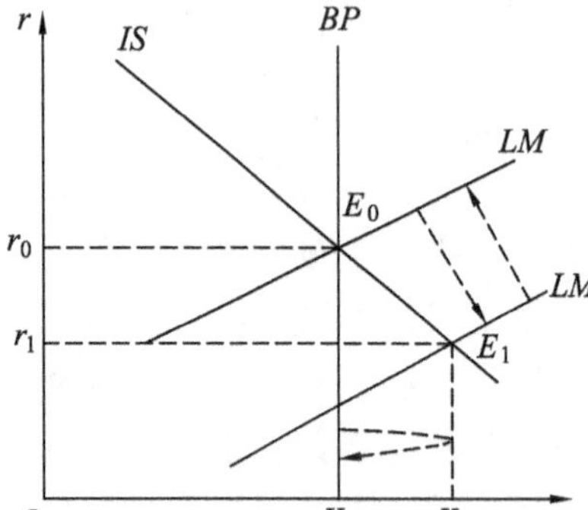

图 7-10 固定汇率和资本完全不流动下的货币政策效果

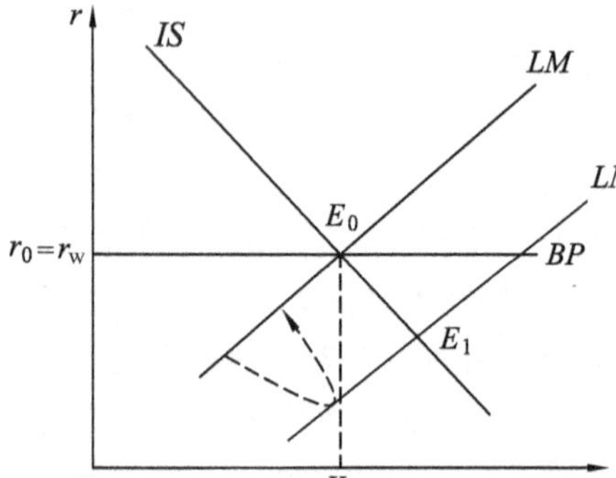

图 7-11 固定汇率和资本完全流动下的货币政策效果

② 资本完全流动

如图 7-11 所示，在资本完全流动的情况下，国内利率 r_0 与世界利率 r_w 相等时国际收支均衡。假设中央银行采取扩张性货币政策使利率下降，从而导致资本急剧无限外流，产生严重的国际收支逆差。为了维持汇率固定，*LM′* 曲线又会向左平移到 *LM*。由于利率的微小下降会引起资本大量外流，中央银行必须迅速出售外汇，购进本币，减少本币供给，因此 *LM* 曲线将非常迅速地回到初始位置。因此，货币政策在固定汇率制和资本完全流动下，无论短期还是长期均不起作用。

③ 资本有限流动

如图 7-12 所示，在资本有限流动的情况下，BP 曲线向右上方倾斜。与固定汇率制下资本完全不流动类似，可以证明在此情况下，货币政策在短期能够提高一国的国民收入，即短期有效，而长期内不能改变一国国民收入水平，即货币政策在长期无效。

（2）财政政策效果

① 资本完全不流动

如图 7-13 所示，假设初始均衡点为 E_0，均衡利率为 r_0，均衡收入水平 Y_0，政府采用扩张性财政政策来增加国民收入水平，使 IS 曲线向右平移到 IS'，与 LM 曲线交于 E_1 点。此时利率和国民收入水平都比原来有所提高，均衡利率为 r_1，均衡收入为 Y_1，但 E_1 位于 BP 曲线右侧，有国际收支逆差存在。在固定汇率制下，国际收支逆差会使本币供给减少，LM 曲线向左平移到 LM'，与 IS' 和 BP 共同相交于 E_2 点，利率比原来有所提高，变为 r_2，国民收入下降到原来 Y_0 水平，这表明提高利率水平对私人投资产生了显著的挤出效应。

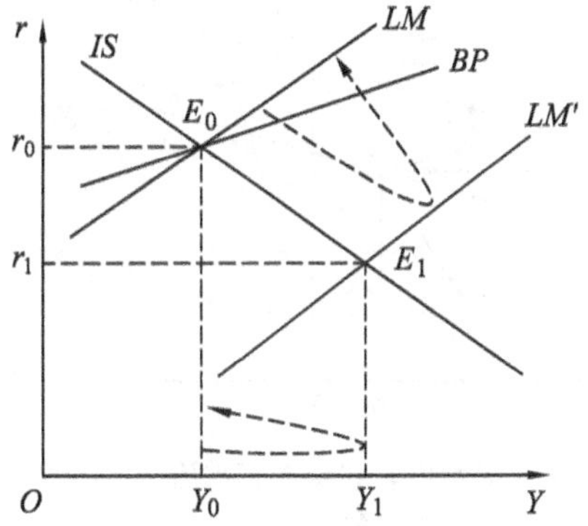

图 7-12　固定汇率和资本有限流动下的货币政策效果

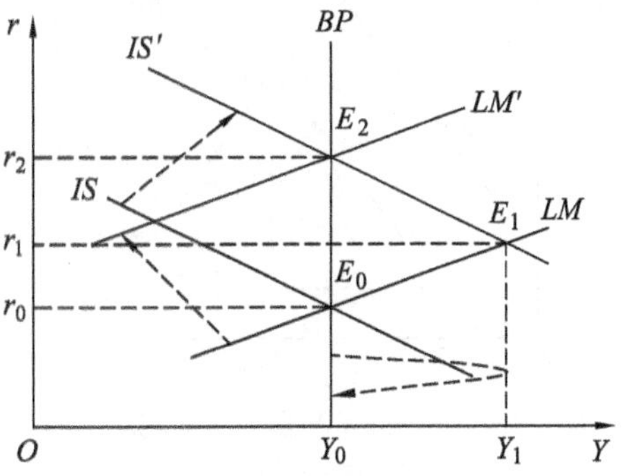

图 7-13　固定汇率和资本完全不流动下的财政政策效果

因此，在固定汇率制和资本完全不流动条件下，扩张性财政政策短期会提高一国国民收入水平，长期内无法提高国民收入，只能提高利率。

② 资本完全流动

如图 7-14 所示，假设初始均衡点为 E_0，政府采取扩张性财政政策，使 IS 曲线向右平移到 IS'，与 LM 曲线在 E_1 点相交。由于 E_1 在 BP 曲线上方，因而存在国际收支顺差。为了稳定汇率，中央银行必须出售本币，购买外币，导致本币供给增加，使 LM 曲线向右平移到 LM'，与 IS' 和 BP 共同相交于 E_2 点，国民收入水平由 Y_0 增加到 Y_1。

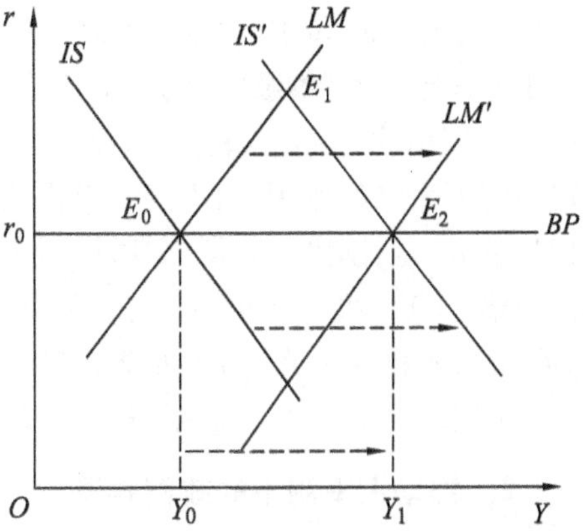

图 7-14　固定汇率和资本完全流动下的财政政策效果

因此，在固定汇率制和资本完全流动条件下，财政政策效果非常明显。

③ 资本有限流动

资本有限流动情况下的财政政策效果与 *BP* 曲线和 *LM* 曲线斜率有关。

第一,*BP* 曲线斜率较小。如图 7-15 所示,*BP* 曲线斜率较小,*LM* 曲线斜率较大。初始均衡点为 E_0,政府采取扩张性财政政策,使 *IS* 曲线向右平移到 *IS′*,与 *LM* 曲线相交于 E_1 点。此时收入和利率都有所提高。利率上升,会吸收外部资本流入,改善资本账户;收入提高会导致进口增加,经常账户恶化。国际收支变化取决于两种效应的净效应。图 7-15 中,E_1 点位于 *BP* 曲线左上侧,表明存在国际收支顺差,即利率上升对国际收支的改善效应更大。*BP* 曲线越平坦,表明资本流动的利率弹性越大,利率提高引起的资本流入就越多,资本账户的改善效应就会超过经常账户的恶化效应。

在固定汇率制下,本国货币供给增加,会使 *LM* 曲线向右平移至 *LM′*,与 *IS′*曲线和 *BP* 曲线共同交于 E_2,国民收入由 Y_0 增加至 Y_1,财政政策有效。

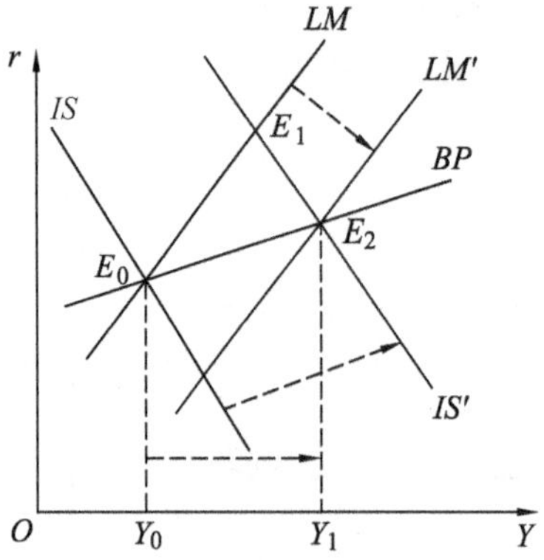

图 7-15　固定汇率和资本有限流动下的财政政策效果 Ⅰ

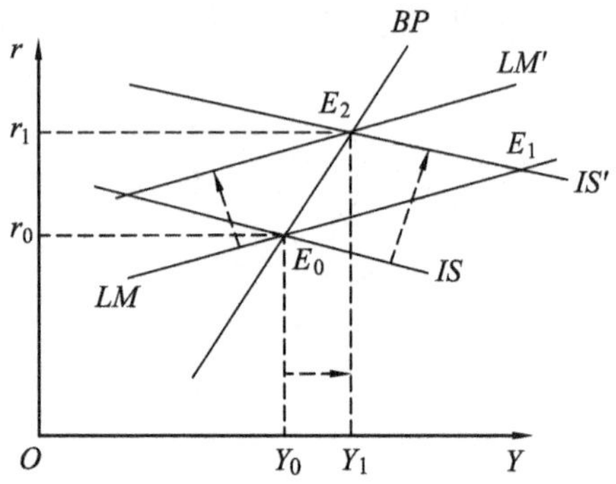

图 7-16　固定汇率和资本有限流动下的财政政策效果 Ⅱ

第二,*BP* 曲线斜率较大。如图 7-16 所示,*BP* 曲线斜率较大,较为陡峭;*LM* 曲线斜率较小,较为平坦。假设初始均衡点在 E_0,政府采用扩张性财政政策使 *IS* 曲线向右平移至 *IS′*,与 *LM* 曲线相交于 E_1 点,由于 E_1 位于 *BP* 曲线右侧,表明存在国际贸易逆差,即收入上升对经常账户的恶化效应超过利率上升对资本账户的改善效应。由于 *BP* 曲线斜率较大,表明资本流动的利率弹性较小,利率上升吸引的资本流入较少,从而对资本账户的改善效应较小。

在固定汇率制的作用下,本国货币供给减少,*LM* 曲线向左平移至 *LM′*,与 *IS′*和 *BP* 曲线共同相交于 E_2 点,国民收入从 Y_0 增加到 Y_1,但增加幅度较小。

综合第一点和第二点可以看出,在固定汇率制和资本有限流动条件下,财政政策的效果与 *BP* 曲线的斜率有关。*BP* 曲线斜率越小,即越平坦,财政政策效果越明显;*BP* 曲线斜率越大,即越陡峭,财政政策效果越不明显。

7.5.2　浮动汇率制下的政策效果

(1) 货币政策效果

① 资本完全不流动

如图 7-17 所示,假设初始均衡点为 E_0,中央银行采取扩张性货币政策,使 *LM* 曲线向右平移至 *LM′*,与 *IS* 曲线在 E_1 点相交。由于 E_1 在 *BP* 曲线右侧,存在国际收支逆差。在浮动汇率制下，会造成本币贬值，从而引起净出口增加，导致 *BP* 曲线和 *IS* 曲线分别向右平移至 *BP′*和 *IS′*。最终，*BP′*，*IS′*和 *LM′*同时在 E_2 点相交。国民收入由 Y_0 增加到 Y_1，利率变动幅度不大，扩张性货币政策有效。

同样可以证明，在此条件下紧缩性货币政策也有效。

② 资本完全流动

如图 7-18 所示，假设初始均衡点为 E_0，中央银行采取扩张性货币政策，使 *LM* 曲线向右平移至 *LM′*，与 *IS* 曲线在 E_1 点相交。由于 E_1 在 *BP* 曲线下方，存在国际收支逆差。在浮动汇率制下，国际收支逆差会造成本币贬值，从而引起净出口增加，导致 *IS* 曲线向右平移至 *IS′*。最终，*IS′*和 *LM′*与 *BP* 曲线同时在 E_2 点相交。国民收入由 Y_0 增加到 Y_1，利率没有变动，扩张性货币政策有效。

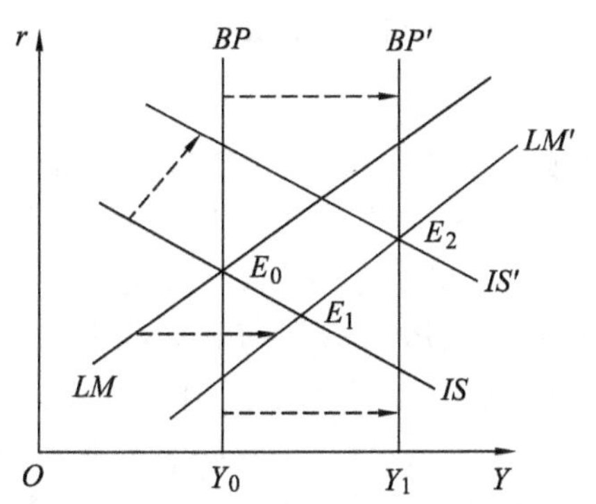

图 7-17　浮动汇率和资本完全不流动下的货币政策效果

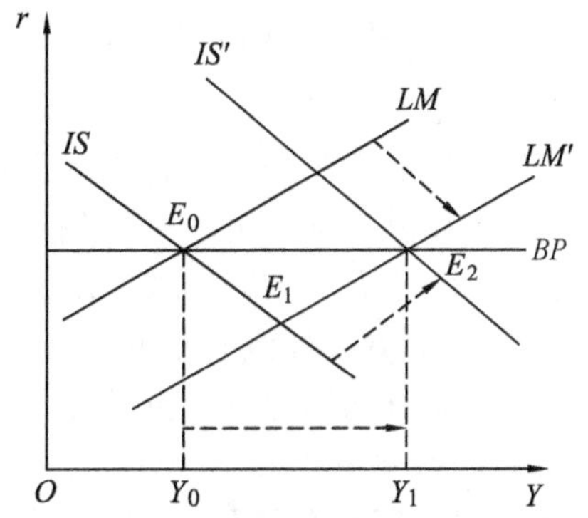

图 7-18　浮动汇率和资本完全流动下的货币政策效果

同理可以证明，在此条件下紧缩性货币政策同样有效。

③ 资本有限流动

如图 7-19 所示，假设初始均衡点为 E_0，中央银行采取扩张性货币政策，使 *LM* 曲线向右平移至 *LM′*，与 *IS* 曲线在 E_1 点相交。由于 E_1 在 *BP* 曲线右下侧，存在国际收支逆差。在浮动汇率制下，会造成本币贬值，从而引起净出口增加，导致 *BP* 曲线和 *IS* 曲线向右平移至 *BP′*和 *IS′*，*BP′*，*IS′*和 *LM′*同时在 E_2 点相交。国民收入由 Y_0 增加到 Y_1，扩张性货币政策有效。

（2）财政政策效果

① 资本完全流动

如图 7-20 所示，假设初始均衡点为 E_0，政府采取扩张性财政政策使 *IS* 曲线向右平移到 *IS′*，与 *LM* 曲线在 E_1 相交。由于 E_1 在 *BP* 曲线上方，存在国际收支顺差。在浮动汇率制下，会使本币升值，从而引起净出口减少，导致 *IS* 曲线向左平移，最终移动到原来的位置。在这一过程中，本国货币供给量没有变化，因此 *LM* 曲线也没有移动。因此，在浮动汇率制和资本完全流动下，扩张性财政政策无效。

同理可以证明，在此条件下紧缩性财政政策无效。

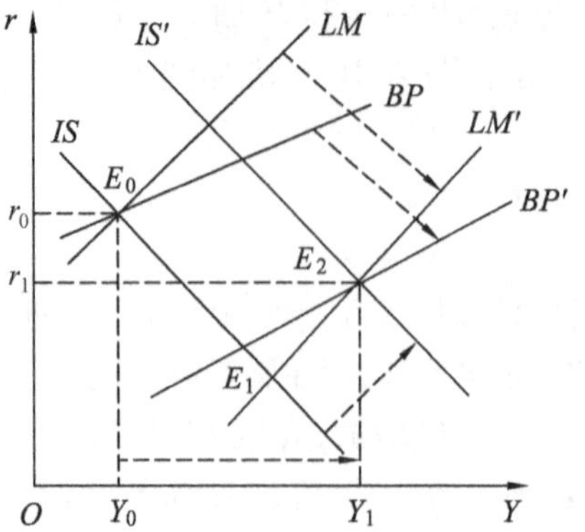

图 7-19　浮动汇率和资本有限流动下的货币政策效果

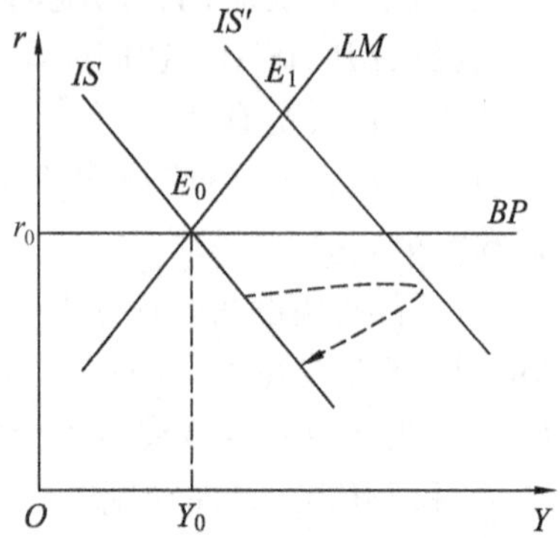

图 7-20　浮动汇率和资本完全流动下的财政政策效果

② 资本有限流动

第一,BP 曲线斜率较小时,如图 7-21 所示。BP 曲线斜率较小,较为平坦,LM 曲线斜率较大,较为陡峭。政府采用扩张性财政政策使 IS 曲线由 IS_0 向右平移到 IS_1,与 LM 曲线在 E_1 点相交。由于 E_1 在 BP 曲线左侧,存在国际收支顺差。在浮动汇率制下,会使本币升值,从而导致 IS_1 和 BP_0 曲线向左平移,分别平移至 IS_2 和 BP_1,BP_1,IS_2 在 LM 曲线上的 E_2 点相交。E_2 为最终的均衡点。国民收入由 Y_0 增加到 Y_2,但增加幅度较小。因此,在此情况下,扩张性财政政策效果并不明显。

同样可以证明,在此条件下紧缩性财政政策效果不明显。

第二,当 BP 曲线斜率较大时,如图 7-22 所示。BP 曲线斜率较大,较为陡峭,LM 曲线斜率较小,较为平坦。政府采用扩张性财政政策使 IS 曲线由 IS_0 向右平移到 IS_1,与 LM 曲线在 E_1 点相交。由于 E_1 在 BP 曲线右侧,存在国际收支逆差。在浮动汇率制下,会使本币贬值,从而使 IS_1 向右平移至 IS_2,BP_0 向右平移至 BP_1,IS_2 和 BP_1 在 LM 曲线上的 E_2 点相交。国民收入从 Y_0 增加到 Y_2,增加幅度较大,表明在此情况下,扩张性财政政策效果非常明显。

同样可以证明,在此条件下扩张性财政政策效果非常明显。

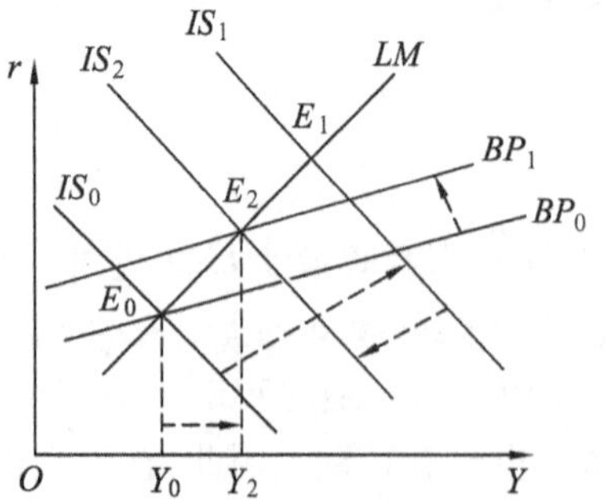

图 7-21　浮动汇率和资本有限流动下的财政政策效果 I

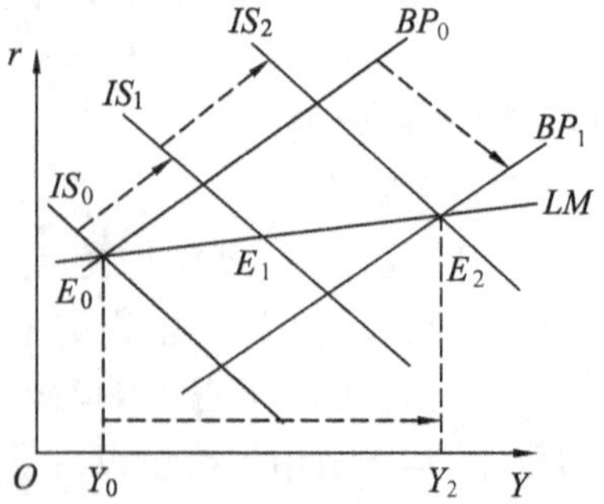

图 7-22　浮动汇率和资本有限流动下的财政政策效果 II

7.5.3 不同汇率制度下的政策效果总结

在不同的汇率制度下,财政政策与货币政策的效果如表7-2和表7-3所示。

表7-2 浮动汇率制度下的政策效果

	资本完全不流动	资本完全流动	资本有限流动	
			*BP*线平坦	*BP*线陡峭
货币政策	短期有效 长期无效	无效	短期有效、长期无效	
财政政策	短期有效 长期无效	有效	有效	效果弱

表7-3 固定汇率制度下的政策效果

	资本完全不流动	资本完全流动	资本有限流动	
			*BP*线平坦	*BP*线陡峭
货币政策	有效	有效	有效	
财政政策	有效	无效	效果弱	有效

拓展阅读

政策选择不可能三角

20世纪50年代,詹姆斯·米德提出,在保证货币政策有效性的前提下,资本自由流动和固定汇率制度不能共存。

20世纪60年代,罗伯特·蒙代尔和马库斯·弗莱明认为,在没有资本流动和资本有限流动的情况下,货币政策在固定汇率下能够有效影响一国经济,在浮动汇率下则更为有效;而在资本自由流动的情况下,货币政策在固定汇率下不能有效影响一国经济,但在浮动汇率下则是有效的。

20世纪90年代,亚洲金融危机爆发后,保罗·克鲁格曼用一个三角形清晰地展示了"不可能三角"的内在原理。其中,三角形的三个顶点分别表示资本自由流动、货币政策独立性和汇率稳定,这三个目标不能同时实现,最多只能同时实现其中的两个。

此后,有关"不可能三角"的扩展分析表明,资本自由流动、货币政策独立性和汇率稳定不一定都是完全的,而是可以根据一国的政治、经济、金融等诸多因素,在有限的资本流动、有限的货币政策独立性和有限的汇率稳定之间进行权衡。

蒙代尔—弗莱明模型或"不相容三位一体"之成立,必须具备两个最重要的条件:

其一,货币必须独立于财政政策,即二者必须是相互独立的货币政策工具。

唯有如此,两个货币工具才能分别发挥不同的功能。假若财政政策决定货币政策或服从于货币政策,二者本质上就成为一个政策工具,无法独立实现不同的政策目标,宏观经济政策组合也就是空中楼阁了。事实上,当代大行其道的中央银行货币政策独立性,其智慧源泉正是蒙代尔的开创性论文。诺贝尔经济学奖委员会的颁奖词说:“通过仔细分析政策当局分权的条件,蒙代尔率先提出了这个思想,中央银行应当被赋予实现价格稳定的独立权威。许多年以后,中央银行独立的思想已经被全世界广泛接受。”

其二,本国必须具备发达的资本市场和货币市场,本国个人和企业能够以本币进行国际借贷和汇率风险对冲。假若本国没有发达的资本市场和货币市场,本国企业(尤其是进出口企业)无法有效对冲汇率风险,那么,国际资本流动(尤其是国际投机热钱)对本国货币需求、货币供应量、资产价格,必将造成巨大冲击,从而极大地削弱宏观政策效果,蒙代尔—弗莱明模型的基本结论亦就不再成立。多数发展中国家(尤其是中国)当然不具备发达的资本市场和货币市场,自然不能简单照搬蒙代尔—弗莱明模型来分析和制定中国的宏观经济政策组合。

(百度百科,http://baike.baidu.com)

复习思考

1. 财政政策对 *IS* 曲线有何影响?
2. 货币政策对 *LM* 曲线有何影响?
3. *IS* 和 *LM* 曲线斜率如何影响财政政策作用效果?
4. *IS* 和 *LM* 曲线斜率如何影响货币政策作用效果?
5. 什么是“挤出效应”?
6. 固定汇率制和资本有限流动下财政政策效果如何?
7. 浮动汇率制和资本完全不流动下货币政策效果如何?

8 *AS-AD* 模型的政策含义

经济问题

格林斯潘与美国货币政策

在美国乃至全世界,美联储主席格林斯潘的一言一行都备受关注。他被认为是美国仅次于总统的第二号人物,在经济方面,甚至比总统的地位还高。他知道自己"一言可以兴邦,一言可以丧国",因而说话格外谨慎,习惯于用一种故意让人不明其意的"美联储语言",以至于他用这种语言向女友求婚,女友没听懂,婚事拖了好几年。格林斯潘为什么有如此大的影响呢?这来自两个方面,一是货币政策在美国经济中的重要性及美国经济在世界上的地位,二是美联储的独立性及决策权。

8.1 *AS-AD* 模型与货币政策

不同的供给条件下,货币政策的效应是不一样的。在凯恩斯供给条件下,名义货币存量增加会使总需求曲线向右(或向上)移动,由此导致产量增加,但价格水平不变。在古典供给条件下,名义货币的增加将同比例提高价格水平,但不改变真实的产出水平。而新古典宏观经济学则支持货币中性,即当货币存量的变化仅仅导致价格水平的变化,而真实的变量(如产量、就业率、利率)均不变时,货币就是中性的。下面具体考察新古典宏观经济学的货币扩张效应及其政策观点。

8.1.1 新古典 *AS-AD* 框架下的货币扩张效应

货币的扩张在短期、中期和长期上都会产生不同的效应。

如图 8-1 所示,在短期内货币扩张使总需求曲线由 AD_0 向右平移至 AD_1,AD_1 与 AS_0 相交于 E_1 点,均衡产出与下一期的价格水平都将上升。在短期中,货币扩张导致产出上升,价格提高归因于产出和就业水平上升带来的劳动成本的增加。

从中期来看,价格和产出会适当调整。在 E_1 点,产出高于潜在的产出水平 Y^*,价格将持续上涨,新的供给曲线在价格水平为 P_1 时,就是充分就业时的产出水平,即总供给曲线上

移至 AS_1。AS_1 与 AD_1 相交于 E_2 点，不难发现产出水平已经开始下降但价格水平继续上升。因此，接下来经济体进入了一个由初始扩张到逆转的调整阶段，虽然产出水平仍高于充分就业产出水平 Y^*。

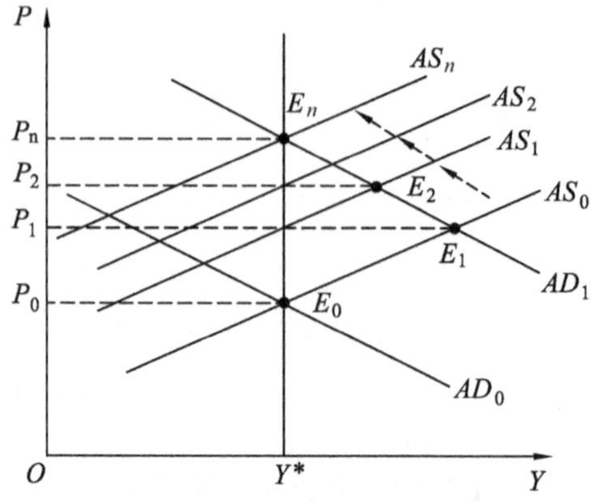

图 8-1 货币扩张的短期效应和长期效应

在长期中，价格和产出会进一步调整。只要经济体的产出水平仍高于充分就业的产出水平 Y^*，AS 曲线就将进一步上移。最终的结果是，AS 曲线不断上移直到总供给曲线与总需求曲线相交，此时的产出水平回归到充分就业的产出水平为止，价格则持续上升。

在长期中，一旦工资和价格进行了充分的调整，货币存量的增加不会产生真实效应，即在长期中，货币是中性的——它没有真实效应，只有价格水平的上升。此处的货币中性与古典理论中的货币中性的关键区别在于：在这个更为现实的 AS-AD 框架内，货币在长期中才是中性的，在短期却不是。在古典理论中，货币的一次性扩张立即引起价格水平等比例的上升，并没有真实的扩张。而此处的情形是，短期和中期的产出水平、价格水平都上升了，只有在长期中，才与古典情形一致。

资料链接

中央银行的独立性与宏观经济

各国中央银行的组织形式差异很大，美国的中央银行是最为独特的，它是由 12 家地区联邦储备银行所组成的联邦储备体系。其他国家的中央银行大多由原来的一家商业银行演变而来。因为组织形式的差异和各国政治经济制度的差异，各个国家中央银行相对于政府的独立性也存在着很大的差异。

大多数国家的中央银行行长或总裁是由政府任命的（加拿大是个例外，它的中央银行行长由该行的管理委员会任命）。在美国，美联储总裁任期长达 4 年。在有些国家，行长或总裁由政府任命后往往不对政府负责，而是对国会负责或独立承担政策责任，保持着类似美国那样的独立性。在部分国家，中央银行几乎完全被政府控制，独立性较差。在一些国家，如日本、法国，以政府角色出现的财政部拥有向中央银行建议的权力。除此之外，许多国家中央银行有向政府提供透支、方便政府借款的义务。

在发达国家中，以德国、瑞士、加拿大、荷兰和美国的中央银行独立性最强，独立性最低的为卢森堡、希腊和西班牙。新成立的欧洲中央银行也被设计得高度独立。

中央银行的独立性与一国宏观经济间的关系值得研究。中央银行独立的鼓吹者认为，提高中央银行的独立性可以改善宏观经济的运行。因为，中央银行可以独立地制定货币政策，把货币稳定作为政策的唯一目标。独立性差的中央银行可能为顾及其他目标而牺牲货币稳定目标。表 8-1 的内容较为有力地支持了这一观点。

表 8-1　代表性国家中央银行独立性与通货膨胀率比较

序号	国家	独立性	年均 *IR*/%
1	西班牙	1.0	12.0
2	新西兰	1.5	12.0
3	澳大利亚	1.5	9.5
4	意大利	2.0	12.0
5	英国	2.0	6.0
6	芬兰	2.0	8.5
7	法国	2.0	8.0
8	比利时	2.0	5.8
9	瑞典	2.0	8.0
10	挪威	2.0	8.0
11	加拿大	2.5	7.5
12	荷兰	2.5	4.0
13	日本	3.0	4.0
14	美国	3.0	6.0
15	瑞士	4.0	3.0
16	德国	4.0	3.0

注：① 表中央行的独立性从 1（最不独立）到 4（最独立）排列。
② *IR* 指 1973—1988 年的年均通货膨胀率。

（百度文库，http://wenku.baidu.com）

8.1.2　新古典的货币政策无效性主张

被公众预期到的总需求的变动，不能导致整个经济产量和就业量的变动。只有未预期到的货币供给量（总需求）的变化才能使产出水平偏离其长期增长路径。预期到的和未预期到的总需求变化都能影响价格。把两者结合起来可知，完全预期到的总需求增加只会使价格水平上升。

新古典宏观经济模型认为，波动的根源是货币冲击，而这种冲击一般是由中央银行的货币政策引起的。

根据新古典宏观经济模型，货币冲击首先影响到一般价格水平，经济人要经过一段时间才能看清楚这种变化不是相对价格变化而是总需求变化，在这段时期里，货币冲击的确能够影响产出。但是理性预期的经济当事人能够利用有关货币政策规则的知识，很快形成对未来价格的正确预期，纠正错误的产量决策，使社会总产量恢复到自然率水平。这就是说，只要货币当局的政策具有系统性，它就不能改变产出增长的长期路径。如果要长期影响产量，货币当局只能随机地改变货币政策，不让经济当事人掌握其规律，其代价是产出的剧烈波动。上述政策含义可以进一步用图 8-2 来加以说明。

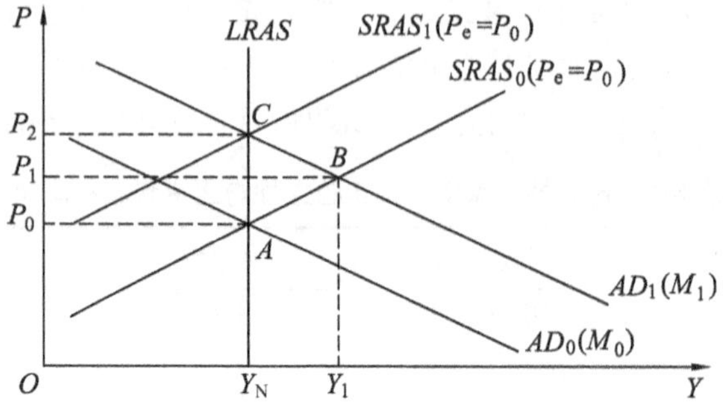

图 8-2 “政策无效性”主张

在图 8-2 中，经济起初在 A 点处运行，该点是总需求曲线 AD_0、总供给曲线 $SRAS_0$ 和 $LRAS$ 三条线的交点。在 A 点，价格水平 P_0 被完全预见到（即实际和预期的价格水平一致），产出和就业在其长期均衡的水平上。假设货币当局宣布打算提高货币供给，理性的当事人在形成他们的预期时会考虑这个信息并完全预见到货币供给的提高对一般价格水平的影响，结果，产量和就业会停留在自然率水平上不发生变动。当货币工资在一个向上的价格预期之下提高时，总需求曲线从 AD_0 向右移到 AD_1 的效果就被总供给曲线从 $SRAS_0$ 到 $SRAS_1$ 的向左移动的效果所抵消。在这种情况下，经济将从 A 点直接移动到 C 点，停留在垂直的长期供给曲线 $LRAS$ 上，即使在短期，产量和就业也没有变化，即货币是中性的。

另一方面，设想货币当局出乎当事人的意料，在未宣布其打算的情况下增加货币供给。这时，拥有不完全信息的厂商和工人把一般价格水平上升的结果错误地当作相对价格的上升，他们作出的反应是提高产量和增加劳动供给。换句话说，工人和厂商错误地把这些看作是对他们劳务和产品需求的实际增长，从而增加劳动和产品的供给。根据图 8-2，总需求曲线将从 AD_0 移动到 AD_1，在 B 点与 $SRAS_0$ 相交，这时经济的产量为 Y_1，它偏离了产出的自然率水平 Y_N，这被认为是当事人预期误差的结果。按照新古典宏观经济学的说法，产量和就业的任何偏离自然水平的变化都只被看做是暂时的。一旦当事人意识到相对价格并没有变化，产量和就业就回到它们的长期均衡（自然率）水平。一旦当事人充分调整了他们的价格预期，总供给曲线就会从 $SRAS_0$ 向左移动到 $SRAS_1$，与 AD_1 相交于 C 点。

总之，新古典宏观经济学的观点是：第一，能预期到的货币供给的变化将只改变价格水平，而对实际产量和就业没有影响；第二，只有未预期到的货币供给的变化才影响实际产量。

这种政策无效主张对于宏观经济政策的稳定作用及实施的争论有重要意义。如果货币供给是由当局依照一些“已知”的规则决定的，那么即使在短期，当局也不可能通过系统性的货币政策影响产量和就业，因为这可能被当事人预见到。例如，当局采用一项货币规则，确定每年 6 个百分点的货币增长率。在形成通货膨胀预期时，理性经济当事人会把他们对这6%的货币扩张造成的影响的预见包括进去。结果这一货币规则的系统性分量(即6%)对真实变量没有影响。如果实际上,货币供给每年以8%的比率增长,货币扩张的非系统性(未预见到的)分量(也就是每年2%)会使产量和就业暂时提高到它们的长期均衡(自然)水平之上,这是由于通货膨胀预期的误差。在另外一种情况下,当局可能通过反馈规则(例如,对失业和产出变化的反应)来决定货币供给。同理,众所周知的反馈政策规则引起的货币增长率的变化也会被当事人预见到,这使反馈政策规则失效。只有对众所周知的货币规则的未被预见的偏离(例如货币当局的政策误差或未被预见的政策变化)才影响产量。

同样,相机抉择的货币政策引起的货币增长率的变化也会被当事人预见到,使相机抉择的货币政策失效。只有未预期到的货币意外才对真实产量有短期的影响,这种影响主要表现为增大产量和就业,使其偏离自然水平。

总之,由于理性的经济主体在形成预期时,将把任何已知的货币规则考虑进去,当局的系统性或相机抉择的货币政策即使在短期也不可能影响产量和就业。另外,任何通过随机或非系统性货币政策来影响产量和就业的企图,只会增大产量和就业围绕他们自然水平的偏离。因此,宏观经济政策对产量与就业来说是无效的。显然,新古典宏观经济学对宏观政策的反对意见与正统货币主义的主张有微妙的区别。

8.2 *AS-AD*模型与财政政策

不同的供给条件下,财政政策的效应也是不尽相同的。

8.2.1 凯恩斯观点

凯恩斯认为,政府的财政政策具有充分的政策效应。如图8-3所示,政府支出增加或减税使AD_0曲线向右上方移动至AD',新的均衡位于E'点,在E'点价格不变、产出增加。

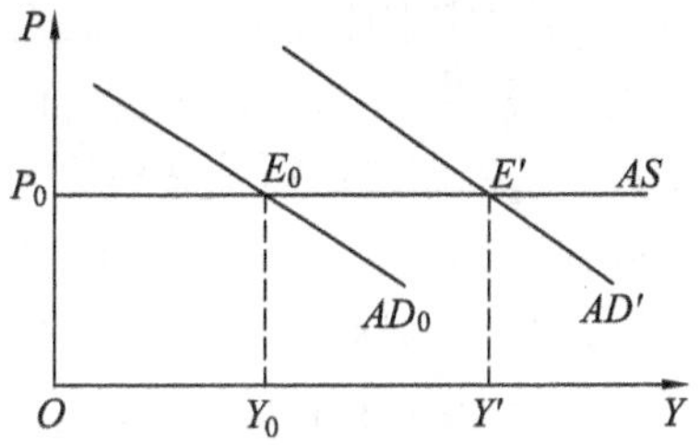

图8-3 财政扩张:凯恩斯观点

8.2.2 古典观点

财政政策:如图8-4所示,政府支出增加或减税使AD_0曲线向右上方移动至AD_1。在初始的价格水平P_0,经济体的总需求原本应上升至E'点的Y',但由于厂商不能雇佣到更多的劳动力来扩大产量,供给无法满足扩大了的需求,因而仅仅是价格水平上升到P_1而产出水平不变,依然是Y^*。

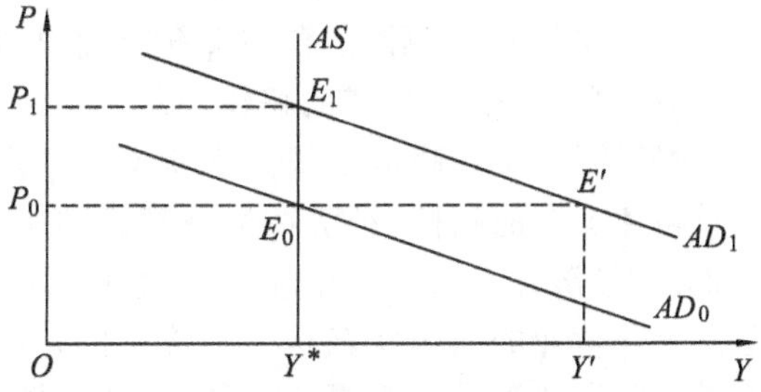

图8-4 财政扩张:古典情况

挤出效应:在充分就业水平下,产量水平维持不变,但政府支出的提高必然意味着私人部门支出的减少。私人部门支出减少的数量恰与政府部门支出增加的数量一致。因而,政府支出的增加对私人部门产生了充分的或完全的挤出效应。

当货币存量的变化仅仅导致价格水平的变化，而真实的变量（如产量、就业率、利率）均不变时，货币就是中性的。

8.2.3 新凯恩斯主义的稳定化政策

把新凯恩斯主义和新古典宏观经济学的劳动市场的情况加以比较，可以看到，前者的劳动市场处于不出清的状态，供求之间存在着差距。在后者的劳动市场中，存在着出清的状态。这种不出清和出清的差别也应该存在于二者的其他市场。

新凯恩斯主义对宏观经济波动的考察是用总需求曲线和总供给曲线并结合长期劳动合同的交错性质来说明的，如图 8-5 所示。

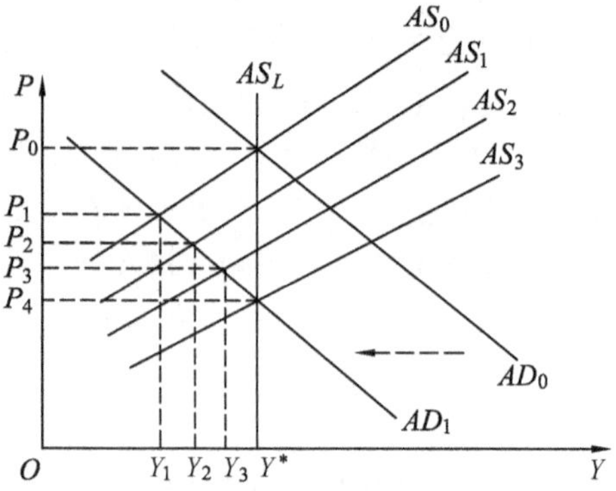

图 8-5 新凯恩斯主义对经济波动的解释

假定经济起初位于总需求曲线 AD_0 和新凯恩斯主义短期总供给曲线 AS_0 的交点上，这时价格水平为 P_0，实际收入为充分就业的收入 Y^*。假定经济受到总需求冲击，例如，由于企业对将来收益的预期发生变化而减少了投资需求；全球经济的萎缩使净出口需求减少；增税；政府支出减少；或货币供给减少等，引起了总需求的减少，反映在总需求曲线上，则使总需求曲线从 AD_0 向左移动到 AD_1。

现在假定劳动市场的工资合同为期 3 年，且每年都有合同数的 1/3 数量的合同需要重新签订。按照新凯恩斯主义理论，当总需求曲线移到 AD_1 后，实际收入下降到 Y_1，价格水平亦下降到 P_1，这种状态一直持续到第一批劳动合同被重新签订时为止。在第一批占总数 1/3的劳动合同重新签订时，劳动供求双方达成了较低的货币工资协议，较低的货币工资使短期总供给曲线向右移动到 AS_1，这时价格水平下降到 P_2。实际收入增加到 Y_2。到了需求冲击后的第二年，当第二批劳动合同重新签订时，劳动供求双方又达成了较低的货币工资协议，较低的货币工资又使短期总供给曲线进一步向右移动到 AS_2，相应的，价格水平下降到 P_3，收入增加到 Y_3，类似地，到了第三批劳动合同重新签订时，总供给曲线向右移动到 AS_3，这时，价格水平下降到 P_4，而收入则恢复到了总需求冲击前的充分就业的水平 Y^*。

按照上述分析，在新凯恩斯主义看来，整个经济经历了 3 年左右的衰退。这便是新凯恩斯主义对宏观经济波动所作的解释。

新凯恩斯主义在政策主张方面所持有的观点是，由于价格和工资的粘性，经济在遭受到总需求冲击后（例如导致经济衰退），从一个非充分就业的均衡状态回复到充分就业的均衡状态是一个缓慢的过程，因此用政策来刺激总需求是必要的，不能等待工资和价格向下的压力带来经济恢复，因为这是一个长期的、痛苦的过程。

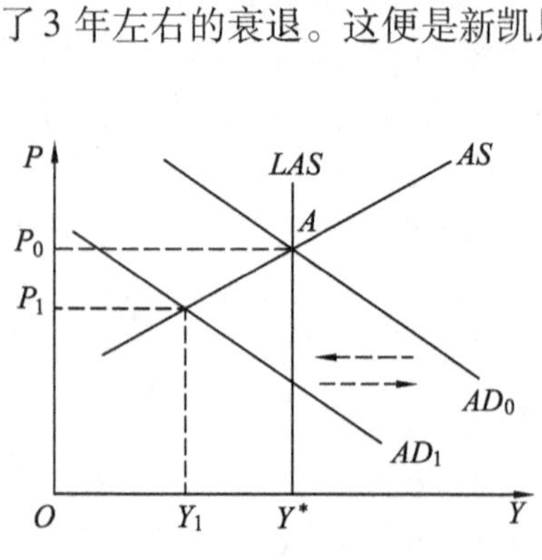

图 8-6 新凯恩斯主义稳定化政策

如图 8-6 所示。假定经济最初处于由总需求曲线 AD_0 和总供给曲线 AS 的交点 A 所确定的充分就业状态，这时的收入和价格水平分别为 Y^* 和 P_0。在为期一年的劳动合同被签订后的某一天由于经济遭受总需求冲击，使总需求曲线向左移动到 AD_1，这时，实际收入下降到 Y_1，价格水平下降到 P_1。这时，政府有两种选择：一是使该经济停留在价格水平为 P_1，收入水平为 Y_1 的萧条状态（至少短期如此）；二是政府采取旨在刺激需求的政策。新凯恩斯主义主张第二种方案，按照这一方案，总需求曲线又从 AD_1 回到原来的 AD_0 的位置，从而经济又恢复到原来充分就业的状态上。由于直到这一年的年末，尽管厂商和工人都有理性预期，但原有的劳动合同没到期，这样，就没有新的劳动合同签订，这意味着 AS 曲线并没有变动，从而上述稳定化政策是必要的。

8.3 *AS-AD* 模型与总需求冲击

在不同的供给情形下，总需求冲击的效应和应对政策也是不尽相同的。本节着重比较凯恩斯与新古典两种情形下的总需求冲击效果。

8.3.1 凯恩斯 *AS-AD* 模型对总需求冲击的解释

总需求的冲击往往会使宏观经济的短期均衡偏离长期均衡，导致经济波动的产生。影响总需求变动的因素有很多，我们仅考虑货币政策这一因素。假定政府认为目前经济可能要转入衰退阶段，决定增加货币供应量以“刺激”经济。我们知道，货币供应量的增加会扩大总需求，使总需求曲线向右移动。

为了清楚地考察这一政策变量对宏观经济的影响，假定在货币供应量增加之前，经济处在图 8-7 中 A 点所示的长期均衡状态。在图 8-7 中，由总需求曲线 AD_0 和短期总供给曲线 SAS_0 决定的短期均衡点 A 恰好等于长期总供给，所以 A 点是长期均衡点，均衡价格水平为 P_0，均衡产量为潜在总产量 $\overline{Y}$。现在假设政府突然增加货币供应量，总需求曲线由 AD_0 移动到 AD_1，均衡点将偏离长期均衡，从 A 点移动到 B 点，相应的均衡价格水平和均衡总产量分别为 P_1 和 Y_1。B 点和 A 点相比，价格水平上升，实际产出大于潜在产出，失业率要小于自然失业率，整个社会处在超充分就业均衡状态。

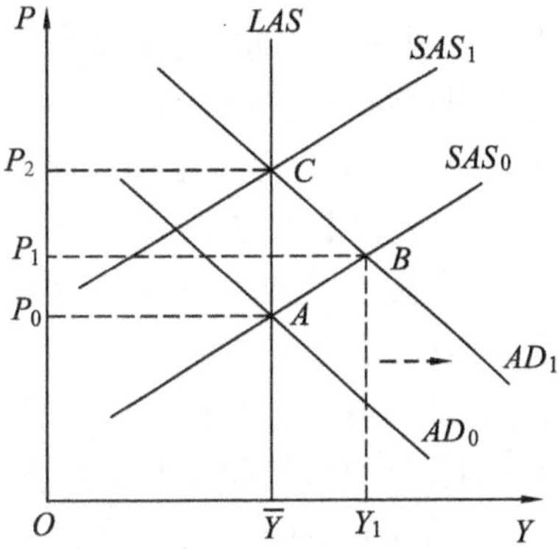

图 8-7 凯恩斯的总需求冲击

一个经济不可能长久保持在超充分就业均衡状态，因为随着时间的推移，工资、价格会对总需求的变动做出反应，使社会回到长期均衡状态。例如，在名义货币工资不变的情况下，价格的上升意味着工人实际工资（实际购买力）下降。当工人发现自己工资的实际购买力下降时，就会提出增加工资的要求，而厂商由于价格上升时得到了超额利润也会做出让步，这样在新的合同中，工人的工资会增加。工资的增加会增加成本，企业就会缩减生产从而减少总供给，短期总供给曲线会向左移动。由于人们对价格的变动有一个逐步适应的过程，而且工资的调整也不可能一步到位，因此在没有其他外部因素干预的情况下，宏观经济回到长期均衡将是一个缓慢的过程，这表现为短期总供给曲线 SAS_0 沿着总需求曲线 AD_1 逐步地

由 B 点向左移动，一直到长期均衡点 C，此时短期总供给曲线为 SAS_1。在 C 点，总需求曲线 AD_1 和短期总供给曲线 SAS_1 在长期总供给曲线 LAS 上相交，宏观经济重新达到了长期均衡，此时均衡价格水平为 P_2，高于原先的长期水平 P_0，但均衡总产量保持不变，仍为潜在产量 $\overline{Y}$。

总之，在短期中，由于某些名义变量不具备充分伸缩性，货币供应量的变动会造成实际产量的变动。但在长期中，市场机制的作用会使名义变量的变动趋向一致：货币供应量增加会带来价格水平同比例的提高，而价格水平的提高则会逐步促使名义货币工资同比例增加，因此长期内实际工资保持不变，企业只能得到正常利润，失业率会回到自然失业率的水平。也就是说，货币供应量的变动并不能改变一国潜在的长期总产量，潜在的总产量的变动仍然取决于技术、人口和资本存量等实际因素。

通过以上的分析我们可以发现，正向的总需求冲击在长期内并不能改变社会的潜在产出，而只会提高价格水平，带来通货膨胀。如果政策制定者不能正确地预测到未来经济的走向，宏观经济政策就有可能人为地使经济脱离长期均衡的轨道而引发通货膨胀。在某种情况下，这种决策失误还有可能加剧经济的波动。例如，在 20 世纪 60—70 年代，美国的货币流通速度一直是相当稳定的变量。但是进入 80 年代后，美国的货币流通速度却突然下降。美联储最初没有预计到货币流通速度的减慢，因此没有采取放松货币供给的扩张性政策。当美联储在 1982 年发现了货币流通速度减慢后，又担心扩张性的货币政策会诱发价格水平的进一步上涨，仍然采取了反通胀的紧缩性政策，最终导致了 80 年代初期美国的经济衰退。

8.3.2 新古典 *AS-AD* 模型对总需求冲击的解释

下面用附加预期的总供给曲线来考察总需求冲击对宏观总量均衡的影响。图 8-8 显示了总需求和总供给曲线，其中，总供给曲线是附加了预期的总供给曲线 EAS，位置取决于预期价格水平的高低。图 8-8 中 EAS_0 曲线是初始的预期价格水平为 P_0 的短期总供给曲线，它与总需求曲线 AD_0 在实际价格水平为 P_0 的 E_0 点相交，并同时经过代表充分就业产量水平 $\overline{Y}$ 的长期总供给曲线 LAS，因此，在 E_0 点，实际价格等于人们的预期水平，经济处于充分就业的长期均衡状态。

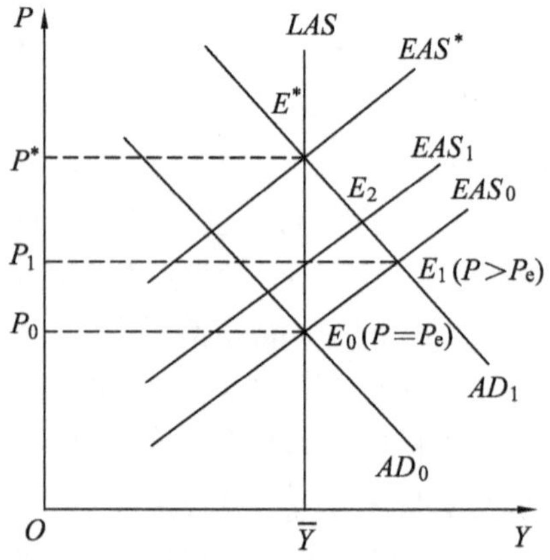

图 8-8 新古典的总需求冲击

现在假定政府实行扩张性货币政策。货币供应量增加了，总需求曲线肯定会向上移动，由 AD_0 移至 AD_1。短期内，人们没有预期到价格水平的变化，企业成本也不会发生变化，因而附加预期的总供给曲线 EAS 不会移动。结果是，EAS_0 曲线与 AD_1 曲线相交而形成新的短期均衡点 E_1，这时的实际价格为 P_1，而预期价格仍为 P_0，实际价格大于预期价格，即 $P > P_e$，所以产量增加了。因此，预料之外的货币扩张会导致产量的增加。

值得注意的是，E_1 点的短期均衡不能持续很久。由于实际价格高于预期值，人们经济活动的结果与原来的设想并不一致，这样，居民和企业都会修正自己的预期。如果居民和企业都把上一期的价格作为这一期价格的预期值（这又被称为适应性预期），那么第二期的

预期价格就是 P_1。按照这个预期价格，总供给曲线向上移至 EAS_1，EAS_1 在 P_1 的价格水平上经过代表充分就业产量水平的长期总供给曲线 LAS。

有了新的总供给曲线 EAS_1 和总需求曲线 AD_1，就形成了新的均衡点 E_2，这时产量已有所下降，而价格则进一步上升。虽然实际价格仍然高于人们的预期值，但差距已经缩小。居民和企业将不断调整对价格的预期，使预期价格与实际价格的差距不断缩小，最终将预期价格提高到 P^*。相应的，EAS 曲线向上移动到 EAS^*。EAS 曲线的向上移动在总需求曲线 AD_1 上给出了一系列均衡位置，从 E_1 开始直到 E^*。在整个调整过程中，总产量一直高于潜在水平，但从 E_1 点开始逐渐回复到潜在水平，价格则持续上升。总供给曲线移到 EAS^* 时与总需求曲线 AD_1 在 E^* 点相交，在这一点，实际价格与人们的预期相符，实际产出与潜在水平一致，经济回到了充分就业状态，只是价格水平提高了。

因此，在短期内，扩张性货币政策如果没有被预期到，货币供给量的增加能使实际产出增加。但是货币供给量的增加不可能永远不被预期到，当人们完全预期到价格变动后，货币扩张不再有实际影响，只反映为价格的上升。根据上述总供给动态模型，在长期内，货币变动是中性的——它没有实际效应而只影响价格，尽管它在短期内确实会影响产量。

如果上述货币扩张一开始就被人们预期到了，总需求曲线向上移动的同时，总供给曲线也会直接移动到 EAS^*。经济的新均衡点在 E^*，此时价格水平等于人们的预期，对应着一个更高的价格水平 P^* 和不变的潜在产量。因此，如果政府的货币扩张政策被人们事先预料到了，货币扩张将不存在任何实际效应，货币变动是完全中性的，这也就是古典长期模型的二分法。

现在，可以回顾一下第 7 章对宏观经济政策效果的分析。在第 7 章中曾指出，宏观政策的有效性取决于某些宏观经济变量对另一些变量变动的敏感程度，如货币需求对利率变动的反应程度、投资需求对利率变动的反应程度等。如果宏观经济变量对这些变量的变动产生不同的反应，那么宏观政策的实行就会对实际经济变量产生不同的影响。产生这种结论的前提条件是假定总供给不变，也就是说，假定决定社会生产的企业和个人不会对宏观政策做出反应，因此宏观政策的有效性取决于现存经济结构中经济变量之间的相互作用。但是，实际上这一结论是有局限性的。当我们在总供给曲线中引进预期因素后，就会发现，宏观政策的有效性还与人们的预期有关，也就是与人们对宏观经济政策的预测以及在这种预测基础上所做出的反应有关，因此，政府的宏观政策在使总需求曲线发生移动的同时也会使总供给曲线发生移动。比方说，当人们预计政府将采取的扩张性货币政策可能带来价格上涨时，那么，工人和企业会事先在合同中增加工资以保持实际工资不变，企业也会事先提价以保证成本增加后还能获得相同的利润。这样货币供应量的增加只会提高价格水平，而不会影响实际的国民收入。也就是说，人们对货币政策的预期会改变货币政策产生效果的经济条件，从而使货币政策的效果发生变化。因此，预期到的宏观经济政策对实际经济生活没有影响，只有未被预期到的宏观政策才能影响实际经济变量。由此可见，附加预期的总供给理论的发展极大地丰富了宏观经济学的内容，也深化了人们对宏观经济政策有效性的理解。

这样，从预期理论出发，古典模型又可以称为完全预期模型，价格的变动之所以不会对实际变量产生影响，是因为总需求的变动都被人们事先估计到了。而凯恩斯模型则可以认为是不完全预期模型，总需求的变动不能被人们完全预期到，因此价格的变动会带来实际产量的变动。

8.4 *AS-AD* 模型与总供给冲击

供给冲击是源自生产成本的变化而产生的对经济体的一种扰动，其首要的影响是移动总供给曲线。20世纪70年代，全球一些主要经济体总供给曲线就被两次大的石油危机所扰动。

资料链接

石油对供给的冲击

石油是现代经济社会中的一种重要的投入品，而世界上大部分石油来自沙特阿拉伯、科威特和其他中东国家。当某个事件导致中东地区的石油供给减少时，世界石油价格便会上升。各国生产汽油、轮胎和许多其他产品的企业的成本会增加，结果总供给曲线向左移动，引起滞胀。

第一起这种事件发生在20世纪70年代中期。当时，有大量石油储藏的国家作为欧佩克成员走到了一起，欧佩克是一个卡特尔，它企图通过减少生产提高石油价格。从1973年到1975年，石油价格几乎翻了一番。世界石油进口国都经历了同时出现的通货膨胀和衰退。在美国，按*CPI*衡量的通货膨胀率几十年来第一次超过10%。失业率从1973年的4.9%上升到1975年的8.5%。

几年后，几乎完全相同的事又发生了。在20世纪70年代末期，欧佩克成员国再一次限制石油的供给以提高价格。从1978年到1981年，石油价格翻了一番还多，结果又是滞胀。第一次欧佩克事件之后，通货膨胀已有点平息，但现在每年的通货膨胀率又上升到10%以上。1978年和1979年的失业率为6%左右，在其后上升到10%左右。

世界石油市场也可以对总供给产生有利影响。1986年，欧佩克成员国之间爆发了争执。成员国违背限制石油生产的协议，在世界石油市场上，价格下降了一半左右。石油价格的这种下降减少了各国企业的成本，这又使总供给曲线向右移动。结果，美国经济经历了滞胀的反面：产量迅速增长，失业减少，而通货膨胀率达到了多年来的最低水平。

8.4.1 凯恩斯 *AS-AD* 模型对总供给冲击的解释

总供给冲击是造成宏观经济的短期均衡偏离长期均衡的另一因素。影响总供给波动的因素也是相当多的，在这里我们主要考察短期总供给的波动。短期总供给主要受工资、原材料价格的影响。

最典型的也是最具影响力的总供给冲击来自20世纪70年代初期的石油输出国组织的限产提价政策。在这一政策支配下，世界石油市场的石油供给急剧减少，油价大幅度上涨，如1971—1974年石油的实际价格上涨了四倍，从而导致了企业成本增加，使短期总供给曲线向左移动。

以图 8-9(a)为例,我们假定在石油提价之前经济处于长期均衡状态,即图中的 A 点,此时均衡价格水平和均衡产量分别为 P_0 和 $\overline{Y}$。现在假设石油价格突然上涨,短期总供给曲线由 SAS_0 移动到 SAS_1,短期均衡点从 A 点移动到 B 点,相应的,均衡价格水平和均衡总产量分别变为 P_1 和 Y_1。B 点和 A 点相比,价格水平上升,实际产出下降,失业率大于自然失业率,整个社会处在失业均衡状态。这种通货膨胀与经济衰退并存的现象也称为“滞胀”(Stagflation)。1974 年石油提价后,美国的通货膨胀率达到了 11.0%,失业率也达到了 5.6%,1975 年上升至 8.5%,出现了典型的滞胀局面。

政策制定者面临由于总供给波动而引起的滞涨时,一般有两种选择。第一个选择是保持总需求曲线不变,等待市场机制自行调节,如图 8-9(a)所示。石油提价会促使人们采取节能措施和寻找替代能源,以减少对石油的依赖。例如,石油危机后日本生产的小型省油汽车开始风靡美国,使美国的汽车耗油量大大下降;另一方面,核能、太阳能、水能也得到了更快的发展,在更大范围里实现了对石油的替代。这样,人们对石油的需求量会不断减少,从而促使世界市场上石油价格逐步下降。石油价格的下降导致企业成本的下降,企业会扩大生产使总供给增加,表现为短期总供给曲线沿着总需求曲线 AD 逐步向原先的长期均衡点 A 移动,一直到回到 A 点。但是,这个过程相当漫长,因为节能和开发新能源都需要时间,因此整个经济会面临一段较长时期的衰退。

第二个选择是扩大总需求。在图 8-9(b)中,政府可以采取扩张性宏观经济政策将总需求曲线从 AD_0 推移至 AD_1,均衡点将会从 B 点移动到 C 点。在 C 点,均衡产量回到了原来的潜在的水平 $\overline{Y}$,但价格水平却进一步上升至 P_2。这样,可以避免长期经济衰退的痛苦,但必须付出通货膨胀的代价。

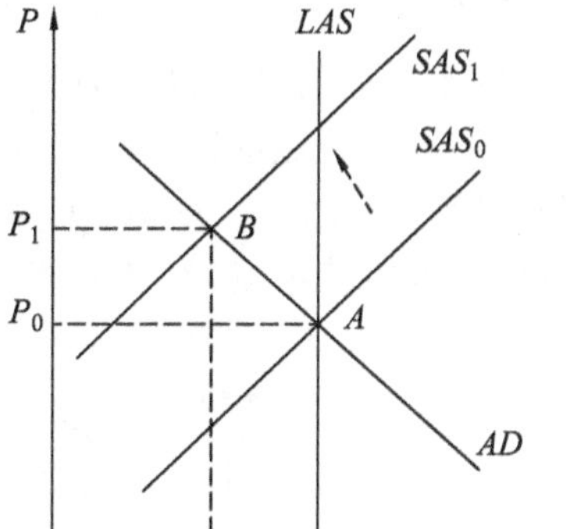

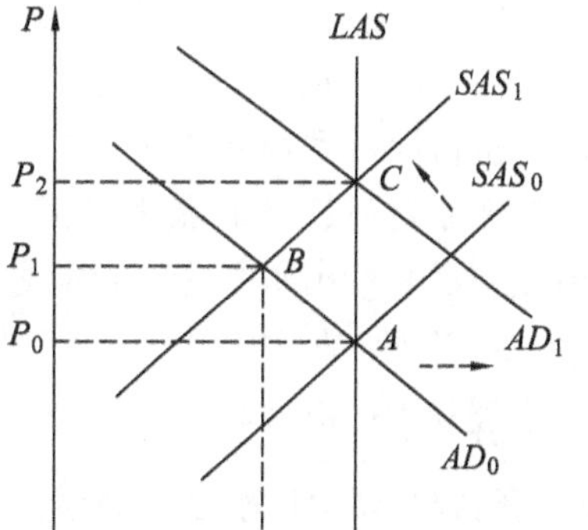

图 8-9 凯恩斯的总供给冲击

因此,对于治理总供给冲击引起的经济衰退来说,政策制定者就有一个目标选择问题。如果政策制定者选择的目标是防止通货膨胀,从而采取让市场自动调节的政策,那么社会必须忍受一段较长时期的经济衰退;而如果选择的目标是避免长期经济衰退,从而采取扩大总需求的措施,那么社会必须付出通货膨胀的代价。关于宏观经济政策,我们在以后的章节中还会专门介绍。在这里,我们需要指出的是,宏观经济政策不可能面面俱到,任何一个可行的宏观政策在达到某个目标时都存在牺牲其他目标的可能性，在提高社会福利的同时又可能使社会付出一定的代价。

劳动成本(和加成比例)是决定产出价格的唯一因素，但是当投入品价格发生重大变化时，在产品总成本的构成中劳动成本所占的比例无疑会发生变化，这种情况在我们推导总供给曲线的时候不得不加以考虑。我们将原材料价格变化纳入总供给曲线方程的推导中，以便对上述过程进行详细的考察。具体的做法是使总成本不仅包括劳动成本、加成比例，而且还包括原材料价格。

用 P_m 来表示原材料价格，则有如下新的价格决定方程：

$$P = \frac{W(1+z)}{a} + \theta P_m \tag{8-1}$$

方程(8-1)中的 θ 表示单位产出的原材料投入量，这样 θP_m 就是单位成本中来自原材料投入的部分，z 表示成本加成的比率。我们可以用原材料的相对价格或真实价格来表示价格方程，相对价格用小写字母 p_m 来表示，并由式(8-2)给出：

$$p_m = \frac{P_m}{P} \tag{8-2}$$

把方程(8-2)代入方程(8-1)，得到一个修正过的价格方程：

$$P = \frac{1+z}{1-\theta p_m} \cdot \frac{W}{a} \tag{8-3}$$

其中 $\theta p_m < 1$。方程(8-3)表明：给定工资、利润空间和劳动生产率，原材料价格上涨会使得总成本增加，从而使供给价格上涨。因此，原材料真实价格变动的影响是使每一个产出水平下的总供给价格上升，总供给曲线向上移动。

不利的供给冲击使总供给曲线上移，经济体的均衡产出左移。因此，这种供给冲击的直接效应是提高了价格水平和降低了产量。供给冲击发生之后的结果又如何呢？后续调整是使得产品价格回落到初始水平，均衡产出水平也回到充分就业的产出水平，但价格水平未降。如果在原材料价格上涨之时，政府通过扩张性的政策使总需求曲线上移，并使经济体的均衡点在潜在产出水平上，这时我们将看到货币工资维持不变，经济体继续处于充分就业的状态。当然，真实工资已经下降了。这种调整政策被称为适应性政策。

8.4.2 新古典 *AS-AD* 模型对总供给冲击的解释

下面用附加预期的总供给曲线来考察总需求冲击和总供给冲击对宏观总量均衡的影响。

假定石油价格上涨前经济处于长期均衡状态，如图 8-10 所示，短期总供给曲线 EAS_0 与总需求曲线 AD_0 在 A 点与长期总供给曲线 LAS 相交，均衡价格为 P_0，实际价格等于预期价格。

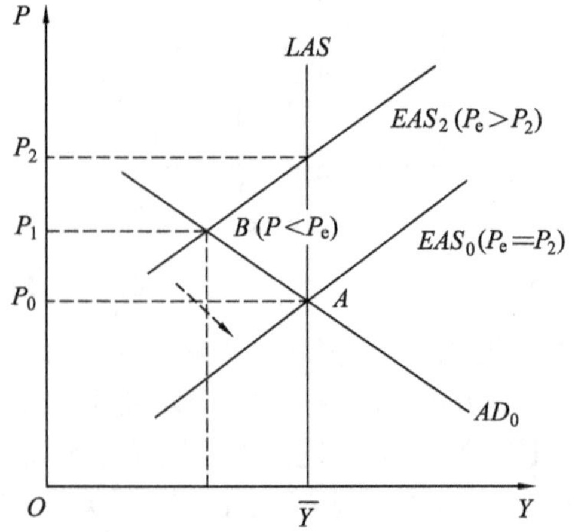

图 8-10　新古典的总供给冲击

石油价格的突然上升使总供给曲线向左上方移动，因为现在在每个产量水平上生产成本都提高了，居民和企业对价格水平的预期也提高了。在图 8-10 中，短期总供给曲线由 EAS_0 上移至 EAS_2，经济均衡点从 A 点移到 B 点。因此，这种总供给冲击的直接效应是提高价格水平和降低产量。在这里，假定总供给的冲击不影响潜在产量水平 $\overline{Y}$。还可以发现，在 B 点预期价格水平为 P_2，实际的价格水平为 P_1，因此实际价格要低于人们的预期。

供给冲击发生以后经济将如何调整呢？在图 8-10 中，经济将从 B 点回到 A 点。经济处于 B 点时，人们会按照低于预期水平的实际价格调整预期，预期价格水平会下降，短期总供给曲线会向右下方移动，促使工资连同价格水平一起下降，这样失业率和产出水平会不断增加。向 A 点调整的速度取决于预期调整的速度。如果预期调整是缓慢的、整个经济的调整也将是缓慢的；如果预期调整较快，整个经济的调整也将较快。调整沿 AD_0 曲线进行，直至均衡点 A，此时人们的预期和现实达到一致，经济恢复到充分就业水平，价格水平也和冲击前一样。这和我们在第 7 章中讨论过的情况类似。不同的是，经济是通过调整预期来达到均衡的。

当然，政府也可以运用扩张性政策来对付供给冲击，促使经济迅速从衰退走向繁荣，如图 8-11 所示。在石油价格上涨时，如果政府采取扩张性的政策刺激总需求，使总需求线由 AD_0 迅速移动到 AD_1，经济就会移动到 C 点而不是 A 点。在 C 点，实际价格和预期价格重新达到一致，经济处在充分就业状态，但价格水平比冲击前上升了。

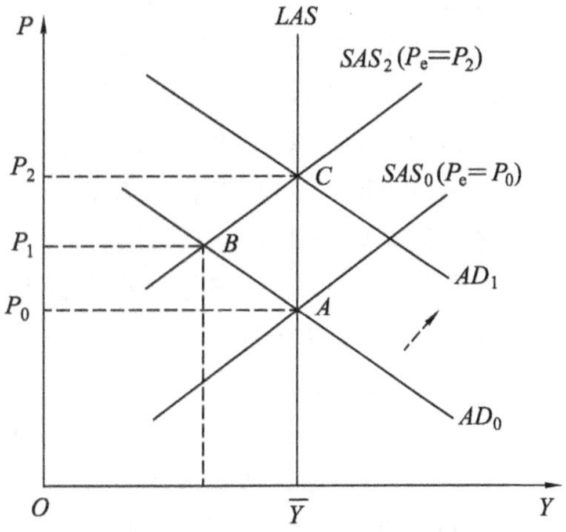

图 8-11　新古典情形下总供给冲击的政府调节

从以上的分析可以发现，总供给冲击的通货膨胀效应与它的衰退效应之间存在着一种替代关系。当采用积极的财政、货币政策扩大总需求时，失业率降低，但通货膨胀率提高，价格会大幅度上升；反之，通货膨胀率较低而失业比较严重。通货膨胀率与失业率之间的这种此消彼长的关系，可以用菲利浦斯曲线来描述。

案例评析

摩根斯坦利：石油冲击是衰退、通胀还是滞胀？

飙升的油价正在唤起 20 世纪 70 年代那些令人不快的回忆。当时，石油冲击引发了经济衰退、两位数的通胀以及持续的滞胀。原油价格继去年翻了一番之后，2008 年年初以来，又上涨了 30 美元/桶，即上涨了 30%。如此幅度的暴涨几乎总会导致经济增长率的大幅下滑。

我们认为，表面上看，本次油价暴涨的结果将与过去类似：一方面将抑制全球经济增长、尤其是石油消费国的经济增长；另一方面则会推升通胀率，使之达到海湾战争以来的最高点。

然而，全球衰退和通胀率大幅上升都是可能性较小的事件，并不属于我们基准预测的内容。毫无疑问，银根宽松曾多次导致全球通胀率的上升。但这一次却有所不同，宽松的货币政策主要来自发展中经济体，而非发达经济体。

无论如何，投资者都应防范经济增长率下滑、通胀率攀升和股价倍数（如市盈率）下降。

1. 石油冲击增大经济增长下行风险

本次石油冲击对全球经济以及油价的影响取决于冲击的来源。2002—2006年，油价稳步攀升的动力来自强劲的全球需求。而这一次则不同，供给约束导致的油价高涨将抑制全球经济增长。然而，我们认为，出现全球经济衰退的可能性很小，原因包括三方面：首先，油价上涨使石油消费国的部分收入转移到产油国手中，而产油国花掉了很大一部分石油收入；第二，在许多国家，油价补贴都缓解了油价上涨的影响；第三，从现在的情况看，各国央行还无意为了消除油价攀升的通胀效应而收紧银根。然而，油价冲击打击石油消费国的步伐很可能会大大快于产油国将其石油收入“回流”的速度。

2. 高油价对不同类型经济体的影响

David Miles 认为，分析油价攀升的正确方式是将其视为贸易条件的变化：石油进口国遭受了负面的贸易条件冲击，而石油出口国的贸易条件则随之改善。面对贸易条件的变化，受害国和得利国都会尽力熨平支出的波动：受害国会增加对外借贷，即扩大经常项目赤字；而得利国并不会立即花掉全部额外收入，而是会把其中的一部分储蓄起来——一种可能的储蓄方式是通过主权财富基金，令这部分资金回流到受害国。这样，受害国的非石油支出就不会出现暴跌，而是会和缓地下滑。换言之，油价攀升不会导致支出能力的消失，而是对其进行了再分配。

Dick Berner 提出，石油进口国还遭受了另一种不利影响：与油价上涨相关的财富连带损失。由于能源相对价格的上涨超出了市场预期，而且是持久性的，因此，石油消费国不适应这种价格的一部分资本存量将被废弃，而这种资本损失将反映在与这些资本对应的所有权（股价）、未来的税收（补充新资本）以及住房和耐用消费品等领域。美国航空业就是一个突出的例子。再如，汽油价格为1.5美元/加仑的时候，距离洛杉矶1小时车程的住房看起来颇有吸引力；而今，这样的住房或许已遭受次贷市场崩盘的打击，如果汽油价格达到4美元/加仑，其价值会更低。这样的财富损失有可能是永久性的。

王庆认为，对于中国这样的新兴经济体而言，一旦油价突破某个关口，上述财富效应的重要性就会大为增强。换言之，如果油价达到一定水平，那么大批高能耗的资本存量或工业生产将被废弃。高油价的这种突变式影响对中国的损害要超过对工业化国家的影响，但短期之内，中国凭借强有力的金融条件，或许更有能力应对这种冲击。

（人民网，http://www.people.com.cn，2008_08_05）

8.5 开放条件下的内外均衡调整

在本节中,我们将在价格可变的前提下,更加深入地探讨国际相互依存问题。这属于宏观经济学的中期研究范畴。在固定汇率制下,对国际收支失衡的调整可以以两种方式实现:一种方式是调整经济政策;另一种方式是通过自动调整机制进行。

8.5.1 *AS-AD* 框架下的内外均衡

图 8-12 是在固定 P_f, M, G 和 e 之后绘制而成的。图示说明:

① $NX=0$ 表示经常项目平衡,在不考虑资本完全流动的情况下,$NX=0$ 代表着外部平衡,AS, AD, $NX=0$, $Y=Y^*$ 四条曲线相交于同一点 E_0,表明 E_0 是内外平衡同时实现的经济状态;

② 曲线 $NX=0$ 向右下方倾斜源于该曲线的性质。

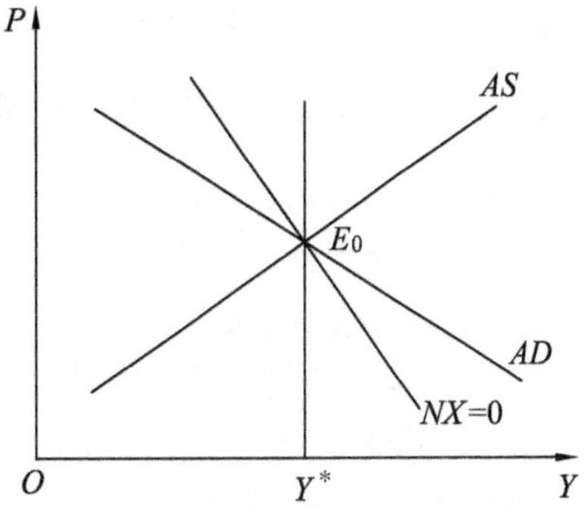

图 8-12 *AS-AD* 框架下的内外均衡

因为,$NX=X\left(Y_f,\dfrac{eP_f}{P}\right)-Q\left(Y,\dfrac{eP_f}{P}\right)$

所以,当 $NX=0$ 时,$X=Q$。P 下降时,为了维持外部平衡,Y 必然是上升的。

③ Y_f, P_f 是方程 $NX=0$ 的参数,P_f 下降时曲线 $NX=0$ 左移,Y_f 下降时曲线 $NX=0$ 也会左移。

④ $NX=0$ 右上方的点表示国际收支(经常项目)赤字点,$NX=0$ 左下方的点表示国际收支(经常项目)盈余点。

⑤ 曲线 $NX=0$ 比曲线 AD 陡峭。

(1) 不利外部冲击的影响

如图 8-13 所示,当 Y_f 或 P_f 下降时,曲线 $NX=0$ 左移,表明本国的出口需求下降,AD 曲线也将左移。

不利的外部冲击将使得产出水平下降、内部的充分就业均衡被打破,同时外部均衡也被打破。E_1 点是失业与赤字并存的状态点。

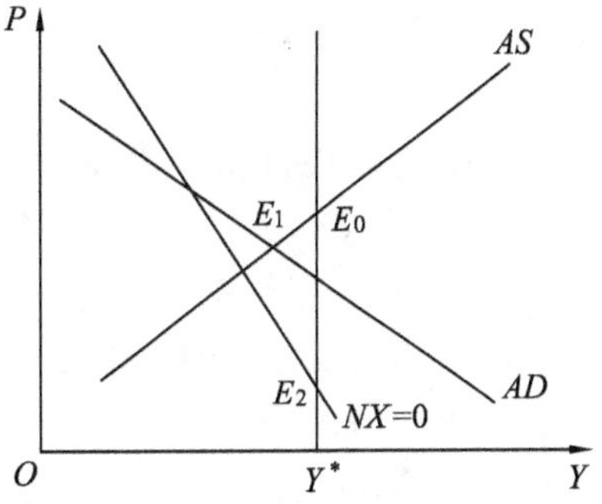

图 8-13 价格调整的开放经济均衡

(2) 失衡的可调整方式

在 E_1 点出现贸易赤字,原因不外乎是 P 太高或者 Y 太高。为实现贸易均衡,要么 P 下降,使本国产品变得具有竞争力,要么降低 Y,减少本国进口需求。

当然,也可以为贸易赤字融资,具体途径包括:央行出售外汇储备;私人部门出售国外资产;向国外部门借钱。但是,动用外汇储备显然要受到外汇储备存余的限制,出售国外资产和向国外借钱也并非长久之计。因此,一个经济体不可能无限地或长期地为赤字融资,调整赤字最终还必须从经济的基本面入手。

8.5.2 自动调整

自动调整是无需政府介入，由经济体自我恢复内外均衡的调整机制。首先，从需求方分析。在固定汇率制度下，央行为保持汇率的稳定，必须出售外汇平衡外汇市场的供求关系。出售额度为“外汇需求—私人部门的外汇供给”。出售外汇意味着减少了本国货币市场的货币投放量，M 下降。由此，AD 曲线随之向左下方移动。

现在转向供给方来分析。图 8-13 中的 E_1 点为失业点，失业率大于自然失业率必然导致工资和成本下降，总供给曲线向右下方移动。

需求曲线和供给曲线同时移动，使均衡向 E_2 点运动，一直持续到到达该点时为止。

8.5.3 政策调整：支出转换和削减支出

创造就业的政策通常会恶化外部平衡，而创造贸易顺差的政策会影响就业。一般来说，为处理内外平衡的问题，有必要配合使用在国内产品和进口品之间转换需求的支出转换政策与削减支出政策。

支出转换政策的一个常用办法就是提高关税。但由于 WTO 和 IMF 等国际性组织和协议的禁止以及自由贸易的世界趋势，关税政策受到了限制。

削减支出政策：因为 $NX = Y - (C + I + G)$，所以减少贸易赤字可通过紧缩性货币政策和财政政策、削减相对于收入 Y 的 $C + I + G$ 的规模来实现。

又因为 $NX = (S - I) + [TA - (G + TR)]$，在 S 和 I 保持不变的情况下，预算的变动就会一对一地转化为外部平衡的变动。然而，削减预算会影响储蓄和投资，因此我们需要一个更为完整的模型来解释削减预算是如何影响外部平衡的。

8.5.4 贬值手段

经济体的自动调整会导致失业加剧，而且调整过程缓慢。提高税率又受到自由贸易的限制，削减支出同样会加剧失业。那么，有没有更好的政策手段呢？

本币贬值即央行将货币贬值，这种做法不需要发生一场漫长的经济衰退来降低国内生产成本，相应的调整只需要央行大笔一挥即可完成。

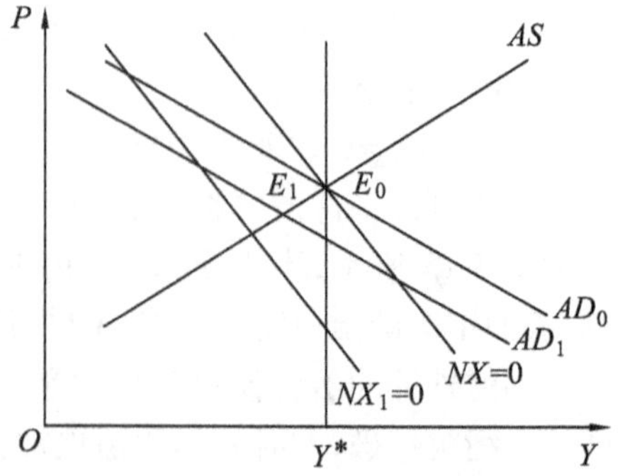

图 8-14 出口收入损失的效应

如图 8-14 所示，一国原来处于充分就业与贸易余额均衡状态，位于图 8-14 中的 E_0 点。假设发生出口收入的外生性下降，从而 $NX = 0$ 曲线向左移动至 $NX_1 = 0$ 的位置。随着出口需求的减少而汇率固定不变，出口将会下降，AD_0 曲线因此向左移动。较低的收入水平减少了进口，但并不足以补偿出口收入的损失，因此，净效应就是失业和贸易赤字。

通过本币贬值，若能使 $NX_1 = 0$ 曲线右移至 $NX = 0$，则 AD_1 曲线也将右移至 AD_0，由此，经济又恢复内外均衡的状态。名义贬值真能导致真实贬值吗？

因为 $R = \frac{eP_f}{P}$，P_f 既定，e 为名义汇率。

在直接标价法下，仅当$\frac{e}{P}$上升时，或当汇率比价格上升得更快时，才会出现真实贬值。

但如果 P 上升很快，$\frac{e}{P}$不升反降时，贬值手段就不能达到预期的目的，甚至会导致竞争力丧失。

当一国经历着比其贸易伙伴更高的通货膨胀时，保持汇率固定意味着竞争力的持续耗费。为避免赤字日益扩大，许多国家采取了蠕动钉住汇率的政策。在蠕动钉住汇率的政策下，汇率按大致等于本国与主要贸易伙伴的通货膨胀率差来贬值，蠕动钉住汇率政策的理念就是按$\frac{P_f}{P}$上升相同的速度提高名义汇率 e，以维持真实汇率 $R=\frac{eP_f}{P}$固定不变。

拓展阅读

动态时间不一致性、信誉以及货币规则

需要一个稳定的货币增长率的规则的论点已经被米尔顿·弗里德曼在正统的货币主义的框架内清楚地表述了。这一论点有许多理论基础，包括政策制定者面对的信息约束、与时间滞后和预测有关的问题、关于财政和货币政策乘数大小的不确定性、将失业降低到自然率以下的通货膨胀后果，以及与市场力量相比的对政治过程的基本不信任。卢卡斯—萨金特—华莱士的政策无效主张对预期的货币政策影响真实变量的能力提出了疑问，从而增强了弗里德曼对相机抉择的货币政策的攻击。1977 年，基德兰德和普雷斯科特创立了一个分析严谨的新古典宏观经济学模型，重新表述了这个反对相机抉择的货币政策的论点。

基德兰德和普雷斯科特在其论文里所攻击的经济政策理论是在 20 世纪 50 年代和 60 年代中发展起来的。1952 年由丁伯根创立的传统的政策实施方法包含三个关键的步骤。

首先，政策制定者确定经济政策的目标或目的（如低通货膨胀与低失业率）；

其次，选择用于达到这些目标的一套工具（货币政策和财政政策）；

最后，政策制定者必须利用一个经济模型以使各种变量处于最优水平上。

这个规范的经济政策实施方法，关注的是政策制定者应该如何行动，以及在给定决策者偏好的情况下，经济学家如何运用最优控制理论找出最优政策以达到最佳的结果。

基德兰德和普雷斯科特认为，“最优控制理论是无法用于经济计划的，如果预期是理性的话”。尽管最优控制理论被证明在自然科学里是非常有用的，基德兰德和普雷斯科特还是否认能以同样的方法对待社会系统的控制。在社会系统里，有一些试图预期政策行为的有智慧的当事人。结果，政策制定者在一定时期内以一系列行动介入的动态经济系统里，“相机抉择政策，即最佳的政策的选择，在当时情况给定的条件下，不会导致社会目标函数的最大化”。之所以产生这个明显的困惑，是由于“经济计划并不是一个针对自然的博弈，相反，是针对理性经济当

事人的博弈”。

基德兰和普雷科斯认为，如果经济当事人具有前瞻性的理性预期能力，政策问题就以理智对手——政府（或货币当局）与私人部门——之间的一个动态博弈的形式而出现。假设政府制定了它所认为的最优政策，然后将它宣布给私人部门。如果该项政策被私人部门相信了，那么在随后的时期，它也许不再停留在最优状态。因为在政策被私人部门相信的新的情况下，政府发现以前根据当时的情况所制定和实施的最优政策现在已经不是最优政策了，从而存在背弃诺言改变政策或在以前所宣布的政策上做手脚的激励。事先最优政策和事后最优政策之间的差异就是所谓的时间不一致性。如布莱克所指出的，如果在 t 时得出一个最优政策，而在 $t+n$ 时期重新最优化得到另一个不同的最优政策，那么在时间 t 时估计的最优政策就是时间不一致的。基德兰德和普雷斯科特证明了时间不一致政策将怎样极大地损害所宣布的政策的信誉。

在基德兰德和普雷斯科特模型里，相机抉择政策不能获得最优均衡。假设货币当局能够完全控制通货膨胀率，市场持续出清，经济当事人有理性预期。下面的方程表明某一时期的失业率能被正的通货膨胀率意外所降低：

$$U_t = U_n + \alpha(P_t^e - P_t)$$

其中，α 是正的常数。该方程代表政策制定者面临的约束。

基德兰德和普雷斯科特假设存在一个使政策选择最优化的社会目标或社会福利函数：

$$W = W(P_t, U_t)$$

其中，$W'(P_t)<0, W'(U_t)<0$。上述社会福利函数表明通货膨胀和失业是“厌恶品（bads）”，因为降低两个中的任一个或者使两个都降低能提高社会福利。一致性的政策将在方程 $U_t = U_n + \alpha(P_t^e - P_t)$ 给定的菲利普斯曲线约束下寻求 $W = W(P_t, U_t)$ 的最大化。

政府和私人当事人之间博弈的情况是非合作的斯塔克尔伯格博弈的一个例子。斯塔克尔伯格博弈具有等级结构，占支配地位的参与者作为领导，其余的参与者对领导的策略作出反应。在基德兰德和普雷斯科特研究的货币政策博弈里，政府是占支配地位的参与者，当政府决定它的最优政策时，它将考虑跟随者的反应（私人当事人）。在斯塔克尔伯格博弈里，除非领导者事先对宣布的政策承诺了义务，否则最优政策将是动态不一致的，因为政府可以通过欺骗的手段改进自己的情况。由于私人部门的参与者明白这一点，时间一致均衡将是一个纳什均衡。在这种情况下，不管其他参与者如何行动，每一个参与者都正确地认识到他们采取的是他们能够采取的最好的策略，而领导者则放弃其支配地位。

如图 8-15 所示，P_{tc}^e 和 P_{to}^e 表示两种不同预期通货膨胀率的菲利普斯曲线。S_1，S_2，S_3 和 S_4 表示根据社会福利函数画出的 4 条无差异曲线。由于通货膨胀和失业是“厌恶品”，故 $S_1>S_2>S_3>S_4$。纵轴上的所有点都是潜在的均衡位置，例如，在点 O 和点 C，失业处于自然水平上（即 $U_t=U_n$），同时，当事人正确地预测通货膨胀

(即 $P_t^e=P_t$)。但最优状态在点 O,因为这里的 $P_t=O, U_t=U_n$,此时社会福利为 S_2。

假设经济起初处于次优但时间一致的均衡状态 C 点(C 点在 S_3 上),为了使经济移到最优点 O 点,货币当局宣布了一个零通货膨胀目标,通过降低货币供给增长率来实现。如果私人部门相信这个政策,他们将把通货膨胀预期从 P_{tc}^e 向下修正到 P_{to}^e,导致菲利普斯曲线右移,均衡点将从 C 点向下移到 O 点。但是,一旦当事人对宣布的政策做出反应,修正了他们的预期后,货币当局发现,降低货币供给增长率的政策不是最优的,即货币当局一开始采取的降低货币供给增长率的最优政策是时间不一致的。因为此时,最优政策是提高货币增长率,创造一个"通货膨胀意外",可以使经济到达 S_1 上的 A 点,大大增加社会福利。当然 A 点是不能够维持的,因为在点 A,失业率在自然率之下,并且 $P_{to}^e<P_{tc}^e$。理性的当事人将很快认识到自己被愚弄了,他们很快就能向上修正预期通货膨胀率,经济将回到时间一致的均衡点 C。这个例子说明的是,如果货币当局拥有相机抉择权,他们就有激励欺诈。货币当局宣布的时间不一致的政策将是不可信的。由于私人部门知道货币当局的目标函数,面对缺乏信誉的声明他们将不会做出反应并调整他们的通货膨胀预期,在这种情况下,经济不可能达到最优但时间不一致的点 O。点 C 所示的非合作纳什均衡表明,相机抉择政策产生了一个时间一致的次优结果。一个由于时间不一致而缺乏信誉的最优政策将既不是最优的也不是可行的。因此,政策制定者应该提供一个与私人部门的预期相等的通货膨胀率以防止产量缩减。

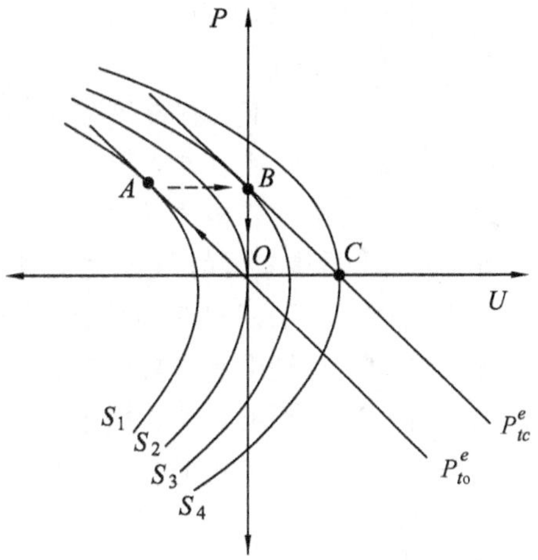

图 8-15　时间一致的次优均衡和最优但时间不一致的均衡

基德兰德和普雷斯科指出的信誉问题明显出现于一个完全信息的一次性非合作斯塔克尔伯格博弈的情形中,这里政府在货币政策上有相机抉择权。然而,在制定经济政策时,这是不真实的,因为博弈会重复。在重复博弈情况下(超级博弈),政策制定者被迫将眼光放得更长远一些,因为当前政策的未来后果会影响政策制定者的声誉。在这种情况下,政府进行欺骗的激励就减弱了,因为他们必须在食言的现期收益与移动菲利普斯曲线必然带来的未来成本之间进行跨期选择。

如果说通货膨胀是由货币增长决定的,为什么政府允许过量的货币增长呢?在巴罗—戈登模型里,通货膨胀偏差起因于货币当局没有遵守规则。然而,即使一个进行相机抉择的政府也会受到自己的名声考虑的影响。如果他面临着私人当事人的惩罚的话。因而它必须权衡一下在已宣布的政策上做手脚的收益,和作为相机抉择性均衡特征的、未来的高通货膨胀成本。假定存在目前所得(低失业高产量)与未来成本之间的这种跨时期交易,那么这个博弈的均衡将取决于政策制定者的贴现率。贴现率越高,均衡解就越接近基德兰德和普雷斯科特模型的时间一致均衡(C 点)。如果贴现率较低,均衡位置就更接近于最优的零通货膨胀的最先许诺的结果。

由于私人当事人拥有不完全信息,以上的分析就有了一个问题,私人当事人并不知道政府的行为方式。假设存在对政府意图的不确定性,私人当事人将仔细地分析以政策行动和声明的形式出现的各种信号。在这种情况下,私人当事人就难以区分"严格守信的"(零通货膨胀)管理和"投机取巧的"(高通货膨胀)管理,因为"投机取巧的"有激励伪装成"严格守信的"。但是,就像布莱克本观察到的那样,当事人"通过观察政府的所作所为来获取有关政府立场的信息,他们十分明白他们所看到的可能不过是骗子的伪装行为而已。"巴克斯和德里菲尔通过考虑私人部门一方对政策制定者的真实意图的不确定性扩展了巴罗和戈登的框架。假定存在这种不确定性,那么一个严格认真的政府如果施行反通货膨胀政策,与工资谈判者参与一个"无经验人"的博弈,那它将不可避免地面临一个高的牺牲率。

基德兰德和普雷斯科特对政策的时间不一致性的分析表明,不能赋予政府制定和实施相机抉择的政策权力。由于私人部门理解政策的时间不一致性,他们会采取相应的行动来化解这种时间不一致性的政策给自己可能带来的损害,因此,政府实施相机抉择的政策以稳定经济的企图常常导致经济的更大的不稳定,政策是无效的。

由基德兰德和普雷斯科特首先提出并由巴罗和戈登以及巴克斯和德里菲尔予以发展的通货膨胀的动态不一致性理论,为建立像预设承诺的机构那样运行的独立的中央银行提供了坚实的依据。由于信誉问题来源于政府在货币政策方面的相机抉择权,那么通过把反通货膨胀的责任转交给一个非政治性的独立的中央银行就可以克服这个问题。罗戈夫认为,任命一个保守的反通货膨胀的中央银行家将防止过多地使用积极的相机抉择性稳定政策以及由此而来的通货膨胀偏差。

研究人员认识到,研究中央银行独立性的经济影响的主要困难在于构造一个独立性指数。阿莱西纳和萨默斯在构建中央银行独立性的衡量指数时,把下述几方面的因素作为主要指标:中央银行在不受政府影响的情况下选择自己的政策目标的能力,中央银行行长的遴选程序,在不面临弥补财政赤字的要求和限制的情况下使用金融工具的能力。阿莱西纳和萨默斯利用帕金和巴德以及格里利等构造的一个复合指数,考察了独立性指数与一些主要的经济指标的相关性。表 8-3 表明:"中央银行独立性促进了价格稳定,然而对真实经济变量却没有明显影响。"

表 8-3　中央银行的独立性与经济运行

国家	中央银行独立性 平均指数	1955—1988 年 平均通货膨胀/%	1958—1988 年 平均失业率/%	1955—1987 年 平均真实 *GNP* 增长/%
西班牙	1.5	8.5	*n/a*	4.2
新西兰	1.0	7.6	*n/a*	3.0
澳大利亚	2.0	6.4	4.7	4.0
意大利	1.75	7.3	7.0	4.0
英国	2.0	6.7	5.3	2.4

续表

国家	中央银行独立性平均指数	1955—1988 年平均通货膨胀/%	1958—1988 年平均失业率/%	1955—1987 年平均真实 *GNP* 增长/%
法国	2.0	6.1	4.2	3.9
丹麦	2.5	6.5	6.1	3.3
比利时	2.0	4.1	8.0	3.1
挪威	2.0	6.1	2.1	4.0
瑞典	2.0	6.1	2.1	2.9
加拿大	2.5	4.5	7.0	4.1
荷兰	2.5	4.2	5.1	3.4
日本	2.5	4.9	1.8	6.7
美国	3.5	4.1	6.0	3.0
德车	4.0	3.0	3.6	3.4
瑞士	4.0	3.2	*n/a*	2.7

(资料来源:阿莱西纳和萨默斯,1993 年)

然而,像阿莱西纳和萨默斯认识到的那样,德国突出的反通货膨胀业绩可能更多地与经历过1923年灾难性的超级通货膨胀的公众对通货膨胀的厌恶有关,而与独立的中央银行的存在倒没有太大的关系。在这种情况下,独立的中央银行可能是德国公众反对通货膨胀的结果而非低通货膨胀的原因。事实上,德国联邦银行拥有的保持较低的通货膨胀的名声是促使英国政府于1990年10月加入*ERM*(汇率机制)的一个重要原因。英国加入到这样一个组织——在这个组织中货币政策是由拥有名望和信誉的反通货膨胀的中央银行制定的——目的在于制约国内的政策制定者并促使降低通货膨胀预期。

虽然避免动态时间不一致问题的货币规则将导致较低的平均通货膨胀率,由于存在大的不可预见的冲击出现的可能性,从总体上讲,许多经济学家仍然对规则优于相机抉择这一点表示怀疑。独立于政治控制之外,面对大的冲击能够使用相机抉择的中央银行,比起建立在规则基础上的政策来说,可能是一个更具吸引力的选择,伯南克和米什金最近的研究也证实"中央银行从来就没有坚持那些严格的僵硬的货币增长规则"。同时,财政管理和货币管理的分离可能导致损害信誉的协调问题。就像布莱克本总结的那样,"货币政策的信誉并不仅仅取决于货币政策,而同样也依赖于宏观经济的总体方案。"

最后,我们请读者把注意力转移到有关政治在影响经济运行方面所起的作用的重要研究上。诺德豪斯和希布斯的创造性成果引致了有关政治性经济周期或货币政治学的许多论文。在诺德豪斯模型里,政治家的目的是极大化他们重新当选的可能性。因此,在这个模型里,繁荣出现于在选举前的时期。希布斯认为意识形态方面(党派)的考虑也会引导政策,于是产生了这么一个论断,左翼政府比右翼政府更可能支持扩张性(通货膨胀的)政策。尽管政治性经济周期理论的发展与新古典经济学无关(诺德豪斯是一个凯恩斯主义者),过去几年中这个成长中的理论也受到理性预期革命以及与时间不一致、信誉和名声有关的论点的强烈影响。阿莱西纳的成果表明，理性预期的引入并没有消除政治因素在经济周期分析中的重要性，一般而言，政治性经济周期理论对那些希望货币政策不落入选举出来的政治家之手的经济学家提供了更强的支持。

（MBA 智库百科，http://www.mbailib.com）

复习思考

1. 比较凯恩斯主义与新古典宏观经济学的货币政策的效果。
2. 比较凯恩斯主义与新古典宏观经济学的财政政策的效果。
3. 比较凯恩斯主义与新古典宏观经济学对总供给冲击的解释和政策主张。
4. 比较凯恩斯主义与新古典宏观经济学对总需求冲击的解释和政策主张。
5. 简述开放条件下内外均衡的形成及调整政策。

9 宏观经济政策实践

经济问题

十八大后中国宏观经济政策将保持连续性

中共高层领导权力交接后的首次中央经济工作会议即将召开。受访的多名经济学家说，中共十八大后，中国宏观经济政策将保持稳定性和连续性，2013 年将继续实施以“稳增长”为目标的宏观经济政策，包括“积极”的财政政策和“稳健”的货币政策，预期经济增长目标可能定为 7.5%。

核心提示：为什么媒体如此关注国家的宏观经济政策？宏观经济政策的具体工具又有哪些？

（新华网，十八大后中国宏观经济政策将保持连续性，http://news.xinhuanet.com，2012_11_29）

宏观经济学从来就不缺少争论的话题，其中有关宏观经济运行特征，以及政府和它的政策在经济活动中应当扮演什么样的角色往往是争论最多也是最激烈的。有一种观点认为，宏观经济的运行具有内在的、本质上的稳定性，因而经济政策应该遵循“无为而治”和少干预的原则，一些自以为是的或者不恰当的政策常常成为破坏这种稳定性的罪魁祸首。而更多的观点认为，宏观经济的运行从来都是不稳定的，无论是在短期还是长期，经济波动随处可见，这种状况能够轻易地被足够多的经济案例所证实，因此，经济政策必须平抑这些变化和波动，维持经济运行的稳定性。虽然这一由来已久的争论还将持续，丝毫没有趋于统一的迹象，但现实的情况是：无论哪种社会制度，不管处于何种发展程度和工业化阶段，所有国家在其经济发展过程中都会或多或少地运用宏观经济政策去调节或干预经济运行，都会将经济政策制订和调整作为政府工作的重点之一。也就是说，宏观经济政策实践并没有因为经济理论上的争论而裹足不前，而是正在处于欣欣向荣、百花齐放的蓬勃发展阶段。

9.1 宏观经济政策目标和工具

宏观经济政策（Macroeconomic Policy）是指国家或政府为了增进社会福利而制定的解决经济问题的指导原则和措施，是为了达到一定的政策目标而有意识、有计划地运用一定的政策工具，调节或控制宏观经济的运行，对经济活动施行有意识的干预。因此，宏观经济政策目标和工具总有相互对应和相互配合的：不同的政策目标需要不同的政策工具，同一政策工具又可以为不同的政策目标服务。

9.1.1 宏观经济政策目标

大家知道，高速的经济增长会提高人们的生活水平，而经济衰退则会增加失业而给人们带来诸多困难。因此，总的来说，经济政策的最终目标体现在两个方面：保持经济的长期增长和抑制短期的经济波动。但从宏观经济学的研究对象来看，由于宏观经济学所要解决的问题主要有失业、通货膨胀、经济周期、经济增长和经济开放等方面，因此，上述两方面又可以具体分解为充分就业、价格稳定、持续均衡增长和对外经济平衡等四个目标。

（1）充分就业

从狭义的角度看，充分就业主要是对劳动这一要素被充分利用所做出的反映或描述，其基本指标就是失业率。失业率一般用失业人数与所有劳动人数的比率来表示。其中，劳动人数的界定比较明确，是指在一定年龄范围内有劳动能力且愿意劳动的人数；而失业人数的衡量则相对复杂很多，因为失业至少可以区分为三种类型：摩擦性失业、自愿失业和非自愿失业。摩擦性失业是指在生产过程中由于难以避免的摩擦，如劳动力流动受限、工种转换困难等原因所造成的短期的、局部性的失业。自愿失业是指不愿意接受现行工资水平而造成的失业。非自愿失业则是指虽然愿意接受现行工资水平但仍无法就业的状况。显然，从失业的原因上看，摩擦性失业、自愿失业与经济增长周期之间的关联并不紧密，只有非自愿失业率才能作为衡量就业水平的标志。所以，凯恩斯认为，充分就业是指非自愿失业已经消除，失业仅限于摩擦性失业和自愿失业的状态。相应的，货币主义针对凯恩斯的“非自愿失业”提出了“自然失业率”的概念，认为自然失业率是在没有货币因素干扰的情况下，劳动市场和商品市场供求力量自发作用，使总需求和总供给达到均衡状态的失业率。需要强调的是，虽然宏观经济理论对失业的界定及其成因的分析仍有争论，但对“充分就业不等于百分百就业”的理解是明确的，也就是说充分就业并不排除摩擦性失业和自愿失业。目前，经济学家普遍认为，存在4% ~6%的失业率是正常的、可以接受的，此时经济社会处于充分就业状态。

从广义的角度看，充分就业是指包含劳动在内的所有生产要素都能以自己愿意的价格参加生产而没有闲置或浪费。充分就业之所以成为经济政策的首要目标，是因为社会福利水平的增进根本上取决于要素使用效率的提高，失业的社会成本是巨大的，它不仅会给失业者本人及其家庭在物质和精神上带来损失和痛苦，而且会使全社会产出减少而降低效率。在一定的要素供给水平下，只有要素的使用效率得到提高，才能创造出更多的经济成果，进而更好地满足经济社会各方面的需要，增进社会福利水平。奥肯定律指出*GDP*增速每提高2个百分点，失业率就会降低约1个百分点。它反映了*GDP*变化与失业变化之间存在的相当稳定的关系。因此，降低失业率、实现充分就业，自然就成为宏观经济政策的首要的或最重要的目标之一。

（2）价格稳定

价格稳定是宏观经济中的概念，指的是价格总水平的稳定，而不是指每种商品的价格固定不变。

一般采用价格指数来反映价格水平的变化。价格指数是反映不同时期一组商品（服务项目)价格水平的变化方向、趋势和程度的经济指标,是经济指数的一种,通常以报告期和基期相对比的相对数来表示。价格指数按其所包括范围的不同又可以区分为:个体指数,反映某一种商品价格水平升降程度的指数;类指数,即分类商品价格指数,反映某一类商品价格水平升降程度的指数;总指数,反映全部商品价格总水平升降程度的指数。价格指数按其计算时所采用基准期的差别,可以分为环比价格指数(以上一期为基期)、同比价格指数(以上年同期为基期)和定基价格指数(以某一固定时期为基期)等;按商品类别区分,有工业品出厂价格指数、农产品收购价格指数、服务项目价格指数、职工生活费用价格指数等;按商品的流通环节和流通渠道区分,有批发价格指数和零售价格指数;按城乡的差别区分,有城市价格指数和农村价格指数。经常使用的价格指数主要有消费物价指数(*CPI*)、生产者价格指数(*PPI*)和 *GDP* 折算指数(*GDP* Deflator)三种。

价格稳定之所以成为宏观经济政策的重要目标,是因为严重的通货膨胀会对经济造成巨大的冲击和破坏。比如,通货膨胀会对居民收入和消费带来一系列的负面影响,主要包括收入效应——通货膨胀导致资产的实际价值下降;福利效应——价格上涨的收入效应和替代效应导致福利减少;分配效应——固定收入和低收入者(以工资和租金、利息为主要收入来源)在通货膨胀中会遭受损失,福利受损,而浮动收入者和高收入者(以利润为主要收入来源)却可以获益,福利增加。因此,为了控制通货膨胀对经济的冲击,价格稳定也就成为宏观经济政策的另一重要目标。

当然,价格稳定只是价格指数的相对稳定,也就是把通货膨胀率控制在一定水平内。在市场经济中,物价出现一定程度的波动是正常现象,物价固定不变(即通货膨胀率为零)不仅难以做到,而且也没有必要。事实证明,温和的物价上涨在某种程度上比物价长期固定不变更有利于宏观经济的正常运行,而物价的持续下降,即通货紧缩,甚至比通货膨胀对经济产生的破坏作用还要大。

(3) 持续均衡增长

经济增长和失业常常是反向关联的,经济增长速度加快,失业就会相应得到改善,经济增长放缓,失业则会变得严重起来。因此,如何维持较高的增长率以实现充分就业,是宏观经济政策追求的另一个重要目标。持续均衡增长是指在一个特定时期内经济社会所生产的人均产量和人均收入的持续增长,其实质就是在经济增长中尽量减少周期性波动。经济周期波动是指总体经济活动沿着经济增长的总体趋势而出现的有规律的扩张和收缩。具体来说,就是在经济的复苏和繁荣阶段,经济增长速度持续提高,市场需求旺盛,产量不断增加,就业机会增多,企业利润、居民收入和消费水平都有不同的提高,但也常常伴随着通货膨胀。而在经济萧条和危机阶段,经济增长速度持续下降,市场需求萎缩,投资疲软,产出不断下降,就业困难,企业利润、居民收入和消费水平都不同程度地降低。

持续均衡增长并不意味着没有经济波动。确切地说,平衡增长是指社会总供给与社会总需求保持基本均衡的态势。在不妨碍社会经济正常运行的限度内,“供给略大于需求”和“需求略大于供给”,均可被理解为经济稳定。

减少经济周期性波动、实现持续增长,可以从两个方面着手:一是减轻经济短期波动强度,二是平滑经济长期波动周期。实现持续均衡增长,既不能因为经济周期的存在是不可避免的而自由放任,也不能用不切实际的强制手段进行直接控制,企望完全消除经济周期,而要审时度势地权衡和制订切实可行的反周期政策，减小经济波动的幅度，力求使国民经济尽可能地稳定增长。实现持续均衡增长，更要从宏观经济长周期的角度出发，认清促进经济发展的长期趋势和条件，有效利用经济增长过程中的有利条件和时机，在经济的上升阶段加速发展，实现台阶式、跨越式增长，在经济的下降阶段有意识地淘汰落后的生产技术，优化调整经济结构，积极为下一阶段的发展创造条件、奠定基础。

（4）对外经济平衡

随着国际经济交往日益密切，如何实现对外经济平衡自然成为一国宏观经济政策的重要目标。一国对外经济平衡与否可以从国际收支状况得到反映。国际收支（Balance of Payments）是指一定时期内一个经济体（通常指一个国家或者地区）与世界其他经济体之间发生的各项经济活动的货币价值之和，用于在特定时期内衡量一国对所有其他国家的交易支付。国际收支平衡是指一国国际收支净额即净出口与净资本流出的差额为零。国际收支公式为：

$$BP = NX - F$$

当 $NX = F$ 时，国际收支平衡。

宏观经济学认为，一国的国际收支状况不仅反映了这个国家的对外经济交往情况，还反映了该国经济的稳定程度。当一国国际收支处于失衡状态时，就必然会对国内经济形成冲击，从而影响该国国内就业水平、价格水平及经济增长。

当一国国际收支处于不平衡状态时，市场机制可以进行自发的调节，但这种调节的力度有限，特别是在固定汇率制度下。政府作为宏观经济的管理者，在很多情况下要实施不同的宏观经济政策以弥补市场对国际收支调节力度的不足。因此，有效调节国际收支就成为一国宏观经济政策的又一个重要内容。

一国对国际收支不平衡的调节，并不是单纯地追求国际收支的平衡，因为这仅仅是一国经济失衡的一方面；从更深层次的意义上讲，是要通过政策搭配使得宏观经济对内和对外同时达到平衡，这才是一国经济均衡的最终目标。

9.1.2 宏观经济政策工具

宏观经济政策工具是用来达到政策目标的手段。其中，常用的有需求管理政策、供给管理政策和国际经济政策等。

（1）需求管理政策

需求管理政策来源于经济波动理论。经济波动理论强调导致经济波动的原因在于商品和劳务需求的波动，即短期经济波动表现为实际 *GDP*（总需求）总是围绕着潜在 *GDP*（总供给）而发生波动，而不是相反。在经济衰退时期，由商品和劳务需求所构成的总需求下降引起实际 *GDP* 低于潜在 *GDP*，而在经济高涨时期，由于总需求的增加引起实际 *GDP* 高于潜在 *GDP*。这一理论之所以合理，是因为潜在 *GDP*（总供给）的决定因素通常都是非常平衡地发生改变，例如，人口、资本、技术等在短期中是很难改变的，因此，潜在 *GDP*（总供给）的稳定增长反映了人口增长、资本扩张和技术发展这样一个逐步积累的长期过程。

需求管理政策是指通过对总需求的调节，实现总需求与总供给的平衡，达到既无失业又无通货膨胀的目标。在有效需求不足的情况下，也就是总需求小于总供给时，政府应采取扩张性的政策措施，刺激总需求增长，克服经济萧条，实现充分就业；在有效需求过度增长的情况下，也就是总需求大于总供给时，政府应采取紧缩性的政策措施，抑制总需求，以克服因需求过度扩张而造成的通货膨胀。

需求管理的基本政策有实现充分就业政策和保证物价稳定政策两个方面。

（2）供给管理政策

供给管理政策来源于经济增长理论。经济增长理论假设总供给也是处于变化之中的。从长期角度看，潜在*GDP*是由总供给决定的，即长期经济增长取决于经济社会所有厂商利用可以获得的劳动、资本和技术所能生产出来的全部产品和服务总价值的增长。也就是说，经济增长表现为一个用劳动、资本和技术来表示的产出关系——生产函数。在这一生产函数下，一个更高的长期经济增长率需要这三个因素或其中至少一个有更高的增长率，而长期经济增长率的下降也正是因为这三个因素或其中至少一个的增长减缓所引起的。因此，要使潜在*GDP*增长，就要从总供给方面将政策重点放在如何增加可利用的劳动、资本和技术上。

供给管理是通过对总供给的调节来达到相应政策目标的。在长期内，影响供给的主要因素是生产能力，即经济潜力的增长。而在短期内，总供给也会受到一些因素的影响，这主要体现在生产成本因素上，特别是生产成本中的工资成本。

供给管理政策具体包括控制工资与物价的收入政策（限制工资收入增长率从而限制物价上涨率的政策）、指数化政策（定期地根据通货膨胀率来调整各种收入的名义价值，以使其实际价值保持不变）、人力政策（就业政策）和经济增长政策等。

① 收入政策，是指通过限制工资收入增长率从而限制物价上涨率的政策，因此，也叫工资和物价管理政策。之所以对收入进行管理，是因为通货膨胀有时是由成本（工资）推动所造成的。收入政策的目的就是抑制通货膨胀，一般有三种形式：一是设定工资与物价指导线。根据劳动生产率和其他因素的变动，规定工资和物价上涨的限度，其中主要是规定工资增长率。二是冻结工资与物价。即政府采用法律和行政手段禁止在一定时期内提高工资与物价，这些措施一般是在特殊时期如出现严重通货膨胀时采用。三是税收刺激政策。即以税收来控制增长。

② 指数化政策，是指定期地根据通货膨胀率来调整各种收入的名义价值，以使其实际价值保持不变。主要有：一是工资指数化；二是税收指数化，即根据物价指数自动调整个人收入调节税等。

③ 人力政策又称就业政策，是一种旨在改善劳动市场结构，以减少失业的政策。主要有：一是人力资本投资。由政府或有关机构向劳动者投资，以提高劳动者的文化技术水平与身体素质，适应劳动力市场的需要。二是完善劳动市场。政府应该不断完善和增加各类就业介绍机构，为劳动的供求双方提供迅速、准确而完全的信息，使劳动者找到满意的工作，企业也能得到其所需的员工。三是协助工人进行流动。劳动者在地区、行业和部门之间的流动，有利于劳动的合理配置与劳动者人尽其才，也能减少由于劳动力的地区结构和劳动力的流动困难等原因而造成的失业。对工人流动的协助包括提供充分的信息、必要的物质帮助与鼓励。

④ 经济增长政策，主要包括：一是增加劳动力的数量和质量。增加劳动力数量的方法

包括提高人口出生率、鼓励移民入境等;提高劳动力质量的方法有增加人力资本投资。二是资本积累。资本的积累主要来源于储蓄,可以通过减少税收、提高利率等途径来鼓励人们储蓄。三是技术进步。技术进步在现代经济增长中起着越来越重要的作用。因此,促进技术进步成为各国经济政策的重点。四是计划化和平衡增长。现代经济中各部门之间协调的增长是经济本身所要求的,国家的计划与协调要通过间接的方式来实现。

(3) 国际经济政策

国际经济政策是对国际经济关系的调节。现实中每一个国家的经济都是开放的,各国经济之间存在着日益密切的往来与相互影响。一国的宏观经济政策目标中有国际经济关系的内容(即国际收支平衡),其他目标的实现不仅有赖于国内经济政策,而且也有赖于国际经济政策。因此,在宏观经济政策中也应该包括国际经济政策。

虽然从理论上可以把宏观经济政策区分为需求管理、供给管理和国际经济政策等不同方面,但从政府宏观经济管理的实践出发,财政政策和货币政策是政府运用最广泛的宏观经济政策工具。事实上,财政政策和货币政策可以分别针对需求管理、供给管理和国际经济管理的需要而具体发挥不同的作用,具有广泛的政策适应性。

从需求管理的角度看,财政政策毫无疑问是政府用来影响需求的首选工具,因为政府税收和支出的多少会通过乘数直接决定需求水平的高低。当经济出现衰退信号时,政府可以通过减税、增加开支来抑制其他因素对需求的减少;而当经济出现高涨信号时,政府则可以采用相反的政策控制其他因素对需求的过度拉动。从供给管理角度看,财政政策的作用也是毋庸置疑的。因为促进经济长期增长的政策重点应该在增进可利用的劳动、资本和技术,而投资、劳动供给和技术发展都由各自的动机所决定,政府财政政策对所有这些动机都能发挥影响作用。从国际经济管理的角度看,财政政策虽然主要影响国内经济的平衡,但同时也影响国际收支。紧缩的财政政策在抑制了国内经济增长的同时,会通过增加税收、削减支出使物价下跌,进而使进口受到抑制、出口受到刺激,对国际收支产生积极作用。相反,扩张的财政政策在促使国内经济发展的同时,也会对国际收支产生抑制作用。

在以下两节中,我们将专门分析财政政策和货币政策在市场经济实践中的具体形式(作用路径)。

9.2 财政政策

财政是同国家的产生和存在相联系的,是国家凭借政治权力而进行的社会产品的分配。国家为了维持自身的存在并发挥职能,必须消耗一定数量的社会产品。但是,国家本身并不直接从事生产活动,因而必须凭借其拥有的政治权力强制性地征收一部分社会产品,以满足各方面支出的需要,这种国家的收入和支出就是财政。从这一概念的内容可以看出,财政的本质是一种分配关系,是一种以国家为主体、在社会范围内集中性的分配关系。

既然国家收入和支出的总和就是财政,那么财政政策的具体内容就是决定财政收入和财政支出的目标、原则、任务、方式、步骤和措施等,其一般定义是:政府为实现宏观经济目标而对政府支出、税收和借债水平所进行的选择,或对政府收入和支出水平所做的决策。

从经济学角度看,财政收支之所以能成为国家干预经济的主要政策,是因为财政收支的多少不仅影响着当前国民收入的分配状况,而且还决定着今后国民收入的增长水平和增长速度,即财政收入和支出的多少能够作为体现政府意志的工具或手段。当然,要进一步了解财政政策的类型和具体手段,还必须从财政收入和财政支出这两个方面进行具体分析。

9.2.1 财政收入政策

财政收入是指政府为履行其职能而筹集资金的所有活动的总称。在市场经济条件下,政府收入是国家通过一定的形式和渠道集中起来的以货币表现的一定量的社会产品价值,其主要来源有国家税收和公债两方面。政府收入水平对经济的影响是多方面的:政府收入的多少不仅直接影响着政府各项职能的发挥和政府各项政策目标的实现,而且会对私人资本获取利润的过程产生重要影响,它既能从总量上改变社会总需求和总供给的均衡状况,又能从结构上影响产业结构和经济结构的变动方向,还会对居民的收入水平、生活状况、经济利益等产生明显影响。因此,对政府收入起调节作用的相关政策,即财政收入政策必然是财政政策的重要构成部分。

政府财政收入的主要来源有税收和公债两个方面,其中税收是政府收入最主要的构成部分。

税收是国家为了实现其职能,按照法律规定的标准,强制地、无偿地取得财政收入的一种手段。税收作为国家财政政策的重要组成部分,体现着国家利益和国家意志,具有强制性、无偿性、固定性三个基本特征。正因如此,税收也就成为实施财政政策的有力手段之一。根据不同的分类标准,税收可以区分为不同类型。根据课税对象的不同,税收可分为财产税、所得税和流转税。财产税主要指对不动产,如土地和土地上建筑物、遗产等征收的税收。所得税是对个人和公司的所得额征收的税收,一般来说,所得税所占的比重很大,是西方国家税收的最主要来源。流转税则是对流通中商品和劳务买卖的总额征收的税收,具体包括增值税、营业税、资源税、消费税等。一般情况下,增值税是流转税中最主要的税种。根据征收方式的不同,税收又可以分为比例税和定量税。比例税是按照一定的比率对计税客体计征税收,定量税则是对计税客体按某一定固定的数量计征税收。税收实践中,比例税是最主要的税收类型。比例税又可以根据税率变化的不同具体区分为累退税、累进税和固定比例税。累退税与累进税的税率设计正好相反,累退税的税率随着计税客体总量的增加而递减,而累进税的税率则随着计税客体总量的增加而递增。固定比例税的税率不随计税客体总量变动而变动,即按某一固定比率对计税对象计征税收。由于比例税是通过税率的高低及其变动来反映财税负担和税收总量的关系,因此税率的大小及其变动方向对经济活动如个人收入和消费会直接产生很大的影响。作为政府收入手段,税收同样具有乘数效应,即税收的变动对国民收入的变动具有倍增作用。税收乘数有两种:一种是改变税收绝时量对总收入产生影响,另一种是改变税率对总收入产生影响。因此,税收作为政策工具,既可以通过改变税收总量来实现,如通过一次性减税来达到刺激社会总需求增加的目的改变税率来实现,也可以通过改变税率来实现。由于所得税是税收的主要来源,因此,改变税率的政策主要体现在调整所得税税率上。一般来说,降低税率、减少税收都会引起社会总需求增加和国民产出的增长,反之则会引起社会总需求和国民产出的减少。因此,在需求不足时,可采取减税措施来抑制经济衰退,在需求过旺时,可采取增税措施抑制通货膨胀。

当政府税收不足以弥补政府支出时,发行公债就成为政府取得财政收入的又一重要途径。公债是指政府为筹措财政资金,凭其信誉按照一定程序向投资者出具的、承诺在一定时期支付利息和到期偿还本金的一种格式化的债权债务凭证,其实质就是政府向社会公众举债。不同于税收,公债是政府运用信用形式筹措财政资金的特殊形式,是需要还本付息的。根据政权结构,公债可以具体区分为中央政府的债务和地方政府的债务。中央政府的债务一般称为国债。国债一般有短期债、中期债和长期债三种形式。短期债一般通过发行国库券取得,主要进入短期资金市场(货币市场),期限一般在1年以内,通常分3个月、6个月和1年三种,利息率相对较低。中长期债则需要通过发行中长期债券取得。期限在1年以上5年以下的为中期债,期限在5年以上的为长期债。与短期债相比,中长期债的利息率也因时间长、风险大而相对较高。在发达的市场经济体系下,中长期债券一般是资本市场(长期资金市场)上最主要的交易品种。总之,政府公债的发行,不管是短期债抑或中长期债,一方面既能增加财政收入,影响财政收支,发挥财政政策的作用,另一方面又能对包括货币市场和资本市场在内的金融市场发挥扩张和紧缩的作用,影响货币的供求,从而调节社会总需求水平。因此,公债也是实施宏观调控的重要财政政策工具之一。

资料链接

美国到底有多少债务

50年来,美国债务已78次提限,平均每8个月一次。靠借更多的债和央行印更多的钞票来维持经济,这种"借债—支付失业金—消费—再借债"的经济增长模式,与庞氏骗局几乎没有本质区别。

现在美国的国债已是个天文数字。根据美国财政部的报告,2011年,美国国债净额为154 760亿美元,是*GDP*的103%,仅要支付的国债利息就高达2 510亿美元。预计到2020年,美国国债净利息将达8 400亿美元。2011年,平均每个美国人要支付800多美元的国债利息。

如果按照欧盟《马斯特里赫特条约》划定的60%的安全线来看,美国国债早就已经处于危险境地,只不过长期以来依靠其头号经济大国和全球储备货币发行国的地位,美国国债一直得以维持并透支其AAA级信用。

对美国政府而言,国债仅仅是个小数目。按照美国政府问责局前总审计长、美国彼特·皮特森基金会总裁兼CEO大卫·沃尔克的估计,如果把政府对国民的社保欠账等所有隐性债务统统加在一起,2007年,美国的实际债务总额高达53万亿美元。加上2007年后美国国债6万亿美元的增加量,总计59万亿美元以上。

这还不是全部。如果再把诸如"两房债券"那些实际是"美国政府担保"的债务,以及美国各州政府、市政府所发行的债券20万亿美元(2007年末美国国债协会SIFMA统计数据)算上,美国债务总额高达79万亿美元,而目前全球*GDP*不过65万亿美元而已。这就是说,仅仅美国一国,已经使全球负债率超过了120%。

美国平均每个家庭的存款不足7 000美元。内债、外债加在一起,让美国还清债务几乎没有可能性。今后的美国只有靠借新债来还旧债，加上巨额债务利息，美国的债务雪球会越滚越大。

（夏志琼，《美国到底有多少债务》，《经济研究参考》，2011 年第 70 期）

9.2.2 财政支出政策

财政支出是指整个国家各级财政支出的总和。虽然从具体用途上看，财政支出可以划分出许许多多具体的支出项目，但从经济性质上区分，即以财政支出是否能直接得到等价的补偿为依据，财政支出包括政府购买性支出和政府转移支付两类。

政府购买性支出是指政府对商品和劳务的购买，如购买军需品、办公用品、支付雇员报酬，以及提供公共产品或服务所发生的支出。作为一种实质性支出行为，政府购买有着商品和劳务的实际交易，要遵循市场经济的基本准则——等价交换原则，因而，政府购买支出会直接形成社会需求和购买力，是国民收入的一个重要组成部分。相应的，政府购买支出对于整个社会总支出水平具有十分重要的调节作用：在总支出水平过低时，政府可以提高购买支出水平，如建设公共工程，增加社会整体需求水平，通过乘数效应扩张总产出，以减轻甚至克服衰退的负面影响。反之，当总支出水平过高时，则可以采取减少购买支出的政策，以抑制通货膨胀。因此，改变政府购买支出水平可以成为财政政策的一个有力手段。

财政支出的另一个方面是政府转移支付，是指预算资金的单方面无偿转移支出，如社会保障支出、财政补贴等。作为单方面的、无偿性的价值转移，转移支付没有产品或劳务的实质性交易，不直接影响社会总支出，但它仍然会改变社会成员的可支配收入水平，同样可以作为政府财政政策手段来运用，如在总支出不足时，失业会增加，这时政府应增加社会福利费用，提高转移支付水平，从而增加人们的可支配收入和消费支出水平，社会有效需求因而增加；反之，当支出水平过高时，通货膨胀率上升，政府应减少社会福利支出，降低转移支付水平，从而降低人们的可支配收入和社会总需求水平。但是，与购买性支出相比，政府转移支付的乘数效应明显要小于政府购买支出乘数，再加上政府转移支付的重点在于体现社会公平，其分配原则不是等价交换，而是特定的经济社会政策目标，它对市场经济运行的影响是间接的。因此，作为宏观经济政策而言，转移支付的政策效力要明显小于政府购买。在经济发达国家，市场发育程度高，社会基础设施比较完善，政府一般不直接参与经济活动，财政分配政策重点更多地倾向于体现社会公平，因而转移性支出占较大比重。

9.2.3 财政政策的自动调节与主动调节

政府的财政收支及其变动会直接或间接地影响宏观经济的运行。二战后，西方国家经济虽然仍有周期性波动，但同 20 世纪 30 年代大危机相比，波动幅度大为缩小，衰退持续时间也大为缩短。其原因是多方面的，其中与西方财政制度与财政政策的自动调节与主动调节不无关系。自动调节指财政体系本身具有的自动地抑制经济波动的自动平衡作用，即自动稳定效应；主动调节指政府有意识地实行相机抉择的积极财政政策，体现着政府抑制经济周期波动的主动干预意识。

自动调节，亦称内在稳定效应，是指经济系统本身存在着一种能够减轻各种周期性因素对国民收入产生冲击的内在机制，即在经济扩张时自动抑制通胀，在经济衰退时自动减轻萧条,无需外部的强行干预。财政政策的这种内在稳定效应或称自动稳定器(Automatic Stabilizer)主要通过以下三项制度的自动作用表现出来。

一是政府税收制度的作用。当经济出现衰退时,国民产出水平下降,个人收入减少,在税率不变时政府税收会自动减少,这样可支配收入减少的数量会自动低于总产出和个人收入的减少数量,从而使消费和需求减少的数量也自动地要少一些。在税率可变时,如在实行累进税的情况下,经济衰退使纳税人的收入自动进入了较低的纳税档次,使税收下降的幅度超过收入下降的幅度,从而在一定程度上起到抑制衰退的作用。反之,当经济繁荣时,失业率下降,人们收入自动增加,在税率不变的情况下税收也自动增加,剔除税收之后的可支配收入增加的数量就要比总产出或总收入增加的数量小一些,从而使消费和总需求自动地少增加一些。在实行累进税的情况下,经济繁荣使纳税人的收入自动进入较高的纳税档次,政府税收上升的幅度会超过收入上升的幅度,从而起到抑制通货膨胀的作用。税收的这种因经济变动而自动发生变化的内在机动性和伸缩性是有助于减轻经济波动的一种自动稳定因素。

二是转移支付制度的作用。这里的转移支付主要是政府对社会公众的转移支付,主要包括政府失业救济和其他社会福利支出。当经济出现衰退与萧条时,失业人数的增加会使符合救济条件的人数增加,因而失业救济和其他社会福利开支就会相应增加,这就在一定程度上抑制了收入特别是可支配收入的下降而导致的消费需求下降,使经济衰退与萧条的程度得到缓解。当经济扩张与繁荣时,失业人数的减少会使失业救济和其他社会福利支出相应减少,从而在一定程度上起到抵消可支配收入和消费增长过快的作用,进而使经济盲目扩张和过热的趋势得到抑制。

三是价格维持制度的作用。价格维持制度又称价格政策,是国家为达到一定的宏观目标,在商品价格上所采取的一系列方针、措施的总称。如对重要农产品在市场价格过低时,制订高于市价的“最低限价”以保护农民的生产积极性;在农产品市场供给短缺而导致价格高涨时,为保障居民不因价格上涨降低实际生活水平而制订低于市价的“最高限价”,作为价格变动上限等。价格维持制度可以在经济萧条、国民收入下降时防止因农产品价格过度下降而降低农民收入水平,可使农民收入和消费维持在一定水平上。而在经济繁荣时,国民收入水平提高,农产品价格上升,这时政府通过减少对农产品的收购并抛售农产品,限制农产品价格的盲目上涨,也就抑制了农民收入的过快增长,从而也就减少了社会总需求的增加量。

总之,政府税收和转移支付的自动变化、农产品价格维持制度都能对宏观经济波动起到一定的抵消作用,它们是财政政策自动调节机制发挥作用的第一道防线。

由于政府支出中转移支付和税收所产生的效果都比一般自主性支出(如投资支出和政府购买支出)所能产生的效果要小,因此,虽然各种自动调节机制一直在起作用,但作用毕竟有限,特别是对于剧烈的经济波动,自动调节难以扭转。因此,为确保经济稳定,政府要审时度势,主动采取一些财政措施,如改变政府购买支出水平和税收水平,以稳定总需求,从而保证物价和就业水平的稳定。这就是财政政策的主动调节。

财政的主动调节手段主要是改变政府的支出和收入水平,通过乘数效应对国民收入发挥调节作用。那么究竟怎样运用增加财政支出、削减财政收入的扩张政策或者相反的紧缩政策呢?这就必须坚持财政主动调节手段的使用原则——反周期的相机抉择原则,切实转变财政管理思想，以充分就业的预算盈余（赤字）作为判断财政政策方向的依据，优化财政赤字的弥补途径等。

第一，坚持反周期的相机抉择原则。从需求管理的角度看，什么时候采用扩张性的财政政策，什么时候采用紧缩性的财政政策，关键要看宏观经济运行状况。当总需求水平降低出现经济衰退时，政府应通过削减税收、降低税率、增加支出等扩张性财政手段以刺激总需求。相反，当总需求高速增长而出现通货膨胀时，政府应通过增加税收、提高税率、削减支出等紧缩性财政手段以抑制总需求。这种交替使用的扩张性和紧缩性财政政策，也就是反周期政策（Countercyclical Policy）或相机抉择的财政政策（Discretionary Fiscal Policy），是“逆经济风向而行”的。

第二，变平衡预算为功能财政。平衡预算思想主要有年度预算平衡和周期预算平衡。年度预算平衡要求每个财政年度的财政收支都要平衡，但是这样的预算平衡不利于抑制反而会加剧经济波动。因为，当经济出现衰退时，税收必然减少，赤字随之扩大，如果坚持年度平衡预算，那么为了减少赤字，只能减少政府支出或提高税率，其结果是加剧紧缩和衰退；当经济过热出现通货膨胀时，税收必然增加，财政赤字随之减少甚至出现财政盈余，为了减少盈余，只能增加政府支出或降低税率，其结果是加剧通货膨胀。周期平衡预算思想是在一个经济周期中保持财政收支平衡，即在经济衰退时实行扩张性财政政策，而无需介意预算赤字，在经济繁荣时期实行紧缩性财政政策，而无需担心预算盈余，因为繁荣时的盈余可以用来弥补衰退时的赤字，使整个经济周期的盈余和赤字相抵而达到平衡。但周期平衡预算实行起来非常困难，这不仅因为在预算周期内很难准确估计繁荣与衰退的时间与程度，而且因为预算盈余与赤字的数量不可能完全相等，这样周期预算平衡也就无法实现。功能财政强调政府在财政方面的积极政策主要是为实现无通货膨胀的充分就业，当这一目标实现时，预算可以是盈余，也可以是赤字。这就是功能财政思想。功能财政思想强调，预算的目标并不是追求政府收支平衡，因而不能机械地用预算收支平衡观点来对待预算赤字和预算盈金，而要从反周期的角度自觉利用预算赤字和预算盈余：当国民收入低于充分就业的收入水平（即存在通货紧缩缺口）时，政府有义务实行财政扩张政策（增加支出或减少税收）以实现充分就业。反之，当存在通货膨胀缺口时，政府有责任减少支出、增加税收。总之，功能财政思想认为，政府为了实现充分就业和消除通货膨胀，需要赤字就赤字，需要盈余就盈余，而不能让财政收支平衡妨碍政府财政政策的正确制定和实行。

第三，以充分就业的预算盈余（赤字）作为判断财政政策方向的依据。虽然财政政策会引起预算盈余（赤字）变动，但预算盈余（赤字）变动有时并不总是由财政政策的主动变动引起的，经济本身的变化也会产生影响。例如，在经济衰退时期，由于收入水平下降，税收自动减少，政府转移支付自动增加，这就会引起预算盈余减少（预算赤字的增加）；而在经济高涨时期，由于收入水平上升，税收自动增加，政府转移支付自动减少，就会引起预算盈余增加（预算赤字减少）。这样，就不能简单地把预算盈余（赤字）变动当作判断财政政策是扩张性还是紧缩性的标准，而要以充分就业的预算盈余（赤字）作为依据。所谓充分就业的预算盈余（赤字）是指既定的政府预算在充分就业的国民收入（潜在的国民收入）水平上所产生的政府预算盈余（赤字）。它与实际的预算盈余的区别在于，实际的预算盈余是以实际国民收入水平来衡量的，而充分就业的预算盈余（赤字）则是以充分就业的国民收入水平来衡量的。以充分就业的预算盈余(赤字)作为判断财政政策方向的依据,好处在于能够防止财政政策偏离充分就业的政策目标。

第四,优化财政赤字的弥补途径。财政赤字是预算开支超过收入的结果,弥补赤字的途径无非有借债和出售政府资产两种。其中,出售政府资产终究是有限的,因而政府借债是最重要的路径。具体来说,政府借债又可分为两类:一是向中央银行借债,即货币筹资,这实际上就是由中央银行增发货币;二是向国内外公众(商业银行和其他金融机构、企业和居民)举债,即债务筹资。货币筹资会直接增加高能货币的投放量,有可能立即引发通货膨胀,其实质是向社会公众征收通货膨胀税来解决赤字问题。由于通货膨胀的危害严重,社会成本巨大,因此,除了一些发展中国家常用此法之外,发达国家一般较少采用。相对而言,由于债务筹资是向国内外公众举债,其实质是购买力向政府部门转移,并不会增加货币投放量,因而并不会立即引起通货膨胀,其负面效应要比货币筹资小。但是,债务筹资仍然要适度,其理由有二:一是如果政府举债规模过大往往会在货币市场上引起利率上升,而央行想要稳定利率,就要通过公开市场业务买进债券,从而增加货币供给,其结果是同样存在引发通胀的风险;二是无论内债还是外债,都是要还本付息的,它们和税收一样,都是政府加在公民身上的负担,最终还是要通过增发货币或增税的办法来解决,其结果必然是公众负担增加。当然,有关公债问题的分析,经济学家的观点并不一致,其争论焦点主要在于公债是否可以促使资本形成,以及公债的正面效应和负面效应的权衡比较问题。

案例评析

肯尼迪减税

在美国历史上,1929 年大萧条后,罗斯福政府实行国家干预经济的"新政",推动大型工程建设,摆脱了经济危机。50 年代中后期,美国再次进入经济危机。肯尼迪上台时,1960—1961 年战后第四次经济危机尚未过去。这次危机来势凶猛,严重打击了美国经济的"三大支柱"——钢铁业、汽车业和建筑业,农业危机也在深化,失业率最高时达到 7.1%,企业破产数创 1929—1933 年危机以来的最高水平,同时发生了战后第一次美元危机。怎么办?传统的凯恩斯式的大搞工程建设处方已不再有效,因为若继续投资大型公共工程,不仅效率低下,而且为投资此类工程要大量印刷货币会导致严重的通胀。

1961 年,肯尼迪政府在经济学家萨缪尔森等人推动下另辟一条路径——减税,从而增加民间收入以拉动国内需求,进而促进经济复苏。肯尼迪总统采纳了由这些经济学家组成的特别研究小组起草的一份报告中的大部分减税建议,产生了明显的效果。

在降低公司税方面,政府对新投资提供了 7% 的投资税优惠,并提高二战时推行的企业固定资产投资的加速折旧率。公司所得税率从 30%~50% 降低到 22%~50%,1965 年进一步降低到 22%~48%。投资税优惠不仅继续有效,还扩大了其运用范围。

在降低个人所得税方面，肯尼迪建议在1964年将税率从20%～91%降为14%～70%。约翰逊继任总统后，1964年，这一建议被国会通过，修订为两年减税115亿美元，将个人所得税从20%～91%降到16%～77%，1965年进一步降低到14%～77%，有效期至1981年。

由联邦政府通过减税、免税和退税，对私人企业提供投资优惠、加速折旧等办法，刺激了个人消费和私人投资，对20世纪60年代中期美国经济快速增长起到了很大的推动作用。1964—1966年，美国实际*GDP*以令人瞩目的5.5%的平均增长速度增长。失业率在1965年下降到4.4%。通胀率保持每年低于3%。因此肯尼迪减税政策的成功通常被认为是凯恩斯经济学的重大成就之一。

（华犀，《肯尼迪减税计划的真相》，《世界知识》，1963年第6期）

9.3 货币政策

9.3.1 银行体系与货币供给

如同财政政策需要建立在相应的财政体制上一样，货币政策的实施也要借助于银行制度。虽然各个国家的银行制度及其金融机构的构成不尽相同，但银行体系基本上都是按中央银行管理各级金融中介机构的模式所建立的。其中，金融中介机构的种类繁多，除了最主要的商业银行之外，还有其他储蓄和贷款协会、信用协会、保险公司等非银行金融机构。

商业银行是金融中介机构中最主要的类型，其业务有负债业务、资产业务和中间业务等。负债业务，就是银行向社会公众吸收资金而形成债务的活动，主要是吸纳社会各界的各种类型的存款。资产业务，就是银行向社会公众放款而取得债权的活动，主要包括贷款和投资两类。贷款业务主要是商业银行通过票据贴现、抵押贷款等形式向企业提供各种短期借贷的业务，投资业务则是通过买卖有价证券等以取得收入的各种业务。中间业务是指银行代客户办理各种款项的收付和其他委托事项并从中收取手续费的业务。

商业银行之所以能够存在，是因为它具有四个方面的重要功能。一是创造流动性。所谓流动性是指金融资产转换为交易媒介的方便程度，流动性越强的资产就越容易发挥交易媒介的作用。在不同的流动性资产面前，人们更加偏爱流动性强的资产，这就是“流动性偏好”。而商业银行恰恰可以通过“长贷短借”的方式创造资产的流动性。“长贷”是指从银行获得的贷款可以在一个规定的时间内偿还；“短借”则是指存入银行的存款可以不受时间限制随时提取。也就是说“长贷短借”使流动性较差的长期贷款转化为流动性较好的短期存款。例如，当我们申请了一笔为期20年的房贷，要知道这笔缺乏流动性的长期贷款正是来源于银行中具有流动性的短期存款，即商业银行为这笔贷款创造了流动性。二是降低融资成本。银行作为专门经营资金业务的专业的中介机构，可以极大地降低客户直接融资的成本。比如，某企业要获得1 000万元的资金，如果直接从家庭贷款，假定每个家庭只能提供10万元的话，就意味着企业要找到100个这样的家庭，分别和他们谈判、签订合同，这个成本是很高的。三是降低贷款监督成本。如果上述100个家庭向企业提供了贷款之后，为保证资金的安全，每个家庭都要关注和监督该企业的资金使用和经营状况，由于他们是非专业人员，监督的代价会很大。相反，如果从银行贷款，就可以由银行聘请专业人员进行监督，成本可以大大降低。四是分散风险。任何贷款都不可避免地存在风险，即使实行有效的监督也是如此。假定由个人向企业提供贷款，如果这家企业倒闭，那么贷出的资金就血本无归。而如果把这笔资金存入银行，由银行提供贷款，那么单个企业倒闭并不会影响存款的安全，即商业银行把个别家庭或企业违约的风险分散到了无数的存款客户上。

中央银行不同于商业银行，它是一个国家的最高金融管理机构，又称金融管理当局，它的基本职责是统筹管理全国的金融活动，根据宏观经济管理需要实施货币政策以影响经济运行。当今世界除了少数国家和地区之外，几乎都设立了中央银行。如美国的中央银行是联邦储备体系，英国是英格兰银行，法国是法兰西银行，德国是德意志联邦银行，日本是日本银行。具体来说，中央银行职能有三：一是作为发行的银行，掌控一国的货币发行；二是作为银行的银行，为商业银行提供贷款（再贴现、抵押贷款）、保管存款准备金、集中办理结算业务；三是作为国家的银行，代理国库（接受国库委托代收各种税款和公债价款收入等、代理国库拨付各项经费、代办各种付款与转账）、提供政府所需资金（以贴现短期国库券等形式为政府提供短期资金，帮助政府发行公债为政府提供长期资金）、代表政府与外国发生金融业务关系、执行货币政策、监督和管理全国的金融市场活动等。

上述银行体系直接决定着货币供给。前面已经说过，货币供给（Money Supply）是指某一国或货币区的银行系统向经济体中投入、创造、扩张（或收缩）货币的金融过程，从数量上看是一个国家在某一特定时点上由家庭和厂商持有的在政府和银行系统以外的货币总和。由于货币可以根据其流动性的差异区分为不同层次，因此货币供给也有着不同层次的理解。常用的分类方法是将货币供给划分为 M_1，M_2，M_3 三类：M_1 = 现金 + 活期存款 + 旅行支票 + 其他支票存款；$M_2 = M_1$ + 小额定期存款 + 储蓄存款 + 散户货币市场共同基金；$M_3 = M_2$ + 其他金融资产。在现代市场经济中，货币流通的范围和形式不断扩大，货币常被定义为在商品和劳务的交换及债务清偿中作为交换媒介或者支付工具而被法定为普遍接受的物品，即流通中的货币（简称通货）。因此，现金和活期存款（M_1）被普遍认为是最符合货币特征的资产。活期存款之所以成为通货，是因为活期存款同现金一样随时可以用来支付债务。在现代金融系统中，活期存款已经成为最重要的货币形式，货币供给中的大部分也是由活期存款构成的。

在现代银行体系下，活期存款的派生机制还会创造存款货币。这种货币创造过程是指银行主体通过其货币经营活动而创造出货币的过程，它包括商业银行通过派生存款机制向流通供给货币的过程和中央银行通过调节基础货币量而影响货币供给的过程。

由于在存款和取款的时间上存在着不一致性，因此商业银行只需要留下部分存款作为应付提款的需要，而把吸收的活期存款中的大部分用来发放贷款或购买短期债券以获得盈利。这种经常保留的以备客户提取存款所需的金额即为存款准备金。在现代银行制度中，这种准备金包括两种，一种是法定存款准备金，是指由中央银行规定的在存款中起码应当留存的金额，另一种是超额准备金，是指商业银行在法定准备金之外自愿留存的金额。这两种准备金数额的变化，可以调节银行活期存款的数量，从而使得银行体系具备了创造货币的功能。下面举个例子来说明这一点。

假定中央银行规定的法定准备率为 20%，那么商业银行吸收的存款最多只能有 80% 发放贷款。在银行客户将其所有货币收入都以活期存款的形式存入银行（即没有现金留存）的情况下，银行客户甲将 100 万美元的出口收入存入自己在 A 银行的账户，这样 A 银行的准备金增加了 100 万美元，按照法定准备率保留 20 万美元作为法定准备金存入中央银行，其余 80 万美元可以发放贷款给甲公司用来购买机器设备。在购买交易完成后机械公司乙就会得到从 A 银行转来的货款，接着乙公司将这一货款全部存入与自己有往来的 B 银行，B 银行在得到这 80 万美元存款后留下 16 万美元作为法定准备金存入中央银行，其余 64 万美元贷款给丙公司。得到这笔贷款的丙公司又会把它存入与自己有业务往来的 C 银行，C 银行留出其中 12.8 万美元作为准备金，其余的 51.2 万美元再贷款出去……如此无止境地循环下去，最终所有的银行存款总和为：

$$D = 100 + 80 + 64 + 51.2 + \cdots = \sum_{n=1}^{\infty} 100 \times 0.8^{n-1} = \frac{100}{1-0.8} = 500$$

从以上例子可见，存款总和(D)同这笔原始存款(R)及法定准备金率(r_d)之间存在着倍数关系：$D = R/r_d$，或 $D/R = 1/r_d$，即原始存款经过银行系统的派生存款之后被放大了，这就是货币乘数，它由法定存款准备金率的倒数决定，即 $k = 1/r_d$。

需要说明的是，上述“货币乘数”的决定没有考虑超额准备金，即商业银行得到的存款扣除法定准备金之后全部贷款出去。事实上，当银行找不到可靠的贷款对象，或厂商由于预期利润率太低而不愿意借款，或银行认为给客户贷款的市场利率太低而不愿贷款……诸如此类事件的发生都会使银行的实际贷款低于其本身的贷款能力。这部分没有贷出去的金额就是超额准备金，即超过法定准备金要求的准备金，一般用 R_e 表示。在考虑到超额准备金时，货币乘数就是 $k = \frac{1}{r_d + r_e}$，即货币乘数不仅取决于法定准备金率，还要受到超额准备金率的影响。一般说来，当市场利率提高时，银行贷款的意愿增加，超额准备金下降，货币乘数变大。除了市场利率的影响之外，再贴现率也会影响货币乘数。再贴现率也就是商业银行向中央银行贷款的成本，再贴现率提高，商业银行贷款的意愿下降，超额准备金会增加，货币乘数变小。

当然，假定银行客户将货币收入全部存入银行，即支付完全依靠银行结算来进行，这在现实中是不成立的，因为人们的货币收入总会有一部分是以现金形式存在的。如果客户将得到的货币收入留出一定比例的现金，势必会对货币创造形成“漏出”。例如，在上述例子的第一种情况下，假定银行客户（甲、乙、丙等）在款项收入中都抽出 5% 的现金留存，则 A 银行的贷款就不再是 80 万美元，而是 75 万美元。相应的，B 银行的贷款也不再是 64 万美元，而是 $75 \times (1-0.2-0.05) = 56.25$。C 银行的贷款同样不可能达到 51.2 万美元，只有 $56.25 \times (1-0.2-0.05) = 42.1875$ 万美元。这样一来，各银行的存款总和就变为：

$$\begin{aligned} D &= 100 + 75 + 56.25 + 42.1875 + \cdots \\ &= \sum_{n=1}^{\infty} 100 \times (1-0.2-0.05)^{n-1} \\ &= \sum_{n=1}^{\infty} 100 \times (0.75)^{n-1} \\ &= \frac{100}{1-0.75} \\ &= \frac{100}{0.25} = 400 \end{aligned}$$

如果用 r_c 表示现金占存款的比率，这时的货币支出乘数就应该是：$k=\frac{1}{r_d+r_e+r_c}$。显然，除了和法定准备率、超额准备率有关之外，现金存款比率也是货币乘数的影响因素，一般来说，现金存款比率提高，货币乘数就会变小；现金存款比率下降，货币乘数就会变大。

当然，上述分析还有一个明显的不足，就是仅仅把活期存款当作货币供给，而没有包括其他通货。如果把其他通货（非银行部门持有的现金）C_u 也包含进来，并记法定准备金为 R_d，记超额准备金为 R_e，那么，扩张存款的基础货币就应该是 $H=C_u+R_d+R_e$，而实际的货币供给为 $M_1=C_u+D$，此时，货币乘数就应该是：

$$\frac{M_1}{H}=\frac{C_u+D}{C_u+R_d+R_e}=\frac{\frac{C_u}{D}+1}{\frac{C_u}{D}+\frac{R_d}{D}+\frac{R_e}{D}}=\frac{r_c+1}{r_d+r_e+r_c}>\frac{1}{r_d+r_e+r_c}$$

显然，将非银行部门持有的通货也作为货币供给的一部分，使货币乘数略有扩大，这也足以说明非银行部门持有的通货也具有扩张的能力。

综合以上的分析可知，货币供给除了受到基础货币数量 H 的影响之外，法定准备金率 r_d、超额准备金率 r_e、现金存款比率 r_c 都是直接的影响因素，其他还有市场利率、贴现率等间接影响因素，即货币供给是所有这些因素的函数。但分析这些因素的影响过程不难发现，所有影响都会反映到银行准备金的变动上，最后由银行准备金的变动影响货币供给。因此，准备金是银行创造货币的基础，中央银行调节货币供给的手段一般都是通过控制准备金的数量来实现的。

9.3.2 货币政策的主要工具

货币政策和财政政策一样，都可以调节总需求以达到稳定物价、充分就业、经济稳定增长的目标，因而被统称为需求政策。它们的不同之处在于，财政政策直接影响总需求规模，其作用是直接的，不需要通过任何中间变量发挥作用；而货币政策影响总需求的过程则是间接的，要通过利率的变动来实现。与财政政策一样，货币政策也可以区分为扩张性和紧缩性两种。扩张性货币政策的意图是通过增加货币供给来带动总需求的增长，即当货币供给增加时，货币市场的均衡利率会降低，获得信贷也更为容易，投资意愿随之增强，因此，在经济萧条时采用扩张性货币政策可以刺激经济增长。反之，紧缩性货币政策是通过削减货币供给来降低总需求水平的，在货币供给减少的情况下，货币市场的均衡利率水平上升，取得信贷比较困难，投资意愿受到抑制，因此，在通货膨胀严重时，采用紧缩性货币政策可以起到较好的效果。

从狭义角度来理解，货币政策通常被定义为中央银行为达到一定的宏观经济目标，通过控制货币供应量来调节利率进而影响投资和整个经济的一系列政策行为。狭义的货币政策大致也是西方经济学广泛认同的主流的宏观调控手段。而广义货币政策则是指政府、中央银行和其他有关部门所有有关货币方面的规定和采取的影响金融变量的一切措施。它们之间的不同主要有二：一是广义货币政策的制定者和实施者扩大了，除了中央银行之外还包括政府和其他有关部门；二是广义货币政策不仅影响金融体制中的内生变量，还会通过多种途径影响外生变量，改变游戏规则，如硬性限制信贷规模、信贷方向、开放和开发金融市场等。因此，主流的或典型的货币政策应该从狭义角度来理解。以下的分析也是从狭义角度展开的。

那么，中央银行具体可以运用的货币政策工具有哪些呢？纵观当今世界种类繁多的宏观经济政策，虽然各国的具体操作手法不尽相同，但基本原则和基本途径还是大体一致的。以下介绍主要以西方发达国家最典型的货币政策工具为例。

（1）再贴现率政策

贴现（Discount）是商业银行的一项资产业务，是指票据（汇票）经承兑后，持有人在贴现市场上转让未到期的票据，受让人（一般是银行）在扣除一定比例的利息（贴息）后将票款支付给出让人的行为。显然，贴现的实质是受让人（银行）购买未到期的票据，其性质无异于银行向其客户提供贷款支持，因此，必须收取一定比率的贷款利息。这个利息表现为商业银行办理票据贴现业务时对原票据金额所打的折扣，也就是票据持有人进行贴现融资的利息，相应的折扣率也就是贴现率。

再贴现（Rediscount）是指中央银行通过买进商业银行持有的已贴现但尚未到期的票据，向商业银行提供融资支持的行为。商业银行进行票据贴现后，若其资金紧张，在贴现票据到期之前，可持未到期的贴现票据向中央银行申请再贴现。现在，美国的再贴现已经演化成商业银行用自己持有的政府债券作担保向美国联邦储备银行贷款，所以一般都把中央银行提供给商业银行的贷款都称为再贴现。同样，再贴现也有折扣，其折扣率通常被称为再贴现率。

一般来说，中央银行的再贴现率具有三个特点：第一，是一种短期利率。如在我国，票据承兑、贴现、转贴现的期限，最长不超过6个月，再贴现的期限，最长不超过4个月。第二，是一种官定利率。再贴现率是国家金融政策的体现，在一定程度上反映着中央银行的政策意图，因此，再贴现率一般由中央银行制定、发布和调整。第三，是一种标准利率或最低利率。如英格兰银行贴现及放款有多种差别利率，而其公布的再贴现利率通常是最低的。

再贴现率政策作为传统的货币政策工具之一，它影响商业银行筹资成本，限制商业银行的信用扩张，控制货币供应总量。再贴现率政策是央行通过改变向商业银行或其他金融机构的贷款利率来达到调节货币供给量的目的的。再贴现率提高，商业银行向央行借款的数量就会减少，因而银行的准备金减少，在货币乘数的作用下货币供给以更大的幅度减少；再贴现率降低，商业银行向中央银行借款的数量就会增加，因而银行的准备金增加，在货币乘数的作用下货币供给以更大的幅度增加。

美联储最早运用的货币政策工具之一便是再贴现率政策。但现在，美联储已经不常使用贴现率来控制货币供给，因为通过贴现率的变动来控制银行准备金变动的效果是十分有限的。例如，当银行十分缺乏准备金时，即使贴现率很高，银行依然要去贴现窗口借款。现在贴现窗口的主要作用是允许商业银行和其他金融机构对短期的现金压力作出反应，对临时发生的准备金不足作适当调整。根据美联储的规定，银行不能通过贴现窗口获得超过某一较短时期的贷款。事实上，商业银行也尽量避免去贴现窗口借款，只将它作为紧急求援手段，平时很少使用，以免使人误认为自己的财务状况有问题。此外，再贴现率政策并不是一个主动性的货币政策，中央银行改变再贴现率只能等待商业银行向它借款，而不能主动要求商业银行这样做。所以，在美国再贴现率政策往往是作为补充手段和公开市场业务政策结合在一起执行的。

（2）公开市场业务

公开市场业务是指中央银行通过买进或卖出有价证券，吸收或释放基础货币，以调节货币供应量的活动。与一般金融机构所从事的证券买卖不同，中央银行买卖证券的目的不是为了盈利，而是为了调节货币供应量。根据经济形势的发展，当中央银行认为需要紧缩货币时，便卖出证券，相应地收回一部分基础货币，从而减少金融机构可用资金的数量；相反，当中央银行认为需要扩张货币时，便买进证券，扩大基础货币供应，直接增加金融机构可用资金的数量。有价证券市场是一个竞争性的市场，其价格由供求关系决定。中央银行购买债券的行为，不仅直接增加了基础货币投放量，而且还在债券需求增加的同时，促进债券价格上升，进而引起市场利率下降；反之亦然。

公开市场业务与其他货币政策工具相比，具有主动性、灵活性和时效性等特点。公开市场业务可以由中央银行来控制规模，中央银行有相当大的主动权。公开市场业务是灵活的，多买少卖，多卖少买都可以，对货币供应既可以进行"微调"，也可以进行较大幅度的调整，具有较大的弹性。公开市场业务操作的时效性强，当中央银行出现购买或出售证券的意向时，交易可以立即执行，从而使参加交易的金融机构的超额准备金相应发生变化。公开市场业务可以经常、连续地操作，必要时还可以逆向操作，由买入有价证券转为卖出有价证券，使该项政策工具不会对整个金融市场产生大的波动。

目前，越来越多国家的中央银行将公开市场业务作为其主要的货币政策工具。20 世纪 50 年代以来，美联储 90% 的货币吞吐是通过公开市场业务进行的，德国、法国等也大量采用公开市场业务调节货币供应量。从 20 世纪 80 年代开始，许多发展中国家也将公开市场业务作为货币政策工具。在我国，公开市场业务也已成为主要的货币政策工具之一。中国人民银行的公开市场业务起步于 1994 年的外汇市场操作。1994 年，我国的外汇管理体制进行了重大改革，实行了银行结售汇制度，建立了银行间外汇市场，实现了人民币汇率并轨。为了保持人民币汇率的基本稳定，中国人民银行每天都要在外汇市场上买卖外汇。1996 年 4 月，中国人民银行又开始了买卖国债的公开市场业务。2000 年底，中国人民银行通过公开市场业务投放的基础货币为 1 804 亿元，占当年中国人民银行新增基础货币的 63%。

（3）法定准备率

法定准备率（Statutory Reserve）是指法律授权中央银行要求商业银行对其存款必须保持的最低的准备金比例。中央银行可以在法定的范围内改变商业银行存款的准备率来调节货币供给和信用水平。如果中央银行认为需要增加货币供给，就可以降低法定准备率，使所有的存款机构对每一笔存款都留出更少的准备金，即让每一单位的准备金可支撑更多的存款；相反，如果中央银行认为需要减少货币供给，就可以提高法定准备率，使所有的存款机构都要留出更多的准备金，从而减少发放贷款的额度。

法定准备率的调节作用是在存款货币创造过程中表现出来的。假定原法定准备率 20%，则 100 万元存款至少必须留出 20 万元准备金，可贷款额最多为 80 万元，此时的货币乘数为 5，即银行每增加 1 万元的准备金，就意味着派生出了 5 万元的银行存款。如果中央银行把法定准备率降低到 10%，则 100 万元存款只需 10 万元的准备金就行了，可贷金额为 90 万元，货币乘数为 10，这样，每增加 1 万元的准备金就可以派生出 10 万元的存款，货币供给就因此增加了一倍。可见,降低法定准备率,实际上等于增加了银行准备金,而提高法定准备率,就等于减少了银行准备金。

从理论上说,改变法定准备率是中央银行调整货币供给最简单易行的办法。然而,中央银行一般不愿轻易使用,这是因为,商业银行向中央银行报告它们的准备金和存款状况通常有一个滞后期,即今天改变准备率一般要过一段时间(比方说2周以后)才起作用。再者,改变法定准备率的作用十分猛烈,一旦准备率变动,所有银行的信用都必须同步扩张或收缩,商业银行正常的信贷活动会受到影响,对金融市场产生的冲击通常较大。

上述三大货币政策工具常常需要配合使用。例如,当中央银行在公开市场操作中出售政府债券使市场利率上升后,再贴现率必须相应提高,以防止商业银行增加贴现。于是,商业银行的贷款利率也将提高,以免产生亏损。相反,当中央银行认为需要扩大信用时,在公开市场操作中买进债券的同时,也要降低再贴现率。

资料链接

从OT2到QE3:美联储在艰难中抉择

2011年9月21日,美联储宣布推出了4 000亿美元的第二次扭曲操作(OT2),以OT2取代市场此前预期的第三次量化宽松(QE3)。具体措施是,在2012年6月底之前购买4 000亿美元的6年期至30年期国债,而同期出售规模相同的3年期或更短期国债。从政策效果上看,该措施将压低长期利率以及与之相关的按揭贷款等利率,却不会导致美联储资产负债表扩大,从而避免了推高通胀。美联储曾在1961年时第一次采用扭曲操作(OT1)以促进资本流入和美元地位巩固,同时避免美国政府的黄金流出国门。此次扭曲操作,在美国历史上是第2次。

所谓的扭曲操作(Operation Twist)即美联储卖出较短期限国债,买入较长期限的国债,从而延长所持国债资产的整体期限。扭曲操作的作用是压低长期国债收益率和较长期利率,从而刺激抵押贷款持有人进行再融资,降低借贷成本,刺激经济增长。从收益率曲线上看,这样的操作相当于将曲线的较远端向下弯曲,"扭曲操作"也因此而得名。所谓量化宽松(Quantitative Easing,QE)则是指美联储通过购买国债等中长期债券,增加基础货币供给,加强市场流动性的干预方式。"量化"指的是扩大一定数量的货币发行,"宽松"即减少银行的资金压力。在正常情况下,美联储通过公开市场业务的操作,一般是通过买卖短期债券对利率进行微调,从而将短期利率调节至既定目标利率。而量化宽松则不然,其调控目标锁定为长期的低利率,即美联储持续向银行系统注入流动性,向市场投放大量货币,其作用远非微调所能企及。

在OT2之前,美联储曾先后推出两轮量化宽松政策。2009年3月至2010年4月,美联储推出第一轮量化宽松政策(EQ1),期间共购买了1.725万亿美元资产,也就是为金融系统及市场提供了1.725万亿美元流动性。2010年11月至2011年6月,美联储继续启动了6 000亿美元的QE2。但在2011年9月至2012年6

月，美联储没有继续推出 QE3，而是用 4 000 亿美元的扭曲操作（OT2）替代了量化宽松。2012 年 6 月 21 日，美联储进一步将此前的 OT2 规模再扩大 2 670 亿美元，此举被市场戏称为 OT2.5。

我们看到，OT 替代 QE，市场的反映是明显不同的。在国际金融市场上，QE1 与 QE2 的推出使得美元不断贬值，大宗商品价格不断上涨；而 OT2 以及欧债危机的发酵作用却使得美元升值，大宗商品价格下跌。

然而，虽然市场对 OT2 替代 QE3 的反映是积极的，但美国经济的复苏却没有如期到来，无奈之下，姗姗来迟的 QE3 还是出笼了。2012 年 9 月 13 日，在为期两天的货币政策会议结束后，美联储宣布维持联邦基金利率在 0%~0.25% 不变，宣布从 9 月 14 日起每月购买 400 亿美元抵押贷款支持债券（MBS），正式推出第三轮量化宽松政策（EQ3），并将超低利率期限指引延长至 2015 年中期，同时保持原有的扭曲操作（OT2）等政策不变。

FOMC 的声明解释了其中的原委。联邦公开市场委员会（The Federal Open Market Committee），隶属于联邦储备系统，其主要任务是决定美国货币政策，透过货币政策的调控，来达到经济成长及物价稳定两者间的平衡。FOMC 在声明中说，如果没有额外的政策刺激，经济增长的速度便不足以持续改善就业市场。从中期来看，委员会预期通胀率将会保持在 2% 的目标以下。8 月份 FOMC 会议召开以来收到的信息显示，近几个月以来，美国经济活动继续温和扩张。就业增长缓慢，失业率依然高企。家庭消费支出持续增加，但企业固定资产投资增速有所放慢。房地产市场有进一步改善的迹象，尽管是从低迷状态开始。通胀处于受控状态，尽管近期部分重要商品的价格有所上升。长期通胀预期维持稳定。美联储称，将继续密切关注未来几个月经济和金融市场发展的相关信息。如果劳动力市场没有实质的改善，美联储会继续购买机构债 MBS，同时还会购买额外的资产，和实施其他的政策工具。在价格稳定的前提下，这些政策会持续到劳动力市场改善。关于购买资产的规模、速度和结构，美联储会像以前一样，计算潜在效率和购买成本再作出选择。为了向就业最大化及价格稳定的方向持续迈进，委员会预计具有高度适应性的货币政策立场在经济复苏增强后的相当长一段时间内都是合适的。

（根据 http://forex.hexun.com，2012_06_26，《强势美元引发国际金融市场震荡》，http://money.163.com，2012_09_14，《美联储宣布维持联邦基金利率不变 推出 QE3》改编）

9.3.3 货币政策的新理论和新课题

凯恩斯理论对上述货币政策作用的解释是通过改变货币供给量影响利率进而影响投资和产出的途径来实现的。但是，其他经济学家认为，货币供给对产出的影响是存在的，但这种影响并不总是通过利率这个唯一的途径来实现的，货币政策还存在着其他的作用途径。

资产组合理论认为，货币政策影响产出，并不是因为改变了利率就改变了投资的成本进而改变了投资的需求，而是因为利率的变动会改变人们的资产组合。较低的利率会使人们把他们的财产转移到股票上,因为他们感到投资于股票会比从银行存款获得更多的收益。于是股票价格会上升,根据托宾的 q 理论,当股票价格更高时,企业就会进行更多的投资。

资产价值理论是资产组合理论的扩展,认为扩张的货币政策造成的较低利率,会使股票价格和长期债券价格上升,这样就会使人们感觉更富有了,于是他们就会进行更多的消费,从而使总需求增加。

金融市场理论认为,政府实行扩张的货币政策时,比方说中央银行通过公开市场操作购买了一笔债券,债券出售者将从银行得到的支票存入银行,银行的准备金增加了,超额准备金会被用来贷款给企业。银行要吸引企业借款,就会降低贷款利率,要购买债券使其价格上升即利率下降,利率下降又会使股票价格和债券价格上升,这些都会使企业投资增加。

开放经济理论认为,在开放经济中,货币政策还可以通过汇率变动影响进出口从而对总需求发挥作用。尤其是在实行浮动汇率情况下,当银行收紧银根时,利率上升,国外资金会流入,于是,本币会升值,净出口会下降,从而使本国总需求水平下降。但在固定汇率情况下,央行为维持汇率稳定,势必抛出本币,按固定汇价收购外币,于是,本国货币市场上货币供给增加,使原本想达到的货币政策目标受到影响。

信用规模理论认为,中央银行的行动可促使银行发放更多或更少的贷款,或者以更宽松或更严格的条件发放贷款。例如,当中央银行想扩张信贷时,可以通过公开市场业务买进国债,或降低法定准备率,使银行拥有更多的超额准备金,从而给企业更多的贷款,进而增加投资。

除此以外,近年来高度活跃的金融创新也不断深入,极大地改变了金融和货币政策的生态环境,传统经济理论的解释能力不断下降,因而给各国货币政策提出了新挑战,对货币理论研究提出了新课题。

金融创新是指金融体系内的制度变革和技术进步等活动诱导或引发了一系列金融新业务和新交易方式的产生,如新的金融衍生工具的发明,自动取款机的普及,便捷的电子银行交易等。

通常我们区分货币资产和非货币资产依据的是资产流动性,流动性强的资产,如现金、银行活期存款等被称为货币;流动性弱的资产,如房贷、长期债券等被称为非货币资产。金融创新的一个重要后果是大大增强了一些非货币资产的流动性,使以往的非货币资产可以很方便地转化为货币资产——准货币。例如,通过共同基金,储户能够利用支票账户来买卖股票,从而很容易地将股票转化为交易性存款。准货币的出现使货币政策变得更加复杂。一方面,由于非货币资产的流动性大增,非货币资产与货币资产之间的替代性也增强了,从而公众的货币需求也变得不稳定。这就使得货币政策难以把握真实的货币需求而难以奏效。另一方面,准货币的出现也使得货币政策的功效大打折扣。例如,中央银行本来可以通过调节法定准备率和再贴现率来调节商业银行的准备金,从而达到调节货币供给的目的。但准货币是无需准备金的,这样一来中央银行传统的货币政策工具对准货币完全不能发挥调节作用。

金融创新的另一个重要后果是使得交易成本不断下降。例如,自动取款机的普及、信用卡的使用、电子支付系统的发展,使得人们足不出户就可以方便地办理银行业务,这就改变了人们的现金管理方式,人们对货币的需求可以下降到更低的水平,同时也加快了货币的流通速度。而不断下降的货币需求和不断加快的货币流通速度又增加了中央银行稳定货币的难度。因为即使货币供给水平稳定,但货币需求的变化同样会使物价发生剧烈波动;同样,由于货币流通速度变得不稳定起来,货币需求必然随之发生变化,最终也不利于物价的稳定。

总之,金融创新对货币政策提出的挑战使得货币政策的制定者不得不修正传统的货币政策目标,甚至在传统的货币政策范围内变通操作手法,同时也给货币方面的理论研究提出了新课题。

拓展阅读

卢卡斯批判

1937 年,卢卡斯生于美国华盛顿州,1959 年,他获芝加哥大学历史学学士学位;1964 年,获得芝加哥大学经济学博士学位;1970 年,获得卡内基—梅隆大学教授职位,1974 年开始在芝加哥大学任教至今。

"卢卡斯批判"这个名字来自卢卡斯 1976 年的文章"计量经济政策评价:一种批判"。在这篇论文中,他批判了凯恩斯主义企图把市场经济当作一架机器来调节的宏观经济政策。从现代博弈论角度看,卢卡斯的观点以及他在其他文章里的思想可以分做两个部分来解释。

首先,任何政策都是政府与私人部门之间的博弈。双方力图猜中对方的最优策略。因此,如果政府把私人部门当成被动的"机器"来控制,其政策的基本假设已经错误了。当把政策制定过程视为政府与私人部门之间的博弈时,政府的每一个策略(例如货币政策的改变、利率调整、实行最低工资率、增加社会福利开支等),如果已经被私人部门准确地预见到,则政策的"货币效应"将消失。最多,政策所包含的实质性变化,即"物质性"的行动,将会产生如同一个私人部门的"物质性"行动一样的经济效应。因此,政府的货币政策将是"中性"的,不会产生任何物质力量。而政府的财政开支将以其物质力量与私人部门竞争资源,产生所谓"挤出效应"(Crowding out Effect),即以每一元钱的政府开支从市场里挤出去一元钱的私人开支。结果政府开支仅仅是替私人花钱而已。纳税人知道,让别人替自己花钱,不如自己花自己的钱来得节约。所以政府的任何政策,不论是货币的还是实物的,都不会产生有益于社会的效果。这个论证,如果被经验数据证实,当然是对凯恩斯经济学的重大打击,所以称为"卢卡斯批判"。

其次,理论必须解释为什么在战后确实出现了持续繁荣,是否与凯恩斯政策有关系;如果有关系,理论上如何解释。于是卢卡斯批判需要引进很强的"不确定性"以便产生所谓政府政策的"惊讶"效应。不必使用什么随机过程分析,我只需要读者想象一个接电话的故事(我认为这是卢卡斯的"岛屿模型"的生活版):假如你在美国通过越洋电话用英语指示你在香港的股票经纪人买卖股票,并且你知道你的电话听不大清楚。假设你打算买卖两种股票，它们在股票市场上的计算机号码分别是15(跌的时候买进)和50(跌的时候卖出)。这时候你听到经纪人说，代号15的股票突然下跌，你会做如下两种设想。第一，实际上经纪人说的是代号50的股票跌了，第二，他说的确实是15号跌了。你应当做的计算是，首先，估计一下到底你听错的可能性是多大。其次，如果错的可能性不大，你计算买进15号股票的数量，尽量使可能赚到的钱超过可能因为听错而亏损的钱。最后，如果你认为这电话听错的可能性相当大(接近50%)，你可以选择"不行动"，等候你的经纪人第二次来电话。经过多次通话，你总可以认定正确信息。卢卡斯觉得，凯恩斯政策如果短期内有效，那就是因为市场中存在大量"接电话"的噪音使私人听不清信号。当大多数私人因为听不清信号而放弃行动时，政府相当于在与一个完全被动的机器博弈，所以很容易实行"最优控制"以达到预期效果。但是当人们反复听取信号，终于搞清楚了政策意图时，博弈就又回到主动的理性人之间了，也就是上述第一部分解释的情况。战后繁荣的代价就是，政府为了不断造成"惊讶"效应，必须不断使自己的政策强度升级。于是我们观察到各国财政赤字以加速度上升，最终难以为继。这是凯恩斯式经济政策的代价。

卢卡斯的这些工作使他成为"理性预期"学派的主要人物。但是使这个学派的工作能够融入主流经济学的则是经济学大师弗里德曼，虽然"理性预期"派的学者总是声称计量经济学家穆斯是他们的先驱。弗里德曼在1968年的文章"货币政策的作用"中已经说明了为什么凯恩斯主义的货币政策只可以产生"惊讶"效应。"理性预期"在弗里德曼文章里被叫做费雪(Irving Fisher)效应。费雪是投资理论的美国祖师爷，他的预期学说又是承袭了北欧学派本世纪初的大家——维克塞尔的利息理论。后者提出的所谓"实质利率"就是名义利率减去预期的通胀率(在类似一般均衡状态下)所得。

卢卡斯在发表"理性预期"学派文章的同时，几乎马上就开始了他"后期"(20世纪80年代)的工作。这是因为其间理论上的密切联系。如上所述，投资问题直接就是经济增长与波动的研究领域中的主要课题。于是卢卡斯在反击凯恩斯货币政策的同时，就在经济增长与波动理论方面展开了他"理性预期"的思想。随后，他的动态理论中又融入了贝克尔关于人力资本在经济增长中的重大作用的思想。这就是他的著名文章——"经济发展的机制"。这些工作使卢卡斯成为新经济发展理论的重要人物。

(汪丁丁,《"卢卡斯批判"以及批判的批判》,《经济研究》,1996年第3期)

复习思考

1. 宏观经济政策目标是什么?
2. 什么是需求管理政策、供给管理政策?
3. 什么是财政政策? 财政政策的主要工具又有哪些?
4. 什么是财政政策的自动调节与主动调节?
5. 财政政策的主动调节手段的使用原则是什么?
6. 简述银行体系是如何创造存款货币的。
7. 中央银行控制货币供给的政策工具有哪些?
8. 设法定准备率是12%,在没有超额准备金的情况下:

(1) 如果准备金是400亿美元,货币供给量是多少?

(2) 如果准备金还是400亿美元,但中央银行把法定准备率提高到20%,货币供给会变动多少?

(3) 如果维持法定准备率为12%不变,中央银行买进10亿美元的政府债券,货币供给会变动多少?

9. 简述金融创新给传统货币政策的实施造成的冲击和挑战。

10 宏观经济学流派与发展

经济问题

怎样看待西方经济学各流派的争论与分歧?

近年来,中国经济持续以超高速度增长,这既给中国带来了骄傲,也给政府带来了尴尬。骄傲的是,中国再次吸引了全世界的眼球,正朝着世界强国的地位又迈进了一步。尴尬的是,几乎所有的政府宏观调控目标,如降低增长速度、改变依靠出口和投资带动增长的经济结构、将更多的资源用于改善民生等,都没能完全如期实现。不同经济学流派对宏观经济运行问题的看法存在分歧,其提出的调控措施也不尽相同。我们应该怎样看待西方经济学各流派的争论与分歧?哪种流派的宏观政策才更适合我国目前的宏观状况?

凯恩斯经济理论产生之前,在经济学界居统治地位的是以马歇尔为代表的新古典学派理论。该派理论崇尚自由放任的经济思想,着重于微观层面的经济分析。1936 年,凯恩斯《就业、利息和货币通论》(简称《通论》)一书的出版标志着现代西方宏观经济学的产生。为了说明和解决 20 世纪 30 年代的经济大萧条问题,凯恩斯理论着重研究宏观经济行为,主张国家干预。这样,在西方市场经济理论体系内部就产生了干预与反干预两种势力,由此造成了经济理论上的矛盾和冲突。在此基础上,先后发展形成了新古典综合派、新凯恩斯主义学派,以及反对凯恩斯理论体系的货币主义学派、理性预期学派、供给学派和新古典宏观经济学派等一些流派。

10.1 新古典综合派

10.1.1 新古典综合派产生的背景及含义

在《通论》出版后的十余年间,虽然越来越多的经济学家接受了凯恩斯的观点,但在经济学界占主流地位的仍然是以微观经济学的价值和分配理论为基础的马歇尔新古典经济理论,其间并无凯恩斯经济理论的地位。

1948 年,美国的凯恩斯主义者萨缪尔森出版了一本经济学教科书《经济学:初步分析》。在该书中,他第一次以凯恩斯理论为主体,把新古典微观理论放在次要位置,同时用浅显的文字，叙述和解释凯恩斯的理论结构，使凯恩斯理论得以广泛传播，最终确定了凯恩斯理论在经济学中的主流地位，并使它演变成当代宏观经济学。该学派的主要代表人物有保罗·萨缪尔森、阿尔文·汉森、沃尔特·海勒、詹姆斯·托宾、阿瑟·奥肯等。

所谓“新古典综合”，就是把以马歇尔和庇古为代表的传统的新古典经济学理论同凯恩斯的经济学理论“综合”在一起，即将总收入决定理论的要素与早先的相对价格和微观经济学的经典理论相结合。萨缪尔森在其广为流传的《经济学》教科书中写道：“在管理完善的体系中，运用货币和财政政策使经典理论提出的高度就业的假设得到证实时，经典理论就恢复了原有地位，经济学家也就重新树立信心来陈述经典理论和社会经济原理。”这意味着，只要采取凯恩斯主义的宏观财政政策和货币政策对资本主义的经济活动进行调节，就可以避免经济萧条，实现充分就业；而一旦实现了充分就业，传统的新古典经济学的主要理论就得以适用。

10.1.2 新古典综合派的主要理论

（1）“混合经济”理论

混合经济是指国家管理的公共经济部门与市场机制发挥作用的私有经济相混合的市场经济。其特点是以市场经济为主，通过价格机制调节资源配置，这就需要新古典的微观经济理论；同时，政府通过财政政策和货币政策调节和干预经济生活，保证经济的均衡增长，这就需要凯恩斯理论和政策。

混合经济的理论基础是凯恩斯理论体系中的收入—支出模型、*IS-LM* 模型以及新古典经济学传统的微观经济学理论。

凯恩斯的收入—支出模型即有效需求决定国民收入的理论。凯恩斯认为，20 世纪 30 年代经济萧条的根源是由于消费需求和投资需求所构成的总需求不足以实现充分就业。边际消费倾向小于 1 决定了消费需求不足，即人们不会把增加的收入全部用于消费，资本边际效率在长期内递减决定了投资需求不足。所以，仅仅依靠消费和自发的社会投资，不能保证经济达到充分就业的均衡状态。只有政府刺激社会投资，或者政府直接投资才能够弥补社会有效需求的不足，使社会达到充分就业的状态。

IS-LM 模型是对凯恩斯理论的补充和扩张。凯恩斯认为，在商品市场上，要决定收入，必须先决定利率，否则无法确定投资水平，而利率是在货币市场上决定的。在货币市场上，要先确定一个特定的收入水平才能确定利率，但收入水平又是在商品市场上决定的，因此利率的决定又依赖于商品市场。这样，凯恩斯理论就陷入了一个循环推理的错误。凯恩斯的后继者为了解决这一问题，把商品市场和货币市场结合起来，建立了一个均衡模型，即 *IS-LM* 模型。该模型是凯恩斯有效需求理论和新古典一般均衡理论的结合，并为货币政策和财政政策的作用机制提供了说明。

新古典经济学传统的微观经济学理论是建立在“看不见的手”——即市场机制自动调节资源配置原理基础上的。新古典综合派认为，在经济达到充分就业之后，新古典经济学传统的微观经济学理论就会发挥作用。

（2）通货膨胀和失业理论

新古典综合派的通货膨胀和失业理论可以通过菲利普斯曲线来说明。新古典综合派的萨缪尔森等人将菲利普斯曲线稍加改变，用于表示通货膨胀率和失业率之间彼此消长的关系。当经济处于萧条和失业状况，即有效需求不足时，实行扩张性政策能够增加总需求，减少失业率，从而使实际产出增加，但不会引起通货膨胀。在经济达到充分就业时，如果再实行扩张性政策，扩大总需求，则会引起物价大幅度的上涨，引发通货膨胀。因为这时实际产出的增加受到资源和劳动供给无法增加的限制。此时的通货膨胀就是所谓“需求拉动的通货膨胀”。根据新古典综合派的理论，需求过度和需求不足是不会同时在经济生活中发生的，由此，通货膨胀和失业也不可能同时发生。

（3）新古典增长模型

在第7章中介绍过的“哈罗德—多马”模型假定生产技术不变，因而劳动和资本的比率不变，依据此模型，充分就业均衡增长的条件难以满足。而索罗、斯旺以及米德提出的增长模型称为新古典经济增长模型。该模型引进了新古典经济学的价格理论，认为通过市场调节生产要素的价格，各生产要素都将得到充分利用，从而使经济达到充分就业的均衡增长。这样，从长期来看，存在着实现充分就业的均衡增长的必然趋势。总之，新古典综合派接纳新古典经济增长理论的目的，是要引进新古典的微观经济学来补充凯恩斯的宏观经济学，引进市场调节机制来补充国家干预的经济政策，同时，进一步以新古典经济增长理论来补充和完善“哈罗德—多马”模型，以证明混合经济完全可以实现充分就业的均衡增长。

10.1.3 新古典综合派的政策主张

根据新古典综合派的观点，经济社会本身能自行调节趋于均衡，政府正确运用货币政策和财政政策，以实现宏观经济效果。这样，经济社会就会是一个既无经济危机，又能充分就业的社会。具体来说，就是政府积极采取财政政策、货币政策和收入政策，对社会的总需求进行适时和适度的调节，实现经济稳定增长。

但事实并非如此，长期运用新古典综合派的经济政策，并没有像萨缪尔森等人预期的那样，出现一个既消灭了大量失业，又避免了通货膨胀的理想境地。而是在20世纪70年代产生了既有大量失业又有严重的“滞胀”局面。

为了解决“滞胀”局面，在20世纪70年代之后，新古典综合派对其理论进行频繁的修改并综合反对派的某些观点，以弥补其自身理论的不足。

10.2 新古典宏观经济学与新凯恩斯主义经济学

1979年，萨金特在其《宏观经济理论》一书中首次提出了新古典宏观经济学这一术语。新古典宏观经济学派的发展大体上经历了两个阶段：第一阶段为20世纪70年代的理性预期学派。主要代表人物有卢卡斯、萨金特和华莱士等人。他们提出了理性预期假说，把古典经济学的最大化原则引入了宏观经济学中，试图为宏观经济学提供一个微观基础，并提出了货币经济周期理论及货币政策无效性命题等。第二阶段为20世纪80年代，主要代表人物有巴罗、基得兰德等人。他们提出了实际的经济周期理论以及政策无效性命题等。本节主要论述实际经济周期理论的观点。

在经历了20世纪70年代西方经济的“滞胀”局面的现实挑战，以及由此而带来的对以美国新古典综合派为代表的凯恩斯主义经济学的责难之后，80年代出现了一个主张政府干预经济的新学派，这就是新凯恩斯主义经济学派。这个学派的出现及其以后的迅速发展，似乎使人们在反对政府干预经济的自由主义思潮席卷西方宏观经济学领域之时，看到了凯恩斯主义经济学重振雄风的希望。新凯恩斯主义是一个松散的联盟,他们沿袭了凯恩斯主义的传统,否定市场总是出清的说法,同时为了弥补凯恩斯主义理论的不足,强调探讨市场失灵的微观原因。新凯恩斯主义的主要成员有格雷高里·曼昆、约瑟夫·斯蒂格利茨等人。

10.2.1 两个流派在基本假设上的分歧

新古典宏观经济学和新凯恩斯主义经济学在基本假设上的分歧主要表现在市场出清假设和理性预期假设两个方面。

(1)关于市场出清假设的分歧

新古典宏观经济学家认为,工资和价格具有充分的弹性,可以迅速调整。这样,随着工资和价格的不断调整,供给量和需求量就会相等,市场可以连续地处于均衡状态,即市场被连续出清。总之,新古典宏观经济学家认为市场经常处于供给量和需求量相等的均衡状态。

相反,新凯恩斯主义则认为,工资和价格具有粘性,当经济出现需求扰动时,它们不能够迅速调整到使市场出清。缓慢的工资和价格调整使经济回到实际产量等于正常产量的状态需要一个很长的过程,而在这一调整过程中,经济处于供求不等的非均衡状态。

(2)关于理性预期假设上的分歧

新凯恩斯主义一般并不反对理性预期假说,他们中的多数人接受了这一假说并力图把它纳入到新凯恩斯主义的宏观经济模型中。但是新凯恩斯主义理性预期的概念又不同于新古典宏观经济学派的"理性预期"。新古典宏观经济学派认为,由于公众的理性预期,政府的政策是无效的;而新凯恩斯主义使用了理性限制性预期的概念,认为由于市场不完全和信息不对称使公众的理性预期受到限制,致使政府政策效力大于与传统静态预期相联系的政策效力。总的来看,理性限制性预期概念的引入增加了而不是减弱了政府政策的效力。

10.2.2 两个流派在解释经济波动方面的分歧

新古典宏观经济学和新凯恩斯主义经济学在解释经济波动方面的分歧在于,前者试图用实际因素从供给扰动方面解释宏观经济波动,后者则用货币因素从需求扰动方面解释宏观经济波动。

(1)新古典宏观经济学对经济波动的解释

新古典宏观经济学家认为,经济波动主要是由意料之外的实际经济方面的原因造成的,因而他们提出了实际经济周期理论。在他们看来,宏观经济经常会受到一些意外因素的冲击,例如石油危机、农业歉收、战争、人口增减和技术革新等。虽然冲击经济的因素是多种多样的,但是它们引起经济波动的途径却是有限的,最主要的是技术方面。

实际经济周期理论认为,在人口和劳动力固定的情况下,一个经济体所生产的实际收入便取决于技术和资本存量,从而总量生产函数可以表示为:

$$y = zf(k) \tag{10-1}$$

其中,y 为实际收入,k 为资本存量,z 为技术状况。生产中的技术变动反映在 z 值的变化上。假定资本折旧率为 δ,于是扣除折旧的资本存量为 $(1-\delta)k$,那么在下一期,经济中的可供利用的资源为当期产量加上扣除折旧的资本存量,即 $zf(k)+(1-\delta)k$。

图 10-1 给出了生产函数和资源函数。图中横轴 k 为资本存量，纵轴 J 表示实际收入、消费、下期的资本存量和投资等变量。总资源函数为 $zf(k)+(1-\delta)k$ 向右下方倾斜的直线为经济中的约束线（又称消费和资本积累可能线），它反映消费和积累的关系：当期供消费的最大量为当期收入加上扣除的资本量，如果这个量被消费掉，则下一期将没有资本存量。易知约束线的斜率为 -1，因为下一期一单位额外资本存量的增加正好来自于当期一单位消费量的减少量。在约束线上的每一点都可供经济社会选择。假定约束线上的 A 点代表经济的稳定状态，这时下期资本存量为 k_0，投资为 i_0，消费为 C_0，实际收入为 y_0。如果资本存量 k_0 保持不变，生产函数、总资源曲线也都不发生变动，则消费、投资和实际收入将会重复下去。

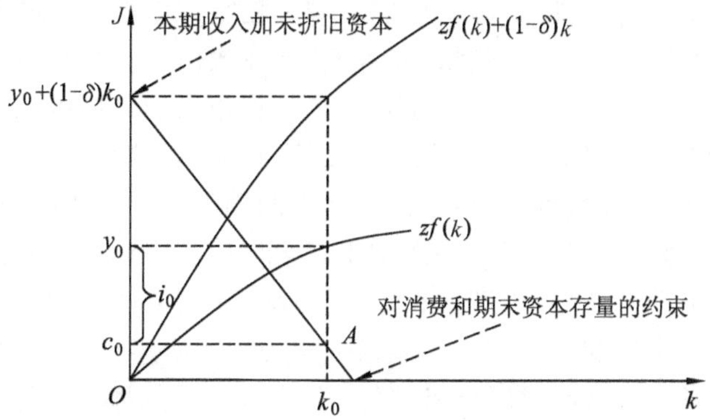

图 10-1　生产函数和资源函数

下面再用图 10-2 来说明实际经济周期理论对宏观经济波动的解释。

假定经济原来的稳定状态为图 10-2 中的 A_1 点，由于技术进步使 z 从 z_0 增加到 z_1，则生产函数和总资源函数曲线向上移动。原有的资本存量为 k_0，产量增加到 y_1，总资源增加到 $y_1+(1-\delta)k_0$，从而使下期的消费和资本积累同时增加，这表现为约束线向右移动。如果新约束线上的 A 是被经济社会所选择之点，则资本存量增加到 k_1，消费上升到 c_1，实际收入进一步增加到 y_2。如果还有进一步的技术变化，则经济随着总资源的增长，会继续扩张直至达到新的稳定状态，在新的稳定状态下，将有更高的消费和资本存量以及更高的实际收入。相反，如果技术进步停滞甚至出现倒退，经济增长也会停滞甚至衰退。

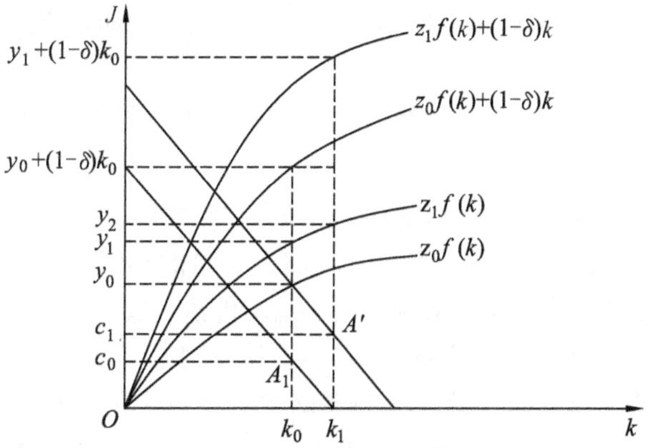

图 10-2　实际经济周期理论对宏观经济波动的解释

（2）新凯恩斯主义经济学对宏观经济波动的解释

价格粘性是指价格不能随着总需求的变动而迅速变化。价格粘性是凯恩斯主义的基本信条之一，新凯恩斯主义坚持和发展了这一信条。其重要性在于它可以转换为市场是否出清的问题。为此，新凯恩斯主义经济学区分了名义粘性和实际粘性。

如果名义工资和名义价格不能按照需求的变动而相应变动，就存在名义粘性。和名义粘性不同,实际粘性包括一种工资相对于另一种工资的粘性、一种工资相对于一种价格的粘性以及一种价格相对于另一种价格的粘性。新凯恩斯主义经济学对名义粘性和实际粘性提出了各种理论说明。对于名义价格粘性,他们将其归因于产品市场上的不完全竞争。对于实际价格粘性,他们认为主要起因于企业的成本加成定价。新凯恩斯主义经济学解释名义工资粘性的理论有"菜单成本论""长期劳动合同论"等,解释实际工资粘性的有"隐含合同论""不对称信息论""局内局外利益论""效率工资论"等。为了说明新凯恩斯主义经济学对宏观经济波动的解释,这里着重阐述"长期劳动合同"。

在西方国家,工资合同有具体期限,而且一般较长。例如在美国,在许多高度工会化的重要行业中(汽车、钢铁、建筑、航空等),劳资双方一般签订为期三年或不同期限的劳动合同。而一些非工会化的行业(服装、餐饮、零售等)往往效仿工会化行业订立劳动合同。这就造成了每三年谈判一次工资的周期。但是,不同厂商或行业合同的谈判和签订不是同步的,一般是分开进行的。现实情况往往是:一批工资合同正在执行中,另一批工资合同已经达到期限,还有一些工资合同已经执行了四分之三的期限。在三年的周期中,每年都有新的合同签订,也有合同到期。劳资双方在签订劳动合同时要对影响工资谈判的因素进行调查,主要包括预期的劳动生产率、生产增长率、通货膨胀率、失业率和其他可比工人的工资等,因而谈判要花费一定的成本。如果谈判破裂出现罢工等事件,由此给双方带来的损失就会更大。可见,长期劳动合同对厂商和工人都是有利的,可以降低谈判成本,减少罢工次数。所以,追求利益最大化的厂商和工人都愿意通过谈判签订长期劳动合同,以便预先规定厂商和工人的未来行为。结果,不但合同期内工资固定,合同到期后,工资也受未到期工资固定的影响而不能迅速充分地调整,从而排除了工资适应条件变化而迅速调整的可能性。

为了解释宏观经济波动,有必要先介绍新凯恩斯主义的短期总供给曲线,推导过程如图 10-3。

其中,图 10-3(a)中的 N_d 和 N_s 依次表示劳动的需求曲线和供给曲线,它们都是实际工资 W/P 的函数。然而事实上,厂商所支付的和劳动者所得到的只是货币工资。因此,劳动的需求和供给两方面都必须使用一定的价格指数 P 去除货币工资,才能得到实际工资 W/P。

新凯恩斯主义认为,厂商在决定它所支付的实际工资的大小时,应该用该厂商的产品价格去除货币工资。因为根据微观经济学的生产理论,对于厂商而言,只要劳动的边际产品(代表劳动给厂商带来的利益)大于它为了这一劳动而必须支付的成本(即劳动的实际工资),他便会增加雇佣的劳动,一直到代表利益的边际产品与代表成本的实际工资相等时为止。即每一位厂商都会用他生产产品的实际价格去衡量所支付的实际工资。这样,从整个经济社会的角度去看,厂商整体必然会用实际存在的价格指数或价格水平 P 去计算实际工资。图 10-3(a)中的 N_s 当然也是实际工资 W/P 的函数。在劳动者用什么样的 P 去衡量实际工资 W/P 的问题上,新凯恩斯主义和理性预期学派(也是新古典宏观经济学)一致认为,劳动的供给曲线所使用的 P 是预期价格 P^e,因为劳动者不能像厂商那样准确地知道实际价格水平,他们所使用的只能是在签订合同时所预期的价格 P^e。

根据一定的 P^e,工会代表劳动者与厂商通过谈判达成工资协议,协议规定了货币工资 W 的数量。通过上述有关粘性工资理论("长期劳动合同论")的介绍,我们知道,协议生效后，不论客观情况如何，双方都会遵守协议，那么在合同期内，根据 P^e 而决定的 W 是粘着不变的。但在同一时期内，市场的实际价格水平却是经常变动的，而厂商又是按照实施价格 P 来决定对劳动的需求。如果 P 正好等于 P^e，如图 10-3(a) 中的 N_s 所示，而 N_d^0 是根据与 P^e 相等的 P^* 而做出的劳动需求曲线，由于 $P = P^e$，所以 N_s 和 N_d^0 相交于 E_0 点。该点表示的价格水平 P 和就业量 N 依次为 P^* 和充分就业量 N^*。将其代入生产函数可得图 10-3(b) 中的 E_0' 点，从而相应的充分就业产量为 y^*，于是在图 10-3(c) 中，可找到与 P^* 和 y^* 相对应的点 D_0。D_0 点便是新凯恩斯主义短期总供给曲线上的一点。

新凯恩斯主义认为，厂商雇佣劳动的数量取决于 W 和 N_d 的共同作用。假设在工资合同期内，价格水平从 P^* 上升到 P_1，这时图 10-3(a) 中的劳动需求曲线从 N_d^0 移动到 N_d^1。由于工资水平 W^* 已为合同所规定，无法改变，为了实现最大利润，厂商只能根据既定的货币工资 W^* 和新的劳动需求曲线 N_d^1 来决定雇佣的劳动数量。由图 10-3(b) 可知，这时厂商实际雇佣的劳动数量为 N_1，从而产出数量为 y_1。在图 10-3(c) 中可得到与 P_1 和 y_1 相对应的点 D_1。如果实际的价格水平为 P_2，则 N_d 曲线处于图 10-3(a) 中的 N_d^2 的位置。按照同样的方法便可找到 N_d^2 和 W^* 两线交点 E_2 所决定的 N_2，于是在图 10-3(c) 中又得到 D_2 点。

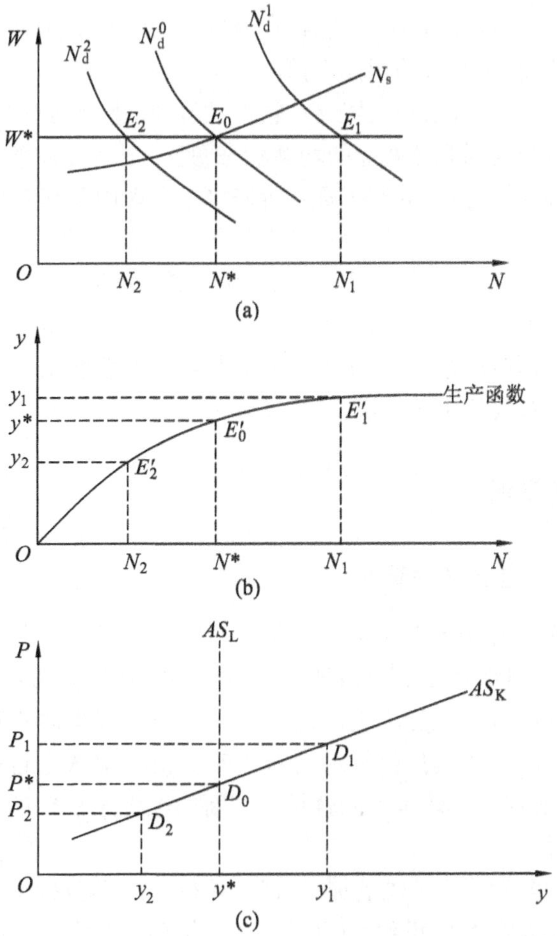

图 10-3　新凯恩斯主义短期总供给曲线的推导

可见，根据在工资合同期内的不同的 P 可得到不同的 N，根据这些不同的 N 便可在图 10-3(b)中得到不同的 y，从而可在图 10-3(c)中找到不同的点（如 D_0，D_1，D_2 等），用一条光滑的曲线将这些点连在一起便得图 10-3(c)中的曲线 AS_K，这便是新凯恩斯主义的短期总供给曲线。

由上述短期总供给曲线的推导过程可知，如果货币工资降低，即图 10-3(a)中的 W^* 下移，则在同一价格水平下，由于劳动需求量将提高，从而总产出将相应增加。这意味着，如果货币工资下降，则短期总供给曲线将向右方移动。

在长期中，由于劳动者可以知道实际的 P 值，所以 P^e 等于实际的 P，从而劳动者可以按照实际的 P 来决定 W 为多少，因而能使 N_d 和 N_s 相交于充分就业这点。新凯恩斯主义认为，长期的总供给曲线是图 10-3(c)中相当于 y^* 的垂直线 AS_L。

新凯恩斯主义者利用短期和长期总供给曲线，考察经济遭受总需求扰动（如总需求下降或上升）后回复到正常状态的过程，就此说明经济的波动过程。

10.2.3 两个流派在政策主张上的分歧

新凯恩斯主义经济学和新古典宏观经济学在政策主张上的分歧主要集中在是否赞成政府对经济进行积极的干预。前者主张政府对经济的干预，后者则认为政府的经济干预政策往往是无效的，反对政府对经济的积极干预。

新凯恩斯主义认为，由于价格和工资存在粘性，经济在遭受到总需求的冲击后，从一个非充分就业的均衡状态回复到充分就业的均衡状态，是一个缓慢而痛苦的过程。因此政府实施宏观经济政策是必要的，不能等待工资和价格水平自动回复到充分就业的均衡状态。

新古典宏观经济学认为，宏观经济政策是无效甚至是有害的。以卢卡斯为代表的货币经济周期理论从不完全信息出发论证了货币政策的无效性命题。新一代的新古典宏观经济学家不满足于货币政策无效性的命题，他们将新古典主义宏观经济学的研究方法应用于财政政策分析，得到了财政政策也无效的结论（见本章关于理性预期学派的相关论述），因而新古典宏观经济学反对政府干预经济。

10.3 货币主义学派

10.3.1 货币主义产生的历史背景

20 世纪 70 年代，美国经历了前所未有的高通货膨胀与高失业率并存的“滞胀”经济状态，这严重地动摇了新古典综合派的统治地位。由于新古典综合派在理论上提不出对“滞胀”现象的合理解释，在政策上也提不出能使西方政府同时解决通货膨胀和失业的政策措施，在此背景下，西方经济学的其他流派纷纷对当时的主流学派进行抨击和责难。他们认为，凯恩斯提出的政府宏观调控政策可能就是这种新的经济不稳定的根源。货币主义学派是这种观点的集中体现。

货币主义或货币学派发源于美国芝加哥大学，该校经济学教授米尔顿·弗里德曼是公认的货币主义学派代表人物。20 世纪 50 年代后期，弗里德曼为了对抗凯恩斯主义，提出了“现代货币数量论”，重新强调货币政策的首要作用。与此同时，他还竭力反对凯恩斯提出的、布雷顿森林会议决定实施的固定汇率制，主张通过市场的自由活动以实现自由汇率或浮动汇率。然而当时，弗里德曼提出的观点并未引起学界和政府的重视。20 世纪 60 年代后期，随着美国和其他主要资本主义国家经济危机的日益严重，以弗里德曼为首的货币主义才逐渐得到政府的青睐。1976 年，弗里德曼被授予诺贝尔经济学奖，此后货币主义更是盛极一时。除了芝加哥大学弗里德曼的追随者外，英国的艾伦・沃尔特斯、戴维・莱德勒、迈克尔・帕金等，也是有影响的货币主义者。

10.3.2 货币主义的理论基础

(1) 货币数量论

货币主义认为，货币数量是解释价格水平涨落的基本因素。不过这种观点在历史上早已有之。英国经济学家休谟是这个命题的早期解说者。20 世纪初期，英美经济学家就提出"货币数量论"，其中以美国欧文・费希尔的"交易方程式"和英国庇古的"剑桥方程式"最为著名。在了解新货币数量论之前，首先介绍传统的货币数量论。

① 传统货币数量论

费希尔在 1911 年出版的《货币购买力》一书中提出了交易方程式：

$$MV = PY \tag{10-2}$$

其中：M 为流通中的货币数量，P 为价格总水平或价格指数，Y 为一国的实际国民收入，V 为货币收入的流通速度，等于名义国民生产总值除以货币总量。

V 和 Y 一般被视为常量。V 是由公众的支付习惯、通讯的发达程度等因素决定的，而这些因素在短期内不会发生变化，因此在短期内 V 不会有很大的变动；Y 主要取决于资源和技术，而在充分就业的状态下，不可能发生变化。这样，物价水平决定于货币数量，即价格 P 就会随着货币数量 M 正比例地变动。正因为费希尔在这里所强调的是货币作为交易媒介(流通手段)的作用，所以式(10-2)又叫交易方程式。

庇古根据其老师马歇尔的学说，在 1917 年发表的《货币的价值》一文中提出了剑桥方程式：

$$M = kPY \tag{10-3}$$

其中，P 为价格总水平或价格指数，Y 为实际国民生产总值，k 为货币需求总量占名义国民生产总值的比例，是货币收入流通速度的倒数。

k 的大小可能受到个人财富、利率以及预期通货膨胀率等因素的影响，在短期内这些因素不会有大的改变，所以，可以把 k 看作常数。这里的 M 与交易方程式中的 M 在意义上有所不同，它强调货币作为储藏手段的职能，代表人们对货币的需求量。这样，k 被看作常数，而 y 在达到充分就业均衡时也是一个常数，价格水平 P 的高低就取决于货币数量 M 的大小，即价格水平同货币数量成正比例变化。

由上可知，交易方程式和剑桥方程式在本质上是相同的，它们都企图说明同样的内容：货币数量和价格水平之间存在着正比例的因果关系，即价格水平的高低取决于货币数量的多少。同时，二者也有不同之处：交易方程式强调货币作为交易媒介的作用，而剑桥方程式则强调货币作为储藏手段的职能，即把货币作为财产的保存形式，侧重于货币的持有方面，因此，剑桥方程式暗含着利息率对货币需求量的影响。

西方学者一般认为，继交易方程式和剑桥方程式之后，凯恩斯以灵活偏好和货币的投机需求为基础，发展了庇古的思想，提出了新的货币需求方程式：

$$\frac{M}{P}=k(y)+L(r) \tag{10-4}$$

在费希尔的交易方程式中，利息率对货币需求的作用被完全忽视，而在庇古的剑桥方程式中暗含着利息率的作用，但利息率一般只对货币需求发生影响。凯恩斯的货币需求方程式则由于明确指出投机动机而突出了利息率的作用。

② 新货币数量论

弗里德曼认为，凯恩斯的货币数量论只注意到利息率和收入对货币需求的影响，忽略了财富的持有量也是决定货币需求的重要因素。另外，凯恩斯还把财富的构成看得过于简单，似乎只有货币和证券两种资产可供人们选择，这显然不符合现实。

于是，弗里德曼在1956年的论文《货币数量论的重新表述》中提出了新货币数量论，该理论是弗里德曼在吸收和修正古典学派货币需求理论和凯恩斯灵活偏好的基础上推演出来的。他提出的个人财富持有者的货币需求函数如下：

$$M=f\left(P,r_{\mathrm{b}},r_{\mathrm{e}},\frac{1}{P}\cdot\frac{\mathrm{d}P}{\mathrm{d}t},w,Y,u\right) \tag{10-5}$$

其中：M 为个人财富持有者手中保存的名义货币，P 为一般价格水平，r_{b} 为市场债券利息率，r_{e} 为预期的股票收益率，$\frac{1}{P}\cdot\frac{\mathrm{d}P}{\mathrm{d}t}$ 为预期的物质资产的收益率，即价格的预期变动率（t 表示时间），下面为说明方便，令 $r_P=\frac{1}{P}\cdot\frac{\mathrm{d}P}{\mathrm{d}t}$。$w$ 为非人力财富和人力财富之间的比例，Y 为名义收入，u 为其他影响货币需求的变量。

弗里德曼强调，如果用于表示价格和货币收入的单位发生了变化，那么所需要的货币数量应同比例地变化。也就是说，如果用美元来表示上式中的 P 与 Y 时，M 的大小为某一数量，那么，当人们改用美分来表示 P 与 Y 时，M 的大小必然为该数量的100倍。即弗里德曼提出的货币需求方程式应被看做是 P 与 Y 的一次齐次式：

$$f(\lambda P,r_{\mathrm{b}},r_{\mathrm{e}},r_{\mathrm{p}},w,\lambda Y,u)=\lambda f(P,r_{\mathrm{b}},r_{\mathrm{e}},r_{\mathrm{p}},w,Y,u) \tag{10-6}$$

特别地，如果令 $\lambda=\frac{1}{P}$，则弗里德曼提出的货币需求方程式可以转变为：

$$\frac{M}{P}=f(r_{\mathrm{b}},r_{\mathrm{e}},r_{\mathrm{p}},w,y,u) \tag{10-7}$$

其中：$y=\frac{Y}{P}$ 为实际国民收入，$\frac{M}{P}$ 为财富持有者手中的实际货币量，所以这一方程式代表了对实际货币的需求。这是新货币数量论常见的表达式。

考察该货币需求函数表达式，可以看出，货币需求量主要取决于四个方面的因素。

第一，总财富的数量。弗里德曼认为，总财富是决定货币需求量的一个重要因素。总财富包括收入或“消费性服务”的一切源泉，其中之一是个人的生产（或挣钱）能力，这也是弗里德曼最初在消费函数理论中提出的持久性收入的概念。由于总财富很难估算，所以用收入来代替。这样，用 y 表示的持久性收入，就作为社会总财富的指标而进入货币需求方程式。

第二，非人力财富在总财富中所占的比例。弗里德曼认为，总财富可以分为非人力财富和人力财富两部分。非人力财富是指有形的财富，包括货币持有量、股票、债券、不动产、资本品、耐用消费品等。人力财富又称无形财富，是指人的挣钱能力。这两种财富的形式是可以互相转换的，不过受到制度上的限制，这种转换有一定的难度，主要是人力财富转换为非人力财富比较困难。例如在出现就业困难时，工人的人力财富就不容易转换为货币收入，而在未转换为收入之前，工人就需要货币来维持生活。因此，非人力财富在总财富中所占的比例大小会影响到对货币的需求量。当非人力财富在总财富中所占比例越小，则对货币的需求也越大，反之亦然。因此，w 就成为影响实际货币需求的一个变量。

第三，各种非人力财富的预期报酬率。弗里德曼认为，人们选择保存资产的形式是多样的，除了有价证券外，还可以选择资本品、不动产、耐用消费品等有形资产。那么，在各种资产中，货币与其他有形资产之间按何种比例分割，取决于各种有形资产的预期报酬率。通常，它们的预期报酬率越高，人们愿意持有的货币就越少。因为这时人们用其他有形资产的形式来代替货币的形式保存财富，对自己更为有利。因此，债券的预期报酬率（r_b）、股票的预期报酬率（r_e）和物质资产的预期报酬率（r_P），$r_P=\frac{1}{P}\cdot\frac{dP}{dt}$便成为影响货币需求的因素。

第四，其他影响货币需求的因素，例如个人偏好等，用变量 u 表示。

如果令 $\lambda=\frac{1}{Y}$，则弗里德曼的货币需求方程式将变化为：

$$\frac{M}{Y}=f\left(r_b,r_e,r_p,w,\frac{P}{Y},u\right) \tag{10-8}$$

其中，$\frac{M}{Y}$为货币的收入流通速度。利用货币流通速度的定义，则式(10-8)可写为：

$$Y=Py=V(r_b,r_e,r_p,w,y,u)\cdot M \tag{10-9}$$

其中，$V(r_b,r_e,r_p,w,y,u)=\frac{1}{f(r_b,r_e,r_p,w,y,u)}$ 为货币流通速度。

将上面的方程式与传统的货币数量论相比较，可以看出，如果将式（10-9）中的函数 V 看作传统货币数量论中的 V 或$\frac{1}{k}$，则新货币数量论与传统货币数量论在形式上完全一样。

另一方面，弗里德曼强调，新货币数量论和传统货币数量论的区别在于，传统货币数量论认为货币流通速度 V 或$\frac{1}{k}$是由制度决定的一个常数，而新货币数量论则认为流通速度 V 不是某些不变的数值，而是决定它的其他几个数目有限的变量的稳定函数。即虽然 V 经常变动，但其变动并不是任意的，而是由其他一些变量决定的。货币主义既维持传统货币数

量论关于 V 在长期中是不变的数量这一观点，又认为 V 在短期可以做出轻微的波动。

比较弗里德曼的货币需求方程式和凯恩斯的货币需求方程式，可以看出，凯恩斯的货币需求方程式在结构上是形成弗里德曼的货币需求方程式的基本框架来源，只是弗里德曼的货币需求方程式中包含了更多的资产种类，而不像凯恩斯的方程式，只包含了货币和证券两类资产。

（2）自然率假说

自然失业率的概念是弗里德曼在1967年美国经济学会第80届年会的会长演说“货币政策的作用”中提出的。所谓自然失业率是指自愿失业和摩擦失业人数占全体劳动力总数的比率。按照自然率假说，在没有货币因素干扰的情况下，当劳动力市场在竞争条件下达到均衡时，由于市场的不完全性、需求和供给的随机变化、获得有关工作空位和可利用的劳动力的情报的费用、劳动力的流动费用等因素的作用，导致并不是所有的工人都已就业，有的认为现行的工资低而不愿意就业（自愿失业），有的则进行自愿的工作变动而不能就业（摩擦失业），而此时的失业率就是自然失业率。

弗里德曼认为，旨在使失业率低于自然失业率的货币政策措施，只在短期内有效，且必须以不断恶化的通货膨胀为代价，而在长期中，这种政策不会成功。为了说明弗里德曼的观点，我们引入菲利普斯曲线。

如图10-4所示，图中的菲利普斯曲线 PP 与横轴相交的 V_F 点即为自然失业率（假定其为6%）。假设在 V_F 点，通货膨胀率为零。如果此时国家增加货币的发行量，那么由于失业率已经处于自然率的水平，货币数量的增加必然导致通货膨胀的发生，工人的货币工资也会上涨。

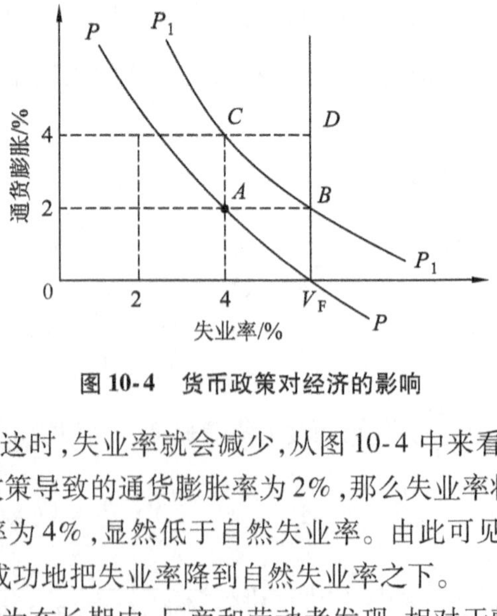

图10-4　货币政策对经济的影响

在短期内，人们仍然预期通货膨胀率和过去相同为零，即厂商和劳动者只看到自己的产品或劳务价格的上涨幅度大于预期。于是，厂商愿意增加产量，劳动者愿意提供更多的劳动。这时，失业率就会减少，从图10-4中来看，失业率便沿着 PP 曲线向左方移动。假设货币政策导致的通货膨胀率为2%，那么失业率将停留在 PP 曲线上的 A 点的水平。此时的失业率为4%，显然低于自然失业率。由此可见，在短期内，货币政策虽然造成通货膨胀，但可以成功地把失业率降到自然失业率之下。

在长期中，经济社会却不能停留在 A 点。因为在长期中，厂商和劳动者发现，相对于整个经济而言，自己的产品和劳务的价格并没有上涨，因为通货膨胀使一切价格上涨了2%。这样，厂商会使生产回到原有的水平，而劳动者也将提供原有数量的劳动。这样，经济社会便从 A 点移动到 B 点。

在 B 点，失业率回到一个与较高的物价上涨率和较高的工资上涨率相对应的自然率水平。即在自然失业率 V_F（失业率为6%）存在的情况下，通货膨胀率已变成2%。这意味着菲利普斯曲线已经移动到 P_1P_1 的位置。

在 B 点，如果想要继续通过货币政策把失业率维持在4%，即低于 V_F 的水平，那么，必须承受4%的通货膨胀率。也就是说，如果在B点再度实施类似原有的货币政策，则经济社会又将沿着P_1P_1曲线向左移动到C点。正如上面的论述，C点仅仅是短期现象，而在长期中，经济社会会从C点移动到D点。而在D点，失业率仍然为原有的自然失业率，可是通货膨胀率已经变为4%。由此可见，继续采用相同的货币政策，只会引起更高的通货膨胀率，但失业率并不能降到自然失业率V_F以下。

根据这一分析，弗里德曼认为，菲利普斯曲线所反映的通货膨胀和失业率之间的交替关系，只有在短期内才存在，在长期中是不能成立的。也就是说，短期内，可以通过货币政策以不断恶化的通货膨胀为代价，把失业率人为地维持在自然率以下，但在长期中，这种政策无效。

10.3.3 货币主义的主要观点

货币主义在上述理论基础上，形成了以下几个理论观点。

(1) 货币供给对名义收入变动的决定作用

从弗里德曼的货币需求方程式可以看出，由于货币流通速度V只可以在短期内做出轻微的调整而在长期中是不变的数值，则货币供给量M便是影响名义收入Y的决定性因素，即货币数量是货币收入波动的主要原因。而货币供给量M完全取决于货币当局的决策和银行制度。

(2) 通货膨胀归根到底是一种货币现象

从长期来看，货币数量的作用主要在于影响价格以及其他用货币表示的量（如货币工资等），而不能影响就业量和实际国民收入。弗里德曼认为，就业量和实际国民收入是由技术水平、资源数量等非货币因素决定的，因此，在弗里德曼的货币需求方程式中，实际国民收入Y与货币供给量M无关。同时，货币流通速度V在长期中又是一个常数，货币数量M能影响的是价格和由货币所表示的变量。因此，通货膨胀归根到底是一种货币现象。

(3) 在短期内，货币数量的变动影响就业量和实际国民收入

货币主义的两个理论基础都支持货币在短期内影响实际变量的说法。首先，根据新货币数量论，货币流通速度V在短期内可以微量变动；其次，根据自然率假说，货币政策所导致的通货膨胀在短期内可以增加就业量和实际国民收入。

(4) 反对政府过多干预经济，认为私人经济具有自身内在稳定性

该观点的理论基础是自然率假说。按照自然率假说，市场的自发力量具有使经济自然而然地趋向均衡的作用。因此，市场机制仍然是调节资源合理配置的有效工具。尽管各种随机扰动将使经济出现短期波动，但经济本身仍具有长期均衡的趋势。在他们看来，二战后资本主义经济的大波动多数是由于政府采取了干预经济的错误的财政金融政策造成的，因为这些政策干扰了市场机制的作用，从而导致经济失衡。

10.3.4 货币主义的政策主张

货币主义者的经济政策以现代货币数量论为理论基础，反对国家过多干预经济，反对凯恩斯主义的经济政策，提出了自己的政策建议。

(1) 反对凯恩斯主义的政策主张，执行单一规则的货币政策

货币主义者不仅反对凯恩斯主义的财政政策，而且也反对凯恩斯主义的由中央银行根

据经济情况而实施的权衡性的货币政策(用随时调整贴现率、买卖政府债券的办法来调节货币供应量)。弗里德曼认为,货币当局只需实行"单一规则"的货币政策,把控制货币供应量作为唯一的政策工具,由政府公开宣布把货币供应量的年增长率长期固定在与预计的经济增长率基本一致的水平。

① 凯恩斯主义的财政政策是无效的

弗里德曼认为,凯恩斯主义的财政政策,如果没有相应的货币政策配合,则其对经济的刺激作用只能是短期的或微小的。其原因在于政府支出(或税收)对于私人支出具有"挤出"效应。这样,政府支出的增加只会带来私人支出的相应减少,而完全谈不上"乘数"效应。更进一步,由于政府支出(或投资)往往是非生产性的,而私人投资一般是生产性的,因而"挤出"发生的结果往往是降低整个经济的增长能力。事实上,以需求管理为宗旨的财政政策最终都是通过货币量的扩张和收缩来实现其经济调节作用的,而这必然导致通货膨胀。根据"自然率"假说,这种通货膨胀仅仅是利用人们暂时的预期失误而对降低失业和增加实际国民收入产生短期作用。在长期中,就业水平将保持在自然率上。因此,以实现充分就业为目标的财政政策,不但对减少失业毫无作为,还会使通货膨胀更加恶化。总之,凯恩斯主义的扩张性财政政策无助于促进经济增长和降低失业,反而会引起通货膨胀,甚至降低经济增长率。

② 反对权衡性的(即根据情况变化而制订的)货币政策

货币主义之所以反对权衡性的货币政策是因为货币政策的影响存在"时滞"。弗里德曼曾经对大量的历史统计材料进行研究,他得出结论认为,货币增长率的变化平均需要在6~9个月以后才能引起名义收入增长率的变化,在名义收入和产量受到影响后,平均要再过6~9个月价格才会受到影响。因此,货币供应量的变化和通货膨胀率的变化两者间隔的总时间平均为12~18个月。这就会引起政策执行者在调节货币供应量时,难免作过了头,从而导致与愿望相反的结果,更加促使经济波动。弗里德曼认为,如果任其自然发展,经济会出现波动的现象,但这种波动的程度是轻微的。然而,由于政策的时滞性,会使得宏观经济的运行更不稳定。所以他反对实施权衡性的经济政策。

③ 单一政策规则

弗里德曼认为,货币政策能够发挥两个作用:防止货币本身成为经济混乱的主要根源并且给经济提供一个稳定的环境。在弗里德曼看来,经济并非像凯恩斯描述的那么不稳定,实际经济变量数值的增长取决于一些诸如独创性、发明创造、努力工作等基本力量。而货币的作用在于为企业运用这些基本力量提供一个稳定的经济环境。因此,稳定的物价水平应该是货币政策的最终目标。另一方面,根据前面提到的弗里德曼对历史统计材料进行的研究,货币政策对物价水平产生影响所需要的时间(平均为12~18个月)比对产量产生影响所需要的时间(平均6~9个月)要长。这样,在存在政策影响"时滞"的情况下,企图直接控制物价水平很可能造成经济混乱。弗里德曼认为,要达到这一最终目标只能"绕道走",即只能选择一个能够为政府有把握加以控制的数量作为中间目标。他认为货币总量是可供利用的最佳中间目标,因为从长期看,货币流通速度和货币需求量是比较稳定的。这样,政府只要控制货币供给量就足够了。据此,弗里德曼提出按平均国民收入的增长率来规定并公开宣布一个长期不变的货币增长率,是货币政策唯一的最佳选择。弗里德曼的这一以货币供给量作为货币政策的唯一控制指标，而排除利率、信贷流量、准备金等因素的政策建议被称为单一政策规则。

（2）“收入指数化”方案

20 世纪 70 年代，西方各国为对付经济“滞胀”都先后推行了冻结或管制工资、物价的“收入政策”，但收效甚微。对此，货币主义者提出了“收入指数化”的方案，认为应该将工资、政府债券收益及其他收入同生活费用（如消费物价指数）紧密联系起来，使它们能够根据物价指数的变化而调整。弗里德曼认为，这样可以消除通货膨胀中带来的不公平，避免政府和一些债券所有者从通货膨胀中获取利益，从而消除社会经济生活中搞通货膨胀的动机。不过，由于操作上的困难，弗里德曼也承认收入指数化政策并不是稳定物价的最好办法，要想根治通货膨胀，唯一有效的办法是控制货币供应量的增长率。

（3）实行浮动汇率制

1950 年，弗里德曼就撰文分析国际收支变化的调节问题，反对实行固定汇率制，主张实行浮动汇率制。他认为，浮动汇率制是一种自动调节机制，有助于国际收支平衡的自动维持，能减轻国际收支失衡对国内经济的不利影响。对于 20 世纪 60 年代末和 70 年代初的通货膨胀，弗里德曼认为主要就是由固定汇率制引起的通货膨胀从美国向其他国家的国际传递造成的。1971 年美元危机以后，西方各国都陆续实行了浮动汇率制，从而表明了货币主义者的政策主张得到了实现，这也是弗里德曼 1976 年获得诺贝尔经济学奖的主要原因。

10.3.5 货币主义的影响

货币主义的理论曾一度在西方具有相当大的影响。其政策主张主要体现在力主单一规则货币政策和尽量避免国家干预。货币主义的这些主张在 1979 年撒切尔夫人出任英国首相时得到了充分的实施。撒切尔夫人上任后，就实施了紧缩信贷，严格控制货币增长率，大幅度削减财政支出，改革税收制度，采取多项削弱或消除政府干预的措施，这些都是根据货币主义理论开出的政策药方。美国的里根总统上台后提出的“经济复兴计划”中，把制定一种稳定货币增长政策作为主要项目，也是深受货币主义理论影响的体现。英国《经济学家》杂志 1977 年 7 月 2 日报道说，“货币供给量的增长目标现正成为国际风尚”。

此外，货币主义主张自由放任和反对国家干预的观点使它成为目前流行于西方的新自由主义思潮的一个组成部分。

然而，实行货币主义的经济政策的后果却是 20 世纪 80 年代初西方各国经济的持续衰退。这是货币主义理论及其政策主张某些局限性的一个证明。时过境迁，目前货币主义在经济政策上的影响已经非常有限了。

资料链接

货币学派及其税收思想

20世纪50年代至60年代，在美国出现了货币学派的税收理论。所谓“货币学派”，或叫“货币主义”，就是用货币供应量的变化来说明产量、就业和物价的变化。货币学派的理论基础是“现代货币数量论”，认为通货膨胀、经济萧条或经济增长等问题都可以而且应当唯一地通过货币当局对货币供应的管理来解决。它强调货币的重要性，认为货币供应量的变动是影响物价水平变动和经济波动的最根本的动因。主张实行所谓“单一规则”的货币政策，控制货币供应量的增长率，使它与经济增长率相适应。同时，还主张减少国家对经济的干预。货币学派的主要代表人物大都曾在芝加哥大学任教或学习过，所以又被称为“芝加哥学派”。这个学派的真正领袖是米尔顿·弗里德曼。

弗里德曼出生于纽约，1928年进入路特吉斯大学专修数学，后补修经济学，1932年大学毕业时得到主修两个专业的资格。当年秋成为芝加哥大学研究生，翌年去哥伦比亚大学从事研究工作，一年后返回芝加哥大学。1935年他去华盛顿全国资源委员会工作，1937年去国民经济研究局协助西蒙·库兹涅茨研究专门职业的收入，最终成果是两人联名发表的论文《独立专门职业收入》，也是弗里德曼在哥伦比亚大学的博士论文。弗里德曼于1941—1943年在美国财政部研究战时赋税政策，1943—1945年在哥伦比亚大学参加哈罗德·郝太林和阿伦·华立斯领导的小组，作为数理统计学家，研究武器设计、军事战术和冶金实验问题。1945年去明尼苏达大学任教，1946年应聘去芝加哥大学教经济理论，1972年他从芝加哥大学退休后，作为斯坦福大学胡佛研究所的一名高级研究员，继续从事研究工作。弗里德曼在1953—1954年曾是剑桥大学同维尔和开乌斯学院的一名富布赖特客座教授，他还被选任1967年美国经济学协会会长。弗里德曼于1964年是戈德华特参议员竞选总统时的经济顾问之一，1968年尼克松竞选总统时，他作为经济顾问委员会的一名主要成员，并曾是里根政府的经济顾问。可见弗里德曼是货币学派的权威人物。货币学派的其他代表人物有美国的A·哈伯格、K·布伦纳、L·C·安德森，还有英国的伦敦经济学院和曼彻斯特大学的一些教授。

货币学派在税收方面的主要思想是：(1) 反对用减税政策来刺激经济，认为实行减税政策，要增加购买力，会加剧通货膨胀；(2) 反对高税率，特别是反对累进税率，认为高税率阻碍投资，影响经济的增长；(3) 反对对生活贫困者实行差额补助金的社会福利制度，主张用“负所得税”方案代替之。货币学派是在凯恩斯主义理论与政策破产的历史背景下产生的，以图医治经济危机或“滞胀”问题。

（深圳市国家税务局，http://www.szgs.gov.cn/internet/home/index.htm，2005_01_06）

10.4 供给学派

10.4.1 供给学派产生的历史背景

面对20世纪70年代西方国家普遍出现的经济"滞胀"局面,凯恩斯主义的经济理论无法加以解释和解决,各种反对凯恩斯主义的流派纷纷出现。供给学派是20世纪70年代后期在美国兴起的又一个与凯恩斯主义相对立的经济学流派,其基本主张的提出者是罗伯特·蒙代尔。1971年,加拿大籍美国经济学家罗伯特·蒙代尔对美国政府通过增加税收抑制通货膨胀的做法提出了批评。他认为,政府一方面应该紧缩货币供给量以抑制通货膨胀,另一方面应该减税,以刺激经济增长,并且他认为减税未必会减少政府的税收。这些都是供给学派的基本思想。因此,罗伯特·蒙代尔被称为供给学派的先驱者。

总体来讲,供给学派在理论上是比较薄弱的,它只是偏重经济政策的一个流派。在供给学派内部大体上还可以分为两个分支,一个是激进的供给学派,另一个是"温和的供给学派"。人们一般把"激进的供给学派"作为供给学派的代表。下文介绍的就是这一派的观点和政策主张。

激进供给学派的最主要代表人物是南加利福尼亚大学的阿瑟·拉弗。在里根执政期间,拉弗成为总统经济顾问委员会成员,他提出的"拉弗曲线"被看作是供给学派的思想精髓。此外,该派的代表人物还有裘德·万尼斯基、乔治·吉尔德等人。

10.4.2 供给学派的主要观点

(1) 否定凯恩斯主义,肯定萨伊定律

在"凯恩斯革命"以前,西方经济理论信奉萨伊定律。所谓萨伊定律是指,在充分就业的自由市场经济条件下,商品和劳务的供给能够创造出自己的需求。根据萨伊定律,经济不会发生严重的购买力不足的情况,市场的自动调节能够使经济达到充分就业。

供给学派认为,凯恩斯主义的经济理论无非是与萨伊的"供给自行创造需求"相对立的一种"需求自行创造供给"的理论。他们认为,当今的美国经济与凯恩斯当时的大萧条情况不同,需求的增长不一定会造成实际产量的增长,而只能单纯增加货币数量,引起通货膨胀,使储蓄率和投资率放慢,技术变革延迟。

在否定凯恩斯主义的同时,供给学派坚持萨伊定律是完全正确的。在他们看来,供给是需求的唯一可靠的源泉,没有供给就没有需求;没有出售产品的收入,就没有可以用来购买商品的支出。在充分自由的市场经济条件下,利率的下降会使储蓄全部转化为投资,这样就不会产生资本品的需求不足和过度需求的问题。因此,只要根据萨伊定律,制定一系列的"供给管理政策"来刺激储蓄,储蓄便会自动转化为投资,而投资增长就会促进经济增长。这样,既实现了充分就业的均衡,又避免了通货膨胀的发生。进而,供给学派认为,经济学研究的主要问题应该是决定供给的因素是什么,以及如何促进生产增长和怎样消除阻碍生产增长的因素的问题。

(2) 生产要素的投入和激励以及生产率的增长决定产量增长

供给学派认为,产量是劳动力、资本等生产要素投入的直接结果。而在各种要素中,他们认为资本是最重要的,生产率的增长主要决定于投资规模。他们通过比较发现,凡是储蓄比率和投资比率高的国家，例如日本、法国、前联邦德国，生产率增长和生产增长都要快些，从而证明储蓄和投资是生产增长的最重要的因素。

同时，供给学派认为，个人和企业作为经济主体都会对各种激励敏感地做出反应，即经济主体的行为取决于各种激励。他们会为积极性的激励所吸引，并且避开消极性的激励。因此，要促进生产增长，政府就要着眼于对经济主体的经济行为的激励，分析各种激励对经济的供给效应。

(3) 高税率阻碍经济增长

经济主体进行经济活动的最终动力是获取报酬和利润。但此处指的并非是名义上的报酬和利润，而是除去各种税费和政府征收费用以后的报酬和利润。因此，税率特别是边际税率，是激励经济主体从事经济活动的一个至关重要的因素。边际税率是指增加的收入中纳税部分所占的比例。经济主体在考虑是否增加经济活动时，主要看增加活动所带来的净收入是多少。供给学派认为，高税率给经济带来了很大的危害，他们从以下几个方面进行了分析。

① 高税率特别是高的边际税率是妨碍人们工作积极性和造成劳动生产率下降的重要原因之一。当边际税率很高时，多劳动所得的收入需要按照更高的税率纳税，实际收入就很少，从而改变了劳动和不劳动(闲暇)之间的相对价格，闲暇的价格相对降低了。这样，人们就不愿意加班加点努力工作、积极学习和提高技能以多挣工资，最终导致劳动生产率的下降。另外，从企业主的角度来看，税率的提高将使他停产或进行较低水平的经济活动，社会将会失去这个企业的全部产品，因此降低了生产率。

② 很高的边际税率是导致储蓄和投资供给不足、经济增长停滞不前的根本原因。首先，边际税率提高，降低了纳税后的投资收益，从而改变了现在消费和将来消费(即投资)之间的相对价格。用于消费的价格就变得便宜，用于投资和储蓄的价格相对提高，从而鼓励人们多消费，少投资和储蓄。其次，高边际税率还会引起资本外流，流向边际税率低的国家和地区。供给学派认为，在各种要素中资本是最重要的，生产率的增长主要决定于投资规模，因此，高的边际税率导致资本的减少，最终必然导致经济增长停滞不前。

③ 过高的边际税率不仅阻碍了个人和企业的财富积累，更重要的是它使个人投资者的革新、发明、创造的动力丧失殆尽，这是经济增长和社会进步的最大危害。吉尔德断言："在任何经济制度中创造性和主动性的主要来源都是个人投资者。经济不会自行增长，也不能靠政府的影响而发展起来。经济是由于对人们的事业心，即甘冒风险，把设想变成垄断，把垄断变成工业，并在知道得到什么回报之前就给予的这种愿意做出反应而增长的。"

(4) 拉弗曲线

供给学派认为，边际税率的高低和税收量的大小不一定按同一方向变化，甚至还有可能按相反方向变化。为此，供给学派用拉弗曲线来说明这一命题。拉弗曲线是说明税率和税收之间的关系以及减税在经济增长中的作用的曲线。如图 10-5 所示。

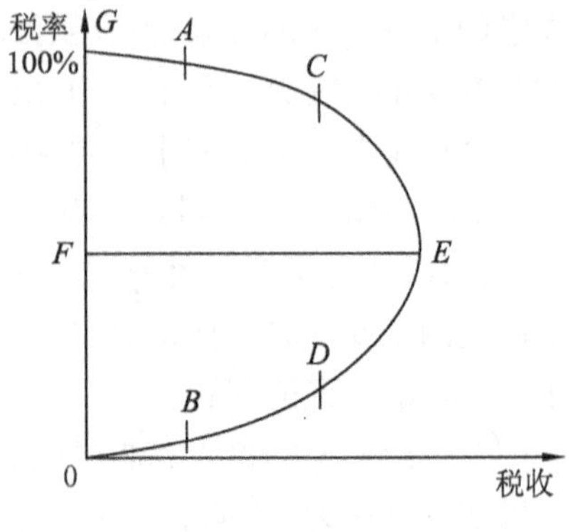

图 10-5　拉弗曲线

图 10-5 中，纵轴表示税率，横轴表示税收量。拉弗曲线实际包含这样一个含义，即"总是存在着能产

生同样税收收益的两种税率”。图 10-5 表明,如果税率为零,则政府税收收入为零。但是,当税率为 100% 时,由于人们的全部经济活动收入都会被政府以税收的形式拿走,人们就不再工作和从事经济活动了。这样,即便税率是 100%,可是没有供征税的收入,政府的税收收入仍然为零。供给学派认为,高的边际税率不但会减少人们从事正常经济活动的动力,还会促使人们从事地下经济活动,偷税漏税,其后果是减少了政府的税收收入。与此相反,边际税率的降低可以防止偷税漏税,鼓励人们从事正常的经济活动,从而会增加政府的税收收入。在拉弗曲线上,当税率处于一个特定区域(如图中的 OF 范围内)时,随着税率的增加,政府的税收收入也会随之增加;当税率超过这一区域,进入更高的税率区域(如图中的 FG 范围内)时,随着税率的提高,政府的税收收入反而会随之减少。

10.4.3 供给学派的政策主张

供给学派的政策主张主要包括减税、削减社会福利支出、精减规章制度等。

(1) 减税

边际税率是供给学派经济理论的中心,降低边际税率也就成为供给学派经济政策主张的核心内容。供给学派的经济学家认为,20 世纪 70 年代美国的税率水平恰好处于图 10-5 拉弗曲线的 FG 范围内,高税率使得美国储蓄率和投资率下降、劳动供给减少、偷税漏税严重和地下经济盛行,所以应该实行大幅度的减税政策,而且减税并不会减少政府的财政收入。

供给学派提出的减税不同于凯恩斯主义的减税政策。凯恩斯主义的减税政策重点是削减平均税率以增加低收入阶层的消费需求,而供给学派的减税政策重点是削减边际税率以增加高收入阶层储蓄和投资的能力。此外,供给学派主张的减税不是凯恩斯主义权衡性的(即根据情况变化而制订的)暂时的减税,而是大规模的持久的减税。

供给学派认为,减税还有抑制通货膨胀的作用。他们根据传统的货币数量公式 $MV = Py$,指出在货币数量 M 和流通速度 V 不变时,提高税率会使总产量 y 下降,价格水平 P 就会上升;如果降低税率使 y 上升,价格水平 P 就会下降。这就是说增税会产生通货膨胀效应,而减税会产生抑制通货膨胀的效应。

(2) 减少社会福利支出

供给学派认为减少社会福利支出是促进供给增长的又一重要措施。但他们声称,削减支出的目的不是为了要弥补因减税而造成的政府收入的减少,而是为了减少政府对经济的干预,充分发挥市场机制的作用。供给学派认为,私人经济部门的效率要比公共部门活动的效率高,因而减少政府支出可以避免由此造成的对私人经济部门的挤出效应。

但是,供给学派所要削减的不是政府支出中的政府购买,而是政府支出中的政府转移支付,是社会福利支出。供给学派认为,庞大的社会福利支出,需要有相应的社会福利机构和众多的管理人员以及繁琐的管理制度。这些不仅会造成社会财富的巨大浪费,还会助长官僚主义。更为严重的是,庞大的社会福利支出削弱了人们工作和储蓄的热情,扼杀了人们的竞争力和独创性,使人们产生了依赖政府的思想,阻碍了生产的发展。

(3) 减少限制性的规章制度

供给学派并不是主张完全取消政府的各项规章制度,只是主张要精减那些束缚企业主动性和积极性的规章制度。他们认为,二战后的美国政府所制定的许多法令、规章,例如关于价格、工资、生产安全等方面的法规条例，加重了企业的负担，增加了产品的成本，削弱了产品在国际市场上的竞争力。

供给学派认为，经济自由的实质在于冒险、创业、进步精神的维持。政府管制越少，私人经济运行就越有效率，他们敦促政府要减少限制性的规章制度，让企业尽量自由地经营，让企业家精神得以充分发挥。

10.4.4 供给学派的影响

供给学派的经济理论曾经是美国里根政府制定经济政策的主要依据之一。1981 年，里根上任后不久便向国会提交了“经济复兴计划”，这其中就体现了供给学派的政策主张，主要表现在以下四个方面：

（1）削减个人所得税和企业税率；

（2）削减联邦政府开支，减少预算赤字，逐年平衡预算；

（3）放宽和取消政府对企业的一些限制性的规章制度；

（4）控制货币信贷，推行有节制的、稳健的货币供给政策。

不过，供给学派是20 世纪西方经济学中昙花一现的学派。由于该学派在理论上没有多少吸引人的内容，而且在政策方面也没有取得显著的成效，随着里根的卸任，该学派的影响也就逐渐消失了。

案例评析

供给学派经济学抵抗通胀

货币学派与凯恩斯学派的分歧在于前者认为菲利浦斯曲线是垂直的，后者认为失业与通胀能两相抵消。我们已经了解他们对沿着菲利浦斯曲线移动以及移动菲利浦斯曲线的看法。

货币学派对菲利浦斯曲线的移动没有反感。对他们来说，既然菲利浦斯曲线是垂直的，这种变动仅表示自然失业率的减少。他们对政府这样转变菲利浦斯曲线的能力并不乐观。但如果政府能使劳动力市场更好地运作，或者减少它对劳动力市场的那种阻碍劳动力调节的干涉那就已能令人满意了。

这个争论为简化起见被分成两个对立的观点。但对此问题还有另外一些看法，里根总统有一批经济学家顾问，这些经济学家由于强调经济中的供给而被称为供给学派，与强调总需求的凯恩斯经济学成为对照。供给学派认为，有效抵御通胀的方法是移动总供给曲线，因此他们促成了美国 1981 年的减税。他们相信这样做能刺激经济中的供给，从而降低通胀水平。他们争辩道，当时的税务制度削弱了经济的发展动力，工人们工作得越来越不努力，因为他们劳动的边际所得中越来越大部分被政府拿走。与此相似，因为税收的消极作用，企业投资越来越少，居民存的钱也越来越少而不是相反。

里根执政期间的前几年，通胀得到了控制。但是总体来说，成功的荣誉应更多地归功于货币紧缩政策和巨大的经济衰退，而不是归功于产出的增加。即使企业由于税收减少而增加投资，但在此之前，为投资增加的支出先对需求方造成了正面的影响，这就更加剧了通胀。增加产出的实现可能要好几年，但是到了那个时候，通胀的插曲已经演奏了好久了。

（斯蒂格利茨，《经济学》，中国人民大学出版社，2005 年）

拓展阅读

里根经济学的价值

2011 年 2 月 6 日是美国前总统里根的百年诞辰，最近一段时间以来，美国各界陆续隆重纪念这位 20 世纪 80 年代连任两届的总统，奥巴马也在《今日美国》发文缅怀。在美国人眼里，里根重塑了美国精神，纪念活动多少反映了美国人对现实的不满，很多美国人呼吁奥巴马向里根学习。

1981 年 1 月，年届 70 高龄的里根就任美国第 49 届总统，他所接手的美国正遭受自大萧条以来最严重的经济危机。此外，持续的越战让美国价值的认同感被日益增长的怀疑所取代，前苏联在尖端武器和影响力范围上都赢得了对美国的优势，这些也让公众对建立在个人自由和自由市场基础上的美国政治体系产生了一些怀疑。

罗斯福用“新政”带领美国走出了萧条，里根最终也开创性地以匪夷所思的“里根经济学”引导美国人走出滞胀危机并赢得冷战，堪称“里根革命”，也就是新政以来美国经济发展史上的第二次革命。当前，奥巴马同样遇到经济危机与美国影响力的衰退，美国人期望他能够像里根那样引领美国重返“山巅之城”。

里根当年所迎战的滞胀危机，本质上是“凯恩斯危机”。因为凯恩斯用他的理论将资本主义从大萧条之中解救出来，并推动西方经济在战后迅速恢复，进入黄金时代。然而，正是因为他太成功而成为神话，无人质疑凯恩斯的理论并被美国政府长期奉行，最终产生滞胀危机。

罗斯福“新政”结束了美国市场的无政府状态，强化政府对市场进行宏观管理的作用，这虽然缓和了日益贫富分化的矛盾，但是在强调社会公平的同时也影响到了经济效率。美国皈依凯恩斯主义的“需求管理”，主要是通过财政政策进行，大规模的投入带来越来越高的赤字，原以为通胀是实现充分就业的低廉代价，但最终出现了史无前例的滞胀。用里根的话说，凯恩斯用通胀去打击失业，又用失业打击通胀，最终结果是通胀与失业一起打击了美国经济。

产生滞胀的原因在于，在经济停滞（主要表现为产能过剩）的时候，用来继续刺激增长的财政或货币政策诱发了剧烈的通货膨胀，而这种超出控制的通胀会使得市场价格信号紊乱以及资金流向发生变化，从而使得经济陷入停滞与混乱，高通胀与高失业率并存。尤其是当年美国在适应性的政策下，为了充分就业与经济增长，不断增加货币供应量，火上浇油。

美国通胀率从 20 世纪 60 年代初期的不到 2% 上涨到 1979 年的 13.3%，里根在就任总统后的电视演说中承认，1960 年的 1 美元到 1981 年只值 3 角 6 分，这导致个人储蓄率大幅下降。尽管工资随着通胀同步上涨，但是美国对名义收入征税而非实际购买力征税的做法，导致工资上涨也将人们推到更高的税收等级，通胀和边际税率的提高对人们的生活水平打击沉重。这使得社会分配严重不均，尤其是那些年轻人与靠固定收入为生的老人陷入困境。这种环境也影响了市场的投资预期，工人开始怠工，企业也无心进行研发，失业率开始上升。

作为温和的保守主义者，里根这位未曾专门学习过经济学的总统，在成功的化解滞胀危机过程中，用供给学派的减税等政策对付“停滞”，用货币学派控制货币总量的政策对付“通胀”，这是一种探索性且争议巨大的冒险的政策选择。具体而言，就是降低个人所得税率与减免企业税，削减财政支出，放宽管理企业的法令与规章，控制货币供应量等。即通过控制政府开支与货币供应量的增长来降低通胀率，通过削减个人所得税与加速企业折旧鼓励工人努力工作与企业投资，并给予企业与市场更多的自由空间，增强活力。

里根的冒险获得了成功，他那新自由主义的理念成为新的神话，并直接导致了今天全球贸易自由化的加深。目前，有一种观点认为，美国现在的经济危机就是里根时代开始的新自由主义的结果，进而主张重返“凯恩斯”，加强政府对市场的干预。但是，里根曾有名言，“在这场危机中，政府不是解决方案，政府就是问题所在”，意思是说，政府干预或许再次降低市场的效率，并陷入官僚主义之中。

尽管政府投资模式是中国乃至“东亚模式”成功的本质，但为了实现充分就业与经济增长，长期采取积极的财政投入与宽松的货币政策，导致了整体性的产能过剩，这需要及时转型。不过，在应对全球金融危机而采取财政刺激政策与大量货币投放后，产生了通胀压力，一部分刺激资金在资产与商品市场到处流窜，面临滞胀威胁。中国应该毫不犹豫地控制货币供应量，并用大幅加息的手段抑制各种资产泡沫，同时效仿里根减税的做法，降低个人与企业的税收，放开某些行业与某些生产要素的垄断，给予市场更多的自由空间，才有利于化解滞胀风险。

（张立伟，《里根经济学的价值》，《金融博览》，2011 年第 5 期）

复习思考

1. 简述新古典综合派的主要观点。
2. 简述新货币数量论的基本内容。
3. 试比较和分析货币主义和凯恩斯主义的异同。
4. 简述供给学派的主要观点。
5. 新古典宏观经济学和新凯恩斯主义经济学有哪些分歧？

参考文献

[1] 高鸿业:《西方经济学》(第5版),中国人民大学出版社,2011年。
[2] 格里高利·曼昆:《经济学原理》(第6版),北京大学出版社,2013年。
[3] 多恩布什,费希尔,斯塔兹:《宏观经济学》(第10版),王志伟译,中国人民大学出版社,2010年。
[4] 萨缪尔森,诺德豪斯:《宏观经济学》(第19版),萧琛主译,人民邮电出版社,2012年。
[5] 凯恩斯:《就业、利息和货币通论》,徐毓枬译,译林出版社,2011年。
[6] 克鲁格曼:《宏观经济学》(第2版),赵英军,等译,中国人民大学出版社,2013年。
[7] 罗宾·巴德,迈克尔·帕金:《宏观经济学原理》(第5版),中国人民大学出版社,2013年。
[8] 尹敬东:《中级宏观经济学教程》,中国人民大学出版社,2012年。
[9] 蔡继明:《宏观经济学》(第2版),清华大学出版社,2011年。
[10] 李德荃:《微观、宏观经济学案例分析》,经济科学出版社,2010年。
[11] 黄亚钧:《宏观经济学》(第2版),高等教育出版社,2005年。
[12] 蒋自强:《当代西方经济学流派》(第3版),复旦大学出版社,2008年。
[13] 塞利格曼:《现代经济学主要流派》,贾拥民译,华夏出版社,2010年。